Benedikt Stattler

**Demonstratio catholica**

Benedikt Stattler

**Demonstratio catholica**

ISBN/EAN: 9783741119804

Manufactured in Europe, USA, Canada, Australia, Japa

Cover: Foto ©Lupo / pixelio.de

Manufactured and distributed by brebook publishing software (www.brebook.com)

Benedikt Stattler

**Demonstratio catholica**

# DEMONSTRATIO CATHOLICA
## SIVE
# ECCLESIÆ
## CATHOLICÆ
### SUB
### RATIONE SOCIETATIS LEGALIS INÆQUALIS
### A
## JESU CHRISTO DEO
### HOMINE
### INSTITUTÆ
### GENUINUM SYSTEMA
### SECUNDUM
## JURIS NATURÆ SOCIALIS
### PRINCIPIA
### ACCURATA METHODO EXPLICATUM
### AUCTORE
## BENEDICTO STATTLER,

SS. THEOL. DOCT. ET PROF. ORD. AC PROCANCELLARIO
IN UNIVERSITATE ANGLIPOLITANA, SERENISS.
ELECT. BAV. CONSIL. ECCLES. AC ELECT. BOICÆ
ACADEMIÆ MONACENSIS SOCIO.

---

*PAPPENHEMII,*
*Literis* Joannis Jacobi Seybold, Typographi Aulici,
M DCC LXXV.

*Fundatur exultatione universæ terræ mons Sion, - - civitas Regis magni.--- Sicut audivimus, sic vidimus in civitate Domini virtutum, in civitate DEI nostri: DEUS fundavit eam in æternum.*
PSALM, XLVII. 3. 9.

# LICENTIA

*Reverendiſſimi Ordinariatus Euſtadiani.*

Cum hoc opus Theologico-Polemicum, cui titulus : DEMONSTRATIO CATHOLICA, sive CATHOLICÆ ECCLESIÆ &c., a D. Benedicto Stattler, SS. Theol. Doctore, & Profeſſore Ordinario publico, Reverendiſſimi, ac Celſiſſimi S. R. I. Principis & Epiſcopi Euſtettenſis in Alma Univerſitate Ingolſtadienſi Procancellario confectum a DD. Cenſoribus Epiſcopalibus diligenti examine diſcuſſum fuerit, nihilque in eo orthodoxæ fidei, aut bonis moribus contrarium, ſed potius titulo ſuo omnino conforme inventum fuerit; hinc illud pro communi utilitate prælo committendum judico, atque adprobo.

*Euſtadii 23. Iunii*
*1775.*

**JOS. ANT. a GRENZING,**
in Strafsberg &c. Vicar. in Spiritual. Gener. & ad S. Wilibaldi Chorum Canon. Mpr.

# PRÆFATIO.

Demonstrationem Catholicam Evangelicæ subjungo; in qua pro Romanis sacris ita pugno, ut demonstrationi unius veritatis intentus, velut adversarium illa non haberet, cum nemine, etiam quem pugnaciter huc usque eidem adversatum fuisse probe norim, seu is Catholicis, seu alienis partibus addictus sit, hostiliter contendam, vel nominatim disputem: id quod rectæ bonæque mentis mihi argumentum apud utrosque fore, confido. Utinam ea esset argumentorum meorum soliditas, ut & Acatholicos cum Catholicis, & hos inter se, æterno unionis sensorum & animorum fœdere componam. Prodesse saltem utrisque, atque sic status mei officia implere, hic unus mihi scopus, hic labor, in omni isto conscribendo opere fuit.

# CONSPECTUS OPERIS.

## SECTIO. I.
SOCIETATIS IN GENERE NATURA et SUMMÆ SPECIES POSSIBILES EXPLICANTUR.

Caput I. Notiones præviæ de poteftate legislatrice & Societate in genere. *pag.* 1
*Artic.* I. De poteftate legislatrice.
 §. I. Explicantur notiones poteftatis moralis, & juris.
 §. II. Obligationis, & legis,
 §. III. Poteftatis legislatricis, & fubordinationis jurisdictionum.
*Artic.* II. De Societate humana in genere.
Caput II. De Societate in fpecie. - 20
*Artic.* I. Principia generalia de Societate voluntaria. - - ibid.
 II. De Societate voluntaria æquali, 21
 III. Et inæquali, - 29
 IV. De Societate legali inæquali, & quavis alia alteri majori fubordinata, 31

## SECTIO. II.
DE INSTITUTIONE DIVINA & NATURA SOCIETATIS ECCLESIASTICÆ CHRISTIANÆ.

Caput I. Principia prævia de ufu Scripturæ utriusque Teftamenti in præfentis argumenti demonftratione. - 47

Caput

CAPUT II. De vera Societate spirituali ac visibili a Christo Domino instituta. 43
§. 1. Primordia Ecclesiæ Christi. ibid.
II. Vera nova Societas spiritualis & visibilis, id est, Ecclesia, a Christo instituta fuisse demonstratur. - 54
CAPUT III. Ecclesia Christiana ad modum Societatis inæqualis a Christo instituta fuisse ostenditur. - - 65
CAPUT IV. De lege fundamentali completa, qua formam regiminis in Ecclesia sua Christus definierit. - 92
CAPUT V. Hanc ipsam legem fundamentalem inde a primis temporibus communiter in Ecclesia Christi agnitam fuisse ostenditur: ubi agitur de Primatu jurisdictionis Romanorum Pontificum. 118
CAPUT VI. De regulis generalibus & specialibus in regimine Ecclesiastico christiano observandis. - 169
CAPUT VII. De inæqualitate ordinis sacri a Christo in Ecclesia sua instituta. 178
*Artic.* I. De inæqualitate ordinis sacri in Ecclesia Christi. - - ibid.
II. De discrimine ordinis Episcopalis, Sacerdotalis, ac Ministrorum, & de cujusque origine. - - 190
CAPUT VIII. De institutione Metropolitarum & Patriarcharum. - 223
CAPUT IX. De extensione universæ potestatis Ecclesiasticæ, lege positiva a Christo institutæ. - - 259

*Artic.*

*Artic.* I. De auctoritate Ecclefiæ infallibili in declarandis divinis legibus fidei & morum. - - - 261

II. De poteftate coactiva Ecclefiæ Chrifti in exigenda obedientia erga leges divinas, a fe authentice declaratas; ubi agitur de tolerantia in materia religionis. - - 271

III. De poteftate legislatrice Ecclefiæ, fe extendente ad leges novas mere humanas & Ecclefiafticas. - 280

IV. Quid poffit Ecclefia poteftate a Chrifto accepta in materiis legis divinæ: ubi de difpenfatione in votis. 290

V. De extenfione poteftatis Ecclefiafticæ ratione fubditorum. - 293

CAPUT X. De propriis prærogativis Primatus Ecclefiæ præ fimplice Epifcopatu. - - - 297

*Artic.* I. De fine inftituti a Chrifto Primatus æque ac Epifcopatus; qui eft unitas Ecclefiæ. - - ibid.

II. De prima prærogativa Primatus iftius, quod videlicet illius poteftas & jurisdictio in Epifcopos ceteros univerfos, ceu vere fuperior, fe extendat; item de ejus effectibus hujus prærogativæ in electione, translatione, depofitione Epifcoporum, & in appellationis judicio. - - - 302

III. De altera Prærogativa Primatus Ecclefiæ fupra Epifcopatum, quod nempe ejus jurisdictio fuprema fit & univerfalis in Ecclefia Chrifti : ubi explicantur gefta in Conciliis Conftantienfi, Bafileenfi, & Florentino. - - - 337

IV. An & qualis poteftas legislatrix Romano Pontifici ceu Primati vi fupremæ fuæ poteftatis competat. 386

V. An ad prærogativas Primatus Ecclefiæ etiam pertineat, ut Primatis jurisdictio fuperior fimul fit immediata in omnes aliorum Epifcoporum fubditos Chriftianos : ub explicantur jura Epifcoporum. - - 393

DE-

# DEMONSTRATIONIS CATHOLICÆ

## SECTIO I.

SOCIETATIS IN GENERE NATURA, EJUSQUE POSSIBILES SUMMÆ SPECIES EXPLICANTUR.

### CAPUT I.

PRÆVIÆ NOTIONES DE POTESTATE LEGISLATRICE, ET SOCIETATE IN GENERE.

#### ARTICULUS I.

DE POTESTATE LEGISLATRICE.

§. I. *Explicantur notiones potestatis moralis, & juris.*

1.

*P*otestas *physica* est facultas libera physice completa quid agendi, vel non agendi simpliciter, sive cum, sive sine rectitudine morali actionis. Potestas *moralis* vero est libera facultas quid volendi agere, vel non volendi agere (disjunctive), salva rectitudine morali. *Jus* est potestas moralis ad utrumque

que ex contradictoriis (copulative), id eft, facultas libera quid volendi agere, & idem non volendi agere, falva utrinque rectitudine morali.

* Notiones *poteftatis moralis & juris* multum inter fe differre oftendi in Ethica univerfali chriftiana §. 324. feqq. Qui jus habet, fecundum axioma apud omnes Jurisconfultos receptum non tenetur agere pro jure: *nemo enim tenetur uti jure fuo*; fed five agat pro fuo jure, five non agat, recte facit, vel faltem non pofitive moraliter male. Contra qui folum moralem poteftatem habet ad unum ex oppofitis, non item ad alterum, ni agat illud, a rectitudine recedit. Talis *poteftas mere moralis fine jure* proprie convenit omni adminiftratori jurium & bonorum alienorum. Sic ex gr. tutor vi fuæ obligationis folum moralem poteftatem habet ad difponendum utiliter de bonis pupilli, non autem arbitrium liberum non utiliter feu non in pupilli commodum difponendi. Contra dominus de re fua utcunque difponendi arbitrium feu jus verum habet. Maximi momenti obfervatio hæc difcriminis iftarum duarum notionum eft.

### 2.

Jus plenum, vel non plenum eft. *Jus plenum* eft jus difponendi fuo arbitrio tam de fubftantia rei, quam de omni ejus ufu accidentali, ficuti & de fructibus ejusdem: *jus non plenum* eft jus difponendi de horum trium uno, vel altero tantum, non de omnibus.

### 3.

*Jus proprium*, vulgo *dominium*, eft jus, quod & quatenus a jure, feu libero morali alterius arbitrio (1.) quoad exiftentiæ fuæ continuationem independens eft: *jus non proprium*, vulgo *precarium*, eft, quod fecundum exiftentiæ continuationem dependet a jure libero alterius. Ex. gr. jus utendi re commodata precarium, jus difponendi de mea pecunia propria jus proprium eft: quia commodatum quovis
momen-

momento dominus ejus repetere poteft, pecunia mea vero feu bene, feu male utar, vulgo nemo privatus mihi jus de illa difponendi eripere jure poteft.

### 4.

Dominium, feu jus proprium, quod quidem a poteftate morali, non tamen a jure alterius feu a libero arbitrio dependet (1.), *dominium privatum*, feu vulgo *baffum*, appellatur: illa vero poteftas moralis, a qua dominia privata dependent, *dominium altum* vocatur. Sic jura & dominia privata in focietate civili non quidem a jure proprio, attamen a poteftate morali rectoris fupremi civitatis pendent certis in cafibus, in quibus bonum publicum poftulat.

### 5.

*Jus privativum* dicitur; quatenus uni foli perfonæ ceu fubjecto proprium eft, & ejus folius arbitrio exerceri poteft: *cumulativum* vero appellatur; quatenus non nifi plurium fimul confentiente arbitrio libero exerceri falva morali rectitudine poteft. Sic princeps quisque fupremus jure privativo, contra in concilio quovis fenatores jure cumulativo, vulgo de rebus difponunt.

### 6.

*Juris proprii privativi effentiale attributum eft jus cogendi alios, ejusdem juris non participes, feu arcendi eos ab omni exercitio feu ufu juris ejusdem.* Quisquis enim jure privativo aliquo gaudet, arcendo alios ab ejusdem ufu nihil juris illorum lædit, vel impedit; cum nullum habeant: ergo falva juftitia illos arcet, & jus fuum, ab illis forte fe vi ingerentibus læfum, falva morali rectitudine defendit injuftam vim vi repellendo. Interim tamen libere non arcendo, & ufum fui privativi juris alteri liberaliter concedendo, per fe nil juris amittit; ac proin, etfi non arceat, falva tamen morali rectitudine omittit; cum jactare jus fuum pro arbitrio poffit. Poteftatem ergo moralem ad utrumque oppofitum, adeoque jus habet (1.)

\* *Jus* itaque, quod fcriptores Juris naturæ vulgo *externum* appellant, non fpecies juris, fed attributum omnis juris proprii privativi eft.

### 7.

*Jus* ratione objecti dividitur in *internum*, feu proprii individui, eftque jus difponendi de proprio fubjecto, nempe de anima & corpore proprio, eorumque accidentibus, ufu, & fructu; & in *externum*, quod eft jus difponendi de rebus externis, feu a proprio individuo diftinctis.

### 8.

*Jus externum* fubdividitur in *perfonale*, quod eft jus difponendi de perfonis aliorum hominum, eorumque actionibus, ufu & fructibus; & in *reale*, quod eft jus difponendi de ceteris rebus externis, quæ perfonæ non funt.

### 9.

*Jus perfonale* porro dividitur in *fimpliciter tale*, quod eft jus exigendi actionem, vel omiffionem aliquam perfonæ fecundum fe; & in *jus ad rem*, quod eft jus exigendi ab alia perfona propriam ejus rem aliquam, feu transmiffionem juris alicujus realis eidem proprii in me, ex. gr. folutionem pretii pro labore. Quoniam itaque *fructus rei* non funt nifi res ex rebus ceu cauffis fuis ortæ, & ab eisdem feparabiles; uti agrorum fruges, poma arborum, animalium fœtus &c.; idcirco I. *jura propria quævis, feu perfonalia, feu realia, in perfonis exiftunt inftar fructuum*: II. *Jus ergo ad rem eft inftar juris percipiendi fructum ex perfona, & de eodem fructu difponendi: jus vero fimpliciter perfonale eft jus utendi perfona aliqua*: III. *ac proinde tam jus fimpliciter perfonale, quam jus*

ad

*Prævia notiones de Potestate Legislatrice, &c.* 5

ad rem; non tam nova *species*, quam pars juris pleni personalis est (2): siquidem & personæ simpliciter in hoc rebus similes sunt, de quibus jure disponi potest, seu quoad substantiam, seu quoad usum, seu etiam quoad fructus.

* Termini *jus personale* & *jus reale* etiam alia adhuc, sed impropria significatione apud Juris Doctores occurrunt, ac designare etiam solent jus personæ alicui, vel rei inhærens; uti, si *jus pascendi* prædio alicui ita annexum sit, ut persona quæ jus reale prædii habet, etiam jure pascendi gaudeat, jus pascendi vocatur *jus personale*, jus prædii vero *jus reale*. Atqui tamen utrumque jus r ale est, sed unum alteri quacunque lege in eadem persona connexum: siquidem jus pascendi in prato non proprio aliud non est quam jus utendi eodem, id est, jus in re non plenum (8, 9.) Definitas accuratius notiones istas præmittere necesse habui; quia minus præcisas, ut vulgo apud alios leguntur, easdem inveni. An autem cum, vel sine fundamento, eas innovarim, bonæ Logicæ peritus, ultro ipse deprehendet.

§. II. *Explicantur notiones obligationis & legis.*

10.

*Obligatio passiva* est necessitas moralis liberæ actionis committendæ, vel omittendæ, orta a persona extranea, & ex ipsa inprimis certitudine de potestate morali istius ad eam imponendam. *Obligat o activa* est, ipsa actio unius, pro certa potestate sua morali necessitatem moralem liberæ actionis, vel omissionis, alteri imponentis.

* Est vero *necessitas moralis* coniunctio veræ libertatis ad aliquid agendum & non agendum cum magna difficultate oppositi. Porro *difficultas* ista consistit in prævisione vel magni tædii ex opposito orituri, vel magnæ secuturæ voluptatis ex altero opposito. *Necessitas moralis* itaque eo major erit, quo majores gradus tædii & voluptatis oriturae

A 3 ex

ex actione vel omissione absolute libera praevidentur. Quoniam tamen metus taediorum universe infirmos & egenos homines nos potentius per se movet, quam spes voluptatum nondum praesentium: idcirco *necessitas moralis imperfecta* dicitur, quae solum praevisis ex actione, vel omissione, voluptatibus, *perfecta* vera, quae saltem simul etiam praevisis ex opposito taediis, respective non levibus, determinatur.

### 11.

*Obligatio perfecta* dicitur, quae necessitatem moralem perfectam, *imperfecta*, quae imperfectam solum importat (praec. not.)

### 12.

I. *Obligatio passiva nascitur ex motivis jucundis, vel molestis, cum libertate agendi, vel non agendi, connexis, qualia sunt praemia, & poenae.* II. *Eadem gradus habere potest pro magnitudine motivorum respectiva.*

### 13.

III. *Obligatio activa est actio cum morali potestate motiva jucunda, vel molesta, cum alterius agendi libertate connectens.*

\* Neque praedo in sylva minitans mortem obligat ad dandam sibi pecuniam; nec consiliarius utcunque bonus obligat *perfecte*, si nulla morali potestate instructus esse cognoscatur ad malum seu poenam non obtemperanti intentandum. Deinde ipsa cognitio moralis potestatis in imponente necessitatem specialis pars est necessitatis illius moralis, quam proprie obligationem passivam vocamus. Nihil itaque in datis definitionibus ultra essentiam redundat.

### 14.

*Regula agendi moraliter* est judicium de rectitudine morali actionis, vel omissionis, seu de aptitudine ad finem ultimum agentis.

### 15.

*Præviæ notiones de Potestate Legislatrice*, &c. 7

15.

*Consilium morale* est significatio sui judicii de aliqua regula agendi moraliter. *Invitatio* seu *provocatio* est significatio suæ voluntatis, quid fieri velit ab altero, simulque potestatis physicæ (1.) & certi propositi conferendi bonum aliquod implenti suam voluntatem.

16.

*Jussus* est significatio certa voluntatis de regula agendi, quam alterum sequi volumus, simulque potestatis physicæ, ac certi propositi, malum physicum refractario inferendi.

I. Moralis potestas jubendi est potestas physica obligandi (13).

II. *Jussus & consilium sine morali potestate sic jubendi & consulendi moraliter necessitare (ille perfecte, hoc imperfecte §. 10. not.) potest, sed nullo pacto obligare.*

17.

*Lex moralis* est regula agendi moraliter plures communiter & perfecte obligans. Si unum in singulari obliget, *præceptum* vulgo appellatur. *Lex præcipiens* seu affirmativa, si ad agendum, *prohibens*, seu negativa, si ad omissionem actionis obligat.

\* Nimirum *leges naturæ* sunt regulæ, secundum quas necessitate physica substantiarum simplicium actiones non liberæ determinantur. Itaque & leges morales, quibus actiones liberæ spirituum humanorum salva libertate regantur, regulæ sint oportet necessitatem imponentes, at talem, quæ componi cum libertate possit, nempe moralem.

18.

I. *Lex jussu jubentis morali potestate præditi, ad plures communiter directo, constituitur* (§§. 16. 17.).

II. *Legis constitutio in jubente, ceu obligante activè, importat ex parte intellectus.* 1'.) judicium distinctum

A 4

## 8 Sectio I. Caput I.

ctum de rectitudine morali actionis præcipiendæ, vel morali malitia prohibendæ; 2'.) Certum judicium, quod salva rectitudine morali possit efficaciter velle, & physice efficaciter possit obligare active alios ad hoc in singulari agendum, vel omittendum, seu *certum judicium de potestate sua physica & morali obligandi*: ex parte voluntatis 1'.) *voluntas actualis efficax, ut actio ab eis; quos scit se posse obligare, fiat, vel omittatur*, 2'.) *efficax decretum inferendi malum, seu pœnam, refractariis*, 3'.) *efficax decretum utramque istam suam voluntatem juxta ac potestatem, moralem, & physicam obligandi, certo eisdem significandi;* 4'.) *actualis jussus, seu certa significatio & voluntatis suæ & potestatis utriusque.* Sine prædictis enim actibus intellectus non concipitur moralis potestas obligandi (1. 10. 13.) nec sine dictis actibus voluntatis obligatio ipsa activa (§§. 13. 16.) : atqui utramque lex ceu regula obligans importat (præc.).

19.

III. *Ex parte recipientis obligationem passivam legis* (17.) *in constitutione legis requiruntur tria certa judicia,* seu cognitiones certæ, 1'.) *de potestate physica & morali obligandi perfecte, jubenti propria*, 2'.) *de ejus efficaci voluntate, ut actio fiat, vel omittatur*, 3'.) *de ejus decreto efficaci infligendi pœnas refractariis jussui suo.* Sine his enim judiciis, eisdemque certis, necessitas illa moralis perfecta, obligationem passivam perfectam, legi essentialem conficiens (17.), exoriri non potest (10.13. not. not.)

20.

Lex moralis itaque considerari potest, prout est in jubente cum morali potestate, tumque consistit in actibus (18. II.) enumeratis, & vocatur *lex objectiva,* quatenus actus intellectus jubentis sunt regulæ moraliter agendi pro recipiente legem (14.), simulque hunc obligant active (13.) per conjunctos sibi actus volun-

*Prævia notiones de Potestate Legislatrice*, &c. 9

voluntatis jubentis, qui recipienti legem mediante jussu necessitatem moralem passivæ obligationi propriam imponunt, ac denique sunt objectum trium cognitionum in isto ad legis constitutionem requisitarum (præc.).

Eadem lex moralis considerari aliter potest, prout est in subjecto eam recipiente cum obligatione passiva, tumque consistit in ipsis tribus cognitionibus §. præc. recensitis, constituentibus ipsam obligationem passivam, & vocatur *lex moralis subjectiva*: siquidem tres illæ cognitiones & regulæ sunt agendi moraliter, & obligationem passivam simul conficiunt.

21.

*Omnes actus ex parte jubentis legem requisiti* (18. II.) *pertinent ad legis objectivæ essentiam; excepto jussu actuali, qui solum est attributum essentiale.* Omnes enim illi actus sunt primum, quod in lege objectiva concipitur, & sine quo lex non concipitur, nec unus illorum est ratio sufficiens, aut rationatum alterius, excepto jussu, qui, ceu actus externus potentiæ exequentis efficax decretum voluntatis jubendi, per hoc ipsum decretum ceu rationem sufficientem a priori jam determinatur, ac proin non nisi attributi essentialis proprie rationem habet.

\* Interim actus intellectus pertinent ad legem objectivam, quatenus est *regula recta* ipsamet, actus voluntatis vero, ut est *regula obligans active*.

22.

I. *Lex subjectiva est effectus necessarius legis objectivæ completæ.*

II. *Lex objective talis conficit obligationem activam, lex autem subjective talis obligationem passivam.*

III. *Omnis lex objectiva completa pro effectu habet obligationem passivam completam in actu secundo, & nulla est obligatio vera in actu primo.*

A 5                23.

## 23.

*Promulgatio legis activa* est ipse jussus (16.) habentis moralem potestatem jubendi: hujus autem in sua ratione completi necessarius effectus, id est, ipsa notitia legis in subjecto eam recipiente (praec. I. & 20.) *promulgatio passiva* recte vocatur.

I. *Promulgatio activa per §. 21. est essentiale attributum legis objectivae.*

II. *Promulgatio passiva est ipsa lex subjectiva* (praec. II.)

III. *Leges, cum actu active obligant, iis, quos vere obligant, ignotae esse non possunt* (II. & 20.)

\* Etiam istae notiones & principia, etsi jam alibi a me tradita, hic inferenda erant, nisi lectorem continuo remittere ad alia opera a me scripta vellem.

### §. III. *Explicantur notiones de Potestate Legislatrice & subordinatione jurisdictionis.*

24.

Qui respectu personae alicujus morali potestate jubendi, vel quod idem est, qui physica potestate perfecte obligandi gaudet (1. not. 16. l.), ejus personae *superior* est; qui vero jure ipso jubendi pro arbitrio gaudet, *dominus* appellatur.

*Legislator* est Superior plurium simul sub eadem ratione; seu est is, qui legis existentiam determinandi physica potestate gaudet; atque haec ipsa *potestas legislatrix* appellatur.

\* Qui advertet, aliam a me *legis* notionem stabilitam esse (17.), aliam item notionem *obligationis* (10.), quam vulgo a Wolfianis asseclis recepta fuerit (vide 657. 690. Theol. Nat. item 331. Ethic. Christ. Univ.) non mirabitur, me Wolfianam legislatoris notionem rejicere, qua
vulgo

vulgo is definitur esse *legislator*, qui legem servari præcipit. Mihi quidem obligatio *extranea* legis essentiam constituere videtur (Ethic. christ. loc. cit.)

### 25.

*Subditus* seu *inferior* is dicitur, qui obligari ab altero tanquam superiore suo potest. *Servus* est, qui superiori alicui ceu domino subjectus est.

I. Omnis *servus subditus est, sed non omnis subditus servus.*

II. *Subditus tantum, & non simul servus', superiorem habet, sed non dominum.*

### 26.

III. *Legislator omnis necessario plures simul sub eadem ratione sibi subditos habet, sed non necessario ac per se ullum servum.*

IV. *Legislator per se dominus non est, sed solum superior plurium.* Aliud est enim potestate morali pollere, aliud *jure* jubendi & obligandi. Jus relinquit arbitrium liberum jubendi, seu non jubendi; sola vero moralis potestas per se ad alterutrum tantum datur (1. not.)

### 27.

V. *Si Legislator, & superior quivis, etiam ipse alteri superiori subditus sit; salva sua potestate morali, qua pollet respectu sui subditi, obligari a suo superiore proprio potest ad jubendum subdito suo, quod rectum moraliter est.* Etiamsi enim ipse obligetur a suo superiore ad jubendum suo subdito, quod rectum moraliter est, salva manet tota ratio seu conceptus superioris & legislatoris, id est, potestas moralis jubendi, quæ per se non est idem ac jus liberum proprium ac independens, sed sæpe tantum ad unum ex contradictoriis datur (1.).

\* Esse

*Sectio I. Caput I.*

\* Exemplum est tutor, vel curator, a summo Magistratu constitutus, qui superior est pupilli, aut minorennis, etsi ipse non libero jure jubendi instar domini, sed solum potestate morali ad ea jubenda gaudeat, quæ clienti suo utilia sunt, non quæ utilia tutori &c. (1. not.)

28.

*Declaratio legis* est significatio judicii sui de qualitate, vel quantitate, vel extensione obligationis ejusdem legis, seu ad quid, quam graviter, id est, sub quibus poenis, & quosnam omnes, obliget.

*Declaratio authentica* est, quæ vim legis ipsamet habet, id est, perinde obligat ac prima promulgatio publica legis.

29.

*Potestas exequendi legem* est potestas moralis authentice declarandi poenam, quam subditus violando legem incurrerit, & hnnc cogendi ad eam sustinendam, sive eam inferendi:

30.

*Potestas inquirendi & judicandi* est potestas moralis per media apta captandi notitiam de actionibus subditorum lege præceptis, vel prohibitis, & de conformitate aut difformitate earum cum legibus ferendi proprium *judicium regulare*, id est, quod instar regulæ moralis (14.) serviat in potestate executrice legis (præc.) salva morali rectitudine rite exercenda.

31.

*Jurisdictio* est potestas moralis leges jam latas authentice declarandi, in earum executionem inquirendi, de ea judicandi, ac proin de ortis etiam inde juribus subditorum in dubio regulare judicium ferendi, ac deinde easdem leges exequendi. Qui pollet jurisdictione, *judex* dicitur.

## 32.

*Potestas* omnis *legislatrix* cum *jurisdictione*, tanquam cum suo attributo necessario, conjuncta est. Potestas enim legislatrix est potestas physica determinandi existentiam legis objectivæ & subjectivæ, ceu per se semper necessario connexæ (22.). Ad hoc porro requiritur potestas moralis efficiendi in subdito certam notitiam voluntatis suæ triplicis (19.), id est, quid fieri velit legislator, a quo, & quam graviter, seu de qualitate, quantitate & extensione obligationis. Atqui hæc est ipsa *potestas authentice declarandi legem*, ceu declaratione essentiam legis ipsius habente (28): *quod primum*. Ad idem porro requiritur potestas moralis pœnam subdito violanti legem non solum intentandi, sed etiam inferendi, id est, potestas moralis & physica eum cogendi, ut sustineat; secus necessitas nulla moralis in subdito, id est, nulla obligatio vera, servandi legem, ac proin neque vera lex determinari ad existentiam a legislatore posset. Atqui potestas hæc inferendi pœnam juncta potestati authentice declarandi pœnam, quam subditus legem violando meruerit, est ipsa *potestas legem exequendi* (29.); *quod alterum*. Denique potestas inferendi pœnam importat *potestatem moralem judicandi* judicio regulari de conformitate actionum subditi cum lege, ac proin etiam *potestatem moralem inquirendi*, seu capiendi notitiam de his: quia secus exercitium potestatis executricis legum moraliter rectum, ac proinde & ipsa potestas hujus exercitii moralis, esse non posset (29. 1.): *quod tertium*. Jam vero Jurisdictio omnis triplici hac potestate absolvitur (præc.). Ergo &c. &c.

## 33.

*Jurisdictio* ex adverso *a potestate legislatrice* quoad *subjectum separari*, seu a *persona ob ipso Legislatore diversa exerceri potest*. Alia enim est potestas leges novas

novas determinandi ad primam fuam exiftentiam, alia leges jam exiftentes folum declarandi, in earum executionem inquirendi, eamque urgendi. Cum prima poteftas fele jam exeruit, nihil obftat, quo minus poteftas in alterum transferri exercenda poffit, quin talis jurisdictione fungens etiam novas ferre leges hoc ipfo poffit.

34.

Tam *poteftas legislatrix*, quam *jurisdictio*, imo *omnis poteftas moralis*, vel eft propria, vel delegata, vel fuprema, vel fubordinata. *Propria* eft, fi (inftar juris proprii 3.) non dependet a jure feu mero arbitrio libero alterius; *delegata*, fi (inftar juris precarii §. cit.) a jure libero alterius dependet. *Suprema* eft, fi non folum ab omni jure, fed & ab omni poteftate morali aliena, quoad exiftentiæ continuationem independens eft (1.); *fubordinata*, fi vel fecundum exiftentiam fuam in hac perfona determinata, vel fecundum perdurationem in eadem, vel fecundum exercitii fui effectum, non quidem a jure, attamen a poteftate morali alterius in certis adjunctis dependet inftar dominii baffi a dominio alto pendentis (4.).

* In regno independente fummum principatum tenens, feu fuprema poteftate legislatrice pollens, aliis perfonis, ceu judicibus (31.), non folum delegatam a fe poteftatem jurisdictionis tribuere poteft, fed & illis alios judices, feu integras curias inferiores judicum communi fuffragio judicantium, fubordinare poteft, qui pofteriores refpectu priorum, propriam habeant jurisdictionem, attamen eisdem fubordinatam, fiquidem princeps fupremus curiæ fuperioris judices obliget, feu morali folum poteftate inftruat ad fufpendendam jurisdictionem inferiorum, fi ifti hoc male alicubi utantur, non tamen liberum jus & arbitrum eis ad hoc tribuat; quod fibi foli ut fupremo Legislatori competit. Omnes ifti judices fuperiores, & inferiores, erunt refpe-

*Prævia notiones de Poteſtate Legislatrice, &c.* 15

reſpectu principis ſupremi judices mere delegati; at nihilominus inferiores reſpectu ſuperiorum habebunt vere proprium jurisdictionem, attamen ſimul illorum ſuperiorum judicum jurisdictioni lege principis ſubordinatam.

### 35.

*Poteſtas legislatrix & jurisdictio ſuperior* dicitur, cui altérius poteſtas legislatrix & jurisdictio eſt ſubordinata, *inferior* quæ alteri ſubordinata eſt. Poteſtas legislatrix & jurisdictio ſuprema, ſeu nulli alteri ſubordinata, *imperium* appellatur.

### 36.

I. *Qui jurisdictione ſolum delegata ab alio gaudet, ſecundum hanc iſtius non tantum ſubditus & inferior eſt, ſed ſervi inſtar eidem ſubjectus, tanquam domino omnis ſuæ precariæ poteſtatis.* Non enim aliam poteſtatem judex delegatus, niſi ipſius delegantis propriam habet: & a mero hujus arbitrio & vero jure in omni exercitio illius pendet (34. 25. 3.)

* Unde etiam vulgo *Miniſter Principis*, aut *Judex delegatus*, ſimpliciter appellatur, aut etiam *Vicarius Principis*: cujus reſpectu is, qui ſupremam delegatam a Principe imperante poteſtatem habet, *Miniſter ſupremus, Vicarius ſupremus*, & in abſentia Principis regni *ſupremus Adminiſter*, vel *Gubernator*, appellatur.

II. *Viciſſim delegans alteri ſuam jurisdictionem ratione iſtius præciſe domini inſtar eſt;* quia pro jure ſuo & arbitrio precariam delegati poteſtatem ſuſpendere, limitare, modificare poteſt.

### 37.

III. *Qui ſolum poteſtate ſuperiore, non ſuprema independente, pollet, non eſt dominus jurisdictionis inferioris & poteſtatis:* 2.) attamen in caſibus a ſupremi principis lege definitis poteſtate morali pollere poteſt ſuſpendendi, limitandi, ſupplendi, corrigendi, modificandi

*candi &c. potestatem & jurisdictionem inferioris*: prout nimirum supremus legislator superiorem potestatem ipse pro casu necessitatis alicujus publicae aut utilitatis ad ista contulit.

38.

*Dominium despoticum exercere* dicitur, qui, cum solum potestate morali certis legibus determinata gaudeat, nec nisi subditos, non autem servos habeat, ea veluti jure suo proprio utitur adversus subditos, tanquam servi essent.

## ARTICULUS II.
### DE SOCIETATE HUMANA IN GENERE.

39.

*Societas humana in genere* est numerus aliquis hominum comuni perfecta obligatione devinctorum ad jungendas mutuo vires pro sine aliquo consequendo.

40.

I. *Omnis societas est compositum morale;* cujus scilicet nexus seu unio non in physica, sed morali necessitate, seu obligatione, consistit.

II. *Essentialia omnis societatis in genere sunt* 1.) aliquis numerus personarum, 2.) finis aliquis communis omnibus, saltem proximus, 3.) communis & constans obligatio jungendi media & vires, quas habent, ad finem communem consequendum.

\* Nimirum Societas hominum analoge in ratione compositi moralis se habet, uti mundus corporeis ex elementis suis compositus se habet in ratione compositi physici. Ad hoc enim posterius quoque requiritur 1) certus *numerus* elementorum, viribus ad finem aliquem efficiendum per se aptis praeditorum, 2.) *finis* communis efficiendus, qui est series eventuum naturalium a Deo intentus, 3.) *necessitas physica*

*physica* ad eam feriem eventuum producendam vi primæ compositionis, ceu unio physica, in eadem elementa introducta. Discrimen unicum est, quod elementa non ordinentur ad finem liberi arbitrii usu bono, fed sola necessitate naturæ, producendum; homines econtra ad finem societatis bono usu libertatis consequendum *morali necessitate* obligentur.

III. *Societates secundum unum vel plura ex essentialibus inter se differentes, specie intrinseca differunt.*

IV. *Societates hominum ad existentiam determinantur determinata existentia obligationis perfectæ communis plurium hominum ad vires pro fine aliquo consequendo conjungendas.*

41.

Si obligatio nexum & essentiam Societatis conficiens (præc. l.) determinetur lege Superioris objectiva, *Societas legalis* appellatur; si homines ipsi mutuo pacto se perfecte obligando ad jungendas vires pro aliquo fine consequendo Societatis essentiam & existentiam inter se determinent, *Societas voluntaria* dicitur.

\* Supponitur ex Jure Naturæ, pacta veram ac perfectam parere obligationem, eamque mutuam, vel non mutuam, pro ratione pacti.

42.

Societas legalis, si Dei lege naturali determinetur, *Societas naturalis, & necessaria*; si lege Dei positiva seu supernaturali, *Societas supernaturalis, & contingens*, appellatur.

\* *Omnem societatem pacto, vel quasi pacto, constitui*, Ill. Wolfii & aliorum sententia fuit; quæ tamen, sicut & ipsum *quasi pactum*, hodie a recentissimis magisque probatis Juris Naturæ scriptoribus satis communiter, & merito, rejicitur: eo quod *pactum præsumtum*, revera pactum non sit;

STATTLER, DEMONST. CATHOL.    B    sicuti

ficuti confenfus præfumptus folummodo verus confenfus non eft, nec proinde veri confenfus effectum parere poteft: tum vero quod etiam fine omni pacto humano, & fola Dei lege focietas conftituti poffit. Thefis illa itaque ad folam *focietatem voluntariam* reftringenda eft.

### 43.

*Exiftit inter omnes promifcue homines contemporaneos, rationis recto ufu præditos, Societas naturalis & neceffaria, Dei lege naturali conftituta.* Omnes enim ifti lege naturæ communi perfecte obligantur ad communem beatitatem, non hujus folum, fed vel maxime illam futuram vitæ alterius junctis mutuo viribus confectandam, fatrem *quando & quatenus hæc mutua virium & auxilii conjunctio aliis neceffaria eft* ad prædictum finem confequendum. Ergo per præc. &c. &c.

* Ulteriorem oftenfionem primæ propofitionis ex Jure Naturæ fuppono. Ceterum dixi: *quatenus & quando conjunctio illa virium neceffaria eft ad finem creationis ultimum ab aliis confequendum.* Neque enim inferre univerfe cum Ill. Wolfio ejusque afleclis velim, *nemini licere vitam folitariam agere, ut fibi foli vivat, non aliis* ( Wolfius P. VII. J. N. §. 139 ); eo quod folus ftatum fuum nemo perficere poffit, uti jure naturæ tenetur ( ibid §. 138 ). Id folum recte infertur; cum lex naturæ, ceu perfecte obligans, non nifi abfolutam neceffitatem focialis vitæ ad finem ultimum ( non meram utilitatem contingentem ad altiorem felicitatis gradum ) fpectet; *focietatis cultum præcipi omnibus univerfe in neceffitate; alias autem fi vera utilitas appareat, confuli folum cum obligatione imperfecta;* imo fæpe etiam confuli vitam folitariam poffe ob majoris propriæ perfectionis fpem & occafionem. Certe qui vitam folitariam illis omnibus etiam jam adultis viris lege naturæ prohibitam velit, qui tenui victu herbarum, & fonte aquæ puræ contenti, fibi ipfis ad contemplandum Deum fufficiunt foli in eremis; næ is heroes illos

*Prævia notiones de Poteſtate Legislatrice, &c.* 19

illos ſolitudinis antiquæ, Paulos; Antonios, Onuphrios, læſi juris naturæ reos, ſaniore orbe ridente, pronuntiarit.

44.

Cum *Societas* ſit unum compoſitum morale (40. I.); idcirco conſiderata qua tale, & abſtrahendo ab eis, quæ ſingula ejus membra ſeorſim concernunt, eſt *perſona compoſita, moralis, ens unum rationale compoſitum* (quæ omnia idem ſonant) *ac proin etiam ut talis obligationis eſt capax*; quatenus eidem poteſtate morali obligatio perfecta imponi poteſt ad actionem aliquam communi conſenſu committendam, vel omittendam.

\* Sic princeps tribum integram obligare poteſt ad certam quantitatem tributi communi contributione reddendam.

45.

Ex his naſcitur nova *diviſio Societatis in ſimplicem*, quæ ex perſonis meris ſingularibus componitur, *& in compoſitam*, quæ ex perſonis pluribus moralibus, five ex pluribus ſocietatibus, coaleſcit (præc.). *Societates compoſitæ minores* ſunt; quarum membra ſunt ſocietates mere ſimplices; *majores* quarum membra ſunt ſocietates ipſæ jam compoſitæ.

46.

Alia inſuper eſt *ſocietas univerſalis*; quæ ſcilicet aut omnes omnino homines, aut ſaltem in omnibus orbis partibus quam plurimos, complectitur; vel certe per ſe complecti poteſt; alia *particularis*, quæ aliquos tantum, nec in omnibus locis.

I. *Societas Naturalis* (43.) *univerſalis eſt.*

II. *Omnis ſocietas voluntaria vulgo eſt particularis;* quia in pacta voluntaria moraliter impoſſibile eſt, ut unquam omnes, aut omnium orbis partium aliqui ſaltem homines conſentiant.

B 3 CAPUT

## CAPUT II.

### DE SOCIETATE IN SPECIE, TAM VOLUNTARIA, QUAM LEGALI, ÆQUALI, ET INÆQUALI.

#### ARTICULUS I.
#### PRINCIPIA GENERALIA DE SOCIETATE VOLUNTARIA.

47.

Quoniam omnis focietas voluntaria ex pacto mutuo oritur ( 41..), quatenus id communem omnibus fociis obligationem parit ad jungendas vires pro fine aliquo confequendo; ex pacto autem non nifi valido obligatio nafci vi juris naturæ poteft: idcirco *omnis focietas voluntaria pro fui exortu pactum validum fociorum prævium requirit, feu expreffum, feu tacitum.*

I. *Itaque tam finis focietati præftitutus licitus effe debet, quam media, quæ fe collaturos ad confequendum finem pacifcuntur focii.* Rei enim illicitæ pactum invalidum eft ( ex Jure Naturæ ).

II. *Nihil adverfum legi divinæ cuicunque, naturali, vel pofitivæ, pacifci pacto fociali homines poffunt;* quia nihil illicitum ( I. ).

III. *Socii voluntarii non ad aliud, nec ad plus obligantur, quam ad quod pacto ipfi libere fe abligarunt.* Omnis enim obligatio focialis in focietate mere voluntaria ex pacto exiftit.

IV. *Igitur omnes obligationes fociales & jura focietia inprimis ex tenore expreffo pacti metienda, & judicanda funt.*

V. *Quodfi vero pactum fociale vel ex toto, vel ex parte, tacitum duntaxat pactum fit, ex fine, & abfo-*

*De Societate in specie, tam voluntaria*, &c.

absoluta necessitate mediorum ad finem societati communi pacto præstitutum, obligationes sociales metiendæ sunt.

### 48.

Si Societas quædam voluntaria jam anticipato existat, cujus obligationes sociales jam alioqua pacto expresso determinatæ sint, eidemque persona aliqua se de novo etiam pacto solum tacito absolute adjungat: si talis pacti taciti socialis obligetur ad ea omnia, ad quæ obligari socios ejus Societatis eo tempore non ignoravit, cum Societati se adjunxit. Pacisci enim velle esse alicujus Societatis membrum, idem est atque consentire, ut omnes communes habere velit obligationes sociales. Quodsi ergo simul scivit, quales istæ sint, sciens iis se teneri consensit. Ergo &c. &c.

## ARTICULUS II.
### PRINCIPIA GENERALIA DE SOCIETATE VOLUNTARIA ÆQUALI.

### 49.

*Homines moraliter æquales* dicuntur, quorum neuter alterius superior, nec subditus est; *inæquales moraliter*, si unus superior alterius, & proinde alter ejus subditus.

### 50.

*Societas æqualis* vocatur, in qua omnes socii moraliter æquales, *inæqualis societas* vero, in qua illi inter se moraliter inæquales sunt.

### 51.

*Lege naturæ absoluta omnes homines moraliter æquales sunt.* Lex enim naturæ absoluta rationem sufficientem habet in natura Dei, & hominis liberi,

beri, & actionum liberarum fecundum fe. Atqui hæc in omnibus hominibus fe perinde omnino habent. Ergo omnes easdem habent leges naturæ abſolutas. Atqui non haberent, fi unus lege naturæ alteri fubjiceretur &c. Ergo &c. &c.

\* Sufficit ifthic defignaſſe potius, quam plene explicuiſſe rationem omnem hujus thefis in Jure Naturæ ubertim demonſtrari folitæ. Non enim hic jus Naturæ, nec jus fociale confcribere mihi propofitum; fed folum principia ex illis difciplinis ad demonſtrandum propofitum mihi focietatis Eccleſiaſticæ & Civilis felicem nexum neceſſaria excerpere, ac, quoad licet, & opus eft, ftabilire.

§ 2.

I. *Societas ergo hominum naturalis, univerſalis, & legalis, focietas æqualis eft* ( præc. 43. 45.)

II. *Societas omnis voluntaria in ipſa ſui origine per ſe ex paciſcentibus æqualibus coaleſcit.*

§ 3.

*Socii, dum pacto primo ſociali ſe præciſe ad finem al'quem, ceu commune bonum, junctis viribus perſequendum mutuo obligant, nulli ſingillatim idcirco neceſſario aliquam ſuperioritatis prærogativam hoc ipſo tribuunt.* Tametſi enim per pactum ſociale finguli fe obligent mutuo; tamen hoc focius quisque propria facit poteftate & arbitrio, quin aliena præcife poteftate obligatio ei imponatur: pariter dum fe obligando quisque ceteris jus perfonale proprium tribuit (§. 3.) exigendi a fe executionem pacti focialis, ac proin etiam jus cogendi fe ad eam exeoutionem (6.); par tamen jus idem in alios quosque focios eodem pacto fociali mutuo ac ipit; ac proinde nulli *ſingillatim* idcirco. fuperioritatis (24) prærogativa (id eft, jus peculiare non commune aliis) fupra ceteros accedit. Itaque Socii, dum &c. &c.

\* Nega.

*De Societate in specie, tam voluntaria, &c.*

\* Negari non potest, ipsa laesione juris alieni speciem quamdam superioritatis adversus se a laedente in laesum transferri, ac proin etiam a socio pactum sociale violante in consocios; eo quod jure naturae omni laeso extra statum civilem jus competat non solum reparationem juris laesi a laedente etiam vi adhibita exigendi, verum etiam, si ad novas laesiones avertendas necessarium sit, poena emendatrice aut exemplari laedentem afficiendi; ex quo sequitur, idem consociis laesis in laedentem consocium licere; imo ex hoc principio primam potestatis civilis originem derivare necessum est. Interim jus & potestas haec moralis puniendi socium, consocios violatione pacti socialis laedentem, non uni singillatim, sed omnibus, & quidem non singulis private, sed simul universis cumulative proprium est (5), nec ceu jus proximum & completum ex solo pacto sociali immediate & absolute nascitur, sed insuper ex facto alio, nempe ex laesione actuali.

## 54.

*Societas voluntaria tamdiu aequalis habenda est, quamdiu oppositum ex pacto sociali expresso non constat.* In origine enim sua ex paciscentibus naturali jure aequalibus coalescit (52. II.) neque vi pacti socialis per se necessario cuiquam singillatim, aut ullis prae ceteris, superioritatis praerogativa tribuitur ( praec.); neque demum praesumi potest, quod pacto tacito sine necessitate ulla ceteri socii aequalitate & libertate naturali abdicata uni, vel pluribus, non expresse designatis, superioritatem supra se concedere voluerint. Ergo per 47. III. & V, &c. &c.

## 55.

*Ex pacto sociali duplex obligatio nascitur, divina, & humana* (seu uti vulgo vocant, *interna* seu *conscientiae*, & *externa*). Deus enim lege naturae intentando poenas aeternas prohibet violationem promiffi in re gravi; | & focii pacifcentes, tribendo invicem, & ab invicem acceptando jus cogendi, contra laefionem fe defendendi, laedentem focium puniendi, connectunt motiva poenarum ab fe infligendarum cum actione, vel omiffione, pacto fociali contraria Ergo active fe mutuo obligant (10. 13). Oritur itaque ex pacto fociali obligatio divina & humana.

\* Suppono utique hic jure, lege divina vere tali poenis etiam aeternis in re gravi prohiberi violationem pactorum: id quod alias jam etiam ex fola ratione naturali in Ethica Univerfali chriftiana de omnibus actionibus moraliter theologice malis §. 358, demonftravi. Profecto rifum mereri mihi videntur, qui de Deo fufpicari poffunt, cum mero arbitrio, non neceffitate, poenis aeternis malefacta hominum libera punire.

56.

I. *Poteftas obligandi obligatione divina focios pacifcentes foli Deo ineft, atque ab eo exercetur fuppofito facto humano, videlicet pacto fociali, tanquam conditone pacifcentibus libera.* Obligare enim active eft connectere motiva poenarum, & quidem in praefente cafu poenarum aeternarum vitae alterius, quod utique folus Deus poteft. Interim focii pacifcentos facto fuo libero, ad quod praevie non obligantur, conditionem ponunt, fine qua Deus ad pactum fervandum non obligat.

II. *Obligatio divina ex pacto fociali orta eft naturalis, non tamen abfoluta, fed hypothetica;* quia non in fola natura rerum, fed in facto praevio, nempe in ipfo pacto fociali, rationem fufficientem completam habet.

57.

III. *Poteftas obligandi obligatione humana in ipfis fociis pacifcentibus ineft.* Ipfi enim tribuendo &
acci-

accipiendo ab invicem jus cogendi, & lædentem consequenter puniendi (55.), conneftunt communi consensu motiva tædiorum gravium cum actione, vel omissione, pacto contraria (13.).

IV. *Potestas hæc invicem obligandi humana sociis immediate a Deo data est cum ipsa potestate pacifcendi*; a qua quippe non differt, ut patet ex demonstratione §. 55.; siquidem continetur in omni pacto etiam singulari unius cum uno in statu naturæ originario.

V. *Obligatio ipsa humana, activa, & passiva, est ipsum pactum sociale*, seu consensus mutuus, tum active expressus, tum passive acceptatus & cognitus a mutuo pacifcentibus sociis. Revera omnes actus §§. 18. 19, 23. enumeratos hic intervenire, facili & obiva reflexione advertes.

58.

*Pacto sociali quocunque determinatur existentia veræ legis socialis, divinæ naturalis hypotheticæ, & humanæ positivæ, obligantis ad implendum pactum sociale.* Lex enim est regula moraliter agendi plures communiter perfecte obligans (17.), quæ objective consistit in ipsa obligatione activa, subjective autem in obligatione passiva (22. II.). Ergo ubi datur perfecta obligatio divina & humana pluribus communis, activa & passiva; ibi datur lex divina & humana; vel naturalis hypothetica, vel absoluta, vel positiva; qualis nempe est obligatio. Atqui pacto sociali determinatur existentia obligationis divinæ naturalis hypotheticæ, & humanæ positivæ (ceu contingentis; cum pacto libero oriatur) utraque sociis omnibus communis (55, 56. II.). Ergo &c. &c.

59.

I. *Omnis societas voluntaria legem propriam socialem habet, tum divinam naturalem hypotheticam.*

*tum humanam pofitivam ipfo pacto fociali expreſſam, & promulgatam active & paſſive* (57. III.).

II. *Omnis Societas voluntaria tam in fui origine gaudet poteſtate humana, divinitus immediate accepta ferendi leges humanas pofitivas, cum obligatione conſcientiæ (feu divina) conjunctas,* 2'.*) quam etiam deinceps in fua perduratione.* Primum patet ex dictis a §. 56. feqq: alterum ex eo, quod utique focii primo pacto jam confociati, per hoc poteſtate nova pacta ex communi confenſu adjiciendi non privantur: atqui quodlibet novum pactum commune determinat novam legem (præc.), & poteſtas communiter pacifcendi eſt poteſtas determinandi novas leges (55. 57.).

60.

*In Societate æquali, quamdiu pacto feu lege aliqua fociali alius modus ferendi novas leges communi confenſu determinatus non eſt, leges novæ primæ legi feu pacto fociali* (58.) *nullæ omnino adjici poſſunt niſi ex communi omnium confenſu.* Sicut enim in primo pacto poteſtas pacifcendi, feu ferendi legem omnes focios obligantem, cumulative erat divifa inter omnes, quin vel uno diſſentiente lex pacti iſtum ipfum obligare poſſet, fic talis manet, donec communi confenſu aliud compromittatur.

* Prætereo hic rurfum multa, quæ ad Societatis æqualis indolem plene determinandam a Juris Naturæ focialis Doctoribus porro apponi folent; quia non jus naturæ fociale fcribere intendo, fed longe aliud propofitum habeo, ad quod unice collimo.

61.

*Votum* feu *fuffragium* dicitur declaratio voluntatis focii de eo, quid communi confenſu fieri, vel omitti, ipfe optet. *Votum decifivum, definitivum,*

*vum*, appellatur, si eo tanquam ratione partiali sufficiente lex & obligatio communis sociorum, nec sine eo saltem edito, determinatur: secus dicitur *consultivum*, si per modum consilii tantum detur (15.). Id quod facere socii, vel omittere, per vota obligantur, *conclusum* appellatur,

### 62.

I. *In Societate aequali, nisi aliter consensu unanimi conclusum jam ante fuerit, non nisi vota unanimia concludunt, & dissentiente vel uno omnes dissentire absolute intelliguntur* (60).

II. *In eadem hypothesi cujuslibet socii votum est decisivum.*

III. *Modus aliter concludendi quam per vota unanimia in omni Societate voluntaria primo per vota tantum unanimia determinari in vim legis potest.*

IV. *Conclusum obligans legis naturam habet: unde modus concludendi idem est quod modus ferendi leges; ac proin modus ferendi leges in Societate voluntaria aut in unanimi consensu votorum consistit, aut non nisi id genus aliquo unanimi votorum consensu aliter definiri ac determinari potest.*

### 63.

*Potestas ferendi leges, quae universae Societati aequali voluntariae competit pro singulis, verum inter homines imperium est.* Nulli enim alteri potestati legislatrici humanae subordinata est (35. 34.); cum antecedenter socii omnes aequales sint, & ex hypothesi in Societate aequali socientur (52. II.).

### 64.

I. *In societate aequali, quamdiu nullum conclusum valet nisi ex votis unanimis, nec proinde alius modus concludendi determinatus est, respectu legum primum*
*fe...*

ferendarum ſinguli vere adhuc liberi ſunt, & eatenus tota Societas adhuc libera eſt. 2) Aſt reſpectu legum jam communi conſenſu latarum ſinguli poteſtati legislatrici & imperio totius Societatis ſubjiciuntur, qua ob eas leges violatas puniri poſſunt etiam inviti. Tranſit enim hoc jus puniendi in læſos, nec ipſis cum lædente ſocio commune eſt; etſi poteſtas legislatrix, id eſt, pactum vim legis habens ineundi, cumulative cum eo commune erat, qui poſtea pactum violando eosdem lædit ( 53. not. ).

II. *Libertas ſingulorum ſociorum etiam quoad leges futuras perire incipit*, dum ſocii unanimis votis alium modum concludendi quam per unanimia vota decernunt. Tunc enim jam non ſinguli ſuo voto libero impedire poſſunt, ne novis legibus ligentur.

III. *In caſu tamen etiam Cor. 'præc. adhuc tamen tota Societas ut una perſona moralis* ( 44. ) *libera manet, ac independens*: quia necdum alterius a ſe adæquate diſtinctæ perſonæ poteſtati morali ejus libertas communis ſubjicitur.

### 65.

*Societatis perfectio. abſoluta* ex perfectione finis ſimul atque ex ſufficientia mediorum ad eundem conſequendum, *perfectio* vero *in ſuo genere* tantum ex ſola ſufficientia mediorum ad finem ejus generis ſocietatibus proprium, conſiſtit ( 86. 88. Ontol.).

I. *Societatis humanæ perfectio metienda ex felicitate, quam pro fine habet, & ex mediis, quæ pro ea conſequendo habet in ſua poteſtate morali,*

II. *Eadem peefectio metienda ex numero & qualitate ſociorum*; quia ſinguli ſocii ſunt ſingula media.

ARTI-

## ARTICULUS III.
## DE SOCIETATE INÆQUALI VOLUNTARIA.

### 66.

*Imperium, quod originarie in Societate tota voluntaria æquali est* ( 63. ), *ab hoc vel retineri potest* ( 60. ), *vel votis unanimis* ( *non aliter* ) *in personam aliam, unam, vel plures, seu totum, seu ex parte limitatum, transferri.* Jus enim tuum an, quo modo, & in quem, transferre velis, utique in tua, cujus folius est, potestate est: sed neque, si tuum vel ex toto, vel ex parte saltem comulative est ( 5. ), sine tua voluntate in alium transferri potest. Atqui imperium in Societate æquali originarie est cumulativum jus omnium sociorum commune ( 63. 64. ). Ergo &c.

### 67.

*Imperii summi potestas, quam societas voluntaria æqualis unanimis votis transferre in aliam personam quamcunque potest* ( præc. ), *in natura & qualitate sua, & in ratione potestatis moralis* ( 1. ) *determinatur per finem Societatis primo pacto sociali una cum ipsa Societate constitutum.* Non enim nisi hujus finis intentione & ipsi pactum sociale & Societatem ipsam inire; nec nisi hujus finis eo certius obtinendi caussa imperium antea ipsi exercebant; nec nisi ejusdem finis intuitu imperium transferunt in alium. Ergo, nisi expresse aliud significent, nihil aliud quam imperium, seu potestatem legislatricem supremam ( 35. ) in ratione potestatis moralis ( non juris & liberi arbitrii ) per ipsam finem societatis primitivum determinatam per se transferunt, vel transferre cogitant.

### 68.

Exercitium imperii in Societate *regimen*; ratio personæ, physicæ, vel moralis, quæ imperium exer-

exercet (44.), *forma regiminis* appellatur; perſona denique ipſa *rector Societatis*, vel *Princeps*. Si imperium a tota ſocietate adhuc æquali exercetur, *regiminis forma democratica*; ſi in plures perſonas ſociales certo numero ſelectas translatum fuerit, *forma Ariſtocratica*; ſi in unam perſonam phyſicam, *Monarchica* vocatur: ſi denique varie diviſum inter unum & plures, vel inter unum & omnes, vel inter omnes & plures fuerit, *mixta regiminis forma* dicitur.

69.

*Modus regiminis* dicitur, ſub quo tanquam conditione eſſentiali exerceri imperium debet, ut effectum ſortiatur. Talis modus eſſe ex. gr. poteſt, ſi Monarcha in legibus ferendis prius audire ſaltem conſilia ſui ſenatus debeat; vel ſi in regimine Ariſtocratico, vel Democratico, concluſa de legibus ferendis fieri non poſſint niſi per unanimia vota, vel per majora, vel per duas tertias &c.

70.

*Leges fundamentales Societatis* cujusque dicuntur, quæ illius exiſtentiam, & qualitatem, ſeu ſpeciem, determinant. Unde *leges fundamentales ſunt tum lex primi pacti ſocialis, quo ipſa Societas certi finis ultimi communibus junctis viribus conſequendi cauſſa initur, & conſtituitur; tum illa, quo forma & modus ſtabilis ac conſtans regiminis determinantur.*

71.

*Finis ultimus*, ſeu commune bonum, cujus cauſſa hæc individua Societas inita & conſtituta eſt, *ſalus publica* appellatur. Quoniam ergo finis ultimus prima ratio ſufficiens eſt omnium mediorum, cur ſcilicet iſta in ſpecie applicentur; idemque regulas circa media determinet; leges autem ſint

# De Societate in specie, tam voluntaria, &c.

sint regulæ ejusmodi (17. 14.); *evidens est, quod salus publica recte dicatur prima ratio sufficiens omnium legum Societatis.*

### 72.

I. *Leges fundamentales æque a rectore quocunque Societatis atque a ceteris sociis servari debent*: quia earum obligationi æque ille imperium sub tali forma & modo regiminis acceptando, atque isti transferendo idem in illum, consensere.

II. *Socii omnes lege formam regiminis determinante rectori Societatis cuicunque, in quem imperium transfertur, vere subjiciuntur.* Est enim illius imperium ceu potestas legislatrix suprema eadem, quæ prius inerat in Societate adhuc æquali, per vota unanimia exercenda (52. II. 63. 64).

III. *Rector Societatis summo imperio instructus, servato modo regiminis per legem fundamentalem determinato, potest ferre leges humanas, totam Societatem etiam in conscientia obligantes*, ob eandem rationem, (60.).

## ARTICULUS IV.
## DE SOCIETATE LEGALI INÆQUALI, ET QUAVIS ALIA ALTERI MAJORI SUBORDINATA.

### 73.

In Societate legali leges fundamentales vel omnes, vel solum aliquæ ex eis, determinantur lege superioris, id est, illius, cujus potestati morali jubendi libertas omnium sociorum jam a priori ad nexum talis Societatis subjicitur (24. 41.): in primo casu *Societas mere legalis*, in altero societas mixta, id est, *partim legalis, partim voluntaria*, recte appellatur.

### 74.

## Sectio I. Caput II.

### 74.

Etiam in *societate humana voluntaria lege mere humana rectoris*, *seu Principis supremo imperio fungentis*, minor quædam *societas*, seu pars majorem illam componens, *constitui potest*. Cum enim omnis societas, ceu persona moralis, obligationis ad aliquem finem junctis viribus persequendum capax sit (44.); per se non repugnat, societatem unam simpliciorem instar partis componentis communi obligationis ejusdem socialis nexu alteri societati magis compositæ adstringi; modo vel ipse finis peculiaris & proprius talis simplicioris societatis instar medii apti ad communem majoris compositæ societatis finem promovendum serviat, vel certe ita obtineri per propria media possit, ut socii simplicioris id genus societatis satisfaciendo obligationi particulari non impediantur, nec minus idonei reddantur ad satisfaciendum obligationi communi societatis majoris compositæ.

### 75.

In eadem *societate humana voluntaria majore lege mere humana rectoris* ejusdem minor quædam *societas constitui potest*, tam *legalis*, quam *voluntaria*, *quæ illam majorem ut pars aliqua componat*. Potest enim vel rector ipse, sociorum sibi jam subditorum aliquos speciatim seligere, eosque lege lata seorsim obligare, ut vires jungant ad specialem aliquem finem consequendum, qui ceu 'particulare medium fini communi, seu bono communi, totius majoris societatis promovendo inserviat; & tunc per §. 41. hæc minor Societas majori inserta *erit societas legalis*, vel poterit idem solum permittere non nullis sociis, ut libera voluntate societatem inter se finis cujuscunque caussa ineant, qui bono & fini communi majoris Societatis saltem nihil obstet, atque lege lata ceteros socios obligare, ne istius

*De Societate in specie, tam voluntaria, &c.* 33

minoris focietatis feorfim particeps confocios a confectando & confequendo proprio particulari fine non impediant; quoad illum- mediis communi bono non præjudicantibus confequi elaborabunt; quo cafu talis minor *Societas erit voluntaria* fimul, & tamen omnes ejus focii fimul ut pars majorem illam component ( 41. ).

76.

*Societas minor, tam legalis, quam voluntaria, quæ in majore aliqua Societate humana voluntaria lege etiam mere humana rectoris ex aliquo il us fociorum numero fcorfum conflitui poteft, utraque poteft effe vel æqualis, vel inæqual s.* De voluntaria patet ex dictis. §§. 52. II. 53. 64. 60. De legali inde id ipfum conftat, quod, ficuti rector Societatis majoris omnium membrorum etiam minoris Societatis, quæ illius pars fit, fuperior eft, ita, fi bonum commune id exigat, poffit partem fuæ poteftatis legislatricis & jurisdictionis in focios, a fe peculiari Societati legali adftrictos, vel uni alicui ex ipfis feorfum in ceteros, vel pluribus fimul, tranfcribere, atque ceteros obligare, ut ilii, vel iftis, fubjaceant in iis, quæ in ordine ad finem particularem minori ejusmodi Societati proprium, lege lata jubebunt, aut vetabunt ( 72. III.).

77.

*Omnis tamen poteftas legislatrix, quæ ineft membris quibuscunque Societatis minoris, quæ alterius majori Societati, ceu jam antecedenter aliunde exiftenti, ceu pars de novo inferitur vel lege ipfius rectoris communis, vel pacto voluntario aliquorum fociorum particulari cum illius permiffu inito, nunquam non fubordinata eft, & fubordinata manet poteftati legislatrici & jurisdictioni rectoris illius communis majoris Societatis; quamdiu Societas ipfa illa major*

STATTLER, DEMONSTR. CATHOL. C *per-*

pergit exiſtere, aut focii minoris illius Societatis perguut eſſe membra iſtius majoris. Si enim talis minor focietas legalis ſit, id eſt, lege rectoris communis conſtituta; ejus exiſtentia, ut in fui ortu, ſic & in conſervatione ſemper, dependet a poteſtate morali legislatrice ejusdem, obligante focios minoris focietatis ad vires peculiaris finis cauſſa jungendas (75.): ergo cum poteſtas legislatrix minori focietati propria fine focietate ipſa exiſtere non poſſit, erit etiam ipſa ſubordinata poteſtati morali rectoris communis (34.). Si vero eadem fit voluntaria; cum tamen antecedenter omnes ejus focii ſubjiciantur rectori communi; cui non jus liberum, ſed ſolum poteſtas moralis in ſubditos quoscunque competit (1.); non poterit is aliam ſeorſum de particulari fine pacifcendi libertatem membris aliquibus majoris Societatis concedere; niſi quoad finis ille, & illum conſequendi ſtudium, fini & bono communi Societatis majoris non obeſt; quippe cui promovendo aliunde & rector & omnes focii jam obligantur. Ergo quamprimum & quoties conſervatio focietatis minoris, ejusque obligationis & nexus exiſtentia, obeſt communi bono majoris, moraliter poteſt imo obligatur rector communis tollere ac ſolvere focietatem minorem; ac proin hujus juxta atque omnis poteſtatis legislatricis eidem propriæ exiſtentia a poteſtate morali rectoris communis majoris focietatis dependet, eidemque omni tempore ſubordinatur (cit.).

### 78.

*Si rector majoris Societatis ſolum jubeat, ut pars ſociorum ſpecialem ſocietatem, ineat vires jungendo peculiaris cujusdam finis confectandi cauſſa, relicta illis plena libertate determinandi modum, quem inire velint in executione finis illius & obligationis ſibi a rectore impoſitæ; ſocietas ipſa talis quoad originem ſui*

## De Societate in specie, tam voluntaria, &c.

*sui in genere societatis & in specie media erit legalis* (41.); quia & existentia ejus in genere, & finis in specie, Superioris lege determinatur: *quoad formam tamen & modum vero regiminis & in specie infima simul erit voluntaria* (cit 68. 69.); quia a communi sociorum ejus pacto pendebit utriusque determinatio tamdiu; quamdiu nulla superioris lege libera eis circa hæc voluntas, & communis æqualitas moralis, eisdem erepta est: *ac proinde*, postquam formam & modum regiminis pacto mutuo proprio determinarint, *erit id genus minor Societas alteri majori subordinata, legalis simul & voluntaria, seu mixta ex utraque* (73.).

79.

*Ad quam societatem ineundam rector aliquis communis societatis voluntariæ, quiscunque, & cujuscunque, obligare quosdam seorsum socios sibi subditos potest; ad eandem, seu ejus analogam, per eminentiam homines quoscunque Deus Opt. Max. potest.* Habet enim iste summam potestatem moralem & dominium in omnes creaturas rationales absolutum (Theol. Nat. 625. 642.); & omnis potestas legislatrix, cuicunque societati voluntariæ conveniens, & a sociis in origine societatis adhuc æqualibus transferenda in rectorem quemcunque, ab ipso Deo accepta est (52. II. 57. IV. 66.). Ergo &c. Itaque 1. *Deus finis ultimi creationis uberius consequendi caussa inter homines naturali & necessaria Societate jam unitos* (43.) *aliam quoque legalem Societatem lege positiva, seu supernaturalem, constituere potest* (42.), *eamque vel æqualem, vel inæqualem; item mere legalem*, determinando sua ipsius lege formam & modum regiminis, *vel mixtam ex legali & voluntaria*, imponendo solum oligationem Societatis talis in genere & specie media, & relinquendo arbitrium libero consensu determinandi formam & modum exercendi imperii ipfis hominibus confociatis. II. *Homines fócietate quacunque legali divina, feu naturali, feu fupernaturali, astricti non poffunt voluntaria quavis focietate inita fe pacto mutuo obligare ad aliquid fini & obligationibus Societatis legalis inter ipfos a Deo jam conflitutæ contrarium*: fiquidem omnis illa pacifcendi mutuo & leges humanas ferendi poteftas a Deo eft, & poteftati fummi omnium legislatoris fubordinata (77. 57. IV.). III. *Deus poteft focietatem quamli et legalem inter homines conflituere fic, ut vel omnes omnino homines ea adflringentur*; cum videlicet de fine communi omnium hominum ultimo, & mediis abfolute cuivis illorum ad eum confequendum neceffariis agitur; *vel ut eadem conflringantur folum aliqui eorum certæ conditionis ac numero certo*; cum nimirum agitur de fine aliquo proximiore magisque immediato, qui a Deo ope conftitutæ talis Societatis folum intenditur ut medium aliquod non ad fubftantiam finis ultimi, fed folum ad majorem ubertatem ejusdem confequendam utcunque, per fe, vel per accidens, neceffarium a fe prævifum.

## SECTIO II.

DE INSTITUTIONE DIVINA ET NATURA SOCIETATIS ECCLESIASTICÆ CHRISTIANÆ.

## CAPUT I.

PRINCIPIA PRÆVIA DE USU SCRIPTURÆ VETERIS AC NOVI TESTAMENTI IN PRÆSENTIS ARGUMENTI DEMONSTRATIONE.

80.

1°.) Recte in hoc toto tractando argumento supponitur demonstrata jam esse divinitas religionis a Christo Domino revelatæ ex scriptis utriusque testamenti ( ut vocamus ) ceu habentibus summam authentiam historiæ saltem humanæ., in qua tamen plurima divinitus tum dicta, t m facta, fide irrefragabili referuntur. Vide Demonstrationem Evangelicam a §. 302. & a §. 248 : ubi nihil de hoc loco dicendis supponendo, authentiæ illorum historicæ certitudo demonstrata contra Theistas a me fuit.

81.

2°.) Nondum vero ullo pacto supponi potest divina origo ipsius Scripturæ utriusque testamenti, ut Verbi Dei scripti, seu scripti divini. Neque enim scriptores ipsi, nempe Moses, ceterique historici & Prophetæ Judaici, aut Apostoli & Evangelistæ Jesu Christi, hoc ipsi testantur singillatim de se ipsis, quod scripserint dictante & movente Deo & Spiritu sancto; nec testes alii immediati satis authentici istius meri facti, imo ne mediati quidem

dem tales fuppetunt, qui hoc immediate ex Apoftolis audivifle aut certo conteftentur, aut probent. Itaque non nifi traditione aliqua oretenus ad nos transmiffa nobis de hoc facto primo per fe conftat, cujus traditionis prima origo, primique nuntii, aut horum certa teftimonia, immediate ac determinate perfpecta non funt. Quapropter fine dubio demonftrari primum aliunde, ex criterio vel Scripturae utrique intrinfeco, vel extrinfeco, debet, eam non auctore mero homine, fed Deo, ex toto confcriptam fuiffe,

* Catholicae Religionis Doctores communiter divinam Scripturae originem ex traditione oretenus facta probant, cujus traditionis veritatem judicio Ecclefiae totius, in id genus argumento falli nefciae, extra dubium reponi docent. At enim, cum in praefente tractatione ipfius Ecclefiae inftitutio a Chrifto & Deo facta primum demonftranda veniat, nec proinde jam fupponi poffit : etiam divina Scripturae origo nondum pro certa affumi a Catholico Doctore poteft.

** Ceteri Chriftiani Doctores Proteftantium e numero, Theiftis hoc factum divinum probare folent vel ex notis intrinfecis Scripturae, nimirum *puritate & fanctitate doctrinae*, vel extrinfeca *ex auctoritate feu teftium facti hujus*, feu *teftium propriae fidei de hoc facto*, quales Martyres appellamus ; qui teftimonium fidei fuae toleratione acerbae mortis dedere : alii denique *fenfationem internam divinae virtutis* Spiritus Sancti , Scripturarum lectione in corda hominum fefe exerentis pro criterio divinitatis illarum affignant. At enim quantis difficultatibus id genus ordo quilibet demonftrandi Scripturarum divinam originem fubjacet, fuo loco oftendam, de vero Canone, autheutica interpretatione, ac verfionum ejus judice legitimo acturus ex inftituto,

*** Mul-

*\*\** Multo itaque confultius me acturum confido, fi demonftrationi accurate infiftens, nihil affumam; nifi quod vere jam aliunde a me demonftratum alibi eft (præc.).

§ 2.

3'.) *Scriptura etiam Evangelica, & Apoftolica, non omnis, nec ubique fatis clara eft, ut de ejus vero fenfu quisque lector etiam bona mente & voluntate præditus fatis certus effe poffit:* idque 1'.) *ob reconditam antiquitatem;* cujus cauffa fcire oporteret res gestas illorum temporum, illius ætatis gentium mores, varios ritus & confuetudines, temporum rationes, & fitus locorum; quid fcilicet actum, quomodo, quando, ubi &c. Jam lege fis hiftoricum, quem volueris ex tam antiquis, & vide fis, an ex. gr. Julii Cæfaris omnia fine commentario fat copiofo intelligas: 2'.) *ob linguarum originariarum imperfectam notitiam*; quarum idiotifmis, Syrifmis videlicet & Hellenifmis, non rite perfpectis, loca innumera obfcurantur: 3'.) *ob myfteriorum traditorum altitudinem, & prophetiarum* hinc inde occurrentium *myfticam obfcuritatem.*

\* Equidem prudens mihi perfuadere non poffum, credi ab ipfis Proteftantium Doctoribus, claram ubique effe Scripturam divinam. Cur enim Anglicanæ religionis confortes academici Cantuarienfes poft duo fecula elapfa hodie folenni conteftatione litis de 39 Articulis fuæ religionis fatentur publice, a fuis majoribus, qui fymbolum hoc edidere, non rite fuiffe Scripturam intellectam? Aut cur (quod in novellis Literatorum Ratisbonenfibus Ao. 1772. menfe Aprili in fupplemento Cap. IV. legere erat) cur, inquam, Clariff. D. Joan. Chrift. Frideric. Schulz Prof. Orient. & Græc. literat. Gieffenæ denique poft diuturnam plurium annorum deliberationem quem Scripturæ commentarium ex tanto numero homini Theologiæ omnibus difciplinis jam probe imbuto ceu fatis utilem, & fufficientem immensis Scripturæ obscuritatibus illustrandis, legendum commendare deberet, demum interpretationem gallicam Di. Polier legendam fuadet; qui auctor annos omnino 57 integros in docendis linguis orientalibus contriverit; postquam omnem suam juventutem in peragrandis celebrioribus Angliæ & Batavix Academiis consumsisset, & immensa lectione necessariam penum ad tantæ molis opus ex instructissima bibliotheca hauserat, quæ ad manus eidem erat: qui demum opus illud 30 ante mortem annis post tantam præparationem cœptum ipso anno vitæ ultimo eoque 84. absolvit. Sed ne quid nimium de Scripturæ obscuritate prædicemus, ajo porro:

### 83.

4°.) *Scriptura non omnis, nec ubique, obscura esse aut dici prudenter potest; sed in quibusdam, instar historiæ saltem humanæ authenticæ, pro satis clara assumi ab omnibus Christianis debet, qui Christum contra Theistas ut Magistrum divinum, & scriptores Evangelicos pro testibus summe authenticis, ipsamque scripturam Evangelicam & Apostolicam perinde atque veteris testamenti libros sacros pro documento saltem historico summe authentico, & sufficiente agnoscunt, ex quo divinitas religionis a Christo Domino traditæ manifesto demonstrari possit.* Quodsi enim bonus ac sufficiens usus aliquis præfatarum omnium Scripturarum revera est ad religionem divinitus revelatam contra Theistas plane demonstrandam; profecto vel ipsa in locis illis, quæ usum ejusmodi habent, sat clara per se esse debet, vel interpres authenticus suppetere debet, cujus auctoritas Theistis perspecta sit: atqui posterius non est: ergo prius illud verissimum est.

### 84.

5°.) *Etsi nondum constet in præsente tractatione, Scripturas utriusque testamenti divina inspiratione scri-*

*scriptas fuisse: tamen verba illa, quæ ab Evangelistis ceu ab ipso Christo Domino in persona propria dicta fuisse referuntur, pro ipsius Christi verbis, divinam auctoritatem falli nesciam habentis, certissime haberi debent ab omnibus; quicunque persuasum habent, Theistos ex eisdem sacris scripturis, ceu documento saltem historico summa fide humana certo, de religionis a Christo traditæ divinitate revera convinci.*

85.

6°.) *Concepta Christi Domini verba, quæ in Scripturis Evangelicis referuntur, quibus idem omnibus doctrinæ suæ asseclis leges quasdam & media salutis ceu absolute necessaria præscribi, vel certa vi literalis sensus verborum aperte præscribere videtur, aut pro claris haberi a profitentibus Christi fidem & sequelam debent; aut certe Christus ipse Dominus pro sua divina sapientia & pietate eorundem interpretem falli & fallere nescium eis sufficere debuit, qui, ipso a nobis secedente, vice illius necessarias ad salutem religionis suæ regulas, leges, & media salutis nos certissime edoceret.* Quisquis enim ex Christi asseclis stare hac regula renuit, ceu principio indubitato; is sane omnem Christi Domini Sapientiam & Sanctitatem. quam contra Theistas merito tantopere commendamus, reipsa evertit, omnemque divinitatis speciem eidem detrahit. Laqueos certe potius conscientiis ac saluti nostræ struxit, merumque religionis chaos induxit; si identidem pro legislatoris potestate loquens graviter nobis edixit: *nisi hoc, nisi aliud, nisi istud feceritis, non intrabitis in regnum cælorum* & nihilominus in dubio insuperabili nos reliquerit, ad quid reipsa ab eo obligemur; an obligemur omnes, nullo excepto; quomodo satisfacere obligationi nostræ possimus &c. &c.

## Sectio II. Caput I.

### 86.

7'.) *Maxime omnium clara haberi debent ea Christi verba, quibus cuidam ex hominibus, uni, vel pluribus, vices suas, aut munus docendi ac declarandi, vel discernendi veras leges suas ac se de mediis ad æternam salutem necessariis traditas contulisse cum suprema interpretis, aut etiam legislatoris auctoritate & jurisdictione, spectata saltem obvia & literali verborum significatione, aperte videtur.* Eadem enim est hujus principii atque §. præc. traditi necessitas ad salvandam sapientiam & pietatem Christi Domini erga suos asseclas; eædem sequelæ, si negetur illud, atque si istud in dubium vocetur. Si verbis quibusdam apertis ansam dedit Christus Dominus prudenter credendi ex obvio verborum ejus sensu, quod cuidam vices suas in docendo & regendis cum justa auctoritate fidelibus asseclis suis dederit; quin tamen serio & revera has vices suas in eum transtulerit; enimvero in errorem ipse suos fidelissimos quosque sectatores induxit, simulque sciens auctor extitit omnium litium, controversiarum, ac turbarum, quæ postea occasione exiftimatæ istius potestatis ab ipso institutæ erant in omni Christiano orbe extituræ.

### 87.

8'.) *Scriptores Apostoli & Evangelistæ, siquam circa potestatem a Christo institutam uni ex ipsis ante ceteros concessam prærogativam ab eodem esse memorant, ceu testes contra se ipsos testimonium sincerum ferentes, iisdem in locis summam præ aliis omnibus merentur fidem in recensendis fideliter ac præcise ipsissimis Christi verbis.*

\* Enimvero, quid principiis seu octo regulis istis ad omnem certitudinem desit, non video; nec puto, eas vocari in dubium posse ab eo, qui justam de Christi Sapientia ac Sanctitate ideam mente conceperit. Secundum has itaque

*Principia prævia de ufu Scripturæ &c.* 43

itaque regulas, nec aliter, *ufum Scripturæ in decurfu* præfentis tractationis faciam.

" Pariter, cum in proxime fequentibus fubinde allegabo *auctoritatem Concilii Oecumenici* ex. gr. Tridentini, *& Ecclefiæ Catholicæ Paftorum* in eo congregatorum definitiva judicia circa diverfa dogmata & fenfum S. Scripturæ ceu Verbi divini; non alio fine id faciam, nifi ut lemmatis inftar fuppofita infallibilis Ecclefiæ auctoritatis demonftratione ab his independente inferius a me afferenda, ifthic compendio utar, atque veluti per regreffum homini jam Catholico oftendam, idem, quod ex aliis rationibus affirmo, etiam Ecclefiæ Catholicæ folenni judicio comprobari.

## CAPUT II.
## DE VERA SOCIETATE SPIRITUALI ET VISIBILI, QUAM ECCLESIAM VOCAMUS DIVINITUS A CHRISTO DOMINO INSTITUTA.

§. I. *Primordia Ecclefiæ Chrifti, feu prima initia, demonftrantur.*

88.

FACTA HISTORICA EX PENTATEUCHO MOSIS, atque inprimis ex libro Genefis. 1'.) Omne genus hominum, tellurem incolentium, ex unis parentibus, Adamo & Eva, ortum eft; qui in Paradifo creati a Deo, efu pomi præcepto divino pofitivo vetiti pœnæ mortis & exilii e Paradifo reatum incurrere, atque ad vitam una cum pofteris fuis labore fuftentandam condemnati a Deo fuere. 2'.) Cum vero pofteri Adami pæne omnes morum malitia corrupti, tota cordis cogitatione intenti effent ad malum omni tempore ( Gen. VI. 5.); idem creator omnium Deus generali aqua-
rum

rum diluvio, totam tellurem inundante, omnes delevit, una Noëtica familia, octo capitibus conftante, excepta: ex qua deinceps genus humanum omne fequens difseminatum eft fuper omnem terram (Gen. IX. 19.) 3') Ex pofteris Noë porro Deus fibi Abram filium Thare feligit, eumque conftituit in Patriarcham gentis peculiaris, quam feorfum a ceteris omnibus terræ populis Deus ipfe continuo familiari ufu & colloquio, ac proinde modo & mediis plane fupernaturalibus, fibi ceu populum fingulariter electum ac confecratum formavit; cujus fub nomine gentis Hebræorum hiftoriam libri Scripturæ veteris, ut vocamus, teftamenti, antiquitate pene omnibus libris aliis fuperiores, præcipue complectuntur. 4'.) Hujus populi electi primis progenitoribus, Abramo, Ifaaco, & Jacobo, Deus fæpius fpeciatim privato in alloquio promifit, ex eorum femine germen venturum, per quod benedictio divina & falus in omnes gentes terræ ceteras diffundenda effet (Gen. XVIII. 18. & XXII. 18.).

89.

*Deus revelavit inde ab exordio generis humani dogmata ad falutem hominum aternam ceu finem ultimum pertinentia, imprimis de fua ipfius exiftentia, de futuro aliquo falutis humanæ mediatore, & futura omnium refurrectione in carne propria, ac proin de fecutura omnium vita altera, in qua præmia & pœnas bene vel male in vita præfente actorum modo fupernaturali omnes recepturi effent.* Nam 1'.) /ui exiftentiam, etfi lumine folius naturæ quoque cognofci poffet, revelavit tamen toties repetito familiari alloquio Adami & Evæ, Caini, Noemi &c. five jam id fecerit immediate, feu per angelos extra communes naturæ Leges miffos ad edocendos homines. 2'.) Cetera quoque divinitus toti humano generi revelata fuiffe difcimus ex libro
Job

*De vera Societate spirituali & visibili, &c.* 45

Job (qui verisimilius Mosi contemporaneus, certe antiquissimus, & neutiquam ex Hebræo stemmate prognatus princeps fuit) Cap. XIX. 25. dicentis: *scio, quod redemtor meus vivit, & in novissimo die de terra surrecturus sum: & rursum circumdabor pelle mea, & in carne mea videbo Deum meum*: ubi & divini judicii futuri metum Job amicis suis imprudentibus intentat v. 29. dicens: *fugite ergo a facie gladii; quoniam ultor iniquitatum gladius est; & scitote esse judicium.* Jam vero isthæc sciri solo rationis naturalis acumine ne quidem poterant, ceu a decretis Dei liberis pendentia &c.: ergo dicendum, aut falso credita a Jobo esse, aut, si vera sint dogmata, divinitus fuisse revelata: atqui falsa non esse Christi ipsius mortuorum resurrectionem & proemii pœnæque futura in vita æternitatem toties docentis (Vide Ethic. Christ. Univ. §§. 245. 247. 277.) ellatum & præsens Mediatoris officium demonstrat: ergo Dei voce revelata aliquando jam ante Jobi tempora fuisse necesse est.

90.

*Revelationis §. præc. memoratæ certa notitia primis mundi seculis ante Mosen facillime conservabatur, & transmittebatur ad posteros sola traditione seu testimonio majorum oretenus lato.* Cum enim majorum & parentum ætas mille sexcentis & quinquaginta sex annis illis, qui floxere ante diluvium, ad nongentos & amplius annos, post diluvium vero usque ad tempora Mosis vulgo pœne ad sesquicentum & amplius annos extenderetur, summaque esset auctoritas majorum & parentum illorum, atque filiis perspecta virtus; testimonio illorum fidem irrefragabilem ultro filii ac posteri habebant. Porro cum constet, literarum & artis scribendi inventionem ante Ægypti regnum fundatum factam haud esse; per se patet, non nisi oretenus transmitti testimonia de quorumvis dogmatum facta divina revelatione potuisse.

91.

*Omnes homines, qui inde ab Adam fuere, ut primum parentum & majorum suorum serio testimonio de dogmatum quorumdam facta a Deo revelatione certo edocti fuere; continuo gravi lege Dei hypothetice necessaria ac naturali obligati fuere ad indubitato credendum Deo revelanti, non solum non inficiando dogma revelatum,* quod importaret contemtum formalem divinæ aut scientiæ, aut veracitatis, lege naturali caritatis Dei prohibitum (Ethic. Univ. Christ. §. 386.), *sed etiam adstipulando eidem firmo assensu;* quippe promulganti dogma funamentale (ibid. §. 388.).

\* Ecclesiæ Catholicæ auctoritas etiam sensus universalitatem in illo dicto S. Pauli ad Hebr. XI. 6. *sine fide impossibile est placere Deo: credere autem oportet accedentem ad Deum, quia est, & inquirentibus se remunerator sit,* convenienter toti contextui illius capitis (quippe in quo fides omnium justorum inde ab Abel usque ad Machabæos commendatur) authentico suo oraculo extendit usque ad prima mundi initia, dicente ibidem ipso Apostolo v. 3.: *fide intelligimus aptata esse secula verbo Dei, ut ex invisibilibus visibilia fierent;* ubi & fidem v. 1. definit tum ab objecto *sperandarum substantiam rerum,* tum in se ipsa esse ait *argumentum non apparentium,* atque in ista fide justitiæ testimonium senes, id est, justos veteris testamenti, *esse consecutos.* Sine hac fide, ait Tridentinum Concilium Sess. VI. cap. VII.. *nulli unquam justificationem contigisse;* ejusque actus supernaturales omibus adultis hominibus fuisse necessarios ad salutem omni tempore, jam ostendi item in Ethic. Univ. Christ. §. 529.

## 92.

*Societatem inſtituere* is dicitur, qui eſſentialia Societatis determinatæ ad exiſtentiam determinat. *Societas ſpiritualis* eſt, cujus finis primarius ultimus eſt bonum commune ſociorum non ad vitæ præſentis & temporaneæ, ſed futuræ ac æternæ, beatitatem pertinens. *Societas viſibilis* appellatur, quando ex ſigno ſenſibili legali, ſeu lege ſociali ſtabiliter conſtituto, & vim ſignificandi ab eadem lege habente, dignoſci poteſt, tum quod talis Societas inter homines exiſtat, tum quinam ejus conſortes ac ſocii ſint, qui non ſint.

## 93.

Deus itaque inde ab initio hujus mundi inter omnes homines contemporaneos Societatem inſtituit legalem non modo naturalem ( 41. 43. 51. 52. l. ), ſed ſupernaturalem. Obligatione enim communi & lege non mere naturali, ſed ſupernaturali fidei divinæ, ad credenda dogmata fundamentalia religionis eos adſtrinxit, eo fine, ut fidei iſtius conſervatione & ope vires mutuas eo efficacius jungerent ad communem alterius futuræ vitæ beatitatem conſequendam & promovendam ( præc. 43. ): ergo ( 42. 92. 40. II.) &c. &c.

\* Quoniam hæc Societas univerſalis erat, & communis omnibus hominibus, non opus erat certo ac determinato aliquo ſigno legali, quo *viſibilis* redderetur, aut diſcerni poſſet ab alia.

## 94.

Facta *ex Pentateucho Moſis, & præcipue ex libris Exodi, Levitici, Numerorum, & Deuteronomii, nota & aperte conteſtata.* 1.) *Deus ipſe per Moſen, ceu Miniſtrum ſuum* ( 36. not. ), *Hebrææ genti leges novas ſpeciales tulit, ac promulgavit:* quæ in Exodo

inde

*inde a Cap. XX. ufque ad finem Deuteronomii recenfentur.* Ibidem enim lex Mofaica tradi incipit, & Mofes ipfe aperte affeverat: *loci tus eft Dominus cunctos jermones hos*; atque Exod. XXIV. 3. refert, & fe narraffe tanquam Dei leges, & populum pro talibus acceptaffe: *narravit* ( Mofes ) *plebi omnia verba Domini atque judicia, refpondiique populus una voce: omnia verba Domini, quæ locutus es, faciemus.*

2'.) *Soli Hebræi, id eft, Abrahæ pofteri ex Ifaac & Jacob, lege per Mofen lata obligabantur*: his enim folis Deus loquitur, quos eduxerat de Ægypto: *Ego fum Dominus Deus tuus, qui te eduxi de terra Ægypti.*

3'.) *Finis omnium legum Mofaicarum fpecialis ac proprius erat, ut* in tanta corruptione reliqui humani generis, neglectu, & incuria falutis, ceu finis ultimi omnium communis, atque exinde orta oblivione dogmatum fundamentalium religionis, etiam a Deo fpeciatim revelatorum (89.) & promulgatorum (90.), fibi partem aliquam hominum fpeciatim deligeret, quam ipfe veluti proprio Numine femper præfente inftrueret, regeret, & gubernaret ac proin ope id genus fpecialis populi *in mundo publicam fundamentalium dogmatum notitiam, atque fidem, confervaret ufque ad* felicis illius temporis adventum, quo *Meffiam*, veluti novum legislatorem, fimilem Mofi, imo hoc etiam excellentiorem mitteret; prout aperte promittebat Deus ipfe Deut. XVIII. 15. Finem hunc apertiffime Deus expreffit Exod XIX. 5. dicens: *fi pactum meum cuftonieritis, eritis mihi in peculium de cunctis populis, in regnum Sacerdotale, & gens fancta*: idemque relucet ex univerfis legibus, & præcipue ex fpeciali promiffo de Meffia, id eft, falutis communis omnium gentium auctore, ex eadem gente nafcituro: *in femine tuo benedicentur omnes gentes*: unde ad Rom X. 4. *finis legis Chriftus.*

4'.) *Le-*

# De vera Societate spirituali & visibili, &c.

4².) *Leges Mosaicæ* erant partim mere morales, leges ipsas naturæ nova positiva obligatione & specialibus pœnis in hac vita intentatis intimantes; uti quæ in duabus tabulis decalogi officia amoris Dei & proximi, ipsiusque justitiæ, commendant; ubi simul pro idololatris, blasphemis, profanantibus diem festum, parentes inhonorantibus, homicidis &c. peculiares pœnæ ab eis sumendæ constituuntur; *partim* erant *ceremoniales*, id est, præcipientes certas *ceremonias* ad religionem externam pertinentes, videlicet signa externa stabilia, vi sua significativa legali apta ad promovendam religionem internam per leges morales præscriptam (Ethic. Univ. Christ. §. 696.); cujusmodi erant *Sacramenta* ex. gr. circumcisionis, esus agni paschalis &c., *Sacrificia*, res *sacræ*, uti tabernaculum, templum, arca fœderis, propitiatorium, mensa, candelabrum &c., ac denique *observantiæ peculiares* ex. gr. in discrimine ciborum, in certo usu vestium, solennitatum & festorum &c.; *partim judiciales*, præscribentes modum constituendi judices, ordinem judicii, numerum testium, certas pœnas pro delictis, ordinem.& modum contractuum, alienationis possessionum &c.; leges ineundi matrimonii, jus mariti & uxoris, domini & famuli, creditoris ac debitoris &c., denique observanda erga extraneos, hospites, peregrinos, hostes &c.

### §. 95.

Societas hominum spiritualis simul, ac visibilis *Ecclesia* appellatur.

\* *Ecclesia* ( ἐκκλησία ) vox græca a κλῆσις vocatio ex καλέω voco derivata, multitudinem hominum convocatam significat. Ex usu tamen, quem vox ista primitus habuit tum ad Societatem Judaicam designandam (Deuter. XXIII. 1: *non intrabit Eunuchus praecisis testibus in Ecclesiam Domini*) tum ad focietatem Chriftianam; recte hic efte focietas fpiritualis & vifibilis definitur; qualis utraque illa certo vi fuæ inftitutionis fuit.

96.

*Deus ipfe ex gente ac pofteris Abrahami, Ifaaci, & Jacobi, inftituit Ecclefiam particularem, id eft, Societatem particularem, fpiritualem fimul ac vifibilem.* Obligationibus enim prorfus peculiaribus ac legibus a fe ipfo latis (94. n. 1. & 4.) omnes & folos illos obftrinxit ad vires jungendas pro communi aliquo fine confequendo (94. n. 3.), eoque fpirituali (94.); fimulque ceremoniis, id eft, fignis externis legalibus, ab omni alia focietate difcrevit (94. n. 4.), ac vifibilem reddidit (92. 45.).

97.

FACTA *ex deuteronomio & ceteris Pentateuchi libris conteftata.* Societas Judaica primo quidem Monarchico cum regimine Mofi atque Jofue regenda & gubernanda tradita ab ipfo Deo eft, ceu Miniftris Dei (Exod. III. & IV. & XVIII. 13. Deuter. XXXI, 23. & XXXIV. 9.): fed non ftabiliter inftitutum eft tale regimen; nec deinceps alius rector ipfius Dei lege cum poteftate fuperioris legislatrice illis impofitus; folumque Deut. XVI. 18. jufli funt filii Ifraël fequentia: *judices & magiftros conftitues in omnibus portis tuis* (id eft, civitatibus) *per fingulas tribus tuas; ut judicent populum jufto judicio*: item VVII. 8.: *fi difficile judicium effe perfpexeris, & judicum intra portas tuas videris verba variari; furge, & veni ad locum, quem elegerit Dominus Deus tuus; veniesque ad facerdotes Levitici generis, & ad judicem, qui fuerit illo tempore* (fcilicet in loco a Domino pro arca fœderis electo), *quæresque ab eis; qui indicabunt tibi judicii veritatem.*

*Et*

*Et facies, quodcunque dixerint, qui præsunt loco, quem elegerit Dominus, & docuerint te juxta legem ejus. Qui autem superbierit nolens obedire sacerdotis imperio, qui eo tempore ministrat Domino Deo tuo,* (Hebraicus textus hic non habet vocem *imperii*, sed sic: *vir autem, qui faciet in superbia, præterquam quod audierit a Sacerdote stante in ministerio nomine Domini Dei tui*) *& decreto judicis: morietur homo ille. Cum ingressus fueris terram, & possederis eam, & dixeris: constituam super me regem, sicut habent omnes per circuitum nationes; eum constitues, quem Dominus Deus tuus elegerit de numero fratrum tuorum. Non poteris alterius gentis hominem regem facere, qui non sit frater tuus.*

### 98.

I. *Ecclesia Judaica erat societas simpliciter legalis* (41); quatenus instituta lege Dei fuit; partim tamen *voluntaria*; quatenus nulla certa forma & modus regiminis fuerat lege a Deo præscripta; sed relictum arbitrio populi, ut vel sibi reges cum potestate Monarchica constitueret, vel optimates plures in judices & Magistratus; modo inter istos Sacerdotes non præteriret.

II. *Vi institutionis divinæ non videtur Sacerdotibus, aut judicibus singularum urbium Hebræarum, fuisse concessa potestas legislatrix ad novas leges ferendas, imo ne quidem propria privativa potestas exequendi leges divinas exigendo pœnas ab earum transgressoribus* (5. 29.), *sed solum potestas authentice declarandi leges divinas, & judicandi judicio regulari de actionibus subditorum Hebræorum, an conformes, vel difformes essent legibus divinis; ita ut potestas exequendi leges divinas post declarationem Sacerdotum & judicum fuerit in toto populo; sicuti & potestas ferendi novas leges mere humanas a divinis distinctas, seu per se, seu per regem arbitrio totius populi electum* (28. 30.). Nullibi enim poteſtas cogendi privative exercenda Sacerdotibus, aut judicibus, in S. Scriptura attribuitur. Imo *in ceremoniis religioſis* aliquid addere iis, quae lege divina praeſcriptae erant, abſolute ac ſevere ab ipſo Deo prohibitum erat Deut. XII. 30. *cave, ne imiteris eas* (gentes ab Iſraëlitis exterminandas) *& requiras ceremonias earum dicens: ſicut coluerunt gentes iſtae deos ſuos; ita & ego colam. Non facies ſimiliter Domino Deo tuo. Quod praecipio tibi, hoc tantum facito Domino: nec addas quidquam, nec minuas.*

III. *Societatis Hebraicae inſtitutio particularis nuspiam ſuſtulit Societatis univerſalis ſupernaturalis*, inde a mundi principio ab ipſo pariter Deo conſtitutae, obligationes §. 91. demonſtratas, ſed potius ad earundem executionem ſaltem in una gente aliqua certius, imo & hujus exemplo publico & ſingillatim viſibili (96.) etiam in ceteris gentibus promovendam collimabat. Patet hoc ex ipſo fine Societatis Judaicae a Deo conſtitutae (94. n. 3.).

* *Sublatam pridem eſſe legem illam divinam*, qua tota Societas Judaica fuerat inſtituta, evidens eſt ipſo facto; ſuppoſita ſemel demonſtratione Evangelica contra Judaeos extenſa, & diſperſione totius gentis;· vi cujus poſſibilis porro non eſt execuio illarum obligationum legis divinae poſitivae Hebraeis impoſitae, quibus Societas haec, ex natura & inſtitutione ſua ſpiritualis & viſibilis, ceu nexu unico communi, compaginata conſtabat. Arca enim, templo, & Sacerdotali familia plane diſperſis ceſſant per ſe *leges ceremoniales:* diſperſa natione, & ex urbibus Palaeſtinae expulſa, ceſſat electio Judicum in ſingulis illarum & judiciorum forma a Deo praeſcripta," id eſt, *leges judiciales:* his deficientibus ultro quoque ceſſat obligatio legis divinae poſitivae circa *praecepta moralia*; quippe quae poteſtatem

tem judicialem & executricem positivam supponit talem, qual s in gente Hebræa a Deo fuerat constituta.

\*\* Ceterum jam fuisse extinctam obligationem legum *ceremonialium tempore Apostolorum*, supposita horum auctoritate falli nescia, ostenditur ex Act. Apost. XV. esse de fide catholica; ubi in Concilio Jerosolymis congregati super hac quæstione solenniter pronuntiant: *visum est Spiritui Sancto & nobis, nihil ultra imponere vobis oneris &c.*; item ex Ep. ad Galatas III. 25.: *ubi venit fides, jam non sumus sub lege*, & solenni illa disceptatione Pauli cum Cepha ibid. II; ex qua patet, Apostolos quidem ex prudenti œconomia, quamdiu cum solis Judæis agerent, sæpe observasse adhuc cum illis ceremonias legales; attamen erroneum existimasse, siquis defenderet, vel solo facto aliquo præseferret, seu Judæos, seu gentiles, ad Christi fidem conversos, ad earum obfervationem adhuc obligari. Sic S. Paulus ipse Act. VI. 3. legitur *circumcidisse Timotheum propter Judæos, qui erant in illis locis*; & 1. Cor. IX. 20 fatetur: *factus sum Judæis, tanquam Judæus, ut Judæos lucrarer; iis, qui sub lege sunt* (ex errones opinione) *quasi sub lege essem* (cum ipse non essem sub lege) *ut eos, qui sub lege erant, lucrifacerem*. S. Hieronymus quidem initio in ea erat opinione, quod Apostoli non nisi simulaverint se observare legales ceremonias; sed contrarium denique a S. Augustino edoctus (S. Aug. ep. 260. ad Oceanum) tandem in dial. 1. contra Pelag. sententiam mutavit, ac vere usos subinde legalibus illis ceremoniis apostolos fuisse confessus est, ceu obligatione quidem jam carentibus, nondum vero institutionis altero effectu, id est, vi significativa sacra, exutis. Porro ex communi sententia legis Judaicæ obligatio cessavit die Pentecostes, eo videlicet ipso, quo Christi legem primo publice fuisse promulgatam, infra ostendemus. Hæc in re ad præsentia tempora parum spectante pro utili eruditione sufficiant.

§. II. *Vera nova Societas spiritualis & visibilis, seu Ecclesia, a Christo Domino instituta fuisse demonstratur.*

99.

*Religionem* in Ethica Univ. Christ. §. 693. dixi complexum omnium virtutum theologicarum, tam intellectualium, quam moralium, id est, Theologiae seu naturalis, seu supernaturalis, Sapientiae, Spei, ac Caritatis Dei atque omnium hominum (ibid. §§. 685. 686. 687.); eamque *naturalem* appellari, si virtutes illae viribus naturae, *supernaturalem*, si ope divinae revelationis aut auxilii positivi acquirantur. *Religionem externam*, seu *religionis internae professionem*, ibidem §. 696. dixi consistere in signis seu actionibus sensibilibus, aptis ad religionem internam propriam aliis significandam, & in istis quoque promovendam.

100.

*Christus Dominus religionis naturalis regulas, & leges naturae, quibus Societas naturalis & universalis omnium hominum constituitur* (43.), *de novo docuit, & authentice promulgavit.* Miraculis enim manifestis comprobans se cum plena potestate missum esse divinitus ad docendum homines salutis aeternae viam, atque media necessaria ad finem ultimum (Demonst. Evang. 193. 194. 195.) 1'.) comprobavit omnia dogmata theologiae naturalis & regulas sapientiae in libris Mosis & Prophetarum atque Psalmis contenta Matth. V. 17.: *nolite putare, quoniam veni solvere legem aut prophetas: non veni solvere, sed adimplere*, ita quidem, ut etiam a resurrectione sua discipulos ad ea remitteret; quae de se speciatim in illis libris praedicerentur; uti habetur Luc. XXIV. 27. & 44. 2'.) Perfectius etiam leges naturae & religionis pertinentes

*De vera Societate spirituali & visibili, &c.*

nentes ad spem & caritatem Dei ac proximi, cum ceteris omnium moralium virtutum regulis, explicavit Matth. V. 43. XXII. 37. Joan. XIII. 34. Marc. X. 19.: quo ultimo loco totum Mosis decalogum exponit. Vide jam dicta de hac re in Demonst. Evang. §. 233.; ubi Christi & Mosis doctrinam ac legem confero inter se mutuo; item ibid. §. 108. & seqq. Nihil porro Christo ad authenticam declarationem legum naturæ, seu promulgationem (28. 23.), defuit; quippe cui *data erat omnis potestas in cælo & in terra* (Matth. Ult. 19.).

101.

*Christus Dominus publicando & novæ divinæ revelationis auctoritate confirmando doctrinam*, inde ab initio mundi jam revelatam (89.) tum de futura resurrectione mortuorum; tum de futuro universali judicio, & alterius vitæ præmiis & pænis externis; denique profitendo se palam esse promissum illum divinitus generalem salutis omnium mediatorem & reparatorem, obligavit omnes sufficiente divinæ missionis suæ notitia illustratos ad credendum fide divina indubitata divinæ huic revelationi per ipsum de novo factæ (91.), ac proinde *confirmavit de novo Societatem illam legalem supernaturalem, inde a mundi initio jam inter homines omnes constitutam* (93.). Vide Ethic. Univ. Christ. Sect. I. Cap. VI. & IX., ubi loca Evangeliorum recenseo, in quibus Christus dogmata illa apertius docuit. Messiam vero tum alias, tum apertissime se professus est Christus Joan. X. 24. *Judæi circumdederunt eum, & dicebant ei: si tu es Christus, dic nobis palam. Respondit eis Jesus: loquor vobis, & non creditis. Opera, quæ ego facio in nomine Patris mei, hæc testimonium perhibent de me.*

## 102.

*Chriſtus legibus naturæ univerſis novam poſitivæ legis obligationem appoſuit.* Nova enim obligatio legis poſitivæ ſpecialem perfectam obligationem ortam ex ſpecialibus pœnis reſpective gravibus importat, diſtinctam ab ea, quæ legi naturali jam ineſt ( 10. not. 11. 12. ). Atqui tales pœnas ſpeciales Chriſtus univerſis legibus naturæ divina poteſtate appoſuit: ſiquidem uti Joan. XIV. 21. promittit ea ſervantibus præmii ſpecialis loco ſingularem ſuam hominis Dei & divini Patris ſui amicitiam & unionem, in hac vita jam inchoandam, & continuandam in futura: *ſiquis diligit me, ſermonem meum ſervabit: & Pater meus diligit eum; & ad eum veniemus, & manſionem apud eum faciemus*: ſic vice verſa pœnam privationis omnis fructus meritorum & amicitiæ ſuæ intentat Matth. X. 37. iis omnibus, qui cujuscunque rei creatæ præponderante amore ad violandas ipſius quascunque leges ſe paſſuri ſint permoveri: *qui amat patrem, aut matrem plus quam me, non eſt me dignus:* cujus quidem jacturæ poſitivæ memoria ſine dubio pœnæ ac doloris ſenſum poſitivum in omne ævum reprobis creabit. Rursus totus judicii ſupremi proceſſus, ac ſententia ultima, diſceſſum æternum ab omni communione meritorum & benevolentiæ Dei Hominis, ceu Judicis tunc futuri, enuncians; quem Chriſtus Matth. XXV. 3. minutim intentat, pœnæ ſpecialis ac poſitivæ rationem aperte habet: *cum autem venerit filius hominis in majeſtate ſua & omnes angeli cum eo; congregabuntur ante eum omnes gentes &c.*: & 1. Cor. VI. 2. *an neſcitis, quoniam ſancti de hoc mundo judicabunt:* id quod Sap. V. non niſi obſcure prænuntiatur verbis illis: *tunc ſtabunt juſti in magna conſtantia &c.*

103.

*De vera Societate spirituali & visibili, &c.* 57

103.

Christus Dominus præter religionem naturalem & leges naturæ insuper alias leges positivas proprias sancivit cum obligatione perfecta imposita omnibus, qui ipsum divinitus missum cognoscerent: ac 1°.) quidem Legem Fidei de ipsius divina dignitate, officio Mediatoris, & veritate omnium doctrinarum ejus, Marc. XVI. 15.: *euntes in mundum universum prædicate Evangelium* omni creaturæ: *qui crediderit, & baptizatus fuerit, salvus erit: qui vero non crediderit, condemnabitur:* 2°,) Legem Professionis fidei externæ de SS. Trinitate Matth. ult. 19. *baptizantes eos in nomine Patris & Filii, & Spiritus Sancti*, & de Christo Dei Filio Luc. XII. 8. *omnis, quicunque me confessus fuerit coram hominibus, & filius hominis confitebitur illum coram Angelis Dei: qui autem negaverit me coram hominibus, negabitur coram angelis Dei*, id est, ab ejus regno excludetur: 3°.) Legem baptismi, tanquam ceremoniæ sacræ, divinitus a Christo ipsomet institutæ, & pro modo professionis fidei externæ & salutis necessario remedio omnibus præscriptæ Joan. III. 5.: *nisi quis renatus fuerit ex aqua & spiritu sancto; non potest introire in regnum cœlorum: - - quod natum ex carne, caro est; & quod natum est ex spiritu, spiritus est: - - oportet vos nasci denuo:* 4°.) Legem manducandi Sacramentum SS. Corporis ipsius Christi Domini Joan. VI. 54: *nisi manducaveritis carnem filii hominis, non habebitis vitam in vobis:* & Luc. XXII 19. *hoc facite in meam commemorationem*. Et hæ quidem omnes leges sunt positivæ, non naturales; ut patet.

Porro in his omnibus regulis, moralibus præscribendis Christus Dominus constanter ostentat 1°. potestatem perfecte obligandi, 2°. efficacem voluntatem, ut observentur, 3. & certum propositum

D 5                                                         volun-

*Sectio II. Caput II.*

voluntatis suæ puniendi transgressores pœnis æternis & jactura vitæ beatæ, id est, ea omnia, quæ essentiam legis objectivæ conficiunt ( 18, 20. ). Profecto enim illa verba, quæ legi fidei & baptismi præmittuntur, *data est mihi omnis potestas in cælo & in terra*, illæ minæ, *nisi quis &c., non introibit in regnum cælorum, non habebit vitam in se, negabitur coram Angelis Dei* a Christo videlicet judice cum illis venturo ( præc. ex Matth. XXV. 31.), tria illa legis essentialia aperte exprimunt. Vide regulam sextam supra de usu Scripturæ traditam ( 85. ).

\* Nihil equidem isthic de speciali dogmate legum illarum, seu vero ac distincto earum sensu, jam suppono; quod bene notatum velim: Leges baptismi, Euchariſtiæ percipiendæ, fidei, ejusque professionis externæ, a Christo præscriptas demonstro; in quocunque Eucharistia consistat &c., aut sacramenti ratio. Si clare ex solis Christi verbis omnibus patet, quid revera, quibus, & quomodo perficiendum lege sua qualibet præceperit; standum verbis tanti legislatoris est : si minus id clarum; supponendum haud dubie erit, Sapientiam ejus postulasse, ut aut ipse alias mentem suam suis Ministris, Apostolis videlicet, explicarit, aut de interpretatione authentica suis subditis certissime providerit.

### 104.

*Non defuit legibus positivis a Christo latis authentica ac certa promulgatio.* Facta enim hæc est primo quidem die Pentecostes a S. Petro nova inter prodigia venti totam domum concutientis, apparentium linguarum ignearum, & loquelæ omnium idiomatum Apostolis concessæ. *Jesum Nazarenum*, publice profatur Petrus Act. II. 22., *virum approbatum a Deo in vobis virtutibus, & prodigiis, & signis, hunc - - - interemistis: quem Deus suscit-*

*De vera Societate spirituali & visibili, &c.* 59

*suscitavit : - - - cujus omnes nos testes sumus.* Pœnitentiam (igitur) agite, & baptizetur unusquisque vestrum in nomine Jesu: vobis enim repromissio facta est. Denique leges illas Christi Domini voce primum viva publice & comitantibus miraculis a se ubivis locorum prædicatas, postea etiam literis authenticis Apostoli & istorum discipuli, ceu testes immediati authentici, consignarunt; ex quibus eas §. præc. verbo tenus citavimus.

105.

I. Itaque *Christus Dominus legislator fuit* (103. 24.), *non solum potestate* ut Homo Deus, *sed actu & ipso exertitio* novarum legum existentiam determinando.

II. *Leges, quas tulit, non modo fuere naturales,* quas ipse nova quadam positiva obligatione superaddita supernaturali modo promulgavit (102.), *sed etiam aliæ mere positivæ* (103.).

III. *Christus leges suas ad omnes suæ auctoritatis & potestatis certa notitia illustratos direxit, & ad eos omnes pertinere voluit*: ait enim Matth. ult. *docete omnes gentes, baptizantes eos, & docentes eos servare omnia, quæcunque mandavi vobis*: & Marc. ult. 16. *prædicate Evangelium omni creaturæ: qui non crediderit, condemnabitur.* De necessariis ad salutem isthic agitur: nihil ergo obscurum haberi potest (reg. 6. §. 85.).

106.

*Finis adventus Christi Domini in mundum, sicuti & passionis, mortis, resurrectionis a morte, totiusque conversationis ejusdem cum hominibus, & inprimis cum Apostolis & discipulis suis, fuit reparatio salutis omnium hominum, per eorundem peccata in periculum adducta, ejusdemque major assecuratio mediante*

*novæ*

novæ *religionis ac novarum legum ad eam pertinentium inftitutione.* Omnis hiftoria Evangelica & fcriptura canonica hoc teftatur ex ipfius Chrifti ore. Luc. XIX. 10. ait is de fe ipfo: *venit filius hominis quærere, & falvum facere, quod perierat:* & Joan. III. 16. *Sic Deus dilexit mundum, ut filjum fuum unigenitum daret; ut omnis, qui credit in eum, non pereat, fed habeat vitam æternam*: & paullo ante idem dixerat, ob eundem finem *exaltari oportere filium hominis, ficut Mofes exaltavit ferpentem in deferto.* Act. 1. 3. quoque refertur: *Apoftolis præbuit fe ipfum vivum poft paffionem fuam in multis argumentis, per dies quadraginta apparens eis, & loquens de regno Dei,*

107.

I. *Finis adventus Chrifti in mundum, omniumque legum ab ipfo præfcriptarum, erat fpiritualis, id eft, ad fupernaturalem futuræ vitæ beatitudinem pertinens* (92.).

II. *Leges ipfæ tam naturales, quam pofitivæ, a Chrifto præfcriptæ, non nifi media erant ad uberiorem hominum falutem æternam, ceu finem ultimum, uti creationis, fic & totius reparationis per Chriftum factæ, confequendam.* Regulæ enim erant circa media, quas finis ille, ejusque efficax propofitum, determinabat.

III. *Profeffio fidei externa inprimis & ceremoniæ religionis externæ, uti Baptifmus, Euchariftia &c., præcife ceu media aptiffima illius finis,* id eft, ad promovendam per eas apud alios quosvis homines Jefu Chrifti ejusque doctrinæ ac legum notitiam, & religionem internam ab illo traditam, *lege ab ipfo Chrifto Domino præfcriptæ funt omnibus iis, qui illius cognitione jam aliunde imbuti fuerint.*

IV. *Mu-*

*De vera Societate spirituali & visibili, &c.* 61

IV. *Munus prædicandi Evangelium omni creaturæ rationali, Apostolis speciatim tam graphice a Christo commissum & commendatum, ad eundem finem præcipuo quodam modo collimabat.*

V. *Aliqua fidei in Christum ejusque religionis externa professio est medium per se necessarium ad hoc ut Christi notitia ad futurorum seculorum homines perveniat.*

108.

*Christus Dominus Societatem novam instituit*, in qua censeri omnes voluit, qui ipsius sufficiente notitia quovis tempore forent imbuti. Hos enim omnes communium legum positivarum obligatione ipse, ceu legislator & superior omnium divina potestate præditus, adstrinxit ad suam cujuslibet & communem hominum quorumvis aliorum salutem æternam promovendam publica fidei in ipsum & religionis ab ipsomet traditæ professione (92. 40. II. 41. 105.) Poro nova societas est, cujus essentialia ab essentialibus alterius cujuslibet Societatis differunt, videlicet vel ratio personarum, seu finis communis, seu communis obligatio (40. II.). Atqui obligatio communis legesque a Christo præscriptæ novæ sunt, sicuti & personæ, omnes nempe & soli illi, qui Christi sufficientem notitiam habent (105. III.).

109.

*Societas nova a Christo instituta est supernaturalis, spiritualis, & visibilis ; ac proinde recte Ecclesia Christi appellatur.* Supernaturalis est; quia Auctor ejus Christus Dominus non lege naturæ, sed lege positiva, eam constituit (42. 102. 103.): *spiritualis*; quia finis illius primarius & ultimus ad alteram vitam pertinet (107. 92.): *visibilis* denique; quia signis lege sociali ab ipso Christo institutis &

præ-

præscriptis, sacris nempe ceremoniis baptismi & Euchariſtiæ (imo & aliis, quas tamen jam hic attingendi nec locus, neque neceſſitas eſt) tum dignoſci exiſtentia ejus, tum ejus conſortes ac ſocii diſcerni facile poſſunt (92. 107. III.): ac proinde recte *Chriſti Eccleſia* appellatur (95.), id eſt, a Chriſto inſtituta.

110.

*Eccleſia Chriſti, ſeu ſocietas ſpiritualis ac viſibilis a Chriſto inſtituta, ad finem mundi uſque perduratura eſt.* Fore enim ſemper aliquos, qui Chriſti sufficiente notitia erunt imbuti, ex eo Chriſti ipſius promiſſo patet Math. ult. verſ ult.: *ego vobiscum ſum omnibus diebus uſque ad conſummationem ſæculi.* Porro hi ſemper legibus a Chriſto inſtitutis ad communem Societatis iſtius finem per media neceſſaria promovendum obligabuntur; ſecus ſocii ejusdem ſocietatis eſſe ceſſarent (40. II.): atqui id genus medium eſt profeſſio ſaltem aliqua externa fidei & religionis a Chriſto traditæ; quippe ſine qua finis ultimus Societatis iſtius a Chriſto præſtitutus, id eſt, uberior hominum ſalus non niſi per fidem in Chriſtum obtinenda, promoveri non poteſt: itaque ut aliqui Chriſti notitia ſufficiente imbuti ſemper exiſtant ad mundi finem uſque omnino neceſſe eſt, ut ſemper etiam ſint, qui notitia iſtius legis Chriſti de profeſſione aliqua externa inſtructi ſint, atque eandem reipſa obſervent; id eſt qui hoc ipſo ſocietatem viſibilem, & Eccleſiam Chriſti, conſtituant.

111.

*Chriſtianus* vocatur, qui Societatis novæ viſibilis & ſpiritualis, id eſt, Eccleſiæ, a Chriſto inſtitutæ, ſocius ac conſors eſt.

112.

112.

I. *Christianus est omnis & solus ille, qui lege Christi positiva actu obligatur, seu qui sufficiente notitia Christi, & legum pro Societate Ecclesiæ suæ ab ipso constitutarum, saltem ad communem finem salutis consequendum absolute necessariarum, actu imbutus est.* Obligatione enim societati cuique propria nexus omnis determinatur, quo socius quisque eidem adstringitur ( 39. 40. not. ). Atqui omnis & solus iste obligatur lege Christi, qui & ipsius & hujus sufficiente notitia imbutus est ( 19. ).

II. *Societas Christiana, quatenus ex omnibus & solis illis sociis constat, qui Christi ejusque legum necessaria notitia imbuti sunt, non voluntaria, sed legalis societas est* ( 41. ). Omnes enim isti, seu velint, seu nolint, communi obligatione illarum legum ad finem communem junctis viribus promovendum etiam externa professione sinceræ internæ fidei in Christum adstringuntur: nec vero ipsa Christi ejusque legum ad salutem necessaria notitia ab eorum solo arbitrio pendet.

III. *Ut quis sit Christianus simpliciter, opus non est, ut vel fide interna libere actu doctrinæ Christi assentiatur, vel leges ipsius, ex gr. de professione externa ejus fidei, observet.* Obligatione enim sociali tamen obstringitur, modo sciat legislatoris potestatem & voluntatem instituendi Societatem legalem ( 41. ); perinde atque omnes vel inviti adstringimur Societate naturali (43.).

IV. *Ut vero quis sit Christianus voluntate, seu mentis proposito, interna fide assentiri debet doctrinæ a Christo revelatæ, & agnoscere ejus potestatem legislatricem, ipsamque legem ceu veram recipere.* Hoc uno enim fit socius etiam voluntarius ex mere legali.

V. *Ut*

V. *Ut vero ceu Christianus, seu Ecclesiæ Christi socius, discerni possit, id est, ut visibilis Christianæ Societatis fiat socius ipse quoque visibilis, opus est, ut Christi fidem signo legali, id est, baptismi receptione, profiteatur.*

VI. *Qui Christi sufficiente notitia instructus baptismum recipit, Christianæ Ecclesiæ visibilis socius revera est; etsi obstinata mente veritati cognitæ obsistat, assensu internæ fidei denegato,* Obligatione enim sociali reipsa tenetur (I. II.), & quod teneatur, legali signo reipsa ex vero prodidit (V.).

VII. *Qui Christi sufficiente notitia illustrati non sunt, etsi fingant baptismum se recipere, Christiani tamen non sunt:* quia obligatione, id est, Societatis nexu, teneri sine legis & legislatricis potestatis notitia non possunt (39. 19.).

VIII. *Societas Christiana visibilis qua talis ex parte legalis, & ex parte voluntaria est: legalis;* quia vi institutionis Christi ejusque legis omnes ejus consortes obligantur, ut signo legali se visibiles præbeant (41.); *voluntaria,* quatenus tamen a libera voluntate singulorum pendet, ut actu obediendo legi sociali se tales profiteantur exterius.

\* *De infantibus baptizatis,* quorum vulgo Theologi in definitione *Christiani* adornanda curam non habent, quæras; an nostra definitione glorioso hoc nomine excludantur; eo quod obligationis passivæ capaces actu non sint (10. 19.). Cui quæstioni respondeo: esse participes finis ultimi Christianæ Societatis, sed consequendi in præsens non proprii arbitrii meritoriis actionibus, ad quas obligentur; verum actionibus & meritis solius Christi, christianorum parentum opera in baptismo eisdem applicatis. *Infantes* itaque *Christianos,* id est, Christianorum qua talium, recte dixeris; vel certe, si veritatem doctrinæ recte teneas, de nomine haud litigabis.

CAPUT

## CAPUT III.
## ECCLESIA CHRISTIANA AD MODUM SOCIETATIS INÆQUALIS A CHRISTO INSTITUTA FUISSE OSTENDITUR.

113.

Etfi *Ecclefia Chrifliana* ut focietas legalis ab ipfo Chrifto Domino inftituta fuerit; *potuit* tamen *abfolute inftitui vel ut focietas mere æqualis*, fi legibus per fe jam claris inftrueretur ad modum Societatis naturalis univerfalis ( 43.), quæ regitur legibus naturalibus lumine naturæ evidentibus, & facile dignofcendis faltem eatenus; quatenus ad falutem, ceu finem ultimum, abfolute earum notitia eft neceffaria (vide in Ethica Univ. Chrift. §. 590.); aut etiam inftar Societatis univerfalis fupernaturalis, itidem a Deo inde a mundi primordiis lege pofitiva conftitutæ ( 93. ): *vel eadem Ecclefia Chrifliana inftitui a Chrifto potuit ut focietas ex parte folum inæqualis*, *inftar Judaicæ*; ita, ut in obfcuris legibus divinis & dubiis fuper eis exortis folum poteftas authentice leges declarandi, vel etiam inquirendi & judicandi de legum obfervatione; vel transgreffione, uni, vel pluribus, quocunque pacto delectis judicibus competeret, absque propria coactiva poteftate feu legislatrice, feu etiam folum executrice ( 98. II. 28. 29. 30. 31. 32. ): *vel denique ea inftitui potuit ut focietas vere inæqualis, cum vera jurisdictione & poteftate legislatrice propria & privativa*, *eaque vel uni folum Monarchæ, vel pluribus optimatibus facris, conceffa, fub certo modo regiminis, aut nullo certo modo præfcripto* ( 79. I, ).

\* Ifthic jam primo id folum oftendam, *Ecclefiam a Chrifto divinitus inftitutam effe ut Societatem legalem inæqualem*

lem cum poteſtate propria coactiva authentice declarandi, & exequendi leges d.vinas, atque adeo cum vera jurisdictione aliquibus privative in ceteros Chriſtianos, ejusdem Societatis conſortes, ſtabiliter conceſſa ( 31. ).

" Longe autem diverſa ab hac altera illa quæſtio erit: utrum in Eccleſia Chriſti etiam vi inſtitutionis Chriſti exiſtat poteſtas legislatrix propria, uni, vel pluribus, conceſſa, qua ſcilicet novæ & mere humanæ leges ferri, nec ſolum divinarum legum executio legum humanarum acceſſione urgeri, poſſunt.

114.

De Chriſti ſapientia pro certo ſupponendum eſt, quod non tantum in qualitate poteſtatis inſtituendæ, ſiquam inſtituit, verum etiam in modo exercendi regiminis Eccleſiæ ſuæ determinando, nunquam non ſecundum omnes perfectæ ſapientiæ regulas ſeſe geſſerit.

115.

Itaque I. ſi poteſtatem moralem & jurisdictionem ſpiritualem Chriſtus alicubi inſtituit in Eccleſia ſua, & multo magis, quando modum exercendi regiminis lege aliqua fundamentali in eadem determinavit, clare omnino & aperte loqui debuit: aut ſiquidem id genus poteſtatem ac leges fundamentales inſtituere e re Eccleſiæ ſuæ haud eſſe exiſtimavit; nec verbis unquam uti debuit, quibus inſtitutionem ejusmodi reipſa facere aperte ſatis præſeferret. Vide regulas §§. 85. 86.

II. Unde minime omnium obſcuros in ſenſus ab obvia ſignificatione trahere licet ea Chriſti verba, ab Apoſtolis & Evangeliſtis conſignata fidelibus literis; quibus id genus poteſtatem cum forma regiminis lege fundamentali in Eccleſia a ſe conſtituta inſtituere reipſa aperte & obvio ſenſu videtur ( citt. ).

* Faci-

* Facile quivis intelliget principia hæc ad pleraque non Acatholicorum modo, fed ipforum quoque Catholicorum Doctorum in variis argumentis huc pertinentibus diffidia componenda brevi compendio valere. At enim nihil evidentius effe equidem exiftimo, quam ea ex fola notione fapientiæ divinæ legislatoris noftri & Ecclefiæ Chriftianæ inftitutoris reipfa confequi. Nihil item mihi certius eft, quam non nifi iftorum principiorum ope finiri controverfias de fuprema Ecclefiaftica poteftate & Ecclefiæ regimine poffe: quibus profecto Chriftus ambiguitate inftitutionis per fe cauffam non præbuit, nec præbere voluit. Aut quid denique *in Societate mere legali*, quæ folius fuperioris lege conftituta & ex toto ordinata eft, certum fixumque effe poteft; fi lex Superioris fundamentalis, qua is imperium, hujusque formam, & modum regiminis inftituit, vel certe inftituiffe vifus eft, ambiguis concepta verbis fit, nec tamen fuperioris in abfentia alius quis interpres authenticus usquam fuppetat?

116.

FACTA CHRISTI DOMINI PRO QUÆSTIONIS PRÆSENTIS DECISIONE (III. not. 1.) NECESSARIO DEMONSTRANDA *funt fequentia*:

1°.) *Chriftum Dominum plurima dogmata docuiffe, quæ ad religionis internæ atque externæ ab ipfo inftitutæ regulas & officia ad falutem neceffaria, ac lege gravi, Chriftianis omnibus præfcripta, pertinere voluit; de quibus tamen, nifi novus interpres ab ipfo Chrifto inftitutus & relictus fuppelat, ob incertam verborum vim, quibus vel a Chrifto enuntiata funt, vel a fcriptoribus facris enuntiata ab eodem ipfomet fuiffe referuntur, in dubiis perpetuo hærebimus cum præjudicio falutis æternæ etiam quoad fubftantiam fpectatæ: multa vero alia infuper docuiffe; & legibus præfcripfiffe, ad majus Ecclefiæ fuæ bonum fpectantia, dubiis tamen itidem multa ex parte obnoxia.*

2°.) *Man-*

2°.) *Mandaſſe Apoſtolis, ut eadem omnia, quæ ipſe lege certa præſcripſerat, & docuerat, nullo excepto edocerent omnes homines, & obſervare juberent, ſi in Eccleſia a ſe inſtituta conſequi ſalutem vellent.*

3°.) *Eisdem contuliſſe auctoritatem docendi & promulgandi dogmata ac leges a ſe traditas omnino falli neſciam.*

4°.) *Obligatos voluiſſe Chriſtianos omnes ad fidem ſuis & illorum dictis habendam irrefragabilem.*

5°.) *Dediſſe eisdem Apoſtolis poteſtatem pœna gravi ſpirituali animadvertendi in refractarios regulis fidei & morum per ipſos prædicatis.*

6°.) *Voluiſſe demum, ut hanc omnem a ſe acceptam poteſtatem Apoſtoli ad alios homines, ceu ſucceſſores ſuos, pro Eccleſiæ ſuæ bono in perpetuum transmitterent.*

Quodſi enim facta hæc omnia ſingillatim certa fuerint; *ex primo* neceſſitas manifeſta & conſilium divinæ Chriſti Sapientiæ apparebit, neceſſario dictans, interpretem authenticum pro omni tempore in ipſius Chriſti feceſſu ab Eccleſiæ ſuæ viſibili regimine conſtituendum eſſe: *ex altero atque tertio* innoteſcet ipſa realis exiſtentia talis poteſtatis moralis a Chriſto relictæ in Apoſtolis: *ex quarto* conſequetur obligatio, inprimis quidem divina regulis fidei & morum, quas Apoſtoli ceu a Chriſto traditas promulgarint atque authentice declararint, pleno aſſenſu fidei adſtipulandi: *ex quinto* autem porro etiam obligatio humana conſequetur, ſi Apoſtoli obedientiam illam erga leges Chriſti a ſe authentice declaratas intentatis pœnis, & ſpiritualis ſuæ poteſtatis moralis ſiniſtris effectibus, urgeant: *ex ſexto* denique perpetuitas id genus poteſtatis totius in Chriſti Eccleſia derivabitur.

117.

FACTUM I. demonſtratur, videlicet *Chriſtum Dominum dogmata plurima docuiſſe: quæ ad religionis internæ & externæ ab ipſo inſtitutæ officia communiter neceſſaria pertinere voluerit: de quibus tamen ſine relicto interprete authentico dubia 'non facile ſuperanda cum communis ſalutis ſubſtantiali periculo nobis reliquerit inſoluta.* Tale 1'.) eſt DOGMA DE IPSA CHRISTI DOMINI DIVINITATE, ET PERSONA VERE DIVINA, EAQUE UNICA, IN DUABUS NATURIS, variis quidem vicibus teſtibus Evangeliſtis ab ipſo Chriſto verbis propriis formalibus aſſerta, ſed talibus, quæ niſi propriis Apoſtolicorum ſcriptorum verbis & Apoſtolorum propria teſtificatione ulterius explicentur, dubia ſuper illis diverſa diverſis temporibus exorta ſe ſolis eximere vix, aut ne vix quidem, poſſunt in Myſterio, quod ſupra rationem mere naturalem tam longe eſt poſitum, ita ſaltem, ut plena certitudo divinæ Chriſti Domini revelationis de eodem integro dogmate a quovis, ſeu docto, ſeu indocto homine moraliter & vulgo obtineri poſſit, maxime ſuppoſitis ſectariorum diverſorum de alio verborum Chriſti ſenſu concertationibus ſæpe acutiſſimis, ac multa linguarum originalium, quibus ſeu Chriſtus in loquendo, ſeu ſcriptores Evangelici in ſcribendo ſunt uſi, eruditione ſuffultis. Tale eſt 2'.) DOGMA DE SS. TRINITATE, in cujus nomine, id eſt, auctoritate, profeſſione fidei in ipſam, & invocatione, Chriſtus ipſe juſſit omnes baptizari Chriſtianos Matth. ult. 19. 3'.) DOGMA DE MYSTERIO SS. EUCHARISTIÆ; cujus vel prima mentio a Chriſto facta turbavit ipſos Apoſtolos & diſcipulos Joan. VI. 61.: *multi ergo audientes ex diſcipulis ejus dixerunt: durus eſt hic ſermo, & quis poteſt eum audire? & v.* 68.: *ex hoc multi diſcipulorum ejus abierunt retro, & jam non cum illo ambulabant: dixit ergo Jeſus ad ad duodecim: nunquid & vos vultis abire?* 4'.) Dogma de necessitate baptismi ad falutem generali: *nifi quis renatus fuerit ex aqua & fpiritu fancto, non poterit introire in regnum coelorum* (Joan. III. 5.): an etiam de parvulis hoc dictum a Chrifto, qui rationis defectu focialis nexus Chriftiani obligationem mox a nativitate naturali recipere capaces non funt (112. not.), nec in defectu baptifmi aliud remedium falutis habebunt; fi hic fit do neceflitate falutis abfolutæ, vel in re, vel in voto fufceptus? 5') Dogma de necessitate Eucharistiæ Joan. VI.: *nifi manducaveritis carnem filii hominis non habebitis vitam in vobis:* an hæc necefsitas æque magna eft, an æque generalis etiam refpectu parvulorum, ut baptifmi? His accedunt alia dogmata, fcitu quidem fors non tam abfolute neceflaria, attamen fumme fcitu utilia, quorum incertitudo majori bono communi Ecclefiæ evidentur obftat; ex. gr. *de libertate Chrifti*, ceu fundamento meritorum ejus moralium, & omnis virtutis boni exempli ejus in tolerantia miferiarum vitæ & acerbiffimæ mortis ejus, obedientiæ demum erga Patrem & omnem iftius voluntatem; cujus combinatio libertatis cum impotentia peccandi ex divinitate orta fumme difficilis; incertitudo vero moribus & virtutibus præcipuis Chriftianorum vigorem motivi & exempli potentiffimi evertit: deinde *de polygamiæ abolitione, & Matrimonii indiffolubili nexu* vita conjugum amborum durante Matth. XIX. &c. &c.; cujus dogmatis ratione, ut conftat, tam difficilis fcrupulus Lutherum ejusque primos difcipulos vexavit in cauffa Philippi Haffiæ Landgravii.

Atqui dogmata hæc ab ipfo Chrifto reipfa tradita funt, doceri ab Apoftolis publice juffa, & declarata pertinere ad religionem internam & externam, ab ipfomet inftitutam. Etenim fides de divini-

*Ecclesia Christiana ad modum Societatis &c.* 71

vinitate & unica persona Christi atque de tota SS. Trinitate ad religionem internam pertinet; baptismi & Eucharistiæ susceptio ad externam ( Ethic. Christ. univ. §§. 693. 696. ): professionem vero illius fidei, & Sacramentorum istorum susceptionem, Christus ex æquo ad salutem necessariam declarat: *nisi quis renatus fuerit, non introire poterit &c.*; *nisi manducaveritis &c., non habebitis vitam*; *qui non crediderit, condemnabitur &c.*: *docentes eos servare omnia, quæcunque dixi vobis.* Ergo &c. &c,

\* Verum quidem est, ipsos Christianos Doctores haud consentientes esse, an fides explicita de Christo & SS. Trinitate sit absolute ( necessitate medii, ut loquuntur ) adultis hominibus ex Christi lege necessaria ad salutem, id est, etiam iis, qui Christi Evangelium sibi prædicari non audivere. Attamen In eo omnes consentiunt, hæc dogmata doceri ab Apostolis omnes debuisse, & credi communiter ab omnibus Christianis ( 111. 112. I. ), vi certæ legis a Christo constitutæ; a cujus observatione sola ignorantia plane non vincibilis excusare homines Christi adhuc ignaros possit.

118.

FACTUM II. demonstratur, videlicet, *mandasse Christum suis Apostolis, ut dogmata omnia illis a se tradita docerent omnes homines, hosque ad eorum fidem, atque baptismum recipiendum, invitarent.* Hoc quidem palam est ex Matth. ult. 18; ubi ait: *data est mihi omnis potestas in cælo & in terra. Euntes ergo docete omnes gentes, baptizantes eos in nomine Patris &c.*; *docentes eos servare omnia, quæcunque mandavi vobis.* Ecce! legislator loquitur ( 105. I. ): *primo* profitetur palam potestatem suam spiritualem constituendi regulas officiorum & obligationes perfectas ad salutem æternam pertinentes ( *in cælo & in terra* ): *deinde* jubet leges omnes a se traditas

E 4   doce-

doceri *omnes* homines: *docete omnes gentes, servare omnia*, convenienter fini adventus fui in mundum (116.), qui erat reparatio falutis omnium; fiquidem tefte Petro Apoftolo Act. IV. 12. *non est aliud nomen sub caelo datum hominibus, in quo oporteat nos salvos fieri.*

119.

EACTUM III. *Christus suis Apostolis promisit, ac proin pro fidelitate sua, deficere nescia, reipsa contulit donum auctoritatis infallibilis in recte docendis dogmatis & legibus, quas ipse prior illos docuerat.* Nam Joan. XIV. 16. ait Apoftolis fuis: *ego rogabo patrem meum, & alium paraclitum dabit vobis, ut maneat vobiscum in aeternum, spiritum veritatis*: v. 26. *ille vos docebit omnia, & suggeret vobis omnia, quaecunque dixero vobis.* Nota. bene: *spiritum veritatis* promittit, qui non nifi vera docere poteft; quo fine? ut eos *doceat omnia*, id eft, rite intelligere faciat; & *ut suggerat* illis *omnia*, fcilicet ut ne quid e memoria elabatur ex omnibus, *quaecunque* ipfe eis unquam *dixisset*. Idem promiffum repetit Joan. XVI. 13. & in ipfo fuo in coelum difceffu Luc. Ult. 49. dicens: *ego mitto promissum patris mei in vos: vos autem sedete in civitate, quoadusque induamini virtute ex alto.* Ecce! prius adoriri munus docendi vetat; quam hoc dono inftruantur. Promiffi hujus executio habetur Act. II. 4. *repleti sunt omnes spiritu sancto:* & ecce continuo ejus effectum ad docendum omnes gentes: *& caeperunt loqui variis linguis, prout spiritus sanctus dabat eloqui illis.* Exinde Apoftolus Paulus Ecclefiam Chrifti talibus inftructam doctoribus vocat 1. Timoth. III. 15. *columnam & firmamentum veritatis;* ac de dono ifto immunitatis iftius ab omni errore in docendo grave teftimonium fert ad Ephef. IV. 11. dicens: *& ipse dedit quosdam quidem Apostolos, quosdam autem Pro-*
*phetas,*

*pletas*, alios vero *Evangelistas*, alios autem *pastores & doctores*: quo fine? *ad consummationem sanctorum* ( Christianorum videlicet, qui jam sunt in Ecclesia Christi; quos ibid. v. 4. dixerat esse *unum corpus*; in quo sicut est *unus spiritus*, ita debere esse *unam fidem*, sicut est *unus dominus*, id est, institutor hujus societatis & corporis istius moralis creator; *unum baptisma*; seu una externa ejusdem professio per idem signum legale; *unus Deus & pater omnium* ) *in ædificationem corporis Christi*: - - UT JAM NON SIMUS PARVULI FLUCTUANTES, ET CIRCUMFERAMUR OMNI VENTO DOCTRINÆ IN NEQUITIA HOMINUM, IN ASTUTIA AD CIRCUMVENTIONEM ERRORIS. Ecce totum doni istius finem! & seriam Christi legislatoris supremi voluntatem de unitate doctrinæ & fidei in *corpore* suo, id est, Ecclesia *visibili*, conservanda, eaque tam perfecta, quam perfecta est unitas *unius spiritus* in uno corpore; ut videlicet, sicut omnia membra reguntur ab una anima, sic omnes Christiani regantur ab uno Spiritu Dei, loquente per doctores a se constitutos.

120.

FACTUM IV. *Christus gravi lege divina obligavit omnes Christianos ad audiendos Apostolos docentes, quæ ipse eis mandavit, & ad fidem eis habendam.* Etenim Marc. ult. 15. Christus ascensurus in cœlum declarat ultimam suam voluntatem his verbis: *euntes in mundum universum prædicate Evangelium omni creaturæ. Qui crediderit, & baptizatus fuerit, salvus erit:* QUI VERO NON CREDIDERIT, CONDEMNABITUR. Ecce severam perfectamque gravis legis obligationem ( 11. )! *qui non crediderit*: cui? Apostolis prædicantibus Evangelium. Hoc ipso autem fine necessario legatorum suorum seu *ministrorum* charactere ( 36. not.) eos insignit,

addens

addens continuo: *signa autem eos, qui crediderint, hæc sequentur: in nomine meo dæmonia ejicient; linquis loquentur novis &c.* Eventum prædictionis pluribus locis in Actis Apostolorum legere est, maxime in prima ministerii hujus functione, facta in ipso die Pentecostes. Deinceps quoque Apostoli concessa sibi hac lege auctoritatem in omni occasione palam professi sunt, maxime siqua controversia de morum regulis exoriretur; uti Act. XV.: *visum est spiritui sancto & nobis, nihil ultra imponere vobis oneris*: ubi ab onere legalium ceremoniarum legis veteris absolvunt omnes Christianos. Hinc S. Paulus ad Galat. I. 7. cum vigore potestatis declarat: *sunt aliqui, qui vos conturbant, & volunt convertere Evangelium Christi* ( nobis solis delegatum ). *Sed licet nos, aut Angelus de cœlo Evangelizet vobis, præterquam quod Evangelizavimus vobis; anathema sit. Sicut prædiximus, & nunc iterum dico: siquis vobis Evangelizaverit præter id, quod accepistis* ( a nobis ), *anathema sit.* Et ibid. V. 2. *Ecce! ego Paulus dico vobis: quoniam si circumcidamini* ( ex erroneo judicio, ac si necessaria sit vobis circumcisio ad salutem, contra ac nos docemus ), *Christus vobis nihil proderit.* Ita pro auctoritate loquitur Paulus, postquam & ipse Apostolici doni particeps, & ceu legatus Dei, missus a Spiritu Sancto prædicabat verbum Dei ( Act. XIII. 4.).

121.

FACTUM V. *Christus dedit Apostolis suis præter ministerium docendi insuper potestatem supernaturalem gravi pœna spirituali puniendi eos, qui aut dogmatis a Christo traditis, & per ipsos ejus nomine promulgatis, non haberent fidem; vel legibus ejusdem a se promulgatis morem non gererent.* Principale hoc factum apertissime demonstratur ex Joan. XX. 20. ubi

ubi Chriſtus, jam cum gloria redivivus a morte, ſic Apoſtolos alloquitur : *ſicut miſit me Pater, & ego mitto vos.* *Hæc cum dixiſſet, inſufflavit, & dixit eis : accipite Spiritum Sanctum,* (id eſt, meum ipſius ſpiritum, qui ſcilicet me in toto miſſionis meæ negotio rexit, ut eodem ſpiritu, eodem voluntatis totius propoſito *in eundem finem*, in quem ego, ſemper tota miſſione veſtra collimetis, videlicet in hominum ſalutem §. 106.) : *quorum remiſeritis peccata, remittuntur eis ; · & quorum retinueritis retenta ſunt.* Id eſt : quicunque in miſſionis iſtius negotio laborantibus vobis ita morem geſſerint, ut eos fructu meritorum meorum, id eſt, peccatorum remiſſione, dignos judicaveritis, his remittendi actu peccata ſua poteſtatem vobis ita largior, ut, quorum vos remiſeritis, eorundem peccata & a me remiſſa ſint. Contra ſiqui vobis ita refractarii fuerint, ut eos dignos judicetis, qui in pœnam beneficio omni remiſſionis peccatorum a vobis eis impertiendæ priventur; nec ego remittam eis pœnam æternam, quam vos non remiſeritis. Enimvero pœna graviſſima erit, ſic & eo effectu excludi ab omni remiſſione peccatorum, quam aliis morigeris Apoſtoli vi conceſſæ his verbis poteſtatis indulgere poterant, ut eadem remiſſione in pænam ab Apoſtolis negata, talis nec a Deo obtinendæ remiſſionis ſpem haberet. Idem amplius elucet ex Matth. XVIII. : ubi Chriſtus, poſtquam modum correptionis fraternæ & gradus ejusdem præſcripſit, gravitatem ejus pertinaciæ exaggeraturus, quam committat, qui correptione fraterna privata ſemel neglecta ad ipſam publicam Eccleſiæ congregatæ correctionem contemnendam denique progreditur, v. 17. ait : *ſi Eccleſiam non audierit ; ſit tibi ſicut Ethnicus & publicanus,* id eſt, ſicut jam extorris aliquis & excluſus a ſocietate Chriſtiana, nec porro gaudens ejus ſacris juribus & ſpiritualibus emolumen-

## Sectio II. Caput III.

mentis, aut ullis remediis falutis. Cur autem hoc, & unde tam gravis effectus? Rationem fubjicit v. 18. ad Apoftolos dicens: *amen dico vobis: quaecunque alligaveritis fuper terram, erunt ligata & in coelo: & quaecunque folveritis fuper terram, erunt foluta & in coelo.* Senfus eft: ratio, cur inftar ethnici & publicani talis habendus fit, haec eft: quia dabo talem poteftatem vobis Apoftolis meis, qua tales refractarios in poenam ligare, id eft, omni ufu mediorum falutis, quae in Societate Chriftiana fuppetent, excludere poffitis, ita, ut fententia judicii veftri effectum etiam in foro meo fit habitura. Enimvero qui contra regulas morum a fe Dei nomine promulgatas peccantem, nec poft publicam corectionem eisdem parere volentem, morali poteftate excludere poteft ab omni ufu remedii falutis; is profecto ob culpam malo fpirituali ut fuperior afficere, hoc eft, graviter punire poteft: nec is folum *confilio invitandi*, fed *perfecte cogendi & obligandi poteftate morali* inftructus eft (16.).

\* Non ego hic ullo pacto fuppono quidpiam de propria poteftate *Sacramentali* ordinis, aut de vera ratione *Sacramenti* novae legis, quo gratia fanctificans homini a Miniftro vere conferatur, qui nomine Chrifti illud adminiftrat: imo iftam *aggratiandi poteftatem* Apoftolis collatam a Chrifto per ea verba, *quorum remiferitis peccata &c.*, immediate hic non attingo (Ethic. Univ. Chrift. §§. 727. 728. not.): fed id folum affirmo factum effe a Chrifto, quod fenfus obvius & clarus verborum Chrifti per fe exprimit Joan. XX. 21., videlicet traditam ab eo Apoftolis *poteftatem retinendi peccata, & ligandi* reos fic in contracto femel culpae & poenae aeternae reatu, ut nec coram Deo Judice *in coelo* fine indulto illorum remiffionem ab eo reatu obtinere ullo pacto poffint; quoties Apoftoli hac poteftate legitime uterentur adverfus eos, qui illorum praeceptis & auctoritati in recipiendis dogmatis fidei & exequendis legibus

gibus obstinate refragarentur; quas illi ut acceptas & præscriptas ab ipso Christo divino legislatore vi expressi mandati ejusdem, ceu ministri illius, promulgarent. Hanc potestatem id genus reos violatæ & contemtæ legis cujuscunque a Christo latæ, & ab Apostolis promulgatæ, declarandi ceu inhabiles ad veniam & salutis gratiam ullo alio medio consequendam etiam in foro Dei; nisi auctoritati Ministrorum eis se in exequenda eadem lege ab eis proposita se submitterent; hanc, inquam, potestatem ajo ego affirmate habere omnes notas *potestatis moralis coactivæ spiritualis*, ab ipso Christo in Ecclesia sua, ceu Societate visibili spirituali, institutæ, & Apostolis Joan. XX. 21. collatæ: siquidem potestas illa moralis coactiva aliud non est, quam potestas moralis *perfecte obligandi* libertatem hominis, & obligationi tali se submittere detrectanti ob culpam legis transgressione admissam inferre malum pœnæ spiritualis ( 10. not. 11.).

### 122.

I. *Christus Apostolis suis tradidit potestatem authentice declarandi leges, fidei ac morum ab ipso illis ceu ministris suis ad promulgandum concreditas.* Contulit enim iis munus docendi, ac proin explicandi easdem (118.) cum dono infallibilitatis (119.), & miraculorum charactere eos ceu ministros suos insignivit. Atqui talis quælibet declaratio vim legis habebat, ceu legem subjectivam, id est, certam notitiam legis divinæ objectivæ determinans (20. 19.), ac proin authentica erat (28.).

### 123.

II. *Christus dedit Apostolis potestatem aliquam legislatricem proprie talem & ab homine exercendam, saltem catenus se extendentem, ut possent legum divinarum fidei & morum, a se promulgatarum, executionem specialis pœnæ comminatione & impositione urgere.*

Vi poteſtatis enim a Chriſto conceſſae poterant eos, qui legibus fidei ac morum a Chriſto latis, & per Apoſtolos promulgatis refragabantur, poenae ſpiritualis ſpecialis certa comminatione perfecte obligare, & quidem obligatione diſtincta ab obligatione mere divina, quam Chriſtus ipſe impoſuerat, ex. gr. qui non crederent ipſius verbis (*qui non crediderit, condemnabitur*) : obligatio enim iſta divina ſolum reatum poenae aeternae importabat; obligatio vero ab Apoſtolis imponenda importabat reatum ſeu neceſſitatem manendi in reatu poenae aeternae, ita, ut nec poenitentia alia quacunque a reatu poenae aeternae in foro Dei liberari poſſent, niſi obedientiam etiam exterius Apoſtolis, ceu Chriſti Miniſtris, & ipſius leges promulgantibus, atque nova obligatione humana appoſita urgentibus, exhibuiſſent. Atqui lex, cujus obligatio ab homine ad exiſtendum determinatur, humana eſt. Apoſtoli ergo leges proprias ſaltem circa materiam divinis Chriſti legibus jam praeſcriptam ferendi poteſtatem habuere (24.).

124.

III. *Apoſtolis competebat ex inſtitutione Chriſti vera jurisdictio in Eccleſia Chriſti.* Eſt enim iſta jurisdictio attributum poteſtatis legislatricis (32. praec.).

\* Nota: tametſi jurisdictio a poteſtate legislatrice quoad ſubjectum ſeparari poſſit (33.); nihilominus, ſi Chriſtus Apoſtolis ſolam poteſtatem docendi ſalſi neſciam ſine omni poteſtate coactiva ſpeciali conceſſiſſet, eo ipſo illos & jurisdictione omni carituros fuiſſe: ſiquidem jurisdictio omnis poteſtatem exequendi leges per eſſentiam ſuam importat; niſi velis conſultorum in judiciis poteſtatem cum vera jurisdictione confundere (31. 30.).

## 125.

IV. *Tota potestas legislatrix Apostolis a Christo collata spiritualis & supernaturalis est.* Unice enim ad finem Societatis spiritualis, qualis est Ecclesia Christi, tota ejus facultas moralis activa obligandi pertinet ( 92. 106. 109. 1. 10. 13.): siquidem non nisi ad legum divinarum a Christo latarum executionem nova poena spirituali, earum transgressoribus intentata, promovendam illius omnis energia spectabat ( 107. I. II. 123.): *quod primum.* Porro evidens est, sine divina positiva lege nulli creaturae rationali facultatem per solas naturae leges competere id genus poena cogendi quemquam, ut Dei leges servet; qualem Apostolis datam a Christo ostendi §. 121.: ergo supernaturalis illa potestas est; *quod alterum* erat.

* De potestatis itaque spiritualis & imperii legali institutione divinitus a Christo facta ex ipsis apertissimis verbis Christi, summi Ecclesiae Principis, certi plane sumus. Sed an solis immediate Apostolis Christus potestatem istam, ceu ministris suis immediatis, privative delegavit? an vero toti multitudini coetus Ecclesiae? ita, ut ab hujus cumulativo arbitrio penderet, eam vel certis personis communi consensu delectis, ceu suis immediatis ministris, per vota viritim data, seu unanimia, seu majora, exercendam suo nomine delegare, vel eandem per se immediate ac cumulative exercere. *Si posterius* istud fecit Christus; regiminis formam mere Democraticam in Ecclesia sua instituit, & Societatem aequalem; praesertim si nec legem usquam addidit, qua modum deligendi ministros Ecclesiae per vota seu unanimia, seu majora, determinarit ( 69. 70. ): contra si istiusmodi legem forte addidisset; inprimis constare de ea deberet: tum vero Societas Ecclesiae Christianae jam vi suae institutionis non mere aequalis esset; sed aequalitas membrorum ejus in sola potestate voto, vel suffragio cumulativo determinandi personas ad mini-

ministerium Ecclesiasticum constaret; reipsa vero vi divinæ institutionis cœtus ipse inhabilis esset ad potestatem sacram immediate exercendam. Præterea constare deberet de tali lege non solum generice, sed in specie; quo pacto videlicet cœtus Ecclesiæ denominare Ministros suos deberet: an omnes cum æquali potestate, an unum cum suprema, alios cum inferiore & subordinata jurisdictione (34). Ceterum modum omnem hujus institutionis ex verbis tum Christi ipsius Domini immediate, tum Apostolorum, veluti testium immediatorum, discere debemus; qui ob suam integritatem, & divinæ missionis characterem miraculorum dono comprobatum, extra suspicionem partialis studii haud dubie haberi debent ab omni Christiano homine, qui eorundem testimoniis adversus Theistas tuto inniti se posse existimet. Porro quæstio ista, cum de lege fundamentali ab ipso Christo constituta agatur, qua modus omnis & forma regiminis primum in Ecclesia constituitur, nequaquam per Ecclesiæ aliquod judicium velut a priori decidi potest: quippe cujus ferendi *modus* quis sit legitimus, & divinæ Christi institutioni conformis, adhuc ignoratur. Ex quo proinde patet; quanti intersit, ut in extremi momenti inquisitione recta methodo atque ordine procedatur. Quamquam illud negari tamen non potest; ex observantia, quæ circa modum regiminis in Ecclesia semper viguit, ac publice recepta fuit, veluti a posteriori validum intorqueri argumentum posse, quod reipsa secundum illam institutio a Christo facta fuerit: quippe a qua recessisse, & quidem mox inde a principio, Ecclesiam suspicari non debemus. Interim probatio præcipua ex ipsis verbis Christi summi Principis & Apostolorum dictis, factisque, haud dubie repetenda est.

" Et vero meminisse hic probe oportet dogmatis Lutherani, & plerorumque Protestantium, qui ut plurimum non negant penitus potestatem legislatricem a Christo Domino in Ecclesia sua relictam fuisse; volunt tamen, illam

illam toti Societati Chriſtianæ viſibili perinde traditam immediate fuiſſe, ſicuti poteſtas legislatrix Societati cuique *voluntariæ* mero humano pacto exortæ propria, etſi & ipſa a Deo ſit, originarie tamen eſt in ipſa tota Societate (57. III. IV.). Interim iidem tenent, a Chriſto Deo Homine permiſſum eſſe Societati Chriſtianæ perinde, atque cuivis Societati voluntariæ (66.), ut hujus poteſtatis exercitium atque regimen in quosdam certos rectores ſacros, ceu Principes Eccleſiæ, unum, vel plures pro arbitrio transferret; ſive jam hi ſint illi ipſi, qui Societati civili præſunt (uti fieri id debere multi ex Proteſtantibus tenent, in varias tamen pro more ſententias de lege fundamentali regiminis a Chriſto conſtituti abeuntes; de quo vide R. P. Zallwein T. IV. Quæſt. I. Cap. III. §. VI. & ſeqq.) ſive ſint alii ab iis diverſi, ad hoc communi Societatis cujusque Chriſtianæ ſuffragio delecti. Sic primis Eccleſiæ ſeculis, durante Ethnicorum Imperatorum regimine, ab ipſis Chriſtianis delectos eſſe ad ſacrum regimen Epiſcopos & Pontifices Romanos putant : a tempore tamen Conſtantini Magni Chriſtianos Principes ſibi utrumque regimen vindicaſſe : quod alii Proteſtantium jure factum defendunt ob ſocietatem Chriſtianam civili Societati jam prius exiſtenti ſolummodo quaſi inſertam & commixtam; alii contra cum Hubero Gieſſ.n.nſi & Pfaffio hodiedum defendunt, jus regiminis ſacri exercendi civibus Chriſtianis eorumque Collegiis, ceu ſingillatim a Chriſto ipſi Eccleſiæ collatum, nec ullo pacto voluntario ab his in Principem transmiſſum, eripi a Principe Politico nec potuiſſe, nec poſſe : ſed cum populi injuria jam ultra limites a populo Chriſtiano præſcriptos promotum eſſe, primis quidem Eccleſiæ ſeculis ab ipſis Epiſcopis id exercentibus; amplius vero, nec niſi deſpotice, ereptum populo Chriſtiano a Politicis Chriſtianorum civium Principibus fuiſſe. Poſtremi hi itaque, magis Lutheri Scholiarchæ ſui ſenſis inhærentes, ac metu ducti, ne ſervitutem multo graviorem ſub

STATTLER, DEMONSTR. CATHOL. F jugo

## Sectio II. Caput III.

jugo Principum Politicorum libertas confcientiæ totaque Ecclefia incurrat, quàm illam fuisse autumant, quam fub Pontificibus Romanis & Epifcopis illorum Majores fervierant; *Jura Collegialia* a *Juribus Majeftaticis* diftinguunt; *pofteriora Principi* Politico, tam in Sacris, quam in Politicis, relinquunt; *priora* populo iu neutris fine injuria eripi poffe defendunt. Cenfent autem inter *jura Collegialia facra* 1'. *jus condendi formulam fidei*, exterius faltem profitendæ, falva tamen interna confcientiæ libertate: 2'. ) *jus ordinandi facra*, & ea, quæ ad cultum divinum pertinent, puta, ritus, locum, tempus &c.: 3'.) *jus eligendi Doctores & Paftores:* 4'.) *jus condendi leges conventionales: 5'.) jus excommunicandi*, aut a cœtu excludendi eos, qui pacta fervare nolunt: 6'.) *jus reformandi abufus: 7'.) jus implorandi brachium feculare*, vel aliqua jura collegialia pro bono Societatis exigente transferendi in Principes civiles.

\*\*\* Porro *argumenta* horum *Proteftantium* præcipue funt hæc: 1'.) Matthæi XVIII. 17., iniquiunt, Chriftus fratrem Chriftianum privatæ correptioni refractarium ad totam Ecclefiam, id eft, ad populum deferri jubet, ut ab ea publice corrigatur: *dic Ecclefiæ: fi autem Ecclefiam non audierit, fit tibi ficut ethnicus & publicanus:* utque Oftendat Chriftus, qnanti Ecclefiæ totius correctio æftimanda, quamque ejus offenfio metuenda fit, addit: *amen dico vobis: quæcunque alligaveritis fuper terram, erunt ligata & in cælo.* Prius de tota Ecclefia dixerat, ajunt; ergo & hoc pofterius. Non ergo folis Apoftolis poteftas hæc qualiscunque fed toti cœtui Chriftianorum competit. 2'.) Act. XV. 22. *Apoftoli & feniores cum omni Ecclefia elegerunt viros*, quos mitterent ad fideles Antiochiæ, legis de abrogatis a fe legalibus nuntios; ac proin & legem illam cum confenfu totius cœtus Ecclefiæ ac populi Chriftiani fecere. 3'.) Iidem Act. VI. 2. *convocantes totam multitudinem difcipulorum*, jubent, *confiderare viros ex eis boni teftimonii feptem, quos conftituerent* Diaconos. - - *Et placuit*

*Ecclefia Chriftiana admodum Societatis &c.* 83

cuit fermo coram omni multitudine. · · *Et elegerunt Stephanum*, & reliquos &c. Volunt itaque Proteftantes plerique, REGIMEN ECCLESIÆ CHRISTIANÆ VI INSTITUTIONIS A CHRISTO FACTÆ ESSE DEMOCRATICUM (68) RELICTUM TAMEN LIBERTATI IPSORUM CHRISTIANORUM, UT, ficut ex focietate originaria civi i Democratica, ita EX COETU SUÆ CUJUSQUE ECCLESIÆ FACERENT STATUM ARISTOCRATICUM, AUT ETIAM MONARCHICUM.

\*\*\*\* Antequam porro ad contrarium aperte demonftrandum accedo, *duo* circa fententiam nota 2da relatam adhuc *adnoto*: *primum* eft, quod illi Proteftantes concedere hoc ipfo debeant, Pontificibus Romanis & Epifcopis faltem ex confenfu fidelium jus regendi Ecclefiam *in mere fpiritualibus* competiiffe inde a feculis amplius quindecim, vel ipfo Melanchtone id fæpius confitente: iidem vero an tantis violentiis eis eripiendi jus habuerint; an item multum lucri fperare ex ejusdem in Principes Politicos translatione potuerint; ipfi viderint: *alterum*, quod ex Scripturæ not. 3. citatis locis ftricte aliud non probaut ( fi omnis concedantur, quæ ·fpeciem veri in argumento habent ) quam ad fummum 1'.) quod ex capite Matthæi XVIII. folo nec fatis evidenter probetur, quod folis Apoftolis, nec quod toti populo Ecclefiæ chriftianæ, poteftas illa ligandi & folvendi tradita fit; fed folum quod in Ecclefia poteftas illa a Chrifto relicta fit, feu ab Apoftolis, coram tota multitudine privativa auctoritate fententiam judicialem pronuntiantibus exercenda, feu ab ipfa multitudine aut judicium per fe ferente, aut certis delectis miniftris fuis poteftatem ad hoc delegante; ac proin ex aliis Chrifti verbis quæftionem de modo regiminis exercendi decidendam effe; ex his folis vero non poffe decidi: 2'.) quod in delectu perfonarum ad minifteria Ecclefiaftica Apoftoli populi fidelis fuffragia admiferint, nec nifi tales, qui omnibus probarentur,

F 2 dele-

delegerint. Plus certe ex utroque Actorum Capite VI. & XV. non exsculpitur. Nam Act. VI. *munus docendi , & concedendi poteſtatem ſacram praeſentatis a populo perſonis,* ſibi ſolis Apoſtoli aperte vindicant: inde enim dicunt v. 2. *non eſt aequum nos derelinquere verbum Dei , & miniſtrare menſis:* atque idcirco quosdam ſibi viros *boni teſtimonii* deſignari petunt, eumque a populo ſibi oblatis ſeptem *ſoli* ipſi imponunt manus v. 6. *hos ſtatuerunt ante conſpectum Apoſtolorum:* & hi orantes impoſuerunt eis manus. Rurſus Act. XV. ſoli *Apoſtoli & Seniores* docent ; *multitudo tacuit ;* & v. 25. queruntur ſoli *Apoſtoli & Seniores*, quod Antiochiae quidam *docendi munus* ſibi arrogarint, fideles *verbis turbantes, & eorum animas evertentes*, quibus ipſi *non mandaſſent* hoc munus. Apoſtoli ergo praetendebant poteſtatem privativam ſibi competere conſtituendi miniſtros verbi Dei, Solus delectus virorum Antiochiam mittendorum fit cum conſenſu & placito totius multitudinis fidelium v. 22.: *tunc placuit Apoſtolis & Senioribus cum omni Eccleſia , eligere viros ex eis , & mittere Antiochiam cum Paulo & Barnaba , Judam , & Silam , viros primos in fratribus.* Jam vero ſola nominatio, cum teſtimonio privato aptitudinis ad officium non eſt transmiſſio ipſius poteſtatis legislatricis ullius , ne dicam ſpiritualis ; multo minus importat ejus *delegationem* (34) imo hanc a ſolis Apoſtolis ſemper factam fuiſſe loca citata omnia aperte probant ; ſicuti nec *ſubordinatio* ulla poteſtatis Apoſtolorum propriae ad arbitrium totius coetus Eccleſiae ullo ex loco Scripturae probari poteſt ( cit. ). His notatis jam abſolute oſtendamus , non Democraticam & popularem formam regiminis ullo pacto Chriſtum Dominum inſtituiſſe, ſed ſolis Apoſtolis immediate ab ipſo in perſona adhuc praeſente in terris collatam eſſe omnem , quamcunque in Eccleſia ſua qua tali reliquit, ſpiritualem poteſtatem.

*Ecclesia Christiana ad modum Societatis &c.* 85

126.

Christus Dominus, quam in persona præsens in terris immediate dedit potestatem spiritualem legislatricem Apostolis suis, ipse quidem tunc immediate solis dedit Apostolis, non toti cœtui Christianorum, ipsum Magistrum divinitus missum jam tum venerantium : 2.) neque dedit toti Ecclesiæ communem, cujus delegatione soli Apostoli, ceu totius Societatis Christianæ nomine, præcise exercerent ; sed dedit Apostolis propriam , 3'.) nec toti Ecclesiæ cœtui subordinatam (vide §. 34.). Nam 1'.) quam promiserat eis Matth. XVIII. 18., hanc denique discipulis in cænaculo clauso Jerosolymæ congregatis dedit reipsa Joan. XX. 21. *Sicut misit me Pater, & ego mitto vos : quorum remiseritis peccata, remittuntur ; quorum retinueritis, retenta sunt.* Atqui tunc quidem in cœnaculo non erant præsentes nisi Apostoli, & nequaquam omnes Christi discipuli, seu illi *septuaginta;* de quibus Lucæ X. ; seu illi *quingenti*, quibus postea in monte Galilææ apparuit ; de quibus S. Paulus 1. Corinth. XV. 6.; quos omnes utique cœnaculum unum non cepisset : neque constat, postea usquam ceteris discipulis non Apostolis ullam id genus potestatem immediate a Christo Domino ante Ascensionem suam collatam fuisse : imo totis illis quadraginta diebus a resurectione sua ad Ascensionem usque non nisi semel omnibus illis quingentis fratribus apparuisse legitur loc. cit. 1. Corinth. XV. 6.; quin ibi quid de id genus potestate ligandi & solvendi, retinendi ac remittendi, a Christo omnibus quingentis data, memoretur. Ex adverso de Apostolis Act. I. 3. legitur : *quibus præbuit (Christus Dominus) se ipsum vivum post passionem suam in multis argumentis, per dies quadraginta apparens eis, & loquens de regno Dei.*

2'.) Soli quoque Petro Matth. XVI. 16. promittit *claves regni cœlorum;* sali promittit, se daturum eam poteftatem, ut quod ipfe *folverit*, aut *ligaverit fuper terram, folutum & ligatum* fit *in calis*. De quonam membro fingillatim in Statu Democratico quis ex vero dicat: *tibi datum eft imperium & regimen ftatus : quæcunque tu poteftate tua conftitueris, jufferis, vetueris, conftituta, præcepta, vetita funt in toto regno hoc.* Enimvero hoc aperte falfum eft de quovis cive. Evidens ergo vel ex hoc folo loco eft, non meram Democratiam in *legali* ifta Societate fuiffe a Chrifto inftitutam. Atque hæc *ad primum* probandum fufficiunt.

*Quod ad alterum*: Chriftus tam Joan. XX. dicit Apoftolis : *ego mitto vos, ficut mifit me Pater*; (non : Ecclefia mea mittet vos) :*accipite Spiritum fanctum* & poteftatem remittendi & retinendi peccata, a me (utique) immediate, non ab Ecclefia mea vobis illum Spiritum & eam poteftatem delegante, ac proinde ea poteftas Apoftolorum, etfi refpectu Chrifti precaria erat, & *a Chrifto fupremo Principe* ipfis immediate *vere delegata*; refpectu tamen Ecclefiæ erat omnimodis Apoftolorum propria (34. not.). 2'. Pariter S. Petro Matth. XVI. dixit: ego *tibi dabo claves*; non autem : ab Ecclefia mea, quæ immediate a me acceptura eft, tu mediate accipies claves. Ergo & Petri poteftas non ab Ecclefia delegata ipfi poteftas fuit, fed Chrifti ipfius poteftas immediate Petro refpective ad Ecclefiam propria facta eft ( 34. not.). 3') Quid vero apertius illa affeveratione S. Pauli Apoftoli (ceteris duodecim poftea aggregati)in ipfo Exordio Epiftolæ ad Galatas : *Paulus Apoftolus non ab homimbus, neque per hominem, fed per Jefum Chriftum.* Idem Cap. II. 6. graviffime affirmat, fe nihil ab hominibus accepiffe fpiritualis poteftatis : *mihi enim videbantur aliquid, nihil contulerunt:* & adhuc gravius cap. I. 11. *Notum vobis facio, fratres, Evangelium: quod Evangelizatum eft a me ; quia non eft fecundum hom.-*

*Ecclesia Christiana ad modum Societatis &c.* 87

*hominem: neque enim ego ab homine accepi illud, neque didici, sed per revelationem Jesu Christi.* Et tamen versu 8. & 9. præcedente intentat gravissimam pœnam cuicunque refragaturo legi fidei a se prædicatæ ( scilicet, quod observatio legalium necessaria non sit porro ad salutem ): *si quis vobis evangelizaverit præter id, quod accepistis, quod Evangelizavimus vobis, anathema sit.* Nimirum & Paulus immediate missus a Christo ( ad Galat. I. 12. ) & a Spiritu sancto ( Act. XIII. 4. ) fuerat. Hinc potestatem suam supra totam etiam Corinthiorum Ecclesiam, ceu *Patris*, superiorem DECEM MILLIBUS POEDAGOGORUM, palam ostentat toto Capite quarto 1. Corinth. ac denique omnibus sibi refractariis *virgam* vindicem legum suarum intentat versu ultimo ejus capitis: *quid vultis? in virga veniam ad vos? an in charitate, & spiritu mansuetudinis?* Enimvero hæc omnia propriam Apostoli potestatem, immediate a Christo in totam Ecclesiam acceptam, non delegatam sibi ab ipsa Ecclesia, apertissime significant.

*Quod ad tertium* denique attinet; apertissimum ex omni Apostolica historia est, nunquam vel totam Ecclesiam sibi sumsisse potestatem moralem in Apostolos: contra vero Apostolos passim constituisse ministros Ecclesiæ, Episcopos, Presbyteros; quin requirerent Ecclesiæ confirmationem, aut quin tales ab Apostolis constituti unquam in exercitio potestatis suæ, in hujus extensione, aut qualitate, ab Ecclesia, cui ab Apostolis præfecti fuerant, vel qualicunque hujus collegio, dependerent. Sic ubique a plebe christiana cum bonæ fidei testimonio ad ministerium sacrum præsentatis personis soli Apostoli imponunt manus, & conferunt Spiritum sanctum ( Act. VI. ): id quod sine dubio fieri a toto cœtu Ecclesiæ debuisset, si hujus ministri immediate, & cum potestate ab illo toto accepta constituendi fuissent.

fent. Quodfi aliquando etiam alii ab Apoftolis manus novis defignatis miniftris imponunt, uti 1. Timoth. V. 14; foli *presbyteri* jam alias ad minifterium ab Apoftolis conftituti id faciunt; *nunquam totus cœtus fidelium Chriftianorum.* Ex adverfo folus Paulus *Apcftolus Jefu Chrifti*, non delegatus minifter Ecclefiæ, in I. ad Titum v. 5. conftituit rectorem Ecclefiæ in Creta infula cum poteftate conftituendi alios Presbyteros, Doctores, & Epifcopos; quin ufquam five Titum, five a Tito conftitutos miniftros, cœtui Ecclefiæ /ı bordinet, cui præfecti fuerant. *Hujus rei gra ia reliqui te Cretæ, ut ea, quæ defunt corrigas, & conftituas per civitates presbyteros;* SICUT ET EGO DISPOSUI TIBI ( 34. ). Itaque id genus fubordinatio poteftatis Apoftolicæ ad cœtum Ecclefiæ prorfus fictitia eft.

\* *Indirecte etiam oftendi id ipfum poteft.* Quodfi enim in univerfo cujusvis Ecclefiæ cœtu depofita a Chrifto Apoftolica omnis poteftas fuit; quæro: an Chriftus modum legalem inftituit, quo a cœtu illo poteftas ifta certis perfonis, ceu miniftris immediatis Ecclefiæ, transmitteretur; vel nullum inftituit ? Si *primum:* ubinam ? *Si alterum:* ergo ( ficut in perfecta Democratia ) vel uno membro reclamante poteftas a cœtu in nullam perfonam fingularem transmitti poteft. *Porro autem* quid illis fiet, qui ( ut olim in prima Ecclefia familiare plurimis erat ) nulli civitati, nec peculiari cœtui civili nomen dabunt? Quis iftos Chriftianos *ftante Democratiæ inftitutione divina* in cœtus peculiares colliget, aut, ut fubfint delegatis ab alio quovis cœtu Ecclefiæ miniftris, coget? *Quidfi* vero ejusdem cœtus membra in factiones abeant: quis componet negotium defignationis miniftrorum & delegandæ poteftatis?

\* \* *Si dicas:* non meram democratiam a Chrifto inftitutam effe, fed fi nul eum modum dandi fuffragia effe conftitutum, ut per vota majora fiat delegatio miniftrorum: euge!

*Ecclesia Christiana ad modum Societatis &c.* 89

enge! exhibe *legem* istam *fundamentalem* ( 69. 70. ) in Evangelio aut Sacris literis quibuscunque consignatam: *vel si fingas*, saltem a tota Ecclesia eam legem perpetuo fuisse constitutam ; euge! hanc ipsam unanimem constitutionem documento aliquo verisimili comproba.

*** Ita nempe vera religio Christi nihil minus exhorrescit quam examinari ad notiones distinctas dogmatum, quæ comprehendit. Quisquis in *mero statu Democratico* a Christo pro Ecclesia sua constituto acquiescis! age modo, notionem istius status metaphysicam paullo profundius evolve; & vide sis, num societati illi quadret, quam legimus in Evangelio designatam. Quapropter equidem pro demonstratione planissime habeo, quæ toto præsente paragrapho a me sunt proposita: cujus quamdiu vitium nemo ostenderit; objectiones solvere supervacaneum puto.

127.

*Prima itaque Christiana Ecclesia virtute institutionis Christi, & quamdiu vita Apostolorum perduravit, Societas inæqualis fuit* ( 49 50. ). In ea enim soli Apostoli potestate spirituali & supernaturali coactiva instructi ( 125. 126. ) veri superiores erant ceterorum omnium Christianorum ( 118. 120.)

128.

FACTUM VI. *Christus voluit, ut potestas legislatrix & jurisdictio omnis, ab ipso Apostolis collata, ab his ad alios ipsorum in munere Apostolico successores perpetuo transmittatur, & maneat in Ecclesia sua.* Christus enim Ecclesiam suam permanere voluit, & in omne ævum permansuram prædixit talem; qualem ipse primitus instituerat, videlicet Societatem inæqualem. Nam Matth. XVI. 16. dixit Petro: *Tu es Petrus, & super hanc petram ædificabo Ecclesiam meam: & portæ inferi non prævalebunt adversus eam.* Talem itaque, qualem ipse ædificavit
primi-

## Sectio II. Caput III.

primitus, semper permansuram & voluit, & praedixit. Quodsi autem potestas docendi falli nescia, ficut & potestas remittendi peccata, ac eorundem retentione puniendi refractarios Christi legibus, ab Ecclesia post Apostolos ablata fuerit; evidens est, aedificium Ecclesiae, id est, Societatis Christianae visibilis speciem essentiamque mutatam esse: siquidem forma regiminis, etsi non ad essentiam Societatis in genere (40. II.), attamen ad speciem ejusdem sine dubio pertinet; quippe quae *lege fundamentali* determinatur (70.), qua Societatis qualitas & species determinatur. 2'. ) Atque istud quidem in Societate legali, qualis Ecclesia Christi ex natura sua est (112. VIII.), eo magis necessarium est. Cum enim & existentia & species talis Societatis lege supremi principis, non sociorum pacto & voluntate, determinetur ( 41.); ejus species per se constans magis ac perdurans est. 3' ) Sed & finis institutae & traditae Apostolis illius potestatis, hujusque summa ac perdurans in omne tempus necessitas, id ipsum evincunt. Finis enim ( teste S. Paulo ad Ephes. IV. 11.) institutae potestatis Apostolicae & totius muneris docendi erat, *ut sit una fides*, sicuti est *unus Dominus, & unum baptisma: - - ut jam non simus parvuli fluctuantes, & circumferamur omni vento doctrinae &c.* Atqui ad hunc finem semper eadem est' necessitas Ministrorum Christi pari docendi auctoritate & regendi jubendique potestate praeditorum. 4'. ) Sed & ipsi Apostoli ipso facto potestatem, quam ipsi a Christo acceperant, adhuc viventes passim in alios transtulere, quosque ipsi constituerunt muneris sui successores, veluti a Spiritu sancto constitutos haberi a ceteris Christianis volebant. Sic Paulus Act. XX. 28. majores natu Ecclesiae Ephesinae his verbis alloquitur: *attendite vobis & universo gregi, in quo vos Spiritus sanctus posuit Episcopos regere Ecclesiam Dei.* Sic idem

ad

ad Titum I. 5. Titum infulæ Cretæ fe conftituiffe rectorem affirmat cum poteftate conftituendi presbyteros : quem Titum & ibidem inftruit, tum quomodo ipfum docere Chriftianos fibi fubditos oporteat, tum quales ipfe Doctores & Epifcopos conftituere debeat. Idem Paulus facit refpectu Timothei in Epiftola ad hunc Cap III. & V. Paria in Actis Apoftolicis Cap XIII. de Barnaba, Simone nigro, Lucio Cyrenenfi, Manahen, & aliis Doctoribus cum poteftate per Apoftolos conftitutis, legimus. 5'.) *Denique* quo fine, imo quo vero fenfu, Chriftus Dominus Apoftolis, dum eos actu ad docendum cum poteftate mittit Matth. ult., abiturus in cœlum promittit : *ecce! ego vobiscum fum usque ad confummationem seculi?* quibus tamen idem ipfe necem a tyrannis inferendam alias certo prædixerat Matth. XXIV. 9. : *tradent vos in tribulationem, & occident vos.* Haud dubie non ipfos in individuo, fed illorum in munere Apoftolico fucceffores perpetuo futuros promiffio hæc fpectabat : quemadmodum & reipfa omnis hiftoria chriftiana docet, Apoftolos in fuo munere fucceffores habuiffe, quos univerfa Chriftiana Ecclefia pro talibus agnofcebat, atque venerabatur.

* Habemus ergo oftenfam non modo inftitutionem primævam *inæqualis Societatis* Ecclefiæ Chriftianæ, fed & perpetuitatem ejusdem. Eandem in praxi reipfa ufque ad tempora Waldenfium & Joannis Wicleffi, id eft, ad feculum quartum & decimum usque, pœne extra controverfiam pofitam ac receptam fuiffe, ex hiftoria Ecclefiaftica iu comperto eft. Supereft, ut pro complemento proferamus in plenam quoque lucem ultimum Chrifti factum ; quo fcilicet *formam regiminis*, in fpirituali regno Ecclefiæ fuæ ab ipfis Apoftolis obfervandam, ceu completa lege fundamentali ipfe quoque omnimodis determinarit. Videndum nempe, *an Ariftocraticam, an Monarchicam, an ex utraque mixtam* effe voluerit : fiquidem Democraticam certe exclufit.

CAPUT

## CAPUT IV.
## DE LEGE FUNDAMENTALI COMPLETA, QUA FORMAM REGIMINIS IN ECCLESIA SUA CHRISTUS DEFINIERIT.

### 129.

*Sapientiæ divinæ, quæ Chriſto Domino, ceu ſupremo Eccleſiæ Principi & inſtitutori, inerat, conſilium evidenter erat, ut formam regiminis in Eccleſia ſua ejusmodi inſtitueret,* 1'.) *quæ fini iſtius Societatis viſibilis a ſe inſtituendæ quam maxime idonea,* 2'.) *& ad promovendam majorem hominum ſaluten majusque commune bonum ſumme efficax,* 3'.) *ac denique Societati Chriſtianæ tam amplæ ac per totum orbem diffuſæ, quam oɽtime & facillime in ordine ad ſuum finem regendæ ſufficiens eſſet.* Sapientiæ enim perfectæ proprium eſt conſulere non ſolum finem optimum, ſed etiam media optima, quibus ad eum finem via breviſſima & quam maximo cum emolumento perveniri queat.

### 130.

*Chriſtus Dominus poteſtatem jurisdictionis & legislationis ſacræ non inſtituit tanquam exercendam immediate per unam ſolam perſonam in tota Eccleſia, ſed per plures in diverſis locis conſtitutos ſui ipſius miniſtros;* 2'.) *quin tamen ad ejus exercitium legitimum & efficax ſemper opus ſit omnes, quibus ea poteſtas communis eſt, vel ſaltem multos ex eis magno ac certo numero in unum congregari, aut concurrere ad aoncludendum in quavis cauſſa per vota unanima* (61. 62.) Conſtat enim, Chriſtum id genus poteſtatem dediſſe omnibus Apoſtolis ad docendum & prædicandum cum auctoritate Evangelium in toto mundo, & ad regen-

regendas immediate quasvis Ecclesias particulares (122. seq.), cum perpetua successione transmittendam in alios (128.), ita quidem, ut singuli essent *ministri Christi* ipsius (teste Apostolo 1. Cor. IV. 1. *sic nos existimet homo ut ministros Christi*) & immediate jus dicendo, Christianos regerent secundum illud ejusdem Apostoli effatum Act. XX. 28: *attendite vobis & universo gregi, in quo vos Spiritus sanctus posuit regere Ecclesiam Dei*, quod primum. Porro autem idem Christus Dominus, postquam eisdem Apostolis Matth. XVIII. promiserat potestatem istam suo tempore a se conferendam, continuo aliud hoc addidit promissum v. 19: *iterum dico vobis: quia si duo ex vobis consenserint super terram de omni re; quamcunque petierint, fiet illis a Patre meo, qui in cœlis est.* UBI ENIM SUNT DUO VEL TRES CONGREGATI IN NOMINE MEO; IBI SUM IN MEDIO EORUM. Circa quæ Christi verba probe animadvertendus est scopus & occasio hujus promissi divini ex ipso dictorum contextu prævio & subsequente. Postquam enim Christus v. 15. docuerat ordinem & modum fraternæ correctionis a Christianis communiter observandum, & jussisset denique, correptione privata nihil efficiente, rem ad Ecclesiæ *forum publicum* deferre (utique non semper universalis Ecclesiæ, in quo omnes Ministri Jesu Christi per totum orbem dispersi pro quavis particulari caussa dijudicanda convocarentur; quod in obviis scandalis nec possibile semper, & summe noxium ob intermissas alias apostolici officii functiones futurum esset; sed ad forum publicum quidem, sed particularis Ecclesiæ rectorum): ut auctoritatem sacris Judicibus etiam paucis seorsum judicaturis adderet, porro subdidit: talem accusatum, si non obtemperaret illis, quibus ipse potestatem alligandi & retinendi peccata, in cœlo ipso vim habituram, daturus esset, pro ethnico, id est, extorre ab societate christiana, habendum a ceteris

teris effe. Et ne paucitas judicum, & feparatio a ceteris Ecclefiae rectoribus, contemtum parere poffet; hoc denique infuper adjungit: his quoque, utut duo folum vel tres fint, fapientiae fuae confilium aeque, ne errent in judicio affuturum, modo *in fuo nomine fint congregati*. Memento autem, fummum *Principem divinum* ita loqui ad eos, quos fe abfente in regni fui provinciis gubernatores conftituturum decrevit; qui videlicet etiam fpecie vifibili non praefens, fapientiae tamen fuae confilio & virtute adeffe pro arbitrio poteft. Quid eft autem *in nomine* fupremi Principis a regno fuo abfentis ( vifibili fpecie ) congregari miniftros ab eo delegatos? Dicam ftatim.

131.

*In nomine fupremi Principis* (35. 68.) *tunc folummodo in Societate legali; congregantur judices delegati & miniftri quicunque* (34. 36.); *fi cum obedientia erga legem ipfius fundamentalem congregantur, qua is formam & modum regiminis exercendi ab ipfis praefcripfit.* Non enim nifi, ad tale exercitium poteftatem precariam ( citt. ) ab ipfo accepere, & mandatum, ut vice & nomine ipfius regant Societatem ab ipfo lege illa inftitutam.

132.

*In Societate legali, qualis eft Ecclefia Chrifti* (112. VIII.), *nulla nova lex a miniftris rectoribus ejusdem conftituta valere poteft; nifi ex legis fundamentalis praefcripto in ea ferenda fe gerant.* Cum enim poteftate mere precaria (3) praediti a fupremo principe fuerint (36); ultra modum, quem is in ufu ejus poteftatis praefcripfit, nihil efficere poffunt. Atqui modus ille exercendi poteftatem legislatricem lege fundamentali praefcribitur (69.).

133 Chri-

## 133.

Chriſtus poteſtatem legislatricem & jurisdictionem, quam ceteris omnibus Apoſtolis dedit, ſubordinavit poteſtati legislatrici & jurisdictioni, quam S. Petro contulit. Et contuliſſe quidem Petro poteſtatem & jurisdictionem qualitate & ſubſtantia eandem, quam contulit ceteris, per ſe ex dictis (118. ſeqq.) evidens eſt: quia ubique ex æquo ſaltem ad Petrum, ſicut ad ceteros locutus eſt. Porro autem poteſtatem ceteris traditam Chriſtus poteſtati morali & jurisdictioni S. Petri ſubordinavit; ſi in quovis exercitio actuali illam ab iſta quoad efficaciam, ceu validi exercitii exiſtentiam, dependere ſtabilis legis virtute voluit (34). Atqui voluiſſe Chriſtum hoc duplici ex Chriſti effato manifeſtum eſſe oſtendo. *Primum* illud eſt Matth. XVI. 16; ubi Petro præ omnibus Apoſtolis fervore majore ipſum verum Dei filium profitenti, poſt fidem ejus publice commendatam, priusquam ſimile quid ceteris Apoſtolis aut omnibus, aut ulli eorum ſingillatim promiſiſſet, grande hoc promiſſum in præſentia omnium ceterorum Apoſtolorum fecit: *& ego dico tibi: quia tu es Petrus; & ſuper hanc petram ædificabo Eccleſiam meam: & portæ inferi non prævalebunt adverſus eam. Et tibi dabo claves regni cælorum. Et quodcunque ſolveris ſuper terram, erit ſolutum & in cælis: & quodcunque ligaveris ſuper terram, erit ligatum & in cælis.* Hoc in loco Chriſtus inprimis Petro perinde promittit poteſtatem legislatricem & jurisdictionem ſpiritualem, atque hanc paulo poſt promiſit ceteris Apoſtolis ſimul cum Petro Matth. XVIII. 18. *quæcunque ſolveritis &c, quæcunque ligaveritis &c.* Deinde Petrum in ſua Eccleſia, id eſt, ſocietate legali viſibili, fore idem prædicit, quod eſt *fundamentum* reſpectu totius *ædificii*. Atqui ratio *eſſentialis* fundamenti in ædificio eſt, ut partes omnes ædificii earumque uſus aptus ad communem ædificii finem in perduratione uſus ſui actualis in eum finem

con-

continuo a fundamento dependeant. Ergo & Christus Dominus omnem aliam partialem Poteftatem in Ecclefia fua, cujus energia & exercitio, feu ufu activo, omnia alia membra focietatis ope legum; ceu illius effectuum immediatorum, ad communem Ecclefiae finem promoveatur (107. I. II. 122. 123. 125), dependere a poteftate Petri ceu a fundamento voluit. Unde & fingulari expreffione refpectu ipfius utitur: *tibi dabo claves regni cælorum.*

*Alterum Chrifti effatum* huc praecipue pertinens illud eft Joann. XXI. 15. Cum enim jam antea (Joann. XX. 21.) Apoftolos omnes cumulative cum Petro inftruxiffet pari poteftate legislatrice & jurisdictione (121. 122. feq.) dicens: *ficut mifit me Pater, & ego mitto vos &c*; nihilominus poft haec Apoftolis pluribus praefentibus (Joann. XXI. 2.) a Petro fingillatim primo conteftationem, uti nuper fidei, fic modo amoris erga fe fpecialis, & praecellentis ante ceteros Apoftolos, exigit, eamque tertium repetitam: *Simon Joannis; diligis me plus his?* Apoftolis videlicet praecipuis, qui aderant, ipfisque filiis Zebedaei. Et cum tertium refponderet confidenter quidem pro intima confcientia, *Domine, tu fcis; quia amo te*, nulli tamen fe praeferens; Chriftus fupremus ille paftor omnium (utique & Apoftolorum atque ipfius Petri) & princeps fummus Ecclefiae fuae, tanquam *gregis*, coram Apoftolis, id eft, coram rectoribus ipfis, cum pari poteftate jam alias a fe conftitutis, dicit tertium foli Petro: *Simon! pafce agnos meos: pafce oves meas*, omnes fcilicet, quas huc ufque ego pavi.

Jam *in his duobus effatis* Chrifti ajo I°., certum effe, quod fpectato obvio tenore & fignificatu verborum & totius contextus Chriftus foli Petro aliquid fpeciale cromittat Matth. XVI, & actu committat Joan. XXI. cit. circa Ecclefiam fuam, id eft, circa Societatem vifibilem fpiritualem a fe inftitutam; quatenus

tenus hæc similitudinem quamdam cum ÆDIFICIO & GREGE OVIUM habet; quod ceteris Apostolis communiter nec promittebat, nec committebat. Cur enim Matth. XVI. nomine proprio novo *Petri* illum individuo velut charactere distinguit? Cur, cum usum clavium omnibus Apostolis daturus esset Joan. XX. 21., claves tamen ipsas, ceu dominio alto, tenendas soli Petro se daturum promittit? Cur, postquam jam actu omnibus contulit parem jurisdictionem, cur, inquam, a solo Petro majoris præ ceteris omnibus erga se amoris promissionem, ceu publicam contestationem fidelitatis, tanquam requisitam ad eam potestatem ac munus exigit, quam ei continuo esset collaturus verbis illis: *pasce oves meas.* Quorsum, quæso, omnes parergæ istæ verborum in legislatore divinæ sapientiæ? An prorsus inanes verborum phaleras esse credamus a Christo isthic usurpatas?

Ajo II., *certum esse, id, in quo præcipuum quid præ cæteris Apostolis Petro Christus Matth. XVI. promisit, & Joan. XXI. actu contulit, esse ipsam jurisdictionem spiritualem in Ecclesia, quam prius Joan. XX. 21. jam parem & in substantia, ac qualitate prorsus eandem omnibus jam contulerat.* Cum enim ædificio Ecclesiam suam Matth. XVI. comparat, ejusque fundamentum, a quo perennis istius ædificii in primævo statu conservatio extitura sit, Petrum fore prædicit: profecto unionem atque nexum moralem, qui in obligatione sociali primæva præcise consistit (40. II. not.), in Ecclesia sua sub eadem lege fundamentali, sub qua a se ipso constituta fuerit, perennem fore promittit; simulque, uti nexus ceterarum partium omnium ædificii, etjam columnarum, fornicum &c. & quæcumque aliis fulciendis inserviunt, ab imo fundamento constanter in omni existentia sua dependet, ita fore prædicit, ut Petrum constituturus sit pro fundamento tam

tam immobili, ut, fiqua in ceteris aedificii partibus ruina forte ob fragilitatem illarum ingrueret, illius tamen folius fundamenti firmitate tota aedificii fpiritualis fubftantia ftabilis & firma in omne aevum fit conftitura. At quo pacto iftud praeftabit Petrus nifi fuperioritate falli nefciae poteftatis? *Deinde*, fi verba Matth. XVIII. *quaecunque folueritis &c.*, *quaecunque ligaueritis &c.* ad omnes Apoftolos prolata, aeque ac illa Matth. XVI. ad folum Petrum dicta, *quodcunque folueris &c., quodcunque ligaueris &c.*, poteftatem fpiritualis jurisdictionis exprimunt; profecto Petrus, fi per ea ipfa verba, *tibi dabo claves regni caelorum*, quid fpeciale ac proprium, nec commune ceteris, obtinuit ( hic I.), in ipfo modo exercendae illius poteftatis praerogativam fortitus eft fpecialem, nec ceteris communem: fiquidem *claves regni caelorum*, Petro fingillatim confignatae in manus, aliud haud indicare poffunt, quam privativam fupremam ligandi & folvendi poteftatem.

III. *Certum eft*, *Chriftum fpectato obvio fignificatu verborum*, TIBI DABO CLAVES &c., QUIDQUID SOLVERIS, QUIDQUID LIGAVERIS &c., *item* PASCE OVES MEAS, *ipfos quoque Apoftolos ceteros poteftati morali S. Petri, ceu fupremi fui vicarii miniftri, fubjeciffe.* Nunquam enim Chriftus ceteris Apoftolis fine Petro, bene tamen his locis, ubi actu fpeciale quid Petro circa poteftatem jurisdictionis fpiritualis tribuit (II. hic), *Petro foli* praefentibus etiam aliis Apoftolis fpectato obvio verborum fignificatu id omne confert, quod alias contulerat omnibus una cum Petro fumtis fimul. Quod ergo ceteris omnibus vel cumulative dedit, vel diftributive; idem privative Petro dedit, eo difcrimine, ut, cum Apoftolis cum Petro conjunctis dederit poteftatem in omnes Chriftianos diftinctos ab Apoftolis, non autem cuivis Apoftolo in alium Apoftolum, Petro foli fine exceptione dederit eandem poteftatem cum ex-

tenfic-

*De Lege fundamentali completa, qua &c.* 99

tenſiohe majore in ipſos quosvis ceteros Apoſtolos: Dicit enim: *paſce oves meos*, id eſt, omnes, quas ego pavi huc uſque: atqui & Apoſtoli erant oves Chriſti: ergo oves Petri deinceps Apoſtoli quoque faƈti ſunt, ab hoc paſcendi etiam ipſimet, vel in perſona, vel in ſucceſſoribus; liquando haberent opus.

134.

*Verba Chriſti ad S. Petrum Matth. XVI. 16.* prolata, TU ES PETRUS &c., item *Joan. XXI. 21.* PASCE OVES MEAS, *ſpeciem legis fundamentalis aperte præſeferunt, qua Chriſtus legislator divinus in Eccleſia, ſeu Societate legali viſibili a ſe conſtituta, modum regiminis, & poteſtatis miniſtrorum inferiorum ſubordinationem ad unius ſupremi Chriſti in terris Vicarii jurisdiƈtionem & pot ſtatem altiorem determinavit:* 2'.) *ac proinde ceu clara aſſumi, atque ſecundum obvium ſuum ſignificatum intelligi ſine tortis explicationibus debent.* Omnis enim poteſtas moralis, quam Chriſtus in ſua Eccleſia inſtituit, & Apoſtolis ſuis immediate conceſſit, ad poteſtatem docendi, & leges fidei & morum a ſe traditas pœnis ſpiritualibus urgendi, revocatur; & hæc ipſa tota poteſtas ceterorum Apoſtolorum, & miniſtrorum Chriſti in Eccleſia regenda, ſimili poteſtati unius S. Petri, ceu ſupremi Vicarii ipſius, per allegata modo Chriſti effata aperte ſubordinatur (præc.); qua in ſuprema poteſtate ſi fundetur quodcunque ejus exercitium, nihil inde detrimenti unquam fini ultimo iſtius Societatis eventurum Chriſtus certo oraculo prædicit: *portæ inferi non prævalebunt adverſus eam.* Itaque eisdem Chriſti verbis forma & modus regiminis *complete* determinatur, quo imperium in Eccleſia exerceri, & regi omnes Chriſtianos in ordine ad finem ultimum ſalutis æternæ voluit; *complete*, inquam;

G 2 etenim

etenim *exiſtentiam legalis focietatis* alicujus viſibilis feu Eccleſiæ alicujus, Chriſtus determinavit obligando omnes fufficiente fui notitia imbutos ad fidei publicam profeſſionem & baptifmum ( 108. 109.); *inæqualitatem* vero hujus *focietatis* inſtituit, cum Apoſtolis poteſtatem veram legislatricem ſpiritualem fupra ceteros omnes Chriſtianos conceſſit (122. feq.); *modum* denique *& formam regiminis* definiit, cum poteſtatem ceterorum Apoſtolorum Petri unius poteſtati fubordinavit, & omne ejus exercitium in confenfu & fubordinatione cum Petri fupremo imperio fundari voluit (præc.): ergo per §. 70. in illis Chriſti effatis lex fundamentalis a Chriſto lata aperte continetur: *quod primum.* Hinc autem *alterum* per fe confequitur (86).

\* Hoc uno principio tam evidente, & vel ex folo conceptu fapientiæ divini legislatoris tam neceſſario fluente, futilia omnia argumenta illa contraria diſſipantur, quæ contra doctrinam huc ufque traditam ex innumeris ineptis torſionibus & obvio cum ſignificatu contextuque pugnantibus interpretationibus illorum verborum Chriſti repetuntur.

\*\* Communis reſponſi loco ad id genus argumenta omnia quæro equidem folummodo: quidſi Princeps aliquis & Monarcha terrenus, profecturus in exteras regiones, ante abitum conſtitueret miniſtros plures pro regendo ſuo populo, tumque uni feorſim ceteris miniſtris præſentibus diceret: *tibi do adminiſtrationem regni mei: quæcunque tu ſtatueris, juſſeris, vetaveris, rata erunt tanquam a me ipſo præſente conſtituta eſſent: tu, ſi vere me amas, guberna ſubditos meos:* quid ex hoc concludendum ceteris tum fubditis, tum miniſtris? & ſiquidem uni illi fupremo conſtituto miniſtro, pro neceſſitate boni communis emergente quid recte imperanti parere detrectarent; quo obtentu fe reduci Principi a rebellionis crimine purgare pollent? An quod

*De Lege fundamentali completa, qua &c.* 101

non ita fuprema verba illius interpretanda cenfuerint, ut plane fubjectos fefe illi haberent? At enim num locus ifthic interpretationi effe poteft? Profecto *lex fundamentalis regni interpretationem non fufcipit nifi ab eo, qui tulit: & fi verbis lata ambiguis reipfa eft, improvidentiæ, vel infcitiæ, vitio legislator carere non poteft*; quod profecto in Chriftum Dominum cadere poffe nemo nifi infipiens cogitarit. Cunctis ergo, qui tali Societate continentur, lex omnis fundamentalis femel lata obfervanda juxta ac intelligenda fecundum literam eft. Atqui verba illa Monarchæ terreni eadem pæne funt, quæ fuere Chrifti ad Petrum. *Claves* regni cœlorum adminiftrationis regiminis fymbolum funt vulgare. *Solvere* & *ligare* in Chrifti Ecclefia, ut conftat, idem eft ac leges ferre, jura dicere, eademque abrogare, cum res tulerit. *Petri decreta legitima* vim & valorem habent *in cælo*; quatenus rata habentur a Chrifto fupremo Capite Ecclefiæ; a quo ipfe habet vicariam poteftatem.

### 135.

*Nunquam Chriftus Dominus publico & folenni aliquo effato feu uni alicui Apoftolo fingillatim* ( *faltem Petro interim excepto* ) , *feu pluribus illorum fimul, voluntate tamen & judicio a Petro fejunctis, infallibilem in docendis fidei & morum legibus ab ipfomet traditis promifit, vel impertitus eft, 2'.) ficuti nec poteftatem obligandi lege humana* ( 123. ) *totam Chrifti Ecclefiam ad easdem acceptandas & obfervandas fub eadem hypothefi fecefftionis illorum a Petro. 3'.) Ex adverfo, ut exerceatur in Ecclefia fuprema illa fpiritualis jurisdictio & poteftas legislatrix inftituta in ordine ad leges fidei & morum a Chrifto traditas authenticæ declarandas, aut etiam lege humana a miniftris Chrifti firmandas* ( 123. ), *cum effectu obligationis divinæ & humanæ vel ad unum particularem Ecclefiæ cætum, vel ad univerfos Chriftianos pertinente, Chriftus Dominus nufpiam lege*

*funda-*

*fundamentali requifivit confenfum majoris alicujus numeri Apoftolorum, vel fucceſſorum eorundem, feu unanimem, feu certo præfcripto numero fuffragiorum (ex. gr. majore illorum parte): fed fufficere conſtituit duorum vel trium cum S. Petro, vel ejus fucceſſore fupremo Chriſti in terris Vicario, confenſum.* Et *primum* quidem iſtorum patet ex eo; quia nuſquam tale effatum Chriſti extat in ſcriptis Evangelicis, aut ceteris ſcripturis authenticis: ſiquidem, quoties per dicta §. 121. Chriſtus Apoſtolis fuam & S. Spiritus præſentiam & auxilium in docendo promiſit, nunquam non id fecit eisdem conjunctis ſimul cum S. Petro: foli autem Petro aliquando feorſim a ceteris quid promiſit Matth. XVI., & contulit Joann. XXI. 21. (133. I.) Cum vero Matth. XVIII. promiſit præſentiam fuam etiam duobus folum vel tribus Apoſtolis congregatis; addidit conditionem, ſi *in nomine* fuo, id iſt, fecundum formam regiminis lege fundamentali a fe in regno Eccleſiæ fuæ conſtitutam, eſſent *congregati* (131.), id eſt, cum fubordinatione erga poteſtatem fuperiorem S. Petri, tanquam fundamenti totius Eccleſiæ, & Paſtoris ipforum Apoſtolorum a fe'conſtituti (133. II. III. 134.). Unde nec unquam creditum in Eccleſia Chriſti eſt, duos tresve Epifcopos, licet pro veris fucceſſoribus Apoſtolorum haberentur, leges divinas fidei & morum pro univerſa, vel particulari etiam Eccleſia, ultimo & erroris experte judicio definire poſſe. *Alterum* inde confequitur, quod obligatio certæ fidei docentibus Apoſtolis habendæ (120.) fupponat in iſtorum Magiſterio infallibilis auctoritatis actuale & authenticum exercitium. Ergo cum authentia iſta deeſt ob non ſervatam formam regiminis a Chriſto lege fundamentali præſcriptam, nec obligatio abſoluta ad credendum eisdem locum habere poteſt. *Tertium* denique ex illo

illo Christi promisso Matth. XVIII. *ubi sunt duo vel tres congregati in nomine meo &c.*, & ex jam dictis §. 130. n°. 2. per se patet.

\* *Dixi primo :* nullo solenni Christi effato constare &c. : quibus verbis neutiquam nego, Apostolis etiam singulis infallibilitatis in docendo donum speciale ac constans a Christo fuisse concessum ; quae communis Theologorum Christianorum, nullo tamen Ecclesiae oraculo definita, sententia est: sed solum inficior, id factum a Christo solenni & publico effato ; quale si intervenisset, sicuti ipsum munus Apostolicum, ita & illud infallibilitatis donum ad successores quoque Apostolorum transmissum fuisset. Porro autem licet illud donum speciale in ipsis Apostolis Evangelium prima vice praedicantibus in se necessarium erat, ne primi doctores veritatis jam erroris dissensu aliquo se implicarent ; haud tamen necessaria erat solennis illius doni promulgatio ; cum miraculorum donum auctoritatem abunde Apostolis conciliaret, & perfectus in doctrina consensus cum S. Petro hoc ipso perduraret.

\*\* *Dixi secundo :* ad leges fidei & morum ab ipso Christo traditas authentice promulgandas, & obligatione Ecclesiastica humana firmandas sufficere paucorum ministrorum Christi cum S. Petro, vel hujus successore, consensum. Nam ad alias leges mere humanas Ecclesiasticas, & ad actus jurisdictionis in particulares personas, & multo amplius in personas ipsos ministrorum Christi inferiorum, multa alia requiri ex praescripto Christi, nec tam infallibile esse istiusmodi jurisdictionis exercitium, inferius proprio loco docebimus.

136.

*Signum*, *ex quo omnis coetus Ecclesiae dignoscere queat, quosvis ministros Christi in quovis singulari actu atque usu potestatis & jurisdictionis ab illo acceptae regimen exercere secundum legem funda-*

fundamentalem ab ipfo praefcriptam, id eft, *agere, congregari, judicare, legem ferre &c. in nomine ipfius, debet effe publicum , & ab omnibus Chriflianis facile cum o.uni certitudine dignofcendum.* Ad hoc enim, ut miniſtri Chriſti exercitio efficaci ſuæ poteſtatis actu obligent active & paſſive, in ſubditis chriſtianis certitudo requiritur de actuali legitima poteſtate ( 19. n. 1.), quæ poteſtas, ceu mere precaria in miniſtro Principis ( 36.), lege fundamentali, uti confertur, fic & præcife definitur.

### 137.

I. *Itaque Miniſtri Chriſti per hoc præcife agere in nomine Chriſti cenferi non poſſunt, quod recta voluntatis intentione procedant, aut procedere fe profiteantur.* Iſtud enim, an vere ita fe habeat, nequaquam immediate difcernere Chriſtiani ceteri cum certitudine poſſent, nec proin fcire, utrum agant in nomine Chriſti.

II. *Nec eo ipfo Miniſtri Chriſti femper actu agunt nomine Chriſti, quod habituali miniſterio & poteſtate rite inſtructi fint.* Secus enim verba *in nomine meo* pro Apoſtolis fruſtra eſſent a Chriſto per modum conditionis adiuncta, & duo quivis eorum ſucceſſores junctis votis ſemper infallibili judicio judicarent.

### 138.

*Nifi verba Chriſti Domini ad Petrum Matth. XVI. 16. & Joan. XXI. 21. accipias pro lege fundamentali Societatis Eccleſiaſticæ ab ipſo inſtitutæ , & juxta tenorem obvium verborum ita explices, ut per ea exprimi intelligas Vicariatum Chriſti verum & poteſtatem ſuperiorem S. Petro conceſſam, cui ſubordinetur ( 34.) omnis alterius apoſtolicæ poteſtatis exercitium fic, ut ſaltem contra Petri, vel ejus veri ſucceſſoris, legitimum judicium & voluntatem nunquam va-*

## De Lege fundamentali completa, qua &c.

*valide in Ecclesiæ membra exerceri, nec sine supremi Christi Vicarii interventu quidquam ad legem totius Ecclesiæ pertinens definitiva ac irrefragabili sententia concludi possit:* nisi, inquam, istud pro certo assummatur ; *necesse est, omnes Christianos incidere in grande absurdum illud, ut concedere cogantur, a Christo Domino non solum modum regiminis, ab Apostolis horumque successoribus in sua Ecclesia exercendi, omnino nulla certa fundamentali lege determinatum, sed illis i: fis verbis apud Evangelistas præcipuos, & Apostolos Matthæum & Joannem, descriptis ita dubium & litibus obnoxium factum esse, ut contentio de illo finiri in Ecclesia nullo unquam pacto queat, ac proinde ob legis ipsius fundamentalis incertitudinem vix quidquam certi unquam in quæstionibus fidei & morum in eadem definiri.* Quodsi enim ceterorum ministrorum Christi potestas Petro ejusque successori subordinata non sit; pares erunt omnes inter se, & regimen Ecclesiæ Christi ad Aristocraticam formam vi institutionis Christi revocabitur. Jam vero hoc etiam posito evidens tamen est, Christum nec votorum unanimitatem, nec certum numerum, nec majorem partem requisivisse ad concludendum in quavis caussa legum fidei & morum, sed solum *ut in suo nomine* ad judicandum & definiendum *congregentur quotcunque demum* ( 130. n. 2. ): utrum vero in nomine Christi congregentur hi, vel isti, cum alii in has, alii eorum in oppositas partes votis abibunt, nullum discernendi medium Christus reliquit; siqudem hoc nuspiam in Scripturis extat; si non in citatis locis Matth. XVI. & Joan. XXI. exprimatur. Quodsi itaque 1'. ) pars major stet ex parte una contra Petrum vel ejus successorem stantem cum paucioribus aliis ex opposito; quis divinabit, quinam in Christi nomine præ alteris congregentur ?, cum Petrus Matth. XVI. saltem spectato obvio verborum significatu videatur fundamentum omnis infallibilis & legitimi judicii & regiminis in Ecclesia fuisse a Christo constitutus. Quodsi 2'.) de ipsis ministris Apostolicis dubium decidendum sit, ex. gr. an omnium par sit auctoritas, qui ex. gr. Episcopi & Presbyteri appellantur; an vero horum potestas illis sit subordinata? an verum inter amborum potestatem sit constitutum a Christo discrimen? quo pacto finietur lis ista? an certius ex aliquo Christi effato subordinatio potestatis Presbyterorum ad potestatem Episcoporum, quam Episcoporum ad S. Petri potestatem probatur? Nulla ergo controversia definitivo judicio infallibili finiri in Ecclesia poterit; nec ipsi ministri Ecclesiae infallibili magisterio docere ceteros Christianos poterunt leges fidei & morum.

* Velim ergo criterium mihi assignari, ex quo dignoscere queam, Patres Nicænos potius quam Ariminenses iu Christi nomine congregatos fuisse; aut Patres Nicæni II Concilii potius, quam Concilii Constantinopolitani æque numerosi a Copronymo Imperatore convocati: nisi illud sufficiat, quod Patres Nicæni primi Sylvestrum, secundi vero Hadrianum I., S. Petri successores adstipulantes habuerint; Ariminenses vero Liberium, Constantinopolitani Hadrianum I. sibi adversos habuerint. Idem de aliis quam plurimis sibi adversantibus Conciliis particularibus & generalibus ex æquo valet.

139.

*Evidens est, Christum Dominum lege aliqua fundamentali in Ecclesia sua constituisse modum, quo judicium & sententia difinitiva in omni quæstione & controversia ad leges fidei & morum ab ipso traditas pertinente servetur a suis ministris per ipsummet constitutis.* Secus enim frustra istos ad docendum omnia, quæ ipse mandaverat, cum potestate coactiva constituisset ( 118. 121. ) & æque frustra obli-

obligasset omnes ad credendum eisdem ( 120. ); vel certe ministerii sui durationem ad tempora vitæ Apostolicæ restringere debuisset; cum solis Apostolis miraculorum dona, queis fidem facere etiam singuli verbis suis possent, non item illorum successoribus concesserit.

140.

*Evidens est, Christum Dominum Ecclesiæ suæ, quoad illa ex subditis christianis æque ac rectoribus, seu superioribus, suis ministris, constat ita prospexisse, ut nunquam errori esset obnoxia in dignoscendo modo illo regiminis, ab ipsomet instituto ( præc.), quo definitiva judicia circa leges fidei & morum ab ipso ministris suis traditas ferrentur.* Æque enim necesse est, ut modus tum subditis, tum rectoribus Societatis cujusque, sit publice notus, quo leges cum effectu feruntur & authentice declarantur; atque necesse est, ut aliquis talis modus regiminis sit reipsa lege aliqua fundamentali a summo Principe, legalis Societatis auctore sapiente, constitutus, ad hoc, ut regi ipsa Societas, & legibus seu regulis efficacibus, ceu mediis absolute necessariis, dirigi & promoveri ad communem finem possit. Quodsi vero ita errare Ecclesia posset, ut modum regiminis spurium, nec Christi legibus fundamentalibus consonum, pro vero & a Christo instituto adoptaret: enimvero leges a spuriis vel infidis ministris modo non legitimo declaratas, falsasque, pro veris Christi legibus in materia fidei & morum quacunque adoptare, ac proin tam quoad modum regiminis, quam quoad leges ab ipso Christo revera traditas circa fidem & mores, a vera illa Christi Ecclesia descisere, atque mutari in aliam societatem ab illa longe diversam posset, ac proinde penitus deficere. Atqui repugnat hoc evidenter indubitato promisso ipsius

Christi Domini Matth. XVI. 16. dicentis: *tu es Petrus, & super hanc petram aedificabo Ecclesiam meam;* ET PORTÆ INFERI NON PRÆVALEBUNT ADVERSUS EAM. Praevaleret enim societas hostilis daemoniorum, Christi proposito adversantium (quae haud dubie nomine *portarum inferi;* seu civitatis hostilis, exprimitur) adversus societatem a Christo institutam; si machinationibus ac dolis suis eo rem adducerent, ut eversis legibus, fundamentalibus aeque ac ad fidem & mores pertinentibus, Societas Christiana a sua institutione legali penitus deficeret. Et quorsum tunc illa asseveratio Christi Dei Hominis Matth. XXVIII. 20: *ego vobiscum ero usque ad consummationem seculi.* Profecto enim praesentia virtutis divini legislatoris & principis cessavit; postquam primae ejus institutionis legalis energia omnis evanuit.

\* Nimirum *relativa* haec sunt: perpetuum fore fundamentum aedificii, & aedificium semper in eo fundatum iri. Sic pariter relativa sunt, legem fundamentalem Societatis ex Christi promisso semper eandem perduraturam, & a Christi Ecclesia legis illius notitiam (subjective 20. 19.) semper iri conservatum.

### 141.

*Nulla probabili ratione, imo evidentur contra obvium tenorem verborum Christi, asseritur, Christum in Ecclesia sua summum imperium pure Aristocraticum cum pari ministrorum suorum omnium cumulativa potestate ita instituisse, ut vel in ipsorum arbitrio reliquerit, num in unum aliquem ipsorum vicarium & communem ministrum, toti collegio ipsorum subordinatum, regimen ipsum transmittere velint, vel etiam, ut hoc omni tempore fieri praecise imperarit, reservata semper toti collegio supremae arbitrio potestatis.* Verbo: *S. Petrus regimen supremum Ecclesiae exercere*

cere lege Chriſti divina & fundamentali juſſus eſt, non ut miniſter delegatus collegii Apoſtolorum, ſed ut immediatus miniſter & vicarius ipſius. Jeſu Chriſti: ac proinde per §. 128. idem valet de ſucceſſoribus S. Petri in omne tempus futuris ( 34. 35. 36.). Et primo quidem ſi mere Ariſtocraticum eſſet Eccleſiæ imperium, & cum pari omnium miniſtrorum a Chriſto poteſtate inſtitutum; niſi ipſi unanimibus votis modum concludendi aliquo in communi conventu perpetuo conſtituiſſent; nunquam quid lege certa univerſali, etiam ipſos Miniſtros Eccleſiæ obligante, definiri in regulis fidei ac morum, etiam ab ipſo Chriſto traditis, poſſet in Ecclesia Chriſti; niſi toties omnes Miniſtri & participes muneris Apoſtolici ex toto orbe in uno voto convenirent: ſiquidem ſocietas optimatum prorſus inter ſe æqualium originarie ſe habet perinde atque ſocietas voluntaria adhuc æqualis; in qua nihil novæ legis, pares omnes ſocios obligantis, niſi ex votorum unanimium conſenſu conſtitui poteſt, multo minus ſummi imperii regimen, niſi ea conditione accedente, in alium quemcunque transferri ( 62. 64. 66.) Atqui non unanimia Apoſtolorum ac miniſtrorum ſuorum vota ad declarandas promulgandasque authentice leges fidei ac morum a ſe conſtitutas requiſiviſſe Chriſtum Dominum, nec reliquiſſe in eorum arbitrio, ut vel huic modo per vota unanimia decidendi pro jure ſuo ſinguli inſiſterent, vel actu per unanimia vota alium faciliorem magisque obvium decidendi ac concludendi modum, deinceps perpetuo obſervandum, ipſi primum lege propria inſtituerent; exinde profecto evidens eſt, quod ne veſtigium quidem extet id genus concluſi Apoſtolici collegii, vel ullius veteris Concilii Epiſcoporum ante Conſtantienſem generalem Synodum; tum quod ipſe Chriſtus Dominus nuſpiam conſenſum magni vel majoris numeri, multo minus omnium

Apo-

Apoftolorum requirat ad hoc, ut poteftatis fuæ fupremæ ac principalis vim in exercitio poteftatis minifterialis cum valore iftius & integro effectu reipfa interventuram promitteret; fed id unum, ut *in fuo nomine* utcunque pauci, *duo*, *vel tres* etiam folummodo, congregentur. Sed neque *fecundo* Chriftus ufpiam imperavit Apoftolis, ut ipfi collegii fui Apoftolici miniftrum aut pro arbitrio aliquem ex ipfis, vel extra gremium, aut nominatim Petrum, deligerent, & cum poteftate vicaria ad Ecclefiæ regimen commune fuo nomine gerendum delegarent. Aut ubi demum legis aut præcepti iftius Chrifti Domini ad Apoftolos veftigium? ubi executio ejus facta ab Apoftolis? Aut quandonam ullus fuceffor S. Petri miniftrorum, qui Apoftolicis fucceffere, unanimi fuffragio electus eft? *Tertio* denique Chriftus, uti ipfe immediate per fe & pro fe mifit omnes Apoftolos Joan. XX. 21. *ficut mifit me Pater, & ego mitto vos &c. &c.*, ita & immediate ipfe dixit Petro Matth. XVI. *ego dico tibi: tu es Petrus*; ipfe illum conftituit Ecclefiæ fuæ fundamentum; *fuper hanc petram ædificabo Ecclefiam meam;* ipfe eidem dedit claves, *tibi dabo claves regni cœlorum*. Pari modo ipfe Chriftus juffit pafcere oves *fuas* Joan. XXI. *pafce oves meas*; non oves collegii Apoftolici; imo ipfos Apoftolos, ceu qui & ipfi erant oves Chrifti (133. III.). Quodfi itaque Chriftus Dominus Apoftolis immediate ut fuis miniftris, & non Ecclefiæ toti, dedit poteftatem minifterialem, quamcunque dedit (126.); pari modo credendus eft S. Petro dediffe poteftatem fupremam vicarii immediati fui ipfius, non autem Collegii Apoftolici vicariatum. *Quarto* denique contra obvium tenorem verborum Jefu Chrifti Matth. XVI. 16. & Joan. XXI. 15. afferitur, Chriftum defignando perfonam Petri defignaffe immediate *Ecclefiam*, cui totum

## De Lege fundamentali completa, qua &c

totum id, quod ibi Petro dare videbatur, immediate dederit, nec Petro nisi ut Ecclesiæ ministro. Sive enim cum Luthero & Calvino nomine *Ecclesiæ* intelligas universam societatem Christianorum, sive cum Antonio de Dominis collegium Apostolorum, &, qui his succedunt, Episcoporum; semper ineptissimus orietur sensus verborum Christi totiusque illorum contextus. Et Matth. XVI. 16. quidem sic reipsa loquetur divinus Magister: beatus es, Simon Barjona! quia caro & sanguis non revelavit tibi, sed Pater meus, qui est in cœlis: & IDCIRCO ego dico TIBI: quia TU, ECCLESIA MEA universalis, aut TU, COLLEGIUM MEUM APOSTOLICUM, es petra, & super hanc petram, id est, vel super ipsam universalem Ecclesiam, vel super collegium Apostolicum, ædificabo totam societatem fidelium Christianorum. Profecto Ecclesiam ædificare super eam ipsam Ecclesiam ut fundamentum *metaphora* est, qua nulla absurdior. Ædificaturum vero se Ecclesiam omnem super collegio Apostolorum si Christus prænuntiare vult; cur Petrum huic collegio substituit, & ad hunc sermonem immediate dirigit, *tu es* Petrus, super *hanc* petram ædificabo? An quia vult; ut collegium Apostolicum Petrum sibi vicarium substituat? Enimvero obscurius lege ista fundamentali sapientissimi omnium legislatoris fingi potest nihil; nec invenietur ullus legislator ex hominibus, qui legem fundamentalem concipere tam obscuram voluerit; quin interpretem authenticum relinqueret. An vero licitum est in lege fundamentali per se clara proprii ingenii studio ænigmata tam obscura fingere (86)? An id genus fictio inobedientiam supremo Principi excusabit? Parem in modum Joan XXI. 15. hic orietur sensus: *si me, Simon, plus diligis* ceteris *hisce* præsentibus collegis tuis Apostolis, *pasce oves meas*; id est, volo, ut totum collegium Apostolorum meorum te suum

Vica-

Vicarium & Miniſtrum conſtituat, ut ejus nomine regas omnem Societatem chriſtianam. Næ aut legislator obſcuriſſimus iſte eſt, aut abſurdiſſimus hiſtoricus, in concipienda, ac referenda lege fundamentali illius reipublicæ; extra quam non eſt ſalus, & in qua ſalus omnis ex lege fundamentali pendet.

### 142.

I. *S. Petrus itaque vi legis fundamentalis Math. XVI. 16. & Joan, XXI. 15. a Chriſto latæ, & per Evangeliſtas Apoſtolos palam authentice promulgatæ, ceu ipſius Chriſti in regenda ſua Eccleſia ſupremus Vicarius & miniſter eſt conſtitutus: eique poteſtas omnium reliquorum Chriſti miniſtrorum in eadem Eccleſia regenda ex Chriſti ipſius lege ſubordinata eſt* (134. 138.).

II. *S. Petrus æque ac alii Apoſtoli in ſua poteſtate ſucceſſores perpetuos ex vi divinæ Chriſti inſtitutionis habet; qui perinde ut ipſi ſunt immediati ſupremi Vicarii & miniſtri ipſius Chriſti; & quibus ceterorum miniſtrorum, qui ceteris Apoſtolis ſuccedunt* (128.), *poteſtas itidem eodem modo ſubordinatur*. Quæcunque enim loc. cit. afferuntur argumenta pro ſucceſſoribus perpetuis Apoſtolorum ceterorum, evidens legenti eſt, eadem etiam probare perpetuos ſucceſſores Petri. Infra autem ex inſtituto oſtendemus, Eccleſiam univerſam omni tempore pro talibus ſucceſſoribus S. Petri Romanos Pontifices habuiſſe. Ergo per §. 140. &c.

### 143.

*Veram Chriſti Eccleſiam* voco illam partem totius Societatis chriſtianæ viſibilis, quæ eſſentialia omnia Societatis illius ſpiritualis viſibilis in ſpecie ſua completæ habet, qualis a Chriſto inſtituta eſt.

* Vere

## De Lege fundamentali completa, qua &c. 113

\* *Vera* nempe Chrifti Ecclefia a veritate feu *identitate adæquata metaphyfica* dicitur cum ea in fpecie, quam & qualem Chriftus iuftituit.

### 144.

I. *Qui Chriftiani quidem funt, feu fimpliciter, feu etiam voluntatis propofito* (112. III. IV.), *nec tamen legis fundamentalis notitia citra fuam culpam imbuti funt, qua Chriftus formam & modum regiminis in fua Ecclefia determinavit: membra quidem alicujus Ecclefiæ Chriftianorum funt;* quia revera communi obligatione, ceu nexu, colligantur, qua fecundum præfentem fuam cognitionem obligantur ad eundem finem fuæ & alienæ falutis profeffione externa fidei in Chriftum, & baptifmi ceu figni legalis perceptione promovendum: 2°.) *fed non funt membra veræ Ecclefiæ Chrifti;* quia actu ob defectum notitiæ non obligantur lege illa fundamentali, adeoque nec comprehenduntur communi nexu ejus focietatis in fpecie, quam Chriftus inftituit.

II. *Qui vero ex Chriftianis legis illius fundamentalis certa notitia imbuti funt, qua Chriftus veram Ecclefiam fuam in fpecie completa & fub forma ac modo regiminis determinato inftituit, nec tamen vel affenfu intellectus, vel voluntatis obfequio, eidem legi adftipulari volunt; Chrifto legislatori & ipfi ejus veræ Ecclefiæ, hujusque rectoribus ceu Chrifti ipfius miniftris, rebelles funt;* feu utrorumvis poteftatis legislatricis directi contemtores. Directe enim contemnit fuperioris poteftatem, qui fciens, quod fit recta & legitima, tamen illam voluntate & odio difplicentiæ fic averfatur, ut eam exiftere nolit, atque idcirco intellectus affenfu recognofcere detrectet (Ethic. Univ. Chrift. §. 202.)

\* Quos altero hoc Corollario definiti, vulgo in Ecclefia vera Chrifti *Hæreticorum* nomine inde a primis ejus seculis venere ; quod nomen vi etymologiæ græcæ proprie quidem non nisi hominem significat, qui non ex communi sensu & auctoritate legitima, sed ex opinione privata & particulari, sensa sibi propria format, & idcirco *sectam*, id est, secessionem a communi societate facit ; seu bona mente, seu destinata malitia & erroris certa cognitione id faciat. Ex constanti tamen usu Ecclesiæ Christianæ Universalis significatum odiosum *Hæretici* nomen obtinuit, ita, ut eodem non nisi homo Christo & veræ ejus Ecclesiæ destinato studio, rebellis denotetur ; qui idcirco pœnis Ecclesiæ, quas gravissimas potestas ministrorum Christi infligere possit, (121.), subjaceat; quibus nisi cedat denique intellectus & voluntatis subjectione erga legitimam a Christo in Ecclesia sua institutam, & a se probe cognitam potestatem salvus fieri nequaquam possit, juxta illud Christi ipsius effatum Matth. XVIII : *qui Ecclesiam non audierit, sit tibi sicut Ethnicus & Publicanus ;* quæ verba per antonomasiam de formali contemtore Ecclesiasticæ correctionis & coactivæ potestatis sine dubio intelligenda sunt ; siquidem aliquando constet, talem reipsa extare in Ecclesia Christi, ab ipso quidem Christo Domino vere institutam.

** At enim quoniam privato homini Christiano, cuicunque judicis officium non convenit de interna cognitione & malitia alterius Christiani; idcirco, quos solent Ecclesiæ veræ Christi rectorum judicium hæresis crimine sigillatim non condemnavit, eos odioso hæreticorum nomine notare nemini privato licet : atque hoc ipso sapienter in Germanico Imperio cautum est, ne Catholici Protestantibus istius nominis infamiam audeant ulpiam inurere.

III. *Qui confuse assensu firmæ fidei adstipulatur universæ doctrinæ Jesu Christi, sed tamen ignorat (licet sine omni culpa) lege fundamentali ipsius institutam in sua Ecclesia potestatem, Christianæ quidem alicujus Ecclesiæ, sed non veræ Ecclesiæ Christi membrum*

*brum & socius est*: quia nondum istius essentiali obligatione specifica tenetur (praec. I.)

145.

IV. *Omnis & solus ille verae Ecclesiae Christi membrum ac socius est, qui & Christi Domini ceu divini legislatoris, & potestatis legislatricis, modique regiminis ab eo in Societate christiana visibili constitutae, certa notitia imbutus, utriusque fidem publice ac legitime* ( id est, signo legali, baptismi videlicet receptione primitus, & deinceps negative saltem, hoc est, nullo dato signo retractatae primae professionis) *profitetur*. Sicuti enim cuique Societati in sua specie individua spectatae, atque inprimis si legalis illa sit, modus & forma regiminis essentialis est; ceu quod lege fundamentali ista constituantur ceu notae stabiles & perdurantes, quibus genus Societatis ulterius determinatur (70. 40. II. III. IV.); ita nemo socius esse potest verae Ecclesiae Christi, nisi qui legis fundamentalis ejus regimen legale determinantis certa notitia imbutus, ac proin istius obligatione passiva adstrictus est (19.). *Porro* cum Ecclesia vera Christi vi suae institutionis tota visibilis sit (109.); quippe cujus omnes socii ad professionem externam universae doctrinae Christi obligantur; cujus doctrinae pars est instituta ab illo potestas & modus regiminis in Ecclesia sua: quoniam denique potestas ipsa moralis nisi in subditos visibiles, seu qui, quod sint tales, dignosci queant, exerceri salva rectitudine non potest: idcirco etiam professio externa notitiae tum Christi legislatoris, tum potestatis & regiminis ab eo in Ecclesia instituti requiritur, ut quis sit verae Ecclesiae Christi socius. *Praeterea* legalis professio externa esse debet, quae certitudinem lege requisitam faciat de notitia interna Jesu Christi aeque ac potestatis ab eo institutae. Atqui hanc certitudinem no ... ceteris

Christianis ille, qui baptismum non recipit, sine quo salvum fieri neminem ipsius Christi apertissimo effato constat; & qui nihilominus eo solo fine associare se Ecclesiae ejus simulat, ut salvus fiat ( 107. l. 109 ). *Denique* ultra hoc nihil requiri, ut quis verae Ecclesiae Christi socius sit, inde patet, quod, quisquis hisce duabus notitiis ( ceu legibus subjectivis 19. 20. ) de obedientia Christo supremo Principi divino & ejus ministris exhibenda in omnibus, quae praecipiunt, imbutus est, & utramque externe profitetur, is omnis, eo ipso tota obligatione sociali, Christi Ecclesiae verae propria, teneatur.

\* Ex his patet evidenter, nulla sufficiente ratione a Launojo ceu bonae Logicae regulis adversam traductam fuisse veterum Catholicae Ecclesiae Doctorum definitionem, quam de *vera Christi Ecclesia* sequentem tradidere; quod videlicet sit *caetus hominum* ( viatorum, seu in terris adhuc degentium ) *unius fidei Christianae professione & eorundem Sacramentorum communione colligatus, sub regimine legitimorum pastorum, ac praecipue unius in terris Christi Vicarii, Romani Pontificis.* Quodsi tamen *Ecclesiam Christianam* in toto suo veluti genere & extensione, at non in specie completa individua, definire velis; recte dicere poteris, esse societatem visibilem hominum, baptismi receptione secundum Christi legem ad Deo serviendum se obligatos profitentium.

\*\* *Protestantes*, qui cùm doctissimo D. Daries ( Instit. J. P. Univ. P. spec. Sect. VII. C. I. §§. 873. 878. ) *Ecclesiam* definiunt *esse coetum eorum, qui de religione consentiunt*; indeque concludunt, *manifesto rationi repugnare, ut in Ecclesia sint imperantes & subditi*; profecto *Societatis legalis* conceptu caruisse videntur, in notionem *Societatis mere voluntariae*, quam in Jure publico late exponebant, tota meditatione intenti. Atqui evidens est, inter Societatem legalem & mere voluntariam in ipso modo totius constitutionis

fun-

fundamentalis effentiale imprimis difcrimen effe debere: eo quod totius regiminis conftitutio in focietate voluntaria originarie a fociorum voluntate, in legali vero a legislatore inftituente, qui aliunde jam omnium fuperior eft, præcife dependeat. Nec vero illud dubitari ullo pacto poteft; quin Ecclefia omnis chriftiana inter Societates legales', potius quam mere voluntarias pertineat.

### 146.

*Schifmatici* vocantur, qui dicto aut facto negant fe veris Chrifti miniftris fubjectos effe.

### 147.

I. *Hæretici & Schifmatici publice Hærefin & Schifma profitentes, veræ Chrifti Ecclefiæ membra non funt.* Retractant enim profeffionem externam poteftatis lege fundamentali a Chrifto conftitutæ, eo ipfo, quod hærefin & fchifma profiteantur (143. II. not. præc.): ergo per §. 145. vifibilis veræ Ecclefiæ Chrifti membra porro non funt.

II. *Etiam reprobi in Ecclefia vera Chrifti ut ejus membra continentur* (145.), & *a fortiori* homines actu gravium culparum rei, feu *peccatores*, tales videlicet, qui peccando Dei, Chrifti, & Ecclefiæ legem non directe, fed indirecte folum contemferunt, vel certe ejus contemtus formalis tale publicum indicium non dedere (Ethic. Univ. Chrift. 202. 406.)

III. *Occulte folum Hæretici & Schifmatici, quamdiu certam intellectus notitiam de lege fundamentali veræ Ecclefiæ Chrifti confervant, etfi voluntate obftinata affenfum ei abjudicent, manent tamen membra veræ Ecclefiæ Chrifti; quamdiu hærefin & fchifma externe diffimulant.* Obligatione enim tota paffiva
sociali

sociali veræ Ecclesiæ Christi adstringuntur, & simul membra adhuc visibilia sunt.

\* De *Excommunicatis* dicere nondum possum; cum excommunicationis notio evoluta nondum isthic inveniat locum.

## CAPUT V.
OSTENDITUR, LEGEM FUNDAMENTALEM REGIMINIS ECCLESIASTICI, QUALEM SCILICET CAP. PRÆC. STABILIVIMUS, INDE A PRIMIS TEMPORIBUS AGNITAM IN CHRISTI ECCLESIA FUISSE.

148.

*Veræ Christi Ecclesiæ lex fundamentalis, siqua Christus modum & formam regiminis in ea ipse ordinavit, ignota esse non potuit inde a primis jam seculis.* Cum enim Ecclesiastica Christianorum Societas, quoad visibilis est, non mere legalis, sed ex parte voluntaria sit (112. VIII.); quatenus nempe voluntatis electione quisque externe profitendo universam Christi legem eidem se actu visibili modo associat: idcirco, quicunque erant actu veræ Christi Ecclesiæ membra, siquidem aliqua fundamentali lege revera Christus & regimen Ecclesiæ suæ ordinavit, & specificam essentiam suæ Societatis legalis ipse determinavit, hanc ipsam perspectam habere, & ejus fidem profiteri exterius debebant, ut ejusdem membra reipsa evaderent (143.). Atqui semper fuere aliqua membra veræ Ecclesiæ Christi; secus enim ipsa vera Ecclesia Christi defecisset; quod salvo Christi promisso mani esto fieri nequaquam potuit (110. 140.) Ergo &c. Vide item §. 140.

149. *Inde*

*Oftenditur, Legem fundamentalem &c.*

149.

Inde ab Apoftolis Ecclefias particulares Chriftianorum in diverfis provinciis Epifcopi rexere cum poteftate Apoftolorum fimili, & fuccefione continua fic s ut non ceu miniftri Ecclefiarum, ab ipfis Ecclefiis conftituti & poteftatem adepti, fed ut miniftri ipfius Jefu Chrifti, & accepta ab ipfis anteceſſoribus miniftris poteftate chriftianis cœtibus in rebus fpiritualibus præeſſent. Sive: Eccleſiæ Chriftianorum inde a principio agnovere inæqualitatem Societatis vifibilis Chriftianæ, & miniftrorum Chriſt jurisdictionem cum perpetua fucceffione, lege fundamentali ab ipſo Chriſto fuiſſe inſtitutam. Habemus iſta ex teſtimoniis minime ſuſpectis ſequentibus.

1'.) Anno Chrifti 69. circiter S. CLEMENS ROMANUS, tefte Tertulliano in. L. de Præfcript. *ab Apoſtolo Petro ordinatus Romanorum Epifcopus*, in Epiftola ad Corinthios, certo & fecundum omnes authentica, ita fcribit: *Deus mifit Jefum Chriftum, & Jefus Chriftus Apoſtolos. Apoſtoli in regionibus & urbibus prædicantes, quos inter fe optimos invenerunt, & Spiritu Sancto probatos, in Epifcopos & Diaconos illorum conftituerunt, qui credituri erant: & mandarunt, ut poſt eorum deceſſum alii viri probati in miniſterio fuccederent. Itaque, qui ab Apoſtolis conſtituti fuerunt, aut ab aliis viris excellentibus cum totius Eccleſiæ conſenſu, & deinde irreprehenſibiles Chriſti gregem in humilitate & pace, non ut mercenarii, paverunt ; hos a miniſterio repelli æquum non eſſ exiſtimamus.*

2'.) Anno Chrifti 106. S. IGNATIUS MARTYR & Patriarcha Antiochenus, Apoſtolorum & ipfe difcipulus, ad Martyrium Romam proficifcens, Smyrna ad Magnefios ita fcribit: *exhortor Epifcopum, qui Dei loco præſidet, & Presbyteros, qui ſenatum Apoſtolorum referunt.* Et ad Trallenfes:

*omne,*

*omnes Episcopum vereantur tanquam Patris imaginem, Presbyteros tanquam Dei senatum* (nota, Dei, non Ecclefiæ fenatum etiam Presbyteros Episcopi confiliarios vocat): *fi hos auferas: nulla erit Ecclefia* (143. 144. 145.). Ad Smyrnenfes ipfos fcribit: *obedite Episcopo; ficut Jefus Chriftus obedit Patri fuo. --- Nemo aliquid facere, quod, Ecclefiæ eft, fine affenfu Episcopi præfumat. Ubi Episcopus comparet; ibi & multitudo congregetur; ficut ubi Jefus Chriftus eft, ibi eft Ecclefia catholica.* Ecce! ut Ecclefiam vult Epifcopo fubeffe totam, non Epifcopum Ecclefiæ etiam congregatæ; item illum pro Chrifti, non pro Ecclefiæ miniftro haberi.

3'.) ANNO 171. APUD EUSEB. L. V. Hift. c. 19. jam exemplum legitur hærefis Montaniftarum a 26. Epifcopis fimul junctis authentico judico condemnatæ, quorum nomina Epiftolæ Serapionis Epifcopi Antiocheni ad Carium & Ponticum fcriptæ fubjecta Eufebius fe legiffe affirmat.

4'.) S. IRENÆUS CIRCA ANNUM 180. L. IV. c. 43. ita fcribit: OBEDIENDUM EST SENIORIBUS (*Presbyterorum* feu Seniorum nomine hic Epifcopos intelligi, & contextus ipfe, & Scriptorum primæ ætatis Ecclefiæ ufus conftans extra dubium ponit) *qui funt in Ecclefia, qui ab Apoftolis fucceffionem acceperunt, qui cum fucceffione in Epifcopatum gratiam certæ veritatis obtinuerunt fecundum beneplacitum æterni Patris.* Idem I. III. c. 3. ait: *eos enumerare pronum eft*, QUOS APOSTOLI IN ECCLESIIS CONSTITUERUNT SUCCESSORES. *Nihil autem ifti eorum, quæ vos fomniatis* (hæreticos alloquitur) *docuere. Si enim Apoftoli arcana habuiffent, illis folum communicanda, quos inter ceteros virtute eminere cognoviffent; hac fine dubio Epifcopis tradidiffent,* QUOS TOTI FIDELIUM ECCLESIÆ PRÆFICIEBANT. In eodem cit. cap. & lib. teftatur, *beatos Apoftolos Romæ*,

*Ostenditur, Legem fundamentalem &c.* 121

*Romæ, postquam Ecclesiam ibi fundaverant, Episcopale munus Lino commisisse*; S. *Polycarpum* quoque in *Asia Smyrnensem Episcopum fuisse constitutum &c.*

5'.) Sub anno 200, seu finiente secundo Seculo christiano, TERTULLIANUS, minime suspectus testis in Lib. de Præscriptionibus cap. 20. sic graviter arguit. *Ordo rerum desiderabat, illud prius proponi, quod nunc solum disputandum est: quibus competat fides ipsa; a quo, & per quos, & quando, & quibus tradita disciplina, qua sunt Christiani. Christus Jesus, quid esset, quid fuisset, quam Patris voluntatem administraret, quid homini agendum determinaret, quamdiu in terris agebat, ipse pronuntiabat, sive populo palam, sive discentibus seorsum. Ex quibus duodecim præcipuos lateri suo adlegerat destinatos nationibus Magistros.* Ecce! ut non Ecclesiæ ministros, sed Christi in Ecclesia ex nationibus universis primum congreganda & docenda ministros, *duodecim tantum* ex universis Christi discipulis, delectos a Christo fuisse apertissime Tertullianus affirmat (126.). Unde & continuo concludit: *Hinc, si Dominus Jesus Christus Apostolos misit ad prædicandum, dirigimus præscriptionem, alios non esse recipiendos prædicatores, quam quos Christus instituit: quia nec alius Patrem novit, nisi filius, & cui filius revelavit.* Enimvero nullos prædicatores pro legitimis habendos ait, nisi a Christo seu immediate missos, seu missos ab his, quos ipse Christus immediate miserat. Denique sole clarius addit. *Edant ergo* (hæretici fidem invenire volentes) *origines Ecclesiarum suarum; evolvant ordinem Episcoporum suorum, ita per successiones initia deccurentes ut primus ille Episcopus aliquem ex Apostolis, vel Apostolicis viris, habuerit auctorem & antecessorem; sicut Ecclesia Smyrnæorum Polycarpum ab Joanne collocatum refert: sicut Romanorum Clementem a Petro ordinatum.*

H 5

## 150.

Inde ab Apoſtolis creditum ab optimis quibusque Chriſtianis eſt, ab Epiſcopis, legitima ſucceſſione poſt Apoſtolos in Eccleſiarum regimine ſurrogatis, & quidem ab eisdem ſolis, modo in nomine Chriſti utcunque pauci numero congregati conſentirent, infallibile judicium de vera doctrina fidei a Jeſu Chriſto tradita expectari poſſe. Audiamus teſtes de hoc quoque facto authenticos.

1°.) ANNO CHRISTIANO 106. S. IGNATIUS MARTYR in Epiſtola ad Epheſios ſic ſcribit: *Nolite errare, quicunque ab Altari* (id eſt, Dei Miniſtris) *ſeparatur, pane Dei* (id eſt, vera doctrina) *indignus eſt. - - Caveamus idcirco, ne reſiſtamus Epiſcopo.* Et ad Philadelphios: *ne erretis, fratres mei! ſiquis auctorem ſchiſmatis ſequitur; non habebit partem in regno Dei*: SIQUIS DOCTRINAM PEREGRINAM RECIPIT; *non erit paſſionis Jeſu Chriſti particeps.* OMNES, QUI DEI SUNT ET JESU CHRISTI; CUM EPISCOPO COSENTIUNT. Repete dicta ejusdem ad Smyrnenſes §. præc. n. 2.

2°.) CIRCA ANNUM 180. S. IRENÆUS I. III. c. 4. ait: *Non oportet apud alios quærere veritatem, quam facile eſt ab Eccleſia ſumere. - - - Quid enim? ſi de aliqua quæſtione diſceptatio oriretur, ad cujus judicium eſſet appellandum, niſi antiquiſſimarum Eccleſiarum, ubi Apoſtoli vixerunt? Quid autem tunc foret remedii, ſi Apoſtoli nihil ſcriptum nobis reliquiſſent? Nunquid ad traditiones illis viris relictas, quibus Eccleſias commiſerunt, eſſet recurrendum? Hoc ipſum multæ barbaræ nationes obſervant, quæ ſine papyro & atramento in Jeſum Chriſtum credunt, doctrinam ſalutis ſcriptam per S. Spiritum in cordibus ſuis habentes.* Et L. IV. c. 43. *Obediendum eſt*, ait, *Presbyteris* (Senioribus), *qui ſunt in Eccleſia, qui*
*ab*

*Oftenditur, Legem fundamentalem &c.* 123

*ab Apoftolis fucceffionem accepere; qui cum fucceffione in Epifcopatum gratiam certæ veritatis obtinuerunt fecundum beneplacitum æterni Patris.* Demum poft alia multa fimilia L. V. c 20. fcribit: *Omnes ifti* (Hæretici) *ab Epifcopis recefferunt, quibus Apoftoli Ecclefiarum curam commiferunt. Cum ad veritatis lucem cæcutiant, neceffe eft, ut in diverfas vias aberrent. At vox illorum, qui de Ecclefia funt, circuit totum mundum, firmam Apoftolorum traditionem ferens, nobisque omnibus oculos aperit, ut eandem fidem cognofcamus, eadem omnes præcepta meditemur, eidem Ecclefiæ capiti obediamus, eandem fpem in finu foventes.*

3'.) CLEMENS ALEXANDRINUS CIRCA ANNUM 194. in Lib. VII. Stromat. edit. 1641. pag. 754. affirmat, *infallibiles in Chrifti Ecclefia regulas dari; ex quibus omnes illi damnandi fint, quos vel focordia, vel perverfum judicium iisdem regulis uti prohibet. Exactam vero doctrinam* (ait pag. feq.) *non nifi in fola vera & antiqua Ecclefia poffe inveniri.* Quodfi teftimonium faltem in genere de exiftente in Ecclefia auctoritate judicii infallibilis teftatur.

4') SUB FINEM SECULI II. TERTULLIANUS in Lib. de Præfcript, cum jam antea Cap. 20. probaffet, ab Epifcopis Apoftolorum fucceforibus nec aliunde, veram chriftianæ fidei & legis doctrinam peti debere, ut præc. n. 5. relatum eft, cap. 21. fic concludit: *Hinc igitur dirigimus præfcriptionem: fi Dominus Jefus Chriftus Apoftolos mifit ad prædicandum, olios non effe recipiendos prædicatores, quam quos Chriftus inftituit. - - Quid autem* (ifti a Chrifto inftituti) *prædicaverint, id eft, quid Chriftus illis revelarit, & hic præfcribam, non aliter probari debere, nifi per easdem Ecclefias quas ipfi Apoftoli condiderunt. - - Si hæc ita funt; conftat proinde omnem doctrinam, quæ cum illis Ecclefiis Apoftolicis matri-*

*matribus & originalibus conspiret, veritati deputandam, sine dubio tenentem, quod Ecclesiæ ab Apostolis, Apostoli a Christo, Christus a Deo accepit: omnem vero doctrinam de mendacio præjudicandam, quæ sapiat contra veritatem Ecclesiarum, & Apostolorum, & Dei. - Nihil ergo recipiendum, quam quod Apostoli docuerunt: quænam vero genuina sit Apostolorum doctrina, probandum est testimonio Ecclesiarum ab ipsis fundatarum.* Jam vero compone cum his, quæ §. præc. n. 5. ex Tertulliani eodem libro attuli; videlicet ex ejus mente plebi christianæ particularium quarumvis Ecclesiarum obligationem divinam incumbere, ut omnem doctrinam fidei & legis Christi a suis Episcopis, continua inde ab Apostolis successione legitime institutis accipiant; compone, inquam, ista, & vide, utrum non certum Tertullianus habuerit, in consensu Ecclesiarum matricium, id est, Episcoporum ejus in Christi nomine de vera doctrina judicantium, certum criterium veritatis Christianis universis suppetere. Eos vero, qui erroris capacem Christi Ecclesiam, per suos Episcopos consensu doctrinæ unitos a Spiritu Sancto directam, errare posse existimant, sic demum lib. cit. cap. 28, explodit. *Age nunc; omnes erraverint: - - nullam respexerit Spiritus sanctus, ut eam in veritatem deduceret, ad hoc missus a Christo, ut esset doctor veritatis: neglexerit officium Dei villicum. Christi Vicarius, sinens Ecclesias aliter interim intelligere, aliter credere, quam quod ipse per Apostolos prædicabat - - Aliquos Marcionitas & Valentinianos liberanda veritas expectabat; interim perperam evangelizabatur, perperam credebatur &c. &c.*

151.

S. Petri superiorem potestatem, & subordinationem omnis reliquæ Apostolicæ jurisdictionis ad illam, agnovere inde a primordiis præcipui quique in Christi Eccle-

*Ostenditur, Legem fundamentalem &c.* 125

*Ecclesia viri, & ipsi Episcopi particularium Ecclesiarum; iidem citra dubium credidere, verba Christi Matth. XVI. 16. & Joan. XXI. 15. ad Petri personam immediate & privative directam fuisse, eisdemque S. Petro praerogativam illam superioris potestatis & jurisdictionis supra ceteros Apostolos a Christo concessam fuisse.* Eccum tibi testimonia non suspecta.

1°. ) Tertullianus circa annum 200. in Lib. de Praescript. refellens Haereticos, qui dicebant, non omnia Apostolos scivisse, aut, si sciverint, non omnia tradidisse, cap. 22. sic loquitur: *latuit ergo aliquid Petrum aedificandae Ecclesiae petram dictum, claves regni caelorum consecutum?* - - *Latuit & Joannem aliquid dilectissimum Domino, pectori ejus incubantem, quem loco suo Mariae demandavit?* Ex quo loco illud solum infero, agnovisse Tertullianum, Petro in persona immediate a Christo illo in loco Matthaei claves regni coelorum datas cum praerogativa fundamenti Ecclesiae; sicut Joannes in persona propria dilecti discipuli obtinuit praerogativam. Idem vero Scriptor in Scorpiaco cap. 10. praecipui momenti assertum consignavit, dicens: *si adhuc clausum putas caelum; memento, claves ejus hic Dominum Petro, & per eum Ecclesiae reliquisse.* Immediate videlicet Petrus, & eo mediante Ecclesia, ceu in capite suo, Christi supremo Vicario pastore accepit; item per Petrum Ecclesia accepit, ut claves in Petri Successoribus quoque perpetuo in utilitatem totius Ecclesiae perseverarent. Denique Tertullianus aperte dicit *hic* ( id est, Matth. XVI. 16., de quo loco illi sermo est) *Petro, & per Petrum Ecclesiae*, datas claves regni coelorum esse.

2°. ) Origenes circa annum. 230. in Cap. VI. Ep. ad Rom. apertissime ait: *cum Petro summa rerum de pascendis ovibus traderetur, & super ipsum velut super Petram fundaretur Ecclesia; nullius confessio alterius virtutis ab eo exigitur quam caritatis.* Enimvero de optimate uno, in statu Aristocratico pari cum ceteris potestate constituto, ex vero hoc dici nequaquam potest. Idem Homil. de diversis Petrum vocat *summum Apostolorum verticem.*

3'.) S. CYPRIANUS CIRCA ANNUM 250. Ep. ad Quintum 71. *nec Petrus,* inquit, *quem primum Dominus elegit, & super quem aedificavit Ecclesiam suam, cum secum Paulus de circumcisione postmodum disceptaret, vindicavit sibi aliquid insolenter, ut diceret: se primatum tenere, & obtemperari a novellis & posteris sibi oportere.* Ne crede, amabo, hic de eo, qui solum tempore primum delectus sit, disseri: sic enim prior Andreas erat Petro. Idem Lib. de Unitate Ecclesiae prope initium sic habet: SUPER ILLUM UNUM (Petrum) *aedificavit Christus Ecclesiam suam, & illi pascendas mandavit oves suas. Et quamvis Apostolis omnibus post resurrectionem suam parem potestatem tribuat, & dicat: sicut misit me Pater &c.; tamen, ut unitatem manifestaret, unam cathedram constituit, & unitatis ejusdem originem ab uno incipientem sua auctoritate disposuit.* Ecce! ut Cyprianus aperte asserit, unitatis in doctrina principium illud esse in Ecclesia, quod Christus *unum* Petrum ac solum fundamentum & principium verae doctrinae & omnis alterius cathedrae, cum potestate supra Apostolos inter se pares altiore constituerit, ita, ut una esset & vera omnis alterius cathedrae doctrinae per hoc, quod origo doctrinae omnium aliarum cathedrarum esset a Petro ceu fundamento & pastore omnium.

\* Sed quoniam post Jametium (Tractatu vernaculo de Corruptione Scripturae & Patrum &c. Part. 2. p. 1.) Protestantes Doctores Librum de Unitate a Cypriano scriptum

*Oſtenditur, Legem fundamentalem &c.* 127

ſcriptum in multis fraude Catholicorum interpolatum eſſe volunt; illud adnoto: nullo quidem veriſimili ſatis fundamento probari, eo in loco vitiatum illum Cypriani librum fuiſſe. Nam *inprimis*, uti probat Schelſtrate in Antiq. Illuſt. T. II. Diſſ. II. C. V. n. 4., is ipſe textus Cypriani ex libro de unitate citatus in antiquiſſimis Codicibus manuſcriptis reperitur; quorum unum 800. annis antiquiorem, in Bibliotheca Reginæ Sueciæ olim aſſervatum, commemorat: *deinde* ante mille jam annos eundem textum Pelagius II. Papa Ep. 6. citato Cypriani nomine & libro præfato allegat: *denique* conſtat, S. Cyprianum ſimilia fere in Ep. 55. ad Cornelium Papam, ſecundum ipſosmet adverſarios probe authentica, hiſce verbis expreſſiſſe: *navigare audent* ( Schiſmatici Novatiani ) *ad Petri cathedram; unde unitas Sacerdotalis exorta eſt.* Vide item infra §. 157. n. 2.

4'.) EUSEBIUS CÆSAREENSIS SUB FINEM SECULI III. florens in II. Hiſt. c. 14. vocat Petrum *reliquorum Apoſtolorum virtutis merito principem*, & in Chronic. ad an. 44. *Chriſtianorum primum Pontificem.* Porro nota, non vocari ab illo Petrum *Romanorum* Pontificem primum, ſed Chriſtianorum: cum tamen ibidem *Jacobum* appellet *Eccleſiæ Jeroſolymorum primum Epiſcopum*, & Evodium *primum Epiſcopum Antiochiæ*.

5'.) S. CYRILLUS HIEROSOLYMITANUS CIRCA AN. 351. in Cathec. 2. *Petrum principem Apoſtolorum excellentiſſimum* nominat.

6'.) S. EPIPHANIUS CIRCITER ANNO 373. in Anchorato c. 9. *Huic ( Petro ) germanum ſuum filium indicat, & beatus idcirco dicitur.* - - - *Sic enim ei, qui inter Apoſtolos primus eſſet, conſentaneum erat; ſolidæ, inquam, illi petræ, ſupra quam Eccleſia Dei eſt fundata; & portæ inferi non præ-*
vale-

*valebunt: quarum portarum nomine hæreſes & hære-
ſeon conditores intelliguntur. - - Hic eſt, qui audi-
vit: paſce agnos meos; cui creditum eſt ovile.* Quæ-
ſo: qui iſta valeant de uno ex optimatibus paribus regni Ariſtocratici?

7'.) S. BASILIUS MAGNUS CIRCA AN. 373.
Serm. de Judicio Dei, *beatus ille Petrus,* inquit,
*omnibus diſcipulis prælatus, cui ſoli majora data
quam aliis ſunt teſtimonia; cui claves regni cœlorum
concreditæ &c.*

8'.) S. GREGORIUS NYSSENUS. AN. 374. jam
Epiſcopus, in Serm. de S. Stephano apud Zaca-
gnium p. 339. & p. 343. ſic habet: *celebratur Petri memoria, qui Apoſtolorum eſt caput; & una quidem cum ipſo cetera Eccleſiæ membra glorificantur;
Dei vero Eccleſia in ipſo ſolidatur, Hic enim* JUX-
TA PRÆROGATIVAM SIBI A DOMINO CONCESSAM
*firma & ſolidiſſima eſt petra, ſupra quam Salvator
ædificavit Eccleſiam.*

9'.) S. OPTATUS MILEVITANUS ANNO 374.
in Lib. II. contra Parmenian Donat. ſic urget:
*negare non potes, ſcire te in urbe Roma primo Cathe-
dram Epiſcopalem eſſe collatam; in qua ſederit omnium
Apoſtolorum caput Petrus: unde & Cephas appellatus
eſt: in qua una cathedra unitas ab omnibus ſervaretur,
nec ceteri Apoſtoli ſingulas ſibi quisque defenderent,
ut jam Schiſmaticus & peccator eſſet, qui contra ſingularem cathedram alteram collocaret.*

10'.) S. JOANNES CHRYSOSTOMUS AB ANNO
385. florere incipiens in Homil. LV. in Matth. *Petrus,* inquit, *Eccleſiæ Paſtor & Caput.* Et Homil.
ult. in Joan. aliquoties repetit: *Petro fratrum* ( id
eſt, Apoſtolorum ) *curam demandatam, & orbem
totum commiſſum.* Commentans vero ex inſtituto in
Acta Apoſtolorum, ad illa verba S. Petri Act. I. 21.
quibus

*Ostenditur, Legem fundamentalem &c.* 129

quibus jubebat Petrus in locum Iscariotæ eligi alium, exclamat: *quam in hoc choro princeps est! quam agnoscit a Christo sibi creditum gregem!* Atqui non nisi Apostoli cum Maria Matre Jesu, mulieribus, & fratribus ejus tunc aderant in cœnaculo, constituebantque præsentem gregem Petro creditum. Pergit vero paullo post Chrysostomus. *An non licebat ipsi Petro eligere? Licebat ei, & quidem maxime: sed non facit; ne cui videretur gratificari. - - - Considera, quo pacto* APOSTOLI CONCEDANT EI SOLIUM, NEC AMPLIUS AMBIGUNT DISCEPTANTES, QUIS EORUM VIDERETUR ESSE MAJOR.

11'.) S. AMBROSIUS CIRCA ANN. 380. in Cap. XII. Ep. II. ad Corinth. *Primatum*, ait, *non accepit Andreas, sed Petrus.* Et in Cap. I. ad Galat. *Petro curam omnium Ecclesiarum esse demandatam* affirmat.

12'.) S. LEO M. ANNO 440. ad Viennenses Episcopos Galliæ sic omnium fere clarissime scribit Epist. 78. *Hujus muneris sacramentum ita Dominus ad omnium Apostolorum officium pertinere voluit, ut in B. Petro principaliter collocaret, ut ab ipso quasi quodam capite dona sua velut in corpus omne diffunderet; ut exortem se mysterii intelligeret esse divini, qui ausus fuisset se a Petri soliditate dividere.*

De his aliisque plurimis primorum Ecclesiæ Doctorum testimoniis illud universe statuo: agnovisse illos citra ullum dubium, in citatis locis Matth. XVI. 16. & Joan. XXI. 15. a Christo S. Petro immediate ut suo ministro prærogativam supra Apostolos concessam fuisse: eam vero prærogativam consistere in aliquo *principatu*, in ratione *fundamenti* seu principii immobilis firmitatis Ecclesiæ in unitate doctrinæ fidei & morum, in ratione potestatis *clavium*, in munere *pascendi* ipsos Apostolos ceu oves Christi & Petri. Atqui in ceteris Apostolis ratio

STATTLER, DEMONSTR. CATHOL. I fun-

fundamenti, poteſtas paſcendi ſeu docendi, poteſtas denique ligandi & ſolvendi, ſeu uſus clavium, poteſtatem veram legislatricem & jurisdictionem denotat (122. ſeq.). Ergo etiam praerogativa & principatus Petro immediate a Chriſto in his conceſſus praerogativa & principatus ſuperioris jurisdictionis in Apoſtolos eſt.

\* Hoc ratiocinio ſane ſimplici & manifeſto *refutantur*, *illi* inprimis, *qui* confeſſione totius Eccleſiae & hiſtoria omnium ſeculorum Chriſtianorum convicti, *quidem fatentur* 1'.), *divino jure competere S. Petro ejusque ſucceſſoribus* aliquem ſaltem *primatum honoris ;* 2'.) *negant vero hunc eſſe jurisdictionis*, ſeu poteſtatis legislatricis ; docentes , *jurisdictione pares eſſe omnes Apoſtolos vi divinae inſtitutionis , ſolumque ab ipſa Eccleſia* , ſeu ſucceſſoribus Apoſtolorum conſentientibus, Epiſcopis videlicet, *in Romanos Pontifices ob neceſſariam utilitatem Ecclefiae collatam eſſe miniſterialem quamdam poteſtatem jurisdictionis* , extra tempora Conciliorum generalium ab eis, *ceu Ecclefiae miniſtris*, nomine omnium in omnes fideles & in ipſos particulares Epiſcopos exercendam. 3'.) *Vi primatus divini volunt quidem praeciſe S. Petro ejusque ſucceſſoribus deberi ab omnibus, etiam Apoſtolicis Ecclefiae optimatibus, primum honorem & communicationem conſilii in rebus omnibus & negotiis*, quae tum ad totius Eccleſiae legem ac regimen pertinent, tum non niſi totius coetus optimatum Eccleſiae auctoritate definiri poſſunt ; atque idcirco hoc ipſo ex omni orbis terrarum parte exorta id genus negotia ad illum referri a particularium Eccleſiarum Epiſcopis oportere. 4'.) *Vi ejusdem Primatus divinitus inſtituti ipſi S. Petro ejusque ſucceſſoribus incumbere ajunt curam referendi de talibus negotiis ad omnes Eccleſiae optimates, & curandi, ut communi conſilio concludantur ac definiantur.* 5') *Vi tamen primatus miniſterialis nomine Eccleſiae gerendi competere Primatibus Eccleſiae etiam jurisdictionis poteſtatem Conciliorum generalium Canonibus definitam ;* quibus tamen ,
uti

uti & ipfis optimatum Ecclefiæ generalibus Conciliis, in ufu & quovis exercitio iftius poteftatis femper maueant fubjecti.

** At enim conceptus ifti evidenter repugnant notionibus per verba Chrifti cit. loc. Matth. & Joan. expreffis. Vi quarti enim capitis doctrinæ not præc. relatæ 1'.) S. Petrus jure folo divino nec ipfe fingulare *fundamentum Ecclefiæ* (id eft, primum principium immutabilis perfeverantiæ in fua primæva inftitutione quoad doctrinam fidei & morum) nec *paftor omnium ovium*, feu Ecclefiæ membrorum effet; fed folum illi cura incumberet, ut univerfus cœtus Optimatum Apoftolicorum officia talis fundamenti & paftoris fupremi & univerfalis in omni emergente periculo vel negotio ad Ecclefiafticæ focietatis finem pertinente rite fecum expleret; ad quod ipfum illi alia media non fuppeditarent, quam amica admonitio & prudens confilium; non item vis ulla coactiva, quæ pari in pares convenire non poteft. Sed neque *claves regni cœlorum*, & *poteftatem* ligandi *fupremam*, ipfe a Chrifto accepiffet; quippe quam exercere nifi ex confenfu & accepto mandato, generali, vel fpeciali, omnium Apoftolorum fingillatim nullo in negotio poffet. Ubi fane notandum Matth. XVI. 16. per *regnum cœlorum* minime cœlum ipfum fed Ecclefiam militantem denotari: tum quod actus folvendi & ligandi, ac proinde aperiendi & claudendi portam ad falutem; qui finis eft Ecclefiafticæ focietatis, ex ipfo effato Chrifti *in terris* fiat, effectu folum aliquo in foro Dei, feu in cœlo, ei refpondente; tum quod alias regnum cœlorum paffim Ecclefia in terris a Chrifto appelletur; uti cum illud comparat virginibus decem partim fatuis, partim prudentibus, aut fagenæ miffæ in mare &c.; quod vero cœlo convenire non poteft. 2'.) *Quære deinde:* legene divina præfcriptum Apoftolis & Optimatibus Ecclefiæ fuit, ut Petro minifterium fummum communi fuo nomine gererendum deferrent? & ajo, vi fenfus verborum obvii evidenter Chriftum Matth. XVI. 16. & Joan. XXI. 15.

Petro potius ipsum deferre sui immediatum Vicariatum, quam jubere Ecclesiam, vel Apostolos, ut ipsi eum ministrum suum constituant. An vero sine praescripta sibi a Christo lege Apostoli ultro & libero arbitrio Petrum communem suum ministrum elegere? & quaero: ubi? quando? an ergo etiam successoribus liberum erit retractare? quot vero ad hoc requiruntur, &, sufficiunt consentientia suffragia? 3'.) *Quaero* rursum: an ex citatis Evangeliorum (ab ipsis duobus Apostolis scriptorum) locis saltem *Primatus honoris* Petro recte vindicatur? Ergo per *petram* Petrus designatur, & totus contextus ad personam Petri dirigitur. Ergo reipsa lex fundamentalis Societatis legalis Ecclesiasticae christianae ibidem a Christo promulgatur. Ergo interpretatio nulla locum habet, sed presse inhaerendum *simplici tenori verborum. Atqui tenor verborum *claves*, id est, jurisdictionem primam, soli Petro attribuit; item rationem *fundamenti*, & munus *pastoris* ipsorum quoque Apostolorum. Sic denique primis Ecclesiae seculis verba illa sunt communiter extra tempus quodlibet exacerbationis animorum reipsa intellecta. *Quaero* denique 4'.) : an reipublicae mere Aristocraticae optimates permitterent, ut, qui solum potestate directrice & cum primatu honoris ipsorum concilio praeesset, vulgo appellaretur illorum *Princeps*, *caput*, *fundamentum status sui politici primarium*; *cui summa rerum de regendis civibus ab auctore primo & legislatore societatis suae legalis tradita sit*; *cui obtemperari a ceteris debeat*; qui sit PRINCIPIUM OMNIS UNIONIS seu consensus in regimine Reipublicae, uti & FIRMITATIS, ET INVICTAE POTENTIAE ADVERSUS OMNES ILLUS HOSTES; *contra quem nulli ceterorum optimatum liceat independentem factionem constituere* (n. 8.)?

152.

Inde ab initio Ecclesiae Christianae Romanae Ecclesiae Episcopi communi ceterorum Episcoporum Christianorum, ceu successorum Apostolicorum, sententia habiti

*Ostenditur, Legem fundamentalem &c.* 133

*habiti sunt pro veris successoribus S. Petri in Vicariatu Christi & Principatu Jurisdictionis supremae in universam Ecclesiam Christi:* 2'.) *ac proinde per* §. 148. *reipsa sunt Successores S. Petri & veri Vicarii Christi, gaudentque Principatu Jurisdictionis supremae in Ecclesia Christi.* Sed

\* Quoniam prior pars hujus asserti factis humanis tota constat, quae tamen & ipsa supponant pro suo fundamento alia facta, id est, seu divinam institutionem, vi cujus Romano Episcopatui Principatus Ecclesiae visibilis annexus in perpetuum sit, seu saltem factum aliquod ipsius S. Petri, vi cujus etiam sine institutione aut lege divina hoc jus supremae potestatis ex persona S. Petri in Sedem Romanam transierit: de quo facto iterum quaeri potest, an ex eo lege immutabili affixum Romanae Sedi jus illud fuerit; an vero tale natura sit, ut quacunque voluntate humana transferri adhuc in alterius particularis Episcopi atque Ecclesiae sedem jus illud de Romana Ecclesia possit: idcirco thesis ista non nisi per spartes ac plures assertiones plane ostendi potest; ac proinde primo omnium inquirendum; quibus denique factis, divinis, vel humanis, tum ljus ipsum principatus Romanorum Pontificum in Christi Ecclesia, siquod existat, per se & natura sua innitatur; tum ex quibus factis Ecclesiae, ac ceterorum Episcoporum ejus, confessio ac consensus de eodem Romanis Pontificibus actu competente dignoscendus atque inferendus videatur.

\*\* Fatentur itaque Catholici Doctores cum Bellarmino Lib. II. de Romano Pontifice C. 12. edit. Colon. pag. 635. seq., non haberi jus divinum in SS. Scripturis uspiam expressum, vi cujus Romanus Pontifex ut Romanus Pontifex Petro in Vicariatu Christi supremo succedat; tamen *succedere aliquem S. Petro ex jure divino: hunc autem esse Romanum Pontificem, haberi ex traditione Apostolica Petri, quam traditionem Concilia generalia, Pontificum decreta, & Patrum consensus declararit.* Porro facta S. Petri personam

I 3 con-

concernentia quatuor sunt, quæ cum hoc Romanorum Pontificum jure connexionem habere possunt, videlicet 1'.) *quod S. Petrus fuerit Romæ:* 2'.) *quod Romæ etiam mortuus fuerit:* 3'.) *quod ibidem fuerit Episcopus:* 4'.) *quod Romanum Episcopatum semel susceptum nunquam mutarit.* Atqui hæc omnia in dubium revocant ex Acatholicis varii. Interim Bellarminus, & cum eo ceteri Theologi Catholici, notant, tertium solum & quartum, non item primum & secundum, necessario requiri ad hoc, ut Romanis Episcopis jus successionis in Primatu Petri obtigisse constituatur. Ipse Calvinus de ceteris tribus parum sollicitus, solum quartum illud nullo modo admisit. Nam in L. IV. Instit. c. 6. §. 15. postquam facta illa omnia in dubium vocaverat; *tamen*, inquit, *propter scriptorum consensum, non pugno, quin illic mortuus fuerit: sed Episcopum fuisse, præsertim longo tempore, persuaderi nequeo.* Guilelmus Cave in Hist. Script. Eccl. T. I. in Seculo Apostolico de S. Petro, postquam ipse ostendit, illum Romæ mortuum esse, hæc addit: *non immerito dubitari potest, an proprie loquendo Petrus Romæ Episcopus dici debeat. Laxiore quidem sensu Romanorum Episcopum dici posse: quatenus hujus Ecclesiæ fundamenta posuit, eamque martyrio suo illustrem reddidit, mecum opinor fatebuntur omnes, tam veteres, quam recentiores. Romanæ vero cathedræ tanquam peculiarem Episcopum affixum esse, ægre patitur muneris Apostolici ratio, nec ulla nos docent prima vetustatis argumenta.* Irenæus, qui Pontificum Romanorum successionem primus tradidit, adversus Hæres. L. III. apud Euseb. L. V. c. 6. ita habet: fundata jam & ædificata Ecclesia Beatissimi Apostoli Episcopatus officium Lino tradiderunt. Nec aliter Eusebius L. III. c. 2. post Petri Paulique martyrium, inquit, primus Ecclesiæ Romanæ Episcopatum suscepit Linus. Quin ex veteribus qui Romanum Episcopatum Petro adjudicant, sociam etiam Pauli operam & commune ministerium agnoscunt, eique ejusdem dignitatis prærogativam, eandem cum Petro curam, tum in fundanda, tum in regenda Ecclesia Romana constanter tribuunt. Loquatur præ omnibus Epiphanius,

*Ostenditur, Legem fundamentalem &c.* 135

*nius, qui Ecclesiarum Archiva non indiligenter rimatus est, adverf. Carpocrat. Haref.* 27. *n'*. 5. Romæ primi omnium Petrus & Paulus Apostoli pariter atque Episcopi fuerunt; inde Linus &c. &c. *& mox* Romanorum Pontificum ista succeslio est; Petrus & Paulus, Linus &c. &c. *Eadem & alii, si modo iis recensendis immorari vellem.* — Hactenus Cave.

\*\*\* Catholici igitur juxta atque Protestantes Theologi in ea sententia conveniunt, nihil pro jure stabili successionis Romanorum Pontificum satis solide stabiliri posse, nisi pro certo & indubitato prius adstruatur, S. Petrum tum Romæ verum ac proprie talem Episcopum fuisse, tum sedem illam deinceps nunquam usque ad mortem dimisisse. Verum, etsi certum habeam, nunquam probatum iri, quod S. Petrus Romanæ Ecclesiæ curam peculiarem proprie ut Episcopus non gesserit ad mortem usque ( quippe quod testimonia plura infra §. 154. referenda diserte affirmant; & cui nihil obstat, licet cum non nullis admittas, Petrum se vivo SS. Linum, Cletum & Clementem Romæ Episcopos constituisse; cum etiam hodie Romanus Pontifex per Episcopum Cardinalem Vicarium Romanam Ecclesiam, ut particularis est, administrare soleat ): nihilominus magnorum omnium illorum virorum pace dico:

### 153.

*Etsi pro hypothesi ( vere, an falso ) assumas, S. Petrum Romæ peculiarem Episcopatum aut non assumpsisse, aut non servasse sibi ad ad mortem usque; nihilominus modo fundata Romana Ecclesia ( seu per se solum illam ut Particularem Ecclesiam fundarit, seu juncta cum S. Paulo opera ) Romæ Episcopum, aut se vivo jam constitutum, aut a sua morte eligendum, ipse jusserit a morte sua esse suum in Primatu totius Ecclesiæ Christianæ successorem cum perpetuo jure; item seu expresso divino jussu id S. Petrus fecerit, seu propria electione, ac solummodo re-*

I 4 *genie.*

*gente illum interne S. Spiritu: eo ipso jam satis manifesto stabilitum est jus perpetuum successionis Romanorum Pontificum in Primatu S. Petri ita, ut nisi volente ipso aliquo Romano Pontifice transferri in aliam sedem Episcopalem a Romana diversam non possit.* Cum enim certum fit, S. Petrum ipsum immediate, a Christo in persona accepisse claves Ecclesiæ, seu totum jurisdictionis primatum, non vero primum mediate ab Ecclesia ( 141. 151.) certum quoque est, ipsum solum gaudere privativo jure de illis seu in vita, seu in morte, quoad necessitas Ecclesiæ præcise exigit, disponendi. Atqui necessitas Ecclesiæ exigit, ut in morte cujusvis Primatis jus successionis saltem quoad sedem Episcopalem, in qua illius successio fiat, jam sit ita aliunde determinatum, ut ad hoc primum punctum determinandum, nec convocatione omnium Episcoporum, nec unanimi consensu fit opus. Etenim absque isto in primo saltem casu morientis Primatis, nempe ipsius S. Petri, ut is successorem proximum in primatu sortiretur, Ecclesia omnis aut congregari, aut certe communi consensu conspirare in unam aliquam sedem Episcopalem debuisset, seu aperte, seu tacite, ita, ut lege stabili, ex communi consensu & votis unanimis constituta, successio in una sede Episcopali continua decerneretur. Atque idem ipsum plane necesse fuisset in casu morientis secundi Primatis, seu primi successoris S. Petri, si soli S. Petro quoad primam tantum successionem, & non item ejus successoribus jus privativum decernendi vel confirmandi Apostolicam sedem competeret, in qua successio illorum fieret. Jam vero ad hanc legem successionis stabiliendam nec Ecclesiæ Episcopi unquam congregati fuere, nec unquam sententiam tulere etiam dispersi: &, quod præcipuum est, in principio Ecclesiæ, seu primis tribus seculis convocari non potuissent; post vero, etsi fuissent convocati, aut si

hodie-

*Oftenditur, Legem fundamentalem &c.* 137

hodiedum etiam convocarentur, quantis difcordiis obnoxius effet ejusmodi conventus in fyftemate plurium regnorum Chriftianorum, diverfos fupremos Principes politicos habentium? Et quis denique difcordias iftas finiendi aut definitive concludendi modus inter pares? Quoniam ergo, quæ fumma Ecclefiæ neceffitas exigit, ea princeps in Societate legali Ecclefiaftica difponere circa translationem poteftatis iftius in fucceflorem haud dubie poteft; fiquidem lege fundamentali altiore ipfius Dei nihil fingillatim circa Primatus fedem conftitutum efle conitet; eo quod videlicet fpirituali Ecclefiæ bono, (eu finis ultimi cauffa, omnis poteftas Ecclefiaftica a Chrifto inftituta fit ( 107. l. ): idcirco extra dubium eft, S. Petrum æque, ac quemvis ejus fucceflorem in Primatu, id difponere de fucceflore fuo immediato pofle, ut non nifi determinatæ fedis Epifcopalis pofleffor fibi in eodem Primatu Ecclefiæ fuccedat. Quodfi hoc jus privativum ipfi Primati cuique competat; penes ceteros Epifcopos jus faltem *privativum* fimul exiftere non poteft, ut illo invito in alium locum, feu in Epifcopalem aliam fedem, jus fuccedendi id ipfum transferant ( 5. ), feu vivente illo, feu contra legem ab ipfo latam etiam illo jam defuncto: cum leges ad commune bonum in Societate legali latæ haud dubie etiam poft fupremi vicarii imperii mortem obligent.

\* Enimvero non video, quo majore jure Romanus Pontifex, ut Chrifti Vicarius, & S. Petri in Primatu fuccefflor, certa lege modum omnem ordinandi conclavis, & adjuncta cetera electionis fuccefforis fui, præfcribat; quam fimiliter certa lege præfcribere locum feu fedem Epifcopalem definire poffit, in qua fucceffio Primatus fiat, & continuetur.

\*\* *Neque dicas* 1.) fecuturum ex hoc, ut ipfam etiam perfonam fuccefforis denominare potuerit S. Petrus,

I 5 & nun-

& nunc poffit quilibet moriens Petri fucceffor. *Neque dicas 2.*): tali modo fore, ut faltem, volente ipfo Romano Pontifice, actu tenente Primatum, hic a fede Romana transferri in aliam poffit: quo conceffo fequetur, non jure divino, fed mere humano, Romanum Pontificem ut Epifcopum Romanum effe Chrifti fupremum Vicarium. *Nam Refp. ad 1.* etfi non conftet, id ulla lege divina prohibitum fuiffe fupremo Chrifti Vicario; tamen *neque neceffitas* id fuadet, uti patet; *nec utilitas*; *nec* etiam id *decet*: quia facile affectus particularis, feu cognationis, feu amicitiæ, communis boni ftudio in deligendo fucceffore prævaleret; & mitiffimum Chrifti jugum potius exigit, ut perfonam fupremi Paftoris deligendi, ficuti deligendorum inferiorum paftorum, libertas ipfis ovibus relinquatur. *Ad 2.* Inprimis fucceffio ipfa femper juris divini eft. Quod vero Romanus Epifcopus fuccedat, in dicta hypothefi utique ex folo facto S. Petri, ejusque fucceflorum, nihil aliud decernentium, oriretur. Interim non affero illam hypothefin pro vera: fed folum iftud hic oftendo, ex affumta etiam illa hypothefi nihil fequi Romano Principatui adverfum. Sed gradum uno paffu amplius promoveamus.

### 154.

*S: Petrus Romæ aliquamdiu commoratus ante mortem fuam, & ibidem martyrio defunctus eft.*

\* Priusquam teftes facti hujus adducam, illud adnoto, certum mihi effe, præfenti propofito, de Romani Primatus fucceffione abunde fatisfactum iri, fi, omiffis omnibus illis difficultatibus hiftoricis, quæ Criticos fummos huc usque fine magno aliquo fructu exercuere circa tempus adventus S. Petri Romam, circa moram ibidem, circa primum ejus in Romana fede fucceflorem &c. &c. oftendam faltem, *S. Petrum* ( fi non jam fecundo Claudii Imperatoris anno, & cum mora viginti quinque annorum in eadem fede Romana; id quod poft Bellarminum plurimi Scriptores Catholici,

*Ostenditur, Legem fundamentalem &c.* 139

fici, & inter hos præcipue Schelftratius in opere chronologico Romæ anno 1692. edito, commonſtrare conati ſunt, refragantibus aliis primæ notæ Criticis, tum Catholicis, tum Proteſtantium de numero, puta Henſchenio, Papebrochio, Baluzio, Noriſio, Pagio &c. ) *ſub vitæ finem Romæ fuiſſe, ibique mortem oppetiiſſe.* Hujus facti

Teſtis itaque eſt 1'. ) S. CLEMENS ROMANUS in Epiſtola 1. ad Corinth., quam ex computu Claudii Fleurii ( Hiſt. Eccl. Tom. I. L. I. §. 33. ) circa annum Chriſti 69, id eſt, duobus a morte SS. Apoſtolorum annis ſcripſit; & in qua, invidiæ inter Corinthios exardeſcentis malos effectus oſtenſurus, ſic ait: *illuſtriſſima noſtri temporis exempla inſpiciamus, illorum nempe Athletarum, qui ſub voſtris oculis* ( Romæ videlicet ) *decertarunt. - - - SS. Apoſtolos in mentem revocemus. Propter invidiam injuſtam paſſus eſt Petrus, non ſemel tantum, aut bis, ſed ſæpius; & ita completo martyrio in ſedem gloriæ ſibi debitam tranſivit. Propter invidiam Paulus ſuæ patientiæ pretium reportavit, & ſub rectoribus martyrium ſubiit.* Ecce! uti Paulum, ſic & Petrum, ſub oculis ſuis Romæ decertaſſe affirmat &c.

Teſtis eſt 2'. ) S. IGNATIUS MARTYR in epiſt. ad Romanos an. 106. Smirnæ ſcripta affirmat, *Petrum & Paulum Romanis imperaſſe*,

Teſtis eſt 3'. ) PAPIAS HIEROPOLITANUS IN PHRYGIA EPISCOPUS, qui circa annum 111. florens apud Euſebium Hiſt. Lib. II. c. 15. teſtis eſt, S. Petrum Romæ ſcripſiſſe priorem, quæ de illo extat, canonicam epiſtolam: *Papias*, inquit Euſebius, *& hoc dicit, quod Petrus in prima ſua Epiſtola, quam de urbe Roma ſcripſit, meminerit Marci; in qua tropice Romam Babylonem nominavit.*
cum

*cum dicit; salutat vos, quæ in Babylone est, electa Ecclesia, & Marcus.*

\* Auctor de l'histoire du Papisme Amstelodami anno 1685. gallice editæ, S. Petri iter Romam inter res incertas ponens, ait pag. 6. : *Papiam primum esse, qui vulgaverit, S. Petrum venisse Romam sub imperio Claudii, fecisseque deinceps ejus rei fidem multis antiquis Patribus : nihilominus rem hanc omni vera certitudine destitui, tum ob silentium scripturæ sacræ, tum ob exiguam auctoritatem Papiæ, quem Eusebius ipse describat ceu hominem valde simplicem: insuper compertum esse, hunc Papiam esse auctorem fabulosum, qui voluerit diversas fabulas pro traditionibus Apostolicis venditare.* Verum 1.) jam vidimus, Papiam haud esse primum, qui de Petri Romana præsentia testetur. 2.) Papias non dixit sub Claudio Petrum venisse Romam, sed præcise, Romæ primam Epistolam scripsisse. 3.) Quod S. Scriptura de hac Petri Romæ commoratione taceat, nihil obstat; cum textus sacer ad Neroniana tempora non pertingat.

\*\* Porro quod aliqui Patrum posteriorum, Eusebii testimonio (Chronic. ann. 44.) decepti, *de Petri adventu Romano sub imperio Claudii* testati fuerint, si tamen errarunt, *error vel unius Eusebii est*, qui ex nonnullorum Criticorum sententia, secutus in hac parte calculos ante sua tempora receptos, Christum Dominum æræ vulgaris anno 29., Tiberii 15., R. bellio & Fusio *Geminis* Coss. passum crediderit, & ab eodem anno Petri Episcopatum, veluti successionis Romanæ originem, numeravit usque ad annum 54.l: in quo, ceu initio Neroniani imperii, Petri martyrium collocarit, totum illud tempus inter Christi ascensum & S. Petri mortem ejus Episcopatui deputans : cui sententiæ catalogus Bucherianus, a Cuspiniano primum, dein a Bucherio, Henschenib, & Papebrochio editus, favere videtur: *vel certe is error tribuendus est S. Hieronymo*, Eusebii Chronicon etiam hic, ut in multis aliis locis, interpolantis, ita, ut hæc interpo-

## Ostenditur, Legem fundamentalem &c. 141

terpolatio describentium vitio denique in textum ipsum irrepserit; quæ Baluzii est conjectura; putantis, S. Hieronymum ex - male intellecto Lactantii loco ( referentis, Apostolos Evangelium per annos 25. usque ad initium Neroniani imperii per omnes provincias prædicasse ) aut certe ex vulgi traditione acceptum illud Eusebiano textui glossæ in modum inseruisse.

\*\*\* Denique auctoritas Papiæ, quam elevare auctor citatus conatur, tanta passim in rebus facti ipsi Eusebio visa est; ut illum in rebus meri facti historici ipse sæpissime, & quoties potuit, allegarit. Etsi enim in Hist. L. III c. ult. affirmet, *ex Papiæ scriptis apparere, virum modico judicio præditum fuisse*, qui parabolas videlicet quasdam, a discipulis Apostolorum in disputatione prolatas sensu literali acceperit, & pro veritatibus traditione Apostolica acceptis scripto retulit, uti inter alia doctrinam de regno Christi millenario terrestri post resurrectionem mortuorum futuro &c.: nihilominus eundem in rebus fidei ex idoneis testibus resciendis diligentissimum fuisse refert. Porro saltem ad factum, de quo agitur, probe resciendum quidem haud insolens quædam vis ingenii requirebatur.

4.) S. IRENÆUS, S. Polycarpi discipulus, aut ab ipso hoc magistro suo edoctus, qui sub Aniceto Papa an. 158. Romæ aliquanto tempore ipso teste Irenæo ( Lib. III. cap. 3.) commoratus fuerat, aut ipse Romæ sub Eleutherio circa annum 177. præsens Romanas res scrutatus, inter alia L. III. c. 1. (quem librum sex fere annis post illud Romanum iter suum jam senex octogenarius scripsit) ita habet: *Matthæus Hebraïs in ipsorum lingua Evangelium scripsit; dum interim Petrus & Paulus Romæ prædicarent, & fundarent Ecclesiam.* Et ibid. c. 3. *longissimum foret,* inquit, *successionem omnium Ecclesiarum recensere: satis erit, si traditionem & doctrinam Ecclesiæ omnium maximæ, a glo-*

*gloriofis Apoftolis Petro & Paulo fundatæ afferamus*, - - - *Poftquam igitur beati Apoftoli Ecclefiam fundaverant, Epifcopale munus Lino commiferunt &c.* Tum ad S. Clementem Romanum promovens fermonem, ait: *ab Apoftolis tertius poft Anacletum Clemens Epifcopatum fufcepit; beatos Apoftolos vidit; cum ipfis fuerat converfatus, eorumque prædicationem & traditiones in recenti memoria tenebat.*

* Confer iftum Irenæi locum cum loco Clementis Romani fupra u. 1. recitato; & memento, a S. Paulo eundem Clementem tanquam fuum difcipulum prædicari in Ep. ad Philipp. IV. 3.; quam in Romano carcere fcripfit; ut ipfe in ea l. 12. memorat: memento item, ab Origene enndem Clementem S. Petri difcipulum appellari, a Tertulliano autem dici a Petro ordinatum Romæ Epifcopum: atque his rite perpenfis ipfe judica: utrum dubii vel fpecies aliqua fuperfit, quin de Petri & Pauli martyrio, Romæ ab utroque tolerato, S. Clemens in allegato loco differat. Habemus proinde in Clemente & Irenæo fimul junctis teftimonium in rem præfentem omni exceptione majus, nec in auctoritate folius Papiæ innixum. Tametfi enim S. Hieronymus Epift. ad Theod. S. Irenæum Papiæ difcipulum fuiffe memoret, nulla S. Polycarpi mentione facta: tamen ex ipfius Irenæi teftimonio, quod in ejus Epift. ad Florinum ab Eufebio V. hift. 20. recitata extat, & in Ogdoade; de qua item Eufebius L. V. c. 19., certum eft, eundem & S. Polycarpi difcipulum fuiffe; & *primos poft Apoftolos fucceffores vidiffe.*

5.) S. Dionysius Corinthiorum Episcopus, circa annum 167. florens, in refcripto fuo ad Romanos laudans munificentiam Romanæ Ecclefiæ, tum per eleemofinas temporali, tum per falutaria fcripta, nempe Epiftolam Clementis Papæ, fpirituali neceffitati Corinthiorum, fubvenientis, tefte Eufebio L. II. c. 25. ita habet: *& vos tantam commonitionem confecuti, Romanæ & Corinthiaca*

*Oſtenditur, Legem fundamentalem &c.* 143

thiacæ. *Ecclefiæ plantationem a Petro & Paulo factam commiſcuiſtis* (id eſt, eorum exemplo curam utriusque conjunxiſtis). *Etenim nos utrique, cum & noſtram Corinthiorum Eccleſiam plantarent, docuerunt. Similiter putem & in Italia pariter docentes eodem tempore martyrium ſubierunt.*

6.) S. CLEMENS ALEXANDRINUS, ab anno 191. clarus (teſte Euſebio hiſt. VI. 14.) *in libris ſuis traditionem ſeniorum inde ab initio acceptam de ordine Evangeliorum* ponens, de S. Marci Evangelio ſic habet. *Cum Petrus Romæ, prædicaret verbum, & Evangelium ſpiritu promulgaret, multos præſentium Marcum, tanquam eum, qui Apoſtolo jam diu fuiſſet aſſectator, dictorumque illius ædhuc recordaretur, rogaſſe, ut, quæ dicta ab illo eſſent, conſcriberet, conſcriptumque Evangelium illis daret &c.* Porro S. Clementem Alexandrinum non Papiam Hierapolitanum Phrygem ſed alios hujus traditionis auctores habuiſſe, ex ipſiusmet verbis Lib. I. Stromat. edit. anni 1641. pag. 274. diſcimus; ubi, *unius*, inquit, *qui erat Jonius, in græcia auditor fui; alterius in Italia; tertii Magiſtri diſcipulus ſui in Syria, & quarti in Ægypto; alios duos auſcultavi in oriente, Aſſyrium unum, alterum Palæſtinum, origine Hebræum &c. Ili veræ traditionis ter felicem doctrinam immediate ob Apoſtolis Petro, Jacobo, Joanne, & Paulo acceptam conſervarunt.*

7.) TERTULLIANUS, ſub medium ſecundi ſeculi chriſtiani natus, & an. 192. Presbyter factus, in lib. de Præſcript. c. 36. ita habet: *ſi Italiæ adjaces, habes Romam. Felix Eccleſia! cui totam doctrinam Apoſtoli cum ſanguine ſuo profuderunt: ubi Petrus paſſioni Dominicæ adæqualur: ubi Paulus Joanis* (Baptiſtæ) *exitu coronatur.* Et Lib. 4. contra {Marcion. c. 5. *videamus*, ait, *quid Romani de proximo ſonent ; quibus Evangelium &*
*Petrus*

*Petrus & Paulus sanguine quoque suo signatum reliquerunt.* Profecto Tertullianus hæc non a Papia didicit; quippe qui quinque vix annos ante istius mortem natus, nec istum novit, nec vidit ipsius scripta, nec ullo indicio in scriptis suis prodit, se cum orientalibus aliquo usum commercio fuisse: nisi cum ex illorum hæresiarchis quidam, uti Cerdon, Marcion, & Praxeas, Romam appulsi, sparso hæreseon suarum veneno, ab ipso essent refutandi.

8.) CAJUS, vel GAJUS, vir Ecclesiasticus circa annum 210. Romæ Presbyteri dignitate, ac postea etiam Episcopi gentium honore ornatus (sic enim interpunctum locum Eusebii in hist. II. 25. Photius Cod. 48. legit: *Romanæ Ecclesiæ presbyter factus, gentium Episcopus*, id est, ad gentium conversionem missus cum dignitate Episcopi) in Epist. ad Proclum sic scribit: *ego vero Apostolorum* (Petri & Pauli) *trophæa ostendere possum. Etenim si ad Vaticanum, vel ad viam Ostiensem abire voles, trophæa invenies eorum, qui hanc Ecclesiam fundarunt.*

9.) ORIGENES anno 230. Tom. III. Exposit. in Genes., quem ejus locum citat Eusebius hist. L. III. c. 1. sic habet: *Petrus in Ponto, Galatia, & Bithynia, Cappadocia, & Asia dispersis Judæis prædicasse videtur: qui & ad extremum Romam veniens crucifixus est, capite deorsum demisso, sicut ipse petierat pati.* sed neque Origenes, Alexandriæ natus an. 186, ex Papiæ tantum scriptis, sed vel maxime ex Romanis ipsis, ista intellexit. Teste enim Eusebio Hist. VI. 14. Origenes *Romæ se sub Zephyrino tum temporis Romanæ Ecclesiæ Præside, egisse alicubi scribit.*

10.) S. CYPRIANUS circa an. 250. Epist. 52. ad Antonianum scribit: *factus est Cornelius Episcopus*

*Oftenditur, Legem fundamentalem &c.* 145

*pus* ( Romæ ), - - *cum Fabiani locus, id eft, cum locus Petri & gradus cathedræ Sacerdotalis vacaret.* Et vero Cyprianus fæpiffime & vulgo fedem Romanam S.Petri Cathedram vocat : nec ipfe a Papia, fed utique a Tertulliano Magiftro fuo, eam hiftoriam accepit, imo ex monumentis Romanis, de quibus inftrui ipfum ob arctam cum S. Cornelio Papa amicitiam opportunum illi fuit.

11.) ARNOBIUS, gente Afer, circa an. 303. in lib. 2. adverfus gentes fcribit, Romam ideo converfam ad Chriftum; quia viderat Simonis Magi igneas quadrigas Chrifti nomine a Petro invocato difflatas continuo evanuiffe.

12.) L. CÆLIUS LACTANTIUS FIRMIANUS, Arnobii difcipulus, gente Italus, Crifpi poftmodum primi Conftantini Magni filii, Magifter, in lib. 4. Divin. Inftit. cap. 21. Chriftus *futura aperuit illis* ( Apoftolis fuis ) *omnia*, inquit : *quæ Petrus & Paulus Romæ prædicaverunt, & ea prædicatio in memoriam fcripta permanfit* : & paullo inferius eodem loco ait: *poft illorum obitum, cum Nero eos interemiffet, Judæorum gentem & nomen Vefpafianus extinxit.* Item in libro de mortibus perfecutorum fect. 2. poftquam dixiffet, Apoftolos per annos 25. usque ad principium Neroniani imperii per omnes provincias & civitates Ecclefiæ fundamenta jeciffe, porro fic habet : *cumque jam Nero imperaret, Petrus Romam advenit, & editis quibusdam miraculis, quæ virtute ipfius Dei, data fibi ab eo poteftate faciebat, convertit multos ad juftitiam, Deoque templum fidele ac ftabile collocavit. Qua re ad Neronem delata,* - - - *primus omnium perfecutus Dei fervos, Petrum cruci affixit, & Paulum interfecit.*

13.) PETRUS EPISCOPUS ALEXANDRINUS an. 306. in libro de Pœnitentia ( ex quo fuperfunt

STATTLER, DEMONSTR. CATHOL.   K   hodie

hodie 15. canones) canone 9. scribit: *Petrus, Apostolorum primus; sæpe comprehensus & custodiæ traditus, ignominiaque affectus, postremo Romæ crucifixus est.*

14.) PATRES CONCILII ARELATENSIS a. 314. (juxta sententiam communem Criticorum infignium numero 200.) ex Africa, Gallia, Germania, Anglia, Hispania, & Italia congregati in Epistola Synodali ad S. Sylvestrum Papam missa sic scribunt: *utinam, charissime Frater! & tu magno Spectaculo adfuisses! plenius fuisset nostrum gaudium. Sed non potes relinquere illa limina, ubi Apostoli præsident, & effusus eorum sanguis jugiter Dei gloriam prædicat.* Ecce testimonium totius pæne Europæ&Africæ christianæ, quod Romæ SS. Apostoli, utique Petrus & Paulus, & præsederint, & sanguinem fuderint, imo & hodiedum in fuis successoribus præsideant.

15.) EUSEBIUS CÆSAREENSIS an. 315. omnibus his testibus succedens, & pleraque eorum testimonia referens, præterea (quod apud nullos antecessorum illius legitur) addidit illud in Chronico ad an. 44. *Petrus natione Galilæus, christianorum Pontifex primus, cum primum Antiochenam Ecclesiam fundasset, Romam proficiscitur: ubi Evangelium prædicans, 25. annis ejusdem urbis Episcopus perseverat,* Sed cum in excerptis Eusebianis, quæ Græce hodie supersunt, nihil hujusmodi legatur dubitare aliqui post Baluzii conjecturam cœpere, an non ille a S. Hieronymo hoc loco subscripta nota aliqua interpolatus sit; quæ nota dein vitio describentium cum textu confusa fuerit. Unde porro S. Hieronymus illud hauserit, quod ipse item in Catal. de Script. Ecclef. cap. 1. diserte tradit, Petrum anno 2. Claudii Imperatoris ad expugnandum Simonem Magum Romam perrexisse, ibique 25. annis cathedram sacerdotalem tenuisse, incertum

tum putant, fuspicanturve, ex male intellecto Lactantii loco ex ejus libro de morte persecutorum, hic paullo ante n°. 12. citato, excerptum esse, referentis, Apostolos Evangelium per 25. annos usque ad principium Neroniani imperii per omnes provincias prædicasse. Verum his obstat alter locus Eusebii in ejus Hist. Lib. II. cap. 13. & 14. ubi claris verbis affirmat, Petrum ad Simonis Magi præstigias confundendas Romam sub Claudio venisse, dicens: *e vestigio namque sub ipso Claudii imperio optima illa Dei omnium & humano generi amica Dei providentia constantissimum & magnum Apostolum Petrum, reliquorum omnium virtutis gratia principem: Romam adversus tantum vitæ corruptorem deduxit &c.* Ubi quidem non exprimit, quo Claudii anno istud iter Romam contigerit. Ceterum, Simonem Magum Romæ sub Claudio fuisse, & ob artes magicas magno in honore habitum fuisse, referunt etiam S. Justinus Martyr Apol. 2. & S. Irenæus adversus hæres. lib. I. cap. 20.: qui tamen de S. Petro ejusque cum Simone congressu nihil memorat; sed primus, quod scio, de hoc item mentionem facit S. Clemens Alexandrinus in sexta Hypotiposi apud Euseb. Hist. L. II. cap. 15. ( si tamen citatio illa Clementis etiam ad historiam de Simone per S. Petri virtutem superato quæ præcedit, & non ad solam sequentem historiam de Marco Evangelium scribente apud Eusebium loco citato referatur ) & proxime ab hoc Arnobius sub initium seculi quarti eo loco, quem paullo ante ex ipsius libro adversus gentes hic. n. 11. allegavi. Vide notam hic n. 3. a me adjectam. Quidquid vero de hoc sit;

COROLL. *Ex omnibus his testimoniis, eorumque consensu, tum vero ex ipsis Apostolorum SS. Petri & Pauli monumentis sepulcrisque Romæ omni retro prima Ecclesiæ ætate existentibus ( præc. n. 8. ), certum omni hiſtorica & humana fide eſt*, tum Petrum Romæ aliquamdiu ( quantocunque demum tempore ) fuiſſe, Evangelium Chriſti prædicaſſe, functum munere Apoſtolico, atque ( ut teſtimonia §. præc. nn. præſertim 1. 5. 7. 8. 9. 12. 13. relata evincunt ), mortem ibidem Martyrio oppetiiſſe.

\* Utrum jam etiam 1'. Epiſcopus Romæ peculiaris, vel aliquamdiu tantum, vel 2'. etiam usque ad mortem, fuerit, ita, ut alius nullus eo vivente præter Petrum Romæ proprius Epiſcopus conſtitutus vel ab ipſo, vel ab alio Apoſtolo fuerit; etiamſi primum illud ex nn. 2. 4. 5. &c. &c. alterum vero ex nn. iisdem, qui de morte Romæ obita teſtantur, ſatis clare inferatur, ampliusque ex teſtimoniis Patrum qui ſubſequentibus ſeculis viventes ex aliis monumentis hodie non amplius ſuperſtitibus id haurire potuere, confirmetur: nihilominus utrumque iſtud ex dictis ( 152. not. 3. 153.) ad rei, de qua hic agitur, ſummam nihil facit. Potuit Petrus, quocunque tempore ; certe *ſub extremum vitæ*, Romam veniens, converſis ad fidem Romanis præficere, ſeu ut Epiſcopum, ſeu ut ſuum Vicarium S. Linum, vel S. Clementem, vel alium quemcunque, adhuc in vivis agens, tumque Romæ vel continuo perſeverans, vel ſaltem extremum vitæ diem obiens, eundem deſignare ſuum etiam in Primatu Apoſtolico ſucceſſorem. Quod ita deſignarit reipſa, conſenſus Eccleſiæ totius Chriſti inde a primis ſeculis, quo uſque rerum Eccleſiaſticarum memoria pertingit, a nobis mox probandus, certiſſime ac nullo prudenti relicto dubio evincit. Certe pauca in omni profana hiſtoria habemus facta, quæ tanto, atque iſtud, tamque conſentiente quoad rei ſubſtantiam teſtium tam probatorum numero, comprobentur.

\*\* Sed nec illud nos moratur, quod multi negent, Babylone illa, unde primam Epiſtolam Petrus ſcripſerit ( vide §. præc. n. 3.), Romam deſignari. Etſi enim communis illa omnium veterum interpretatio ſit, & per ſe *Babylonis*

## Ostenditur, Legem fundamentalem &c. 149

*bylonis* nomen urbi Romæ Judæorum intuitu valde quadraret, ceu quæ non minora ipsis quam Babylon intulerat mala: nihilominus Historicis ac Biblicis, non Theologis, pro dogmate tantum Catholico, & quæ arcte cum hoc nectuntur, solicitis, propria hæc pugna esto: quam accurate decisam vide apud Calmetum differt. de itinere Romano S. Petri.

\* \* \* Ceterum supervacaneum existimo, ulteriora ex Patribus sequentium seculorum testimonia, pro his factis consentientia prorsus, porro isthic exscribere, uti SS. ATHANASII in Epist. ad Solitarios, EPIPHANII Hæresi 27., OPTATI MILEVITANI lib. 2. adversus Parmenian. n. 2., HIERONYMI in Catal. de Script. Eccl. cap. 1. item in Ep. 1. ad Damasum, AMBROSII in sermone 67.; item in Orat. contra Auxent. AUGUSTINI in lib. 2. cap. 51. contra literas Petiliani; item in Epist. 164. alias 165., uti & Historicorum SULPICII SEVERI, PAULI OROSII, SOZOMENI, aliorumque quampluriorum, quæ accurate conscripta videre est apud Bellarminum lib. II. de Pontif. Rom. cap. 2. 3. & 4. Quodsi enim factum aliquod testibus coævis, aut ætate proximis, aliquando sufficienter contestatum est, ab sequentium atque posteriorum testium testimoniis, priorum testimoniis præcise nitentium; nulla nova vis atque authoritas facto accedere secundum rectæ Logicæ regulas potest. Unde miror sane tot Theologorum methodum, qui aut neglectis omnino primorum trium seculorum testimoniis, aut obiter aliquot solum eorum & imperfecte relatis, testimoniis quarti ac posteriorum duntaxat seculorum recensendis insistunt.

\* \* \* \* Addi tamen meretur: his documentis vel ipsis compluribus ex doctissimis Protestantium Criticis ita satisfactum esse, ut pro indubitato prorsus S. Petri commorationem, fundationem Ecclesiæ, & mortem habendam esse prolixe asseruerint Pearsonius Oper. posthum. pag. 27. 31. 32. 43.

## Sectio II. Caput V.

32. 43. Hugo Grotius in I. Petri 5 13. Jacobus Usserius ad ann. Christi 66. 67. Hammondus Dissert. 5. de Episcopis & Presbyt. Charnier Panstart. tom. 2. l. 13. c. 4. Blondellus de Primatu &c. &c. pag. 14. 19. Franc. Junius, Scaliger, Casaubonus, Petrus Mollinæus, Dodwellus, Cavo &c. &c. &c. Quanta inter Protestantes nomina!

\* \* \* \* \* His præmissis paucas, quæ objiciendæ superfunt, difficultates levi brachio resolvere licebit. Dicunt 1'. Nulla in *Actis Apostolorum* mentio est de Petri itinere Romano; etsi multum minoris momenti acta hujus Apostoli referantur, quam sit hoc iter, in quo omnis Romanæ, imo totius Ecclesiæ Christi Primatus fundatur. Sed neque S. Paulus tum ad *Romanos* scribens, tum ipse dein Romæ præsens, & plures Epistolas scribens, nimirum *ad Ephesios*, *ad Colossenses*, *ad Philippenses*, & *ad Philemonem*, *ab Hebræos*, *secundam ad Timotheum*, ullam Petri mentionem facit: imo etiam Petri Romæ præsentiam aperte abnuere videtur; cum ad Philipp. II. 20. dicit de iis, qui Romæ erant: *omnes, quæ sua sunt, quærunt, non quæ Jesu Christi*; quod utique de S. Petro non dixerit. In Epist. ad Coloss. cap. ult. ait: *salutat vos Astarchus concaptivus meus, & Marcus consobrinus Barnabæ, & Jesus, qui dicitur justus; hi soli sunt adjutores mei in regno Dei.* Ergo Petrus simul cum Paulo Romæ non laboravit. Denique II. Timoth. 4. *in prima mea defensione*, ait, *nemo mihi adstitit, sed omnes me dereliquerunt*: id quod S. Petro quadrare non potest. *Respondeo* vero 1. cum Bellarmino lib. II. de Pontif. Rom. cap. 8.; nihil concludi argumento negativo ab authoritate, plusque credi tribus testibus cetera authenticis aliquid absolute affirmantibus, quam mille præcise nihil dicentibus; modo isti non negent, quod alii affirmant. Tacendi enim præcise mille caussæ esse potuerunt, quas ne suspicari quidem nobis facultas sit. Sed *Resp.* 2· Historia Actorum Apostolicorum a S. Luca ultra annum Christi circiter 54. id est, ultra initium Neroniani imperii & tempus

*Ostenditur, Legem fundamentalem &c.* 151

primi adventus S. Pauli Romam, non pertingit: quodsi ergo S. Petrus non sub imperii Claudiani initium, sed versus medium aut finem, Neroniani primum Romam adveuerit, nec Lucas in Actis Apostolicis, nec S. Paulus in Epistola ad Romanos, quam & ipse certo scripsit ante primum istud Romanum iter suum, ut ex cap. 15. v. 25. patet, de Petro mentionem facere potuere, utpote nondum tunc Romae existente. S. Paulus duos annos integros Romae commoratus, ibidem in carcere detentus scripsit Epistolas ad Philippenses, ad Philemonem, ad Colossenses, ad Ephesios, imo juxta communem sententiam etiam ad Hebraeos. Quodsi ergo S. Petrus non nisi tertio Neronis anno Romam advenerit, nihil de illo scribere Roma S. Paulus potuit in his quidem Epistolis. Post duos annos S. Paulus Roma digressus, in Hispanias & Gallias profectus creditur; vel certe continuo in Orientem denuo reversus, nec ante annum 66. Romam regressus est. Romam deinde secundo veniens, ad Neronem delatus est; & in ea accusatione ab omnibus desertum se in II. Ep. ad Timotheum data cap. 4. scribit. Hunc ergo locum cum qualicunque specie adversus Petri praesentiam Romae exemplo Calvini inprimis urgere solent adversarii. Sed quanta id demum verisimilitudine? Loquitur Apostolus aperte de illis nobilioribus Romanis, quorum in prima sua Romana commoratione etiam aliqui ex ipsa aula Caesaris, imo & de genere atque de agnatis ipsius, gratiaque apud Caesarem valentibus (ut ex ep. ad Philipp. IV. 22. item cap. I. 14. haud obscure conjicitur) ad fidem christianam jam conversi fuerant; ait enim cit. cap. IV. 22. *salutant vos omnes sancti, maxime qui de Caesaris domo sunt.* Porro Petrus denique, Caesari ipsi non minus invisus, quid denique Paulum juvare potuisset? Tam inanis jam suspicio evertere factum tot probatis testibus contestatum apud homines sanae rationis juxta ac sincerae Critices amantes possit? Vereor, ne multi Acatholicorum in hac parte negent, quod verum esse non vellent, quod negant. Atque haec quidem secundum eam sententiam, quae S. Petri Romam adventum

sub

sub extremum tempus Neroniani imperii ponit; quippe quæ sola vera si sit, totum habemus, quod volumus. Historicorum id opus & labor erit, decidere; an bis & diversis vicibus Romam venerit, nempe jam sub exordium Claudii, ut habet Paulus Orosius Historicus loc. cit.; an sub annum secundum Claudii, ut habet S. Hieronymus? Hique item difficultatem ex Epistolis Paulianis motam non incommode subterfugient, si concesso etiam priore aliquo adventu Petri Romam, pro quo tot antiquorum testimonia post Eusebium militant, ex communi sententia dicant, S. Petrum qui adventu suo jam duodecim fere annis S. Paulum Romam prævolaverit, non semper Romæ substitisse, sed eodem adhuc anno Jerosolymam rediisse, inde pro, munere Apostolico varias provincias peragrasse, Romanæ Ecclesiæ gubernatione Coadjutoribus suis Lino & Cleto interim commissa, ut de S. Lino tale quid innuit S. Irenæus supra §. præc. n. 4. citatus &c. &c.; sub extremum vero Neroniani Imperii tempus ad Simonis Magi præstigias confundendas rursum venisse Romam, & ibidem ex imperio Christi, ut S. Ambrosius in Orat. contra Auxent. habet, martyrio mortem subiisse.

\* \* \* \* \* \* *Dicunt.* 2. Hic ipse dissensus veterum circa tempus adventus & commorationis Romani S. Petri indicium est, fabulosas in hac omni re fictiones intervenisse. *Resp.* Bona verba, o mei! quænam inter scriptores trium primorum seculorum a me citatorum dissensio est in eo affirmando, quod Petrus Romæ extremam partem vitæ transegerit, & martyrio finierit? Nulla omnino. Et vos, quia post tria secula varietas narrationis inter quarti & quinti seculi scriptores irrepit, quæ dubium relinquat, an bis Romam, num semel tantum, num anno secundo Claudii imperantis, an vero sub extremum Neroniani imperii tempus, S. Petrus advenerit, negandum, illum venisse Romam omnino & sub extremum saltem vitæ tempus, existimatis? Sequatur hanc Criticam, cui libuerit. Mihi ad Ecclesiasticum

cum dogma de' Romana in Primatu Petri fucceffione defendendum & explicandum fufficit, S. Petrum fub extremum vitæ fuæ tempus veniffe Romam, ac ibidem fundata Ecclefia ac Epifcopali Sede mortem oppetiffe. Semel tantum, an bis advenerit, an jam fecundo Claudii anno; an combinari poffit duplex ifte adventus aliis cum itineribus & eventibus vitæ S. Petri, ex S. Scriptura notis, ea omnia, & plura alia, falvo illo dogmate, Hiftoricis & Chronologiæ peritis difputanda relinquo. Illud vero magis miror; potuiffe Harduinum (in adnot. ad Mattb. XXIII. 33 & 34.) eo folo argumento ad negandum Petri Romanum martyrium moveri, quod l. c. Chriftus unum e fuis difcipulis *a Judæis* (non a Romanis) crucifigendum prædixerit; de nullo autem, præter Petrum, conftet fuiffe crucis morte peremtum. Quafi vero omnium difcipulorum Chrifti Martyria habeamus literis confignata; aut fieri non potuerit, ut Judæi Romæ cauffa fuerint, ut S. Petrus martyrium in Cruce fubiret.

\*\*\*\*\*\*\* Addamus denique huc ufque dictis, Catalogos omnes Romanorum Pontificum, quotquot extant, omnes initium a S. Petro fumere, & inprimis Bucherianum omnium antiquiffimum; cujus pars prior ex monumentis in tabulario Romanæ Eccleliæ affervatis concinnata creditur jam fub Pontiano Papa circa annum 230; altera autem fub Liberio medio quarto feculo; tum item perantiquum alterum ab Henfchenio & Papebrochio ex Codice Bibliothecæ Chriftinæ Suecorum Reginæ editum; quem invenire eft apud Holland. T. I. Aprilis; qui finitur in Felice IV. defuncto anno 530.

155.

*Romanæ Ecclefiæ Epifcopos legitime electos inde a morte S. Petri femper fuiffe iftius fucceffores in Primatu omni tempore judicavit Ecclefia Chrifti, hujusque rectores Epifcopi per omnem orbem difperfi idem femper profeffi funt.* Hujus facti

Teftis

Testis est 1'.) S. IRENÆUS an. 108. qui L. III. c. 3. post verba §. præc. n. 4. citata, postquam Romanam Ecclesiam *maximam* & *toti orbi notam* appellavit, subjungit: *cum hac Ecclesia Romana propter potentiorem* ( seu *potiorem*, ut alii interpretantur ) *principalitatem necesse est omnem aliam convenire Ecclesiam, hoc est omnes, qui sunt undique, fideles.*

2.) TERTULLIANUS circa an. 217. jam Montani erroribus implicitus, in libro de pudicitia carpens edictum S. Zephyrni Papæ Romani de christianis baptizatis ad pænitentiam post comissa carnis peccata admittendis, sic ait: *audio, edictum fuisse publicatum, & quidem peremtorium: summus Pontifex, id est, Episcopus Episcoporum, dicit: ego fornicationis & mœchiæ delicta penitentia functis dimitto.* Enimvero Pontifices Romani tunc temporis hos titulos non usurpabant; sed per ironiam solum hos tribuit Zephyrino, cujus edictum etiam *peremtorium*, id est, pro tota Ecclesia decisivum vocat. Atqui tamen hæc ironia omni fundamento in alio quovis Episcopo caruisset, qui nullo primatus jurisdictionis honore præ ceteris omnibus emineret.

3.) S. CYPRIANUS circa an. 250. de Felicissimo & Fortunato schismaticis loquens, *navigare audent*, ait, *ad Petri cathedram, atque ad Ecclesiam principalem ; unde unitas sacerdotalis exorta est.* Quæso! si præsertim Petrus Romæ peculiaris Episcopus non fuit, quo sensu Cyprianus Romanam Ecclesiam vocat *Petri cathedram*; nisi quod in ea Petro in primatu succedatur?

4.) CONCILIUM NICÆNUM I, Oecumenicum an. 325. in Canone VI. ( prout hic citatus est a Paschasino Apostolicæ sedis legato in Concilio Chalcedonensi an. 451. in Act. XVI. apud Harduin. T. II. col.

II. col. 638.) ait : *Ecclefia Romana femper habuit primatum*. Porro nemo unus Patrum Orientalium fic lecto a legato canoni contradixit, fed omnes refponderunt : *perpendimus, omnem primatum, & honorem præcipuum fecundum canones antiquæ Romæ amantiffimo Archiepifcopo confervari*. Quefnellus quidem ad hoc teftimonium eludendum duo commentus eft, *primo* ex unico quodam mendofo Oxonienfi Codice contra plurimos alios multo antiquiores afferuit legendum effe, *habeat primatum* pro *femper habuit*: *deinde* eam partem Canonis effe adjectam vel quod ex margine iutrufa in textum irrepferit, vel quod a Clericis Romanis addita fuerit. Sed vide utrumque commentum falfi convictum in adnot. ad eum *Codicis Canonum* a Quefnello editi locum T. III. oper. S. Leon. pag. 52.

5.) Optatus Milevitanus circa an 374. in Lib II. contra Parmen. Donat. : *negare non potes*, inquit, *in urbe Roma cathedram Epifcopalem primum Petro datam, qui in ea fedit, cum effet omnium Apoftolorum caput, exinde Cephas appellatus*: *in qua una cathedra unitas ab omnibus fervaretur : nec ceteri Apoftoli fingulas fibi quisque defenderent* (id eft, independentes, nec fubordinatas ; nam utique & Apoftoli ceteri Epifcopi erant), *ut jam, qui contra hanc cathedram alteram collocaret.*(id eft, contraria docentem, vel non fubordinatam) *fchismaticus & peccator agnofceretur. In hac ergo unica cathedra* (quæfo! quo pacto *unica*? nifi in ratione principalis) *Petrus primus fedit. ei Linus fuceffit, Lino Clemens &c. &c. & Damafus, qui hodie nofter confrater eft, quoscum totus mundus, ficut & nos commercio literarum formatarum communicat*

6.) S. Hieronymus circa an. 376. in Epift. 14. (alias 57.) ad Damafum Papam ait : *ego nullum primum, nifi Chriftum, fequens, beatitudini tuæ,*
*id*

*id est cathedræ Petri, communione consocior: super illam petram ædificatam Ecclesiam scio.* Et in epist. 8. ad Demetriadem cap. 9. sic scribit: *illud te pio caritatis affectu præmonendam puto, ut S. Innocentii, qui Apostolicæ cathedræ successor est, teneas fidem, nec peregrinam, quamvis tibi prudens callidaque videaris, doctrinam recipias.*

7.) S. Augustinus post an. 394. in ep. 43. (alias 162.) *in Romana Ecclesia* inquit, *semper Apostolicæ cathedræ viguit principatus.* Et in L. II. contra Donat. c. 1. *quis nescit, illum Apostolatus principatum cuilibet Episcopatui præferendum.* L. II. contra Faustum c. 7. Romanum Pontificem vocat *pastorem totius Ecclesiæ*, & contra duas Epist. Pelag. L. IV. c. 12. *pastorem pastorum.*

8.) S. Prosper Aquitanus circa an. 440. in carmine de ingratis Cap. II. n. 40. sic canit: *sedes Roma Petri, quæ pastoralis honoris facta caput mundi, quidquid non possidet armis, relligione tenet.*

9.) *S.* Petrus Chrysologus circa an. 450. in Epist ad Eutych. ait: *hortamur te, ut iis, quæ a beatissimo Papa Romanæ civitatis scripta sunt, obedienter attendas: quoniam B. Petrus, qui in propria sede vivit & præsidet, præstat quærentibus fidei veritatem.*

Unde denique 10.) Concilium Florentnum Oecumenicum an. 1438, ex Orientis & Occidentis Patriarchis & Episcopis collectum, sic statuit in ipso decreto professionis fidei: *definimus, sanctam Apostolicam Sedem & Romanum Pontificem in universum orbem tenere primatum, & ipsum Romanum Pontificem successorem esse B. Petri Principis Apostolorum, & verum Christi Vicarium, totiusque Ecclesiæ caput, & omnium Christianorum Patrem ac Doctorem existere, & ipsi in B. Petro pascendi, regendi & gubernandi univer-*

*Ostenditur, Legem fundamentalem &c.* 157

*universalem Ecclesiam a D. N. J Christo plenam potestatem traditam esse: quemadmodum etiam in gestis œcumenicorum Conciliorum & in Sacris Canonibus continetur.* Enimvero generatim Concilium de omnibus Romanis Pontificibus loquitur, nec in definiendo, seu solenniter recognoscendo, decisivi regiminis modo falli potest ( 140. )

156.

I. *Omnes ergo Romani Episcopi, qui a S. Petri morte extiterunt, fuere S. Petri in primatu jurisdictionis successores, & Vicarii Christi.*

II. *Iidem id dignitatis, prærogativæ, & potestatis, qua Romani Episcopi, non accepere ab Ecclesia, seu Episcopis.* Quando enim ? quomodo? an ab Episcopis in Concilio aliquo congregatis ? & in quonam illo ? an ab eisdem per orbem dispersis ? num vero ex communi omnium suffragiorum consensu ? quis vero ista collegit ? aut quo indicio ea Episcopi prodidere ? an per vota majora ? quis hæc numeravit ? quis definiit, ut res ista, ad totam Ecclesiam pertinens, per vota majora decideretur a paribus auctoritate Episcopis ? Et quidem unde colligamus, consensum istum Episcoporum jam fuisse notorium S. Irenæi ætate, ac secundo Ecclesiæ seculo (præc. n. 1. ) ?

III. *Ergo Romani Episcopi jus succedendi S. Petro in Primatu Ecclesiæ accepere immediate per S. Petrum, seu jussu divino tacito illud deferenti Romanæ Ecclesiæ, seu pro officio suo determinantis sedem, in qua sibi succederetur.*

IV. *Ergo nec sine præscripto, vel consensu, alicujus Romani Pontificis immediate præcedentis in cucujuscunque Vicarii Christi nova electione Primatus ille transferri in aliam a Romana Sede quacunque auctoritate*

*tate potest*: quia nec Ecclesiæ immediate, seu Episcoporum cœtui, nec per hunc Romanæ Sedi, sed immediate S. Petro, & per hunc Romano Episcopo & prædecessori Vicario Christi hæc potestatis prærogativa transmissa in manus a Christo fuit.

\* Sed superest quæstio, Theologorum ingenia fatigans: *an jure divino affixus Sedi Romanæ Primatus est? an saltem ad fidei divinæ materiam pertinet, esse ac fore illum semper Romæ affixum?* Affirmant utrumque alii, alii negant. *Qui affirmant*, moventur hisce rationibus: quia Patres & Concilia non distinguunt successionem ipsam Petri a successione in Sede Romana qua tali, sed miscendo utramque dicunt Romanos Episcopos jure divino esse Christi Vicarios, esseque de fide, quod sint. Sic S. Augustinus Ep. 176. (alias 92.) ad Innocentium I. nomine Concilii Milevitani scribit, Romanæ Sedis *auctoritatem ex Scripturis sanctis depromtam esse:* quia secus denique, uti facto mere humano Primatus Sedi Romanæ initio affixus esset, sic & simili facto ab ea in aliam transferri posset; quo posito facillima schismatis occasio esset &c. &c. *Verum* fateor, parum solide ex his probari seu jus divinum, seu divinam revelationem: tum quia verba similia Patrum & Conciliorum in sensu proprio vera manent; etsi de sola successione abstracta a Romana Sede Episcopali qua tali intelligantur: tum quia tamen contra legem Pontificis Romani præcedentis in ejus morte ac subsequente novi Primatis electione transferri Primatus non potest, nisi in casu singulari, ex. gr. cum Romana omni provincia ab infidelibus occupata Christiani in ea nulli porro superessent. *Negandi* vero jus & revelationem divinam haud leve argumentum est; quod nuspiam ejus utriusque vestigium extet, nec ulla sufficiente auctoritate comprobetur, ac proinde defectu sufficientis promulgationis laboret; quæ legis essentiale attributum est. Præterea si ad fidei divinæ materiam pertineret, semper Romanum Episcopum S. Petro in Primatu Ecclesiæ universalis

successo-

*Ostenditur, Legem fundamentalem &c.* 159

successurum; hoc ipso theologica certitudine certi essemus, semper Romanae provinciae agrum Christianos aliquos fixo domicilio obtenturos, id est, Romae Episcopatum ad mundi finem usque nunquam cessaturum esse. Quidquid de hoc sit, sufficit mihi, atque sufficere omni sapienti ac moderate sentienti Theologo debere existimo, quod universae Ecclesiae, quae in summo visibili pastore suo recognoscendo errare non potest (140.), judicio nobis *certissimè & fide Ecclesiastica* constet, huc usque omnes Romanos Episcopos fuisse, & esse hodie, S. Petri in Primatu Ecclesiae successores; nec proinde sine illorum consensu extra casum singularissimae necessitatis de translatione hujus dignitatis in aliam sedem vel cogitari sapienter posse: qui casus dum evenerit, vel certe nisi aliud Ecclesia de ista quaestione definierit; ultra id, quod dixi, Theologorum disputationibus nihil evinci posse certum habeo.

157.

*Consensus & communio circa universam Christianae fidei ac morum doctrinam cum Romano Pontifice, ceu Christi supremo Vicario, ac S. Petri successore, illam solenni ac publico judicio definiente, semper inde a primis Ecclesiae Christi temporibus habitus est pro praecipuo & necessario charactere, ex quo quis verae Ecclesiae Christi membrum esse, ac recte de fidei ac morum dogmatis sentire dignosceretur.* Ecce testes!

1.) S. Irenæus an. 180. in L. III. c. 3. *Traditione Romana, ab Apostolis accepta, & usque ad nos per successionem Episcoporum continuata omnes illos confundimus, qui conventus spurios & illegitimos celebrant. Cum hac Ecclesia omnes alias Ecclesias propter potentiorem ejus principalitatem convenire necesse est; quia in ea ab omnium nationum fidelibus Apostolorum traditio est conservata.* Probat inde exemplo S. Clementis Romani Papae, qui *discordia* Corinthi *exorta Epistolam ad Corinthios dederit zelo plenam, ut ad*

*pacem*

*pacem reduceret, fidemque in eis & traditionem ab Apostolis acceptam renovaret.* Enimvero S. Irenæus non de qualicunque communione caritatis, vel collatione negotiorum & confiliorum, fed de confenfu doctrinæ cum Sede Romana loquitur certiffime.

2.) S. CYPRIANUS an 250. paffim Romanam Ecclefiam effe *principium unitatis Sacerdotalis in fide & caritate* refpectu totius Ecclefiæ, & communionem cum ea effe characterem rectæ fidei catholicæ. Nam in Epift. 55. ad S. Cornelium Papam (fecundum Erafmum L. I. Ep. 3.) fic habet: *poft ifta adhuc pfeudoepifcopo fibi ab hæreticis conftituto navigare audent, & ad Petri cathedram, atque ad Ecclefiam principalem; unde unitas Sacerdotalis exorta eft, a fchifmaticis & profanis literas ferre* ( quas *formatas* vocare folebant Epifcopi, ceu formam communicationis cum veræ Ecclefiæ paftoribus in recta fide ferentes) *nec cogitare, eos effe Romanos, ad quos perfidia non poffit habere acceffum'* id eft, quibuscum nemo errans in fide, aut ab obedientia Ecclefiæ remotus, communionem fidei, vel caritatis, habere poteft. Et Epift. ad eundem S. Cornelium 45. (fecundum Erafmum L. IV. ep. 8.) *nos fingulis navigantibus, ne cum fcandalo navigarent, rationem reddentes, fcimus, nos hortatos effe, ut Ecclefiæ Catholicæ radicem & matricem agnofcerent* ( Romanam fcilicet Ecclefiam) . - - *Placuit, - - ut per omnes omnino provinciæ noftræ Epifcopos literæ fierent, ut te univerfi collegæ noftri, & communicationem tuam, id eft, Ecclefiæ catholicæ unitatem pariter & caritatem probarent firmiter, ac tenerent.* Item Ep. 52. ad Antonianum, *fcripfifti,* inquit, *ut exemplum earundum literarum ad Cornelium* ( Papam Romanum ) *transmitterem; ut fciret, te fecum, hoc eft, cum catholica Ecclefia communicare.* Rurfus in edit. Erafm L. IV. ep. 9. ita habet: *qui cathedram Petri, fupra quam fundata eft Ecclefia, deferit, in Ecclefia*

*fe*

*Ostenditur, Legem fundamentalem &c.* 161

*se esse non confidat.* Hoc idem dictum Cypriani in L. *de Unitate* reperitur, & genuinam esse lectionem, constat ex sex codicibus Anglicanis, ab autore editionis Oxoniensis citatis; idemque allegatur ex Cypriano a Pelagio II. Papa in Ep. 6. ad Istriæ Episcopos ante 1100. annos jam perscripta.

3.) S. Gregorius Nazianzenus circa a. 356. in carmine de vita sua ante medium, *vetus Roma, inquit, ab antiquis temporibus habet rectam fidem, & semper eam retinet, sicut decet urbem, quæ toti orbi præsidet, semper de Deo integram fidem habere.*

4.) S. Damasus Papa an. 367. creatus, sententiam suam damnationis de hæresi Apollinaris in Epistola ad Episcopos Orientis ( quæ extat apud Theodoretum L. V. c. 10. ) vocat *formulam fidei. Jam semel formulam fidei edidimus,* inquit ; *& ob eam caussam credimus, impias ejus reliquias nihil imposterum momenti habituras. -- Quodsi quosdam alios ad suam perducat sententiam, sciant illi, se cum illo perituros; ut qui animum induxerint,* Ecclesiæ canoni *repugnare.*

5.) S. Optatus Milevitanus circa an. 374. loc. cit. §. præc. n. 5. ubi demum, veluti certissimo argumento Parmenianum Donatistam convicturus, urget : *quiâ sibi hoc, quod secta vestra in urbe Roma nullum Episcopum Romanum habere potuerit? quid manifestius impossuram prodere possit, non video.* Nempe schisma Donatistarum etiam Romam an. 321. extensum fuerat; ubi quidam ex eis confidentes cum advocato ex Africa Victore Garbensi Episcopo, ex quadraginta & amplius Ecclesiis, quæ Romæ jam tunc erant, nullam obtinere potuere, in quam admitterentur.

6.) S. Hieronymus circa an. 376. in epist. 14. (alias 57.) ad Damasum Papam sic habet : *quoniam*

Stattler, Demonstr. Cathol. L *vetusto*

*vetuſto oriens inter ſe populorum furore colliſus indiſciſſam Domini tunicam per fruſta diſcerpit ; - - - ego nullum primum niſi Chriſtum ſequens , beatitudini tuæ , id eſt , cathedræ Petri communione conſocior. Supra illam petram ædificatam Eccleſiam ſcio. Quicunque extra hanc domum comederit , profanus eſt. - - Quicunque tecum non colligit , ſpargit ; hoc eſt , qui Chriſti non eſt ; Antichriſti eſt. Interrogor , an admittam tres hypoſtaſes. - - Timeo , ne affirmando cum Arianis tres naturas admittam. - - Hinc obteſtor te , ut datis ad me literis auctor ſis , an has voces hypoſtaſis recipere debeam , vel rejicere. Rogo etiam , ut indices , quocum mihi Antiochiæ communicandum ſit. Nam Campenſes (Meletiani) communionis tuæ auctoritatem obtendunt, ut tres hypoſtaſes in antiquo eorum ſenſu propugnent.*

7.) S. AMBROSIUS circa an. 380. in Orat. de exceſſu fratris ſui Satyri ( T. II. pag. 1127. n. 74.) *advocavit ad ſe Satyrus Epiſcopum , inquit , nec ullam veram putavit , niſi veræ fidei gratiam; percontatusque ex eo eſt , utrumne cum Catholicis Epiſcopis , hoc eſt , cum Romana Eccleſia , conveniret.* Et in Epiſt. 11. ad Ageruchiam : *in omnibus Romanæ Eccleſiæ formam & typum ſequimur.*

8.) S. AUGUSTINUS L. II. c. 3. contra duas Epiſt. Pelag. ad Bonifacium Papam ann. 418. creatum ſic ſcribit : *per Papæ reſcriptum cauſſa Pelagianorum finita eſt , totoque orbe poſt ejus damnationem damnati ſunt , ac literis Innocentii tota de hac re dubitatio ſublata eſt.*

9.) S. INNOCENTIUS I. Papa an. 417. in duabus epiſt. reſponſ. ad legationem Patrum Africanorum (inter epiſtolas S. Auguſtini 181. & 182.) *Patres olim* , ſcribit, non *humana* , ſed DIVINA *decrevere ſententia , ut , quidquid in disjunctis remotisque provinciis age. t-*

*Ostenditur. Legem fundamentalem &c.* 163

*ageretur, non prius ducerent definiendum, quam ad illius sedis notitiam perveniret, ubi tota ejus auctoritate, juxta quæ fuerit pronuntiatio, confirmaretur: scientes, quod per omnes provincias de Apostolico fonte petentibus responsa semper emanent, præsertim quoties fidei ratio ventilatur: quod arbitror, omnes fratres & Co episcopos nostros non nisi ad Petrum referre debere, quod per totum mundum possit omnibus Ecclesiis in commune prodesse.*

10.) S. ZOSIMUS PAPA an. 417. creatus ad Episcopos Carthagine congregatos sic scribit: *quamvis Patrum traditio Apostolicæ Sedi auctoritatem tantam tradiderit, ut de ejus judicio disceptare nullus auderet, idque per Canones semper regulasque servaverit; tamen, cum tantum nobis esset auctoritatis, ut nullus de nostra possit retractare sententia: nihil egimus, quod non ad vestram notitiam nostris ultro literis referimus; non quia, quid deberet fieri, nesciremus, - - sed pariter vobiscum volumus habere tractatum.*

11.) S. CYRILLUS ALEXANDRINUS an. 431. in Ep. ad S. Cœlestinum I. Papam: *quamvis hæc ita se habeant; non prius tamen Nestorii Communionem confidenter deserere ausi fuimus, quam hæc ipsa pietati tuæ indicaremus. Digneris proinde, quid sentias, declarare, quo liquido nobis constet, communicare cum Nestorio nos oporteat, an libere ei denuntiare, neminem cum eo communicare, qui ejusmodi erroneam doctrinam fovet ac prædicat.* Idem in thesauris de SS. Trinitate sic loquitur: *debemus nos, ut qui membra sumus, capiti nostro Pontifici Romano-& Apostolicæ fidei adhærere: ad nos pertinet inde, quid credendum, quid opinandum, quid tenendum sit, quærere.*

12. S. LEO M. Papa creatus an. 440. ep. 10 alias 89. ad Episcopos Viennensis provinciæ, *hujus muneris sacramentum,* inquit, *ita Dominus ad omnium*

*Aposto-*

*Apoſtolorum officium pertinere voluit, ut in B. Petro, Apoſtolorum omnium ſummo, principaliter collocarit, & ab ipſo quaſi quodam capite dona ſua velit in corpus omne manare, ut exortem ſe myſterii intelligeret eſſe divini, qui auſus fuiſſet a Petri ſoliditate recedere.*

13.) JOANNES PATRIARCHA CONSTANTINOPOLIS an. 519. in ep. ad Hormiſdam Papam, & in regula fidei, quæ habetur poſt Ep. 6. ejusdem Papæ, ſic ait: *prima ſalus rectæ fidei regulam cuſtodire, & a Patrum traditionibus nullatenus deviare: quia non poteſt Domini noſtri prætermitti ſententia, dicentis, tu es Petrus &c. &c. Hæc, quæ dicta ſunt, rerum probantur effectibus: quia in ſede Apoſtolica inviolabilis ſemper catholica cuſtoditur religio. Unde ſicut prædiximus, ſequentes in omnibus Apoſtolicam ſedem, & prædicantes ejus omnia conſtituta; ſpero, ut in una communione vobiscum, quam ſedes Apoſtolica prædicat* (fidei videlicet, quæ prædicatur) *eſſe merear; in qua eſt integra, & vera Chriſtianæ religionis ſoliditas.*

14.) S. THEODORUS STUDITA ABBAS, ab an. 795. in Orientali Ecclesia celebris, Paſchali I. Papæ ſcribens (L. II. ep. 12.) ex occaſione perſecutionis, quam a Leone Armeno Imperatore Iconomacho circa annum 817. ob cultum imaginum patiebatur, *audi Apoſtolicum caput*, inquit, *a Deo præpoſite paſtor ovium Chriſti! qui accepiſti claves regni cælorum! petra, ſupra quam ædificata eſt Eccleſia Catholica! Tu enim es Petrus; quia ſedem ipſius imples.* Tum enaratis, quas ob fidei defenſionem pateretur infeſtationes, ſic pergit: *veni ergo ab Occidente in auxilium noſtrum. Tibi dixit Jeſus Chriſtus: confirma fratres tuos: nunc confirmandi tempus & locus eſt. Porrige nobis manum, qui poteſtatem a Deo habes; cum ſis omnium princeps.*

*Audiat*

*Ostenditur, Legem fundamentalem &c.*

*Audiat Ecclesia, quæ sub cælo est, quod in Synodo illos anathematizes, qui Patres nostros anathematizare ausi sunt* (in Concilio nempe Copronymi Imperatoris, in quo 338. Episcopi an. 754. Constantinopoli cultores SS. Imaginum damnarunt erroris). *Sic concussos firmabis, fortes stabilies, lapsos eriges, gaudium dabis orthodoxæ universæ Ecclesiæ.* Ecce! ut sententiam Papæ Romani, cum paucis in Synodo de argumento fidei judicantis, aperte præfert integro 338 Episcoporum concilio ex adverso stanti. Idem in epistola ad Leonem Thesaurarium Michaelis Imperatoris an. 824. ( L. II. Ep. 129. ) de modo Ecclesias scissas conciliandi circa dogma de cultu imaginum, ita scribit: *Fieri nullatenus potest, ut coalescat hæc Ecclesia* ( Orientis ) *non consentientibus quinque Patriarchis. Quodsi roget quispiam, quo pacto id fieri possit; si excedant, inquam, Dei Ecclesiis heterodoxi, & propriam sedem sacer Patriarcha quondam Nicephorus recipiat; qui coacto Episcoporum eorum conventu, quibuscum pro veritate certamen sustinuit, pacem conficiat, & synodicas suas ad primæ sedis* ( Romanæ ) *Præsulem mittat. Si fieri non possit, ut ab aliis Patriarchis adsint vicarii, id certe fieri potest, ut occidentalis intersit, cui & potestas summa defertur Synodi Oecumenicæ. Quodsi hujusmodi Synodum minime probet Imperator; quia, ut ipse ait, deflexit a veritate Nicephorus Patriarcha;* MITTENDA EST AD ROMANUM PONTIFICEM EX UTRAQUE PARTE LEGATIO, ET INDE FIDEI ACCIPIENDA CERTITUDO. Ecce! ut ad decretoriam definitionem de fide semper requirit auctoritatem ac judicium Papæ Romani, & in defectu Concilii œcumenici, vel etiam nationalis, judicat sufficere solius Romani Pontificis cum paucis consultantis judicium.

### 158.

I. *Itaque omnis Chrifti Ecclefia omnibus jam primis feculis judicavit in verbis Matth. XVI. 16. & Joan. XXI.* 15. *a Chrifto proponi legem fundamentalem, qua modum regiminis & decretorii judicii ferendi in caufis, omnibus ad jurisdictionem Ecclefiafticam pertinentibus determinarit.* Omnia enim pæne allata toto hoc capite IV. teftimonia, de modo regiminis a Chrifto definito teftantia, illis Matthæi & Joannis citatis locis & Chrifti verbis nituntur, & ad ea fe referunt.

II. *Certum ergo eft, illis utrisque verbis Chrifti legem fundamentalem ejusmodi, qua modus regiminis determinetur, reipfa contineri: ac proinde reipfa pro claris omnino habenda funt, & fine tortis explicationibus præcife illorum obvio tenori infiftendum eft:* uti fupra §§. 115. 134. diximus.

III. *Itaque nullum irrefragabile ac decretorium judicium in ulla cauffa ad jurisdictionem Ecclefiafticam pertinente fine fucceffori S. Petri, id eft, Romani Pontificis, confenfu ferri poteft; fed uti omnis poteftas jurisdictionis reliquorum Ecclefiæ rectorum, qui Apoftolis ceteris fuccedunt* (128. 149.), *poteftati fuperiori illius tanquam Primatis, & in Primatu S. Petro fuccedentis, fubordinata eft* (142. 151. 155.); *ita & ejusdem poteftatis exercitium omne ab illis fufceptum exercitio fimili fuperiori Romani Pontificis fubordinatum eft.*

IV. *In cauffis univerfalibus, id eft, ad univerfam Ecclefiæ Chriftianæ focietatem pertinentibus, a quarum recta decifione pendet, ut portæ inferi adverfus Ecclefiam Chrifti non prævaleant, decretorium, ac decifivum judicium, cum confenfu Romani Pontificis latum* (III.), *falli nefcium eft.* Iftud enim Chriftus Dominus clare & aperte in ipfa lege fundamentali Matth.

*Ostenditur, Legem fundamentalem &c.* 167

Matth. XVI. 16. promisit; in qua obscuri & ambigui nihil suspicari licet ( 115. ): *super hanc petram ædificabo Ecclesiam meam ; & portæ inferi non prævalebunt adversus eam.*

V. *In iisdem causis universalibus cum totius Ecclesiæ Christi salute, vel ruina communi, connexis ad hoc, ut decretorium & falli nescium judicium feratur, opus non est omnium rectorum Ecclesiæ consentientibus suffragiis, aut certo majore aliquo istorum numero; sed sufficit paucorum cum judicio Romani Pontificis consensus* ( 135. 150. 155. 157. )

159.

*Fieri vi ipsius promissi clarissimi Christi Domini, & in ipsa lege fundamentali contenti, non potest, ut Christi vicarii & successoris S. Petri judicium decretorium in aliqua caussa universali, & cum salute, vel ruina, totius Ecclesiæ connexa, sit ita singulare; ut universus inferiorum rectorum & Apostolici muneris successorum cœtus suffragiis suis ab illo dissentiat.* Cessaret enim S. Petrus, vel ejus successor in Primatu, esse fundamentum Ecclesiæ Christi in actu secundo & cum effectu a Christo apertissime in perpetuum promisso in lege fundamentali; ac prævalerent inferni portæ adversus Ecclesiam ita, ut vel fundamentum ipsum everteretur, vel ut Ecclesia fundamento suo porro non insistens traheretur tota in ruinam. Quodsi enim caput Petrus totius reliquæ Ecclesiæ fundamentum sic est, ut hæc eidem semper insistat in specie sua spectata, in qua a Christo instituta est ut Societas inæqualis, ex subditis ac rectoribus constans: profecto aliqui saltem rectores subordinati una cum subditis quibusdam fidelibus perpetuo insistere & inædificari huic fundamento, ac proinde cum ejus judicio consentire debent.

L 4 * Ita-

\* Itaque non video, quo pacto magnum momentum habere possit tot contentionibus agitata quæstio illa: *an summus Pontifex, se solo judicans in rebus fidei falli nequeat*. Enimvero in rebus cum salute vel ruina universali connexis duo a Christo promissa sunt, relationem ita inter se habentia, ut unum sine altero ne concipi quidem possint; videlicet quod S. Petrus, vel ejus successor, semper firmissimum fundamentum decretorio judicio suo sit futurus veræ Ecclesiæ Christi; & quod vera Christi Ecclesia huic suo fundamento mansura sit inædificata; quin dejici, aut separari ab illo per quascunque inferorum insidias possit. Ergo nec summus Pontifex unquam *solus* recte in id genus caussis decernet, nec sine illo cœtus rectorum inferiorum, aliter atque ille decernentium.

\*\* Pariter fieri haud posse certum mihi est, ut universus cœtus rectorum inferiorum in id genus caussis gravissimis & universalibus se suffragiorum omnium suorum consentiente numero teneat ex opposito solius Romani Pontificis ex adverso stantis: ac proinde nec tanti momenti mihi est quæstio, an in rebus fidei definiendis major sit auctoritas universi cœtus Episcoporum, an solius Pontificis.

\*\*\* Verumtamen hæc valent solummodo de iis caussis & quæstionibus, quæ, ut dixi, universales ita sunt, ut ob salutem, vel ruinam, totius Ecclesiæ Christi, cum recto, vel non recto, de illis decretorio judicio connexam, vi solennis promissi a Christo facti in quovis illarum exortu nec petra cessare possit esse fundamentum Ecclesiæ, nec vera Christi Ecclesia dejici, aut separari a suo fundamento, & eo ipso labi in ruinam; quod non sit fundamento suo inædificata. In caussis enim hisce gravissimis oportebat esse remedium promtum & obvium quavis necessitate id exigente. In ceteris vero caussis magis particularibus, a quibus salus & ruina universalis Ecclesiæ non pendet, uti nulla est uspiam a Christo promissa securitas erroris in exercitio

Eccle-

Ecclesiasticæ jurisdictionis; ita porro examinandum superest, quæ sint genuinæ regulæ exercendæ jurisdictionis Ecclesiasticæ, tum inferioris, tum supremæ, seu vi legis ipsius naturalis, omnis moralis potestatis & jurisdictionis ordinatæ legitimum exercitium dirigentis, seu vi juris positivi divini & institutionis a Christo speciatim circa hanc potestatem exercendam præscriptæ.

## CAPUT VI.
## DE REGULIS GENERALIBUS ET SPECIALIBUS IN REGIMINE ECCLESIASTICO CHRISTIANO OBSERVANDIS.

### 160.

Quoniam regimen Ecclesiasticum a Christo ipso divinitus lege positiva institutum, sine dubio notionem regiminis in genere, & exercitii potestatis legislatricis in genere, ceu certa istius species, involvit: idcirco *evidens est; in ejus exercitio, ut cum morali rectitudine fiat, observari necessario debere tum regulas omni regimini & exercitio potestatis legislatricis communes, tum proprias & a Christo in hujus potestatis usu speciatim eo fine præscriptas.*

### 161.

I. *Itaque potestas Ecclesiastica nunquam alio fine exerceri debet nisi ob bonum commune Christianorum, non ad vitæ præsentis & temporaneæ, sed ad futuræ & æternæ beatitatem pertinens* ( 107. 109. ). Finis enim determinat omnes regulas circa usum mediorum. Atqui omnis illa potestas ceu medium istius unius finis ultimi causa a Christo instituta est ( 107. II ).

II. *Potestas Ecclesiastica nunquam cum morali rectitudine exerceri potest ad destruendum, sed ad ædifi-*

*candum folummodo, id eſt, nunquam ad detrimentum fed ad incrementum folummodo falutis communis fidelium.*

III. *Unde non niſi neceſſaria & utilia communi faluti præcipere, & noxia vetare, legibus fuis poteſt.*

IV. *Non poteſt graviore obligatione obligare legibus fuis etiam ad ea, quæ communi faluti fidelium neceſſaria, vel utilia funt; vel ad vitanda, quæ eidem nocent; quam quanta neceſſaria eſt ad illa confequenda, & impedienda iſta, fpectata tum gravitate rei de qua agitur, tum difpoſitione fecunda vel adverfa fubditorum fidelium ad obtemperandum juſtæ legislatoris voluntati.*

*Oſtendi Leges iſtas generales de omni exercitio poteſtatis legislatricis in genere vi legis naturalis valere in Ethica Univ. Chriſt. a § 348. uſque ad §. 355.

### 162.

*Regulæ §. præc. præfixæ obfervari ex æquo debent, cum poteſtas legislatrix Eccleſiaſtica, feu inferior, feu fuprema, in folos Chriſtianos fubditos & nulla parte regiminis inſtructos exercetur; atque cum poteſtas fuprema a fupremo Chriſti Vicario exercetur in rectores Eccleſiæ ipfos inferiores feu in determinanda, feu in promovenda, feu in reprimenda efficacia poteſtatis illarum ſibi fubordinatæ.*

### 163.

*Regulæ fpeciatim rectoribus Eccleſiæ univerſim præfcriptæ extant præcipue duæ*; RRIMA PRO SUPREMO CHRISTI VICARIO ab ipfo Chriſto Domino præfcripta Luc. XXII.: ubi cum contentio eſſet orta inter Apoſtolos (præjudiciis de regno temporali judaico per Meſſiam reſtituendo adhuc præventos) quis eorum videretur eſſe major refpectu reliquorum;

rum; Chriſtus gravi voce reſpondit : *reges gentium dominantur eorum* ( videlicet, qui eis ſubditi ſunt ) : *vos autem non ſic*: *ſed qui major eſt inter vos, ſiet ſicut minor.* ALTERA EST PRO OMNIBUS ETIAM INFERIORIBUS RECTORIBUS ECCLESIÆ quibuscunque a S. Petro I. Ep. Cap. V. præſcripta : *paſcite, qui in vobis eſt, gregem Dei, providentes non coacte, ſed ſpontanee ſecundum Deum, neque turpis lucri gratia, ſed voluntarie: neque ut dominantes in cleris, ſed forma facti gregis ex animo.*

Jam ut ſenſum hujus utriusque regulæ, divina plane ſapientia & pietate ſupremi Paſtoris conſtitutæ, apertiſſime introſpiciamus, alia re opus haud eſt, quam ut notiones generales *poteſtatis moralis*, & *juris*, item *poteſtatis legislatricis* & *dominii deſpotici*, ſupra ( 1. 24. 38.) traditas, & extra omnem controverſiam poſitas, obſervatis probe earum diſcriminibus attenta mente inſpiciamus. Chriſtus Dominus prædicto loco ( Luc. XXII.) aperte *majorem* aliquem futurum inter ipſos Apoſtolos declarat, a ſe ipſo haud dubie conſtituendum, ſed non in regno temporali, ſed ſpirituali, etiam ſupra Apoſtolos regnaturum cum *poteſtate morali.* Attamen *primo* DOMINATUM graviſſimis verbis exercere prohibet, quicunque ſupremam illam a ſe poteſtatem acceperit; qualis nempe a regibus gentilium tunc temporis regnantibus paſſim exercebatur : quem tamen ipſe ab omnibus ſuis miniſtris longe abeſſe vellet. Atque idcirco, antequam S. Petro ſupremam ſuæ Eccleſiæ, ceu ovilis, adminiſtrationem reipſa tribueret, majorem quoque præ ceteris omnibus miniſtris dilectionem erga ſe ab eo requiſivit, ceu conditionem neceſſariam, ut Chriſtianos univerſos, ceu ſubditos ſanguine ſuo acquiſitos, ea caritate regeret, qua ipſe ſupremus Princeps & Rex omnium in eos exarſerat. Jam vero quodnam denique diſcrimen inter *dominatum* & *poteſta-*

*testatem legislatricem* etiam *supremam* interest? Hoc solum: potestas omnis moralis non arbitrium liberum agendi habet; quod soli juri ac dominio proprio convenit (1. 3.): sed solum importat facultatem liberam quidem simpliciter, sed obligatam tamen, agendi & disponendi id solum, quod disponi potest salva *morali rectitudine*, id est, servatis regulis & rationibus sufficientibus, quae lege naturae in omni exercitio legislatrice moraliter recto observari debent. Quodsi sola morali potestate instructus liberum sibi disponendi arbitrium in subditorum libertatem arroget, fine societatis non prae oculis habito, nec ex rationibus sufficientibus, quas rectum sapientiae consilium dictet, sed pro suo privato commodo vel arbitratu leges ferat: is sane *dominium despoticum* exercet, more Imperatorum gentilium Christi aetate imperantium. Porro *secundo* insuper Christus voluit, ut, qui MAJOR futurus esset inter Apostolos, FIAT SICUT MINOR: quod aliter profecto intelligi nequit; quam ut, qui suprema in Ecclesia potestate supra ceteros rectores fulgebit, se gerat instar subditi, non quidem leges proprie tales ab his recipiendo (quod repugnat), sed tamen consilium auscultando, eis obsecundando in rebus justis, etiam, siquando erret, correctionem reverentem ab eis cum animi modestia recipiendo &c. &c.

Quod vero regulam a S. Petro praescriptam attinet: illa verborum tenore obvio commendat omnibus rectoribus Ecclesiarum 1'.) *studium salutis animarum*, non ex timore poenae, sed ad exemplum Dei *ex interiore dilectionis motu suscipiendum, non quaerendo ex officii sacri functione lucrum temporale*: 2'.) hortatur, *ne alto supercilio majestatem affectent, nec severitate immodica poenarum legum executionem; sed potius proprii exempli virtute fideles ad earum observantiam invitent.*

164.

## 164.

I. *Qui primatu in Christi Ecclesia fungitur, is in caussis universalibus, cum totius Ecclesiæ salute vel ruina connexis, supremæ potestatis suæ virtute potest omnia, quæ vi circumstantiarum individuarum sunt necessaria ad promtum remedium periclitanti communi saluti animarum afferendum.* Talem enim potestatem tum dare capiti supremo Ecclesiæ suæ decebat infinitam sapientiam & bonitatem Dei Hominis Jesu Christi, Ecclesiam suam instituentis unice salutis animorum ceu finis ultimi caussa ( 129. 107. ); tum actu dedisse constat ex verbis generalibus, quibus lex fundamentalis ab ipsomet concepta est Matth. XVI. : *tibi dabo claves regni cælorum: quidquid ligaveris &c. quidquid solveris &c.*, recto usu clavium, id est, fini ultimo conformi.

II. *In aliis vero caussis particularibus, cum nullo publicæ salutis periculo connexis, & nulla necessitate supremæ potestatis energiam ac severitatem exigente, per se loquendo non decet Primatem Ecclesiæ vel solius Principatus ostentandi, vel etiam temporalis lucri caussa, exercitio supremæ suæ auctoritatis immediato diminuere potestatem jurisdictionis inferiorum Ecclesiæ rectorum; quamdiu isti eadem legitime & conformiter fini ultimo institutionis ejusdem utuntur.* Secus enim vel dominabitur, vel forma ipse non erit exemplo suo ceteris Ecclesiæ rectoribus in studio pascendi gregem sine avaritia.

III. *In caussis & quæstionibus cum salute, vel ruina communi non connexis, & in quibus legis obligatione definiendis falli humanæ prudentiæ judicio etiam ipse primas Ecclesiæ potest; non debet suæ unius prudentiæ confidere, nec privativa sua auctoritate toti Ecclesiæ, aut etiam particularibus Ecclesiis, obtrudere leges, præsertim invitis rectoribus subordinatis; maxime si isti vel respectu suarum Ecclesiarum in particulari,*
*vel*

*vel omnino refpectu totius Ecclefiæ, judicent id genus leges effe minus utiles, aut etiam noxias.* Non enim veræ fapientiæ confilio, fed arbitratu fuo nimium fic confideret proprio judicio, ac proin non poteftate morali, fed dominandi quodam pruritu, vel pravo affectu, moveretur ad utendum fuprema fua poteftate. Quid quod utiles id genus leges effe vix poffint, invitis Epifcopis latæ.

IV. *Unde in omni quæftione, in qua erroris expers non eft, oportet illum lubenter audire confilium fubordinatorum fibi Ecclefiæ rectorum, nec quidquam contra communem eorum fententiam fuprema lege conftituere in rebus, quæ falva communi falute variam œconomiam admittunt.* Tametfi enim utile per fe effe poffet, quod tali lege conftitueret; tamen utile non erit id invitis ceteris Ecclefiæ rectoribus fuprema lege conftitui, atque ita fuaviffimum Chrifti jugum dominationis oftentatione in invidiam adducere. Potius in tali cafu locum habebit regula Chrifti: *qui major eft veftrum; fiat ficut minor.*

V. *Communis confenfus rectorum inferiorum, repugnantium alicui exercitio fupremæ poteftatis in materia per fe fine detrimento Ecclefiæ varietatem capiente, non quidem eft lex fupremo Ecclefiæ Primati ab inferioribus, & fibi fubditis rectoribus impofita;* quod repugnat: *eft tamen conditio quædam, pro cujus exiftentiæ hypothefi Chriftus Dominus non dedit fupremo fuo Vicario moralem poteftatem imperandi:* quia potius prohibuit dominatum, & juffit majorem fieri ficut minorem.

\* Hæc regula facillime declarabit, quo fenfu verum fit, *Romanum Pontificem fubjici SS. Canonibus generalium Conciliorum*; quod aliud non eft videlicet, nifi illum non legitima poteftate, fed dominationis quadam fpecie ufurum, fi absque neceffitate, & Epifcopis refpectu fuarum

Eccle-

Ecclefiarum invitis, vellet aliquid illis SS. Canonibus contrariam fuprema auctoritate conflituere.

VI. *Primas Ecclefiæ , ficubi imprudentia quadam in rebus adminiftrationis variabilis Ecclefiafticæ , vel ex ignorantia certorum factorum humanorum, erraverit, feu vitæ exemplo idcirco non optimo exhibito, feu lege conftituta, fi id cum Ecclefiarum detrimento aperte conjunctum effe ceteri inferiores rectores Ecclefiæ, communiter, aut fingillatim, intelligant: ifti nec tenentur legem ab illo accipere, & vi officii tenentur, cum reverentia quidem, fed & decente cum conftantia animi, illum erroris admonere.* Quoniam enim nullus Ecclefiæ rector a Chrifto poteftatem ad deftruendam , fed unice ad ædificandam Ecclefiam accepit : lege obligare nec Primas ad aliquid noxium poteft. Tum vero quia rectoribus ceteris immediata cura & provifio falutis ovium fuarum incumbit, a Chrifto ipfo impofita ; hoc ipfo vi officii tenentur jufta animi conftantia ab his removere omne exemplum noxium, a quocunque datum, & omne damnum a quocunque non legitima poteftate illatum. Denique id ipfum fraternæ caritatis officium exigit.

\*\* Exemplum iftius regulæ fane obfervatione dignum ac folenne in ipfis Scripturis de SS. Petro & Paulo habemus ; cum ifte illi in œconomia publici vitæ exempli erranti, ob detrimentum inde in Antiochenfem Ecclefiam redundans, memorabili libertate & conftantia *in faciem reftitit; quia reprehenfibilis erat* ( ad Gal. II. 11. ) ejusque admonitioni S. Petrus cum omni modeftia, & fine ullo altioris auctoritatis obtentu, continuo ceffit.

VII. *Quodfi tamen in re variabilis œconomiæ inferiorum rectorum aliquis juftæ Primatis voluntati cum detrimento feu propriæ, feu alterius Ecclefiæ repugnaret ; non continuo folius fupremæ auctoritatis pondere ac fevera lege cogendus , fed concilio communi habito, ceterorum rectorum, qui proximam cauffæ notitiam habere*

bere cenfentur, confentiente judicio & communi auctoritate fuaviter primo inducendus in cognitionem erroris eft, ac tum primum, fi communi fententiæ pertinax obluctetur, habita majore boni communis quam unius auctoritatis ratione legum feveritate urgendus.

VIII. *In omni controverfia de jure proprio poteftatis Ecclefiafticæ inter ipfos inferiores rectores exorta judicium decretorium & ultimum ad Primatem pertinet;* 2.) *eo tamen modo in cauffis particularibus exercendum, ut juftæ voluntati confentientium de certo modo ab ipfomet in talibus judiciis obfervando non repugnet.* Primum exinde patet; quia rectores inferiores vi inftitutionis divinæ & pares funt inter fe, & foli Primati fubjecti & fubordinati. Igitur vi juris divini, nifi conventio humana intervenerit, a fe invicem judicari non poterint. Sed nec fola conventione aliqua humana fubtrahi judicio Primatis poterint, cujus jurisdictioni fuperiori quoad omnem propriam jurisdictionem fubjecti a Chrifto fuere. Alterum vero ex reg. V. jam fuperius ftabilita per fe confequitur.

IX. *Si rector aliquis inferior erret in re non variabili, in qua infallibile judicium Primati cum aliqua parte ceterorum Ecclefiæ rectorum conjuncto competit, errore in publicum detrimentum cedente: Primatis eft, non folum cauffam judicio fuo decidere, fed etiam profiteri, fe in ifta cauffa uti infallibili auctoritate, atque eandem rem ad res falva divina lege & inftitutione Chrifti non variabiles, id eft, ad fidem, vel jus divinum, pertinere.* Secus enim fi faciat; poterit rector inferior, maxime fi & ipfe aliquem numerum aliorum parium rectorum fibi conjunctum & participem ejusdem erroris habeat, alio errore præveniri, ut exiftimet, rem controverfam ad variabilem folum Ecclefiarum difciplinam pertinere, nec Primatis judicium erroris in tali cauffa expers effe; nec proinde

inde in diffensu plurium sui similium obligari sese, ut obediat.

### 165.

I. *Habemus ergo in Ecclesia vera Christi, ceu in Societate inæquali, ac tali in perpetuum duratura, regimen omnimodis definitum Lege fundamentali, quæ Matth. XVI. 16. refertur, & ab ipso Christo Domino Luc. XXII. (163.) temperatur, & explicatur convenienter naturæ legibus; secundum quas omnis potestas legislatrix non nisi ex rationibus sufficientibus, conformiter suo fini, & cum sapientia, sanctitate, bonitate, & justitia exerceri debet.* Vide §. 161. & in Ethic. Christ. univ. §. 353.

II. *Stabiliti divinitus hujus regiminis virtute in Ecclesia Christi prostat Judex supremus visibilis, idemque falli nescius in omnibus caussis universalibus cum salute communi vel ruina proxime connexis; cujus oraculo & authentica declaratione ad formam legis fundamentalis exacta omnes id genus caussæ finiri facile possunt.*

III. *Hæc potestas suprema Ecclesiastica infallibili judicio privativo se ipsam authentice explicare, & quo usque se extendat, declarare potest.* Pertinet enim haud dubio ad universæ Ecclesiæ salutem, ut constet revera, potestatis illius quanta sit vi divinæ institutionis extensio, ac proinde quando & in qua materia obligentur universi fideles ejusdem legibus, ceu veris, obedire. Ergo (per II.) in hoc ipso dubio de extensione vera supremæ potestatis Ecclesiasticæ judicium eidem competit falli nescium.

\* Atque hæ demum sunt regulæ illæ, quas citra omne dubium arbitror sufficere ad omnes limites totius potestatis sacræ & Ecclesiasticæ definiendos, tum inter Primatem & Episcopos seu rectores inferiores Ecclesiæ, tum inter Principes quoscunque sacros & Politicos: id quod praxi ipfa in decurfu commodiffime fine ullius præjudicio oftendam.

# CAPUT VII.
## DE INÆQUALITATE AC DIVERSITATE ORDINIS SACRI A CHRISTO DIVINITUS IN ECCLESIA SUA INSTITUTA.

### ARTICULUS I.
### DE INÆQUALITATE ORDINIS SACRI A CHRISTO IN ECCLESIA SUA INSTITUTA.

166.

*Sacramentum* apello omne fignum externum, feu fenfibile, ex inftitutione aliqua fufficiente aptum ad internam hominis fanctitatem ftatui fuo præfenti convenientem promovendam.

\* Nihil in definitione obfcurum effe poteft iis, qui notiones metaphyficas *figni ad placitum*, & *fanctitatis*, ex Ontologia & Theologia naturali perfpectas habent. Eft nimirum *fanctitas* conftans moralis rectitudo actionum; quæ rectitudo moralis vel talis folum effe poteft, ut fufficiat ad meritum faltem congruum; vel talis, ut etiam rationem meriti de condigno adæquet refpectu præmii beatitudinis æternæ; ad quam de condigno promerendam deftinati in ftatu morali Chriftiano præfente fumus ( Ethic. Univ. Chrift. §§. 665. II. 667. 669. 670 II.). Jam vero rectitudo moralis actionum fufficiens ad meritum de condigno fupponit in perfona agente humana dignitatem amici Dei ( l. cit. §. 666.). Quæcunque ergo figna externa vi alicujus inftitutionis fufficientis aptitudinem habent ad promovendam feu dignitatem phyficam perfonæ hominis Chriftiani propriam, id eft, amicitiam Dei, feu ad promovendas ipfas actiones rectas morales ab eo ftatui fuo morali præfenti conformiter

per-

peragendas, five in præfens, five in futurum, recte *Sacramenta* dicentur.

\* \* Qui doctrina definitionum nominalium ex Logica rite imbutus eft; intelliget, quam fine ratione olim Proteftantium Theologi objecerint Catholicis Doctoribus, nomen *Sacramenti* ab Ecclefia latina pofteriore tempore introductum fuiffe; cum in Scripturis id reperiri (falfo quidem) negarent.

### 167.

*Inftituere Sacramenta* eft ex poteftate morali propria, vel delegata, conferre fignis externis aptitudinem ad promovendam internam hominis fanctitatem, ftatui fuo morali convenientem. Unde *evidens eft, Chriftum Dominum inftituiffe pro Ecclefia fua aliqua vera Sacramenta.* Lege enim 1'.) præfcripfit *baptifmum*, id eft, ablutionem aqua faciendam, in fignum, quod applicato eo figno homo jam fecundum carnem natus renafcatur in fpiritu, & aptus fiat, ut ingrediatur in regnum cœlorum; id eft, mundetur a macula originalis peccati, & fiat idoneus fini fuo ultimo, videlicet beatitudini per meritum condignum promerendæ (103. n. 3.). Jam vero five hoc fignum baptifmi propria aliqua virtute efficiat in homine baptizato dignitatem filii Dei; ut docent Catholici; five folummodo vi fua fignificativa excitet fidem in baptizato, qua pofita fiat amicus Dei &c. &c.; quod volunt Proteftantes noftri; femper erit aptum ad promovendam fanctitatem ftatui Chriftiano propriam (præc. not. 1.); ac proinde habebit rationem veri Sacramenti (præc.). Itaque baptifmus a Chrifto inftitutus, five fecundum dogma Catholicum, five fecundum opinionem Proteftantium acceptus, verum Sacramentum eft. 2'.) Inftituit SS. *Euchariftiam*, ceu fignum præfentiæ fui totius cum corpore, anima, & divinitate, eo fine, ut confervetur in nobis vita gratiæ, quam nobis

bis in baptifmo contulit (loc. cit. n. 4.). 3.) Conceffit fuis Apoftolis & eorum fucceſſoribus *poteſtatem remittendi peccata*; ac proinde fignis externis, quibuscunque voluntatem iftam remittendi peccata exprimerent, vim dedit vere fignificandi iftam remiffionem, & reftitutionem amicitiæ Dei &c.

* Abftineo volens ab omni eo dogmate mifcendo de Sacramentis novæ legis, quo ad fequentia demonftranda non indigeo; demonftraturus eadem ftudiofe; fi Deus vitam & vires dederit ad confcribendum Tractatum Theologicum de Sacramentis. Hæc ipfa cauſſa eft, quod de ceteris Sacramentis, ceu magis inter Proteftantes controverfis, nihil omnino hic quidem memorem.

### 168.

*Ordo facer in Ecclefia Chrifti* eft gradus ſtabilis poteſtatis, non omnibus Chriſtianis communis, fungendi minifterio in Sacramentorum a Chrifto Domino inftituorum confectione.

* Nec in ifta definitione quidpiam obfcuri ineft. *Gradus poteſtatis* non eft nifi intenfio varia perfectionis ejusdem poteftatis; ut ex Ontologia conftat. *Miniftri jurisdictionis* (feu poteftatis moralis) *alienæ* notio data a me eft §. 36. not.: ex qua facile formabitur notio *miniftri alienæ phyficæ poteſtatis* (1.), ex. gr. legati, qui poteftatem fcilicet precariam a Domino fuo habet valide, ceu inftrumentum morale a cauſſa principali motum, quid ejus nomine conficiendi (3.). Denique verba illa in definitione ordinis facri fuperflua non funt, *non omnibus Chriſtianis communis*: quia inter eos, qui in eodem gradu confiftunt quoad rationem poteftatis phyficæ, feu cauſſalitatis, cujuscunque demum, fub eadem ratione ordo eſſe non poteft: fiquidem omnis ordo eft difpofitio quædam varia cauſſarum quoad locum, gradum, vel tempus &c.

### 169.

*Chriſtus Dominus ſolis Apoſtolis ipſe immediate dedit ſtabilem poteſtatem miniſterio ſuo fungendi in confectione Sacramentorum baptiſmi, Euchariſtiæ, & remiſſionis peccatorum, non item ceteris ſuis diſcipulis.* Nam 1º.) ſupra toto §. 126. oſtenſum jam eſt directe, & indirecte (in nota 1.), ſolis Apoſtolis immediate a Chriſto conceſſam eſſe moralem poteſtatem miniſterialem remittendi peccata Joan. XX. 21. per illa verba: *ſicut miſit me Pater, & ego mitto vos: quorum remiſeritis peccata &c.* Ergo inprimis poteſtas remiſſionis peccatorum, ſeu, ut vulgo vocamus, *Sacramenti pænitentiæ* adminiſtrandi, ſolis Apoſtolis a Chriſto immediate conceſſa eſt, non item reliquis diſcipulis, nec omnibus Chriſtianis (167. n. 3.). 2.) *Baptiſmi adminiſtrandi officium ſtabile*, Chriſtus Matth. XXVIII. 19. ſolis Apoſtolis immediate commiſit, dicens: *euntes, docete omnes gentes, baptizantes eos &c.* Etenim Evangeliſta expreſſe Chriſtum loquentem *undecim diſcipulis* ibidem inducit, & Chriſtus ipſe jubens eos, ut *docerent ſervari omnia, quæcunque illis mandaſſet*, evidenter indicavit, ſe ad ſolos Apoſtolos dixiſſe, *euntes, docete, & baptizate.* Rurſus ſolos Apoſtolos ibi juſſit *docere*; atque idcirco docendi munus ut alii ſibi arrogarent, ab ipſis ad hoc non deſtinati, nequaquam permiſere Apoſtoli, & ipſi ſe non ab hominibus, ſed a Chriſto delectos magiſtros paſſim cum S. Paulo profeſſi ſunt (126. *Quod ad alterum: n. 3.*). Ergo etiam ſolos Apoſtolos ibi Chriſtus ipſe immediate juſſit baptizare. Pariter Marci ult. v. 14. aperte dicitur, ſolis undecim dixiſſe Chriſtum: *euntes in mundum univerſum prædicate Evangelium &c. qui crediderit, & baptizatus fuerit &c.* Denique cum Joan. III. & IV. leguntur diſcipuli Chriſti ejus nomine baptizaſſe; certum eſt per diſcipulos non intelligi niſi Apoſtolos, quos ſolos vivo S. Joanne Baptifta fibi in difcipulos afciverat. 3'.) *SS. Euchariftiæ*, conficiendæ in fuam commemorationem pariter præceptum dedit folis Apoftolis in cœna ultima præfentibus Luc. XXII. 19. *hoc facite in meam commemorationem.*

4'.) S. Paulus 1. Corinth. IV. 1. aperte fe & Apoftolos ceteros folos profitetur efte miniftros Chrifti in difpenfatione Sacramentorum ab eo inftitutorum, dicens: *fic nos exiftimet homo, ut miniftros Chrifti, & tanquam difpenfatores myfteriorum Dei.*

5.) Idem S. Paulus in cit. 1. Corinth. XII. 4. aperte profitetur, in Ecclefia Chrifti efte *divifiones gratiarum, & miniftcriorum, & virtutum; eundem* vero *fpiritum, Dominum, ac Deum; qui operetur omnia in omnibus, & dividat fingulis, prout vult.* Præterea (v. 12.) ait, Ecclefiam a Chrifto efte inftitutam per modum *unius corporis* (*moralis* fcilicet, id eft, focietatis, nexu communis obligationis focialis coagmentato in unum) *in quo multa fint membra*, & ficut in corpore humano *auris non eft oculus, & pes non eft manus, nec totum corpus eft oculus, nec totum auditus,* fic, ut nec corpus exifteret, fi *omnia unum efient membrum* (v. 19.): ita & in corpore Ecclefiæ omnes quidem Chriftianos efte *membra* (v. 27.), fed non eadem, nec ejusdemque virtutis & facultatis; fed *quosdam* folum efte pofitos a Deo *Apoftolos;* quosdam Prophetas &c.: v. 29. *nunquid omnes Apoftoli? nunquid omnes Doctores? nunquid omnes virtutes?* Poftquam vero gratias iftas mere gratis datas, id eft, ad utilitatem falutis alienæ promovendæ concedi folitas (v. 7. *unicuique autem datur manifeftatio fpiritus ad utilitatem*, communem nempe Ecclefiæ), dividi inter varios dixerat toto illo capite; ac monuerat, non efte, cur quis conqueretur, quod fibi non iftæ potius præ aliis nobilioribus fingillatim conceffæ fint (v. 15.
feqq.

## De Inæqualitate ac Diverfitate Ordinis &c. 183

feqq.); denique v. 31. concludit hortando, ut æmulemur charifmata meliora, & viam excellentiorem fe nobis demonftraturum fpondens, mox toto fequente capite commendat *caritatem;* ceu quæ omnibus neceffaria fit ad falutem ita, ut fine illa cetera dona omnia non fufficiant, & nihil profint. Evidens ergo eft, virtutem feu facultatem phyficam & moralem adminiftrandi Sacramenta baptifmi, Euchariftiæ, & Pœnitentiæ, idcirco non effe a Chrifto conceffam omnibus Chriftianis, eo quod immediate a Chrifto Apoftolis conceffa fuerit: cum apertum fit, ad ea, quæ ad communem aliorum fanctitatem ac falutem promovendam ceu primario ex fine conferuntur.

\* *Lutherus & Calvinus* everfuri totam ordinis facri in Ecclefia Hierarchiam, Sacramentorum virtutem inprimis omnem reduxere ad rationem figni mere fpeculativi, quod, inftar cauffæ occafionalis excitando fui ideam, revocaret in mentem Chriftiani memoriam divinarum promiffionum; quibus excitaretur in eo fides feu fiducia de Chrifti meritis; qua fola fide, ceu mera conditione, hæc illi cum effectu certæ falutis fine propriis fuis meritis applicentur. Cum ex iftis per fe evidens fit, figna id genus externa, ex. gr. ablutionem aquæ, verba remiffionis peccatorum, & quibus Euchariftia confecratur, eandem habitura vim figni fpeculativi & prædictæ cauffæ occafionalis ad excitandam fidem, five a viro, five a fæmina, feu ab homine quocunque demum Chriftiano, ponerentur, idcirco intulere, poteftatem miniftrandi Sacramenta omnibus perinde Chriftianis a Chrifto fuiffe conceffam. Addebant vero, non idcirco decere, ut omnes etiam illa promifcue utantur, fed id illis folum morali poteftate competere, qui vel a tota plebe cujusvis particularis Ecclefiæ, vel a Magiftratu, aut fummo Principe, ad exercitium iftius muneris vocati fuerint, & conftituti.

** *At enim*, tametsi interim transmittamus hisce novæ sectæ capitibus, non aliam inesse Sacramentis a Christo virtutem nisi mere speculativam signi & caussæ occasionalis; nihilominus minime sequitur, vi institutionis divinæ a Jesu Christo factæ omnibus Christianis ex æquo concessam esse potestatem ea, signa instar ministrorum Dei lege rite institutorum administrandi; modo populi aut magistratus voce & imperio vocentur ad ejus exercitium. *Nam inprimis* concedimus nos Catholici ipsimet de Sacramentis & Sacrificiis legis veteris, non aliam illis affuisse virtutem quam meri signi speculativi & caussæ occasionalis ad excitandam fidem in Messiam venturum; & tamen nemini nisi Sacerdoti ex familia Aaronis, divinitus ad hoc munus delecta, competebat jure divino potestas sacerdotii obeundi; quin populi suffragiis, aut principis imperio, quivis ad id constitui posset. Unde regi Oziæ mysteriis sacris se ingerenti Sacerdotes constanter restitere II. Paral. XXVI. 18. dicentes: *non est tui officii, Ozia, ut adoleas incensum Domino; sed Sacerdotum hoc est: - - qui consecrati sunt ad hujusmodi ministerium.* Atqui idem esse in lege Christi jus divinum in hac parte, quod in lege veteri erat, aperte asserit S. Paulus in Ep. ad Hebræos V. 4. dicens: *nec quisquam sibi sumit honorem, sed qui vocatur a Deo tanquam Aaron*: sicut *& Christus non semetipsum clarificavit, ut Pontifex fieret, sed qui locutus est ad eum: filius meus es tu . . . Tu es Sacerdos in æternum.* Deinde S. Paulus in I. Corinth. XII. expresse testatur, ab ipso Deo fieri divisiones gratiarum *singulis*, perinde atque facultates diversæ organicæ inter singula membra ita divisæ sunt in corpore humano: atqui non solum exercitium, sed ipsæ facultates organicæ, non omnibus membris per se communes sunt. Denique tametsi ponas, uti in veteri testamento ex tota familia Aaronis imperio regis inter plures fratres poterat unus præ alio eligi id summum sacerdotium, ita in lege nova posse supremi principis Ecclesiæ imperio ad munus administrationis Sacramentorum vocari quemlibet Christianum: memineris tamen
ipsos

ipsos supremos rectores, inferiores, & supremum immediate ab ipso Christo (non voce populi, aut magistratus civilis) cum jure successionis perpetuae quoad potestatem moralem jurisdictionis, ceu suos ipsius ministros, & Vicarios constitutos esse solos Apostolos, & S. Petrum: quemadmodum §§. 126. 138. 141. omnimodis, ni fallor, demonstravi, demonstratione omni, quae cadere in factum talis naturae possit. Itaque ad hos, ceu veros & solos Principes Ecclesiae Christi qua talis, pertinebit ministros sacrorum deligere, sacris ceremoniis publicis officio publico functuros. Imo cum hi ipsi rectores Ecclesiae, cum capite suo S. Petro vel istius successore, Pontifice Romano, in rebus ad universalis Ecclesiae Christi salutem pertinentibus consensu aliquo judicium publicum ferentes, ab omni erroris periculo immunes sint; istorum inprimis consentiente judicio praesens quaestio decidi debuit. Atqui

6'.) *Rectores Ecclesiae Christi consentiente judicio cum suo supremo capite, Romano Pontifice in Concilio Tridentino, ac proin judicio errori nulli obnoxio, publice definierunt; non omnibus Christianis, sed solis Apostolis, immediate a Christo collatam fuisse potestatem, uti docendi, sic & administrandi Sacramenta ab ipso instituta.* Sessione enim VII. Can. 10. in genere definiunt: *siquis dixerit, Christianos omnes in verbo, & in omnibus Sacramentis administrandi habere potestatem; anathema sit.* Et in specie de Sacramento Poenitentiae Sess. XIV. can. 10.: *si quis dixerit, non solos Sacerdotes esse ministros absolutionis, sed omnibus & singulis fidelibus esse dictum: quaecunque ligaveritis super terram &c., quaecunque solveritis &c., quorum remiseritis peccata, remittuntur eis; anathema sit.* Atqui, *quis sit minister Sacramentorum a Christo institutorum jure divino*, profecto quaestio est ad communem Ecclesiae salutem & pacem Societatis christianae pertinens; quam nisi infallibili judicio definire supremi Ecclesiae rectores possent, lites de
jure

jure conſtituendi tales miniſtros nunquam finirentur cum ſummo haud dubie ipſius Eccleſiæ detrimento.

\*\* Itaque etiam de collatione miniſterii hujus Sacramentalis perinde ſe aliquo pacto res habet, atque in collatione judisdictionis Eccleſiaſticæ. Præſentatio perſonæ fieri a quocunque poteſt cum morum & habilitatis ad tale munus ſufficientis commendatione ac teſtimonio: ſed collatio ipſius miniſterii ſacri fieri non niſi ab iis poteſt, qui eadem poteſtate Sacramentali ſimul, & jurisdictione, propria, vel delegata inſtructi ipſimet ſunt (vide dicta §. 125. not. 4. n. 2.) id eſt, qui more Apoſtolorum, immediate, vel mediate, miſſi ab ipſo Chriſto ſunt, atque ita vicem *Miniſtrorum Chriſti*, uti Apoſtolus I. Corinth. IV. 1. loquitur, gerere revera poſſunt in functionibus Sacramentalibus ab eodem, ceu ſupremo Sacrorum *Principe*, inſtitutis.

\*\* Unde *nihil* plane huic dogmati *obſtat* 1'.) quod aliquando omnes Chriſtiani in Scripturis novæ legis dicantur *Sacerdotes*, uti Apoc. V. 10. & XX. 6. item I. Petr. II. 5.; atque id ipſum aſſeri a non nullis Patribus. Nam ahud eſt in iis (etiam externis) functionibus, quæ nullam in ſua ſpecie inſtitutionem legis divinæ poſitivæ habent, ſed ſunt ſolius juris naturæ, uti in oratione pro ſe, & pro aliis privatim ad Deum fuſa, in obligatione ſui ad omnem voluntatem divinam exequendam &c., poſſe quemlibet hominem fungi aliqua ſpecie ſacerdotii minus proprie talis; eo quod jure naturæ originario nullum ſit diſcrimen, ſed mera æqualitas moralis omnium hominum; quæ æqualitas perdurat tamdiu, & in iis omnibus; quamdiu & in quibus nullo aut pacto voluntario humano, aut jure divino poſitivo, ſublata fuerit: *aliud vero* eſt in iis Sacramentis & ceremoniis ſacris, quæ inſtitutionem poſitivam divinam habent; quæ inſtitutio divina ſi rationem perſonarum, aut modum conferendi iſtis poteſtatem miniſtrandi, ſibique mutuo in iſto miniſterio ſuccedendi, determinavit; nihil profecto in his diſponi aut muta-

mutari arbitrio mere humano ab iis univerſe poteſt, qui inſtitutione divina nullam ad hoc accepere poteſtatem. Nemo enim ab alio miniſter inſtitui quam a principe ſuo poteſt; cujus miniſter eſt; vel certe niſi a quodam ejusdem principis miniſtro, cui inſtituendi poteſtatem princeps dedit. Exiſtimo principium hoc tam eſſe manifeſtum, ut nihil plane eidem opponere poſſint Proteſtantes ; qui vulgo poteſtatem vocandi ad Sacramentale miniſterium, & conſtituendi miniſtros, ſeu toti populo, ſeu principibus, attribuunt. Concedam illis, hoc fieri etiam nunc ſalvo jure divino poſſe in iis, quæ nec inſtitutionem divinam poſitivam, nec Eccleſiaſticam ſpecialem habent ( uti tamen habent ceremoniæ quævis Sacramentales alterutram ex illis ) atque ex hoc ipſo principio inferius repetam varia jura principum politicorum etiam Chriſtianorum : aſt in iis, quæ vel lege & inſtitutione Chriſti non niſi certis perſonis, certa præſcripta lege & ritu ad hoc munus miniſtrorum Chriſti vocatis, & ordinatis, competunt, vel etiam quæ poteſtate Eccleſiaſtica ( quam ipſam Chriſtus inſtituit ) inſtituta ſunt, atque itidem certis perſonis, ceu ipſius *Eccleſiæ univerſalis Miniſtris* reſervata, nulla diſponendi, vel immutandi quidpiam, aut deputandi miniſtros facultas cuiquam competit exceptis ſolis Eccleſiæ rectoribus a Chriſto inſtitutis. Atque iſtud patet etiam ex veteri lege; in qua Exod. XIX. 6. de tota gente Judaica dicitur: *vos eritis mihi in regnum ſacerdotale :* nihilominus una ſolum tribus ceremoniis ſacris a Deo lege poſitiva inſtitutis fungi poterat.

\* \* \* *Neque obſtat.* 2'.) quod in caſu neceſſitatis baptizare quilibet homo, &, ſi vir non adſit, fæmina quoque, valide & licite poſſit. Nam ex hoc non ſequitur, *ſtabilem* ac perdurantem poteſtatem *miniſterialem* eſſe omnibus conceſſam ; etſi propter commune bonum & ſalutem parvulorum omnibus poteſtas ſtabilis *valide (* ſed *illicite* tamen ) in hoc miniſterium etiam ſine commiſſione Dei ſe ingerendi & etiam extra neceſſitatis caſum baptizandi concessa fuerit: eo quod secus difficillima dubia de exiftentia veræ neceffitatis & iterationes abfurdæ baptifmi frequentiffime orirentur. In quo ipfo fapientiæ divinæ confilium in inflituenda tota Sacramentorum adminiftratione apertiffime relucet. Interim, quod valeat baptifmus etiam extra neceffitatem, illicite etiam a fæmina, etiam ab homine infideli, collatus: profecto nemo mihi ex Scripturis probaverit: fed fola Ecclefiæ traditione & judicio legitimo id conftat; quod in declarando valore medii, ad cujusvis (parvuli inprimis) falutem per fe neceffarii, errori obnoxium effe non poteft.

170.

Chriftus Dominus in Ecclefia fua ordinem facrum conftituit omnibus & folis Apoftolis communem, cum poteftate eundem ad alios fucceffores transmittendi: ac proinde datur in Ecclefia Chrifti diverfitas ordinis facri inter membra veræ Ecclefiæ, eaque eft divinitus inftituta. Solis enim Apoftolis ipfe immediate dedit poteftatem ftabilem fibi miniftrandi in confectione Sacramentorum a fe inftitutorum, nempe Baptifmi, Euchariftiæ, & remiffionis peccatorum (168. 169.), eandemque poteftatem transmittendi cum perpetua fucceffione ad alios ab eisdem conftitutos miniftros, tum quando baptizare & docere juffit omnes homines, & in eo munere adminiftrando fe eis adftiturum promifit *ufque ad feculi confummationem* Matth. ult. v. ult.; tum quando Luc, XXI. 19. poft confecrationem Euchariftiæ dicens, *hoc facite in meam commemorationem*, fatis indicavit, fe in eadem inftituere mnemnofynon fui amoris perpetuum, ac proinde hoc ipfo velle ab Apoftolis in fucceffores perpetuos transmitti omnem poteftatem ejus conficiendæ, quam ipfe illis immediate dabat: *tum denique cum* Joan. XX. 21. dicens, *ficut mifit me Pater, & ego mitto vos.... Quorum remiferitis &c.*

rurfus

rursus aperte innuebat: ficut ipfe a Parte miffus eflet non folum cum poteftate remittendi peccata per fe ipfum, fed etiam mittendi ipfos ut fuos miniftros in exercenda eadem poteftate; Ita fe ipfos mittere non folum cum poteftate remittendi peccata, fed etiam cum plena poteftate transmittendi hanc poteftatem omnem a fe acceptam in alios. Ergo *folis Apoftolis* & eorum fucceſſoribus communem facrum ordinem Chriſtus inftituit, ab eis ad alios fucceſſores transmittendum : *quod erat primum.* Porro circa tria hæc Sacramenta adminiftranda immediate nihil cuiquam ex Apoftolis proprium nec cum ceteris commune dedit in *qualitate* poteftatis ; fiquidem citatis locis ad omnes perinde locutus eft : etfi poteftatem jurisdictionis, quam fimul cum poteftate Sacramenti remiſſionis peccatorum dederat Joan. XXI. 21., Petro fubordinarit; cum claves totius regni cœlorum & poteftatem fupremam ligandi & folvendi, Matth. XVI. 19. promiſſam, eidem reipfa contulit (142.). Ergo *omnibus Apoftolis* communem facrum ordinem Chriſtus inftituit ; *quod alterum.*

* Nullum equidem veftigium in Evangeliis invenio feu jurisdictionis, feu ordinis fimilis cum Apoftolis a Chriſto collati illis *feptuaginta duobus difcipulis*; quos Chriftus Luc. X. *mifit ante faciem fuam in omnem locum & civitatem, quo erat ipfe venturus*, præcife cum mandato (v. 9.), ut *curarent infirmos, & annuntiarent civibus, qui eos fufcepiſſent : appropinquaſſe in illos regnum Dei* : qnin aliam eis poteftatem concedat, quam comminandi pœnam divinam figno excuſſi pulveris pedum iis, qui ipfos non fufcepiſſent. Atqui ex his nec jurisdictioni, nec ordinis facri poteftas aliqua relucet.

## ARTICULUS II.
### DE DISCRIMINE ORDINIS EPISCOPALIS, SACERDOTALIS, AC MINISTRORUM, ET DE CUJUSQUE ORIGINE, IN ECCLESIA CHRISTI.

#### 171.

EPISCOPUS 'ab ἐπι *super* & σκοπεω *intendo*, videlicet ad fcopum per media propria confequendum, græce idem eft refpectu cujusque focietatis atque fuperintendens, aut infpector; qui curam eo intendit, ut finis focietatis per membra ejus, & quæcunque focietati tali propria funt media, rite obtineatur. Unde Athenienfes tefte Suida Epifcopos appellabant Magiftratus e fuis illos, quos quotannis mittebant ad fuæ ditionis civitates: atque eodem pacto Præfecti feu *Principes* a Rege Antiocho provinciis regni præpofiti in græco textu L. 1. Machab. cap. I. v. 53. ἐπίσκοποι vocantur: *fcripfit* (Antiochus) *omni regno fuo, & præpofuit principes populo.* Inde ufus iftius vocis in Ecclefia Chrifti increbuit pro fummo infpectore, qui gregi fibi commiffo fuperintendit cum poteftate illum regendi, & per media a Chrifto fubminiftrata, qui iftius gregis fupremus eft dominus, dirigendi ad fuum finem. Atque hoc fenfu ipfe jam Apoftolus ea voce utitur Act. XX. 28. dicens: *attendite vobis & univerfo gregi, in quo vos Spiritus fanctus pofuit regere Ecclefiam Dei.*

#### 172.

*Presbyter*, πρεσβύτης, fenem, πρεσβύτερος feniorem, fignificat. In Scriptura veteris Teftamenti & in Evangeliis nomen *presbyteri* fere pro magiftratu plebis accipitur; quod ea præfectura plerumque deferri foleat viris ætate profectis. Sic Matth. XXI. 23. *accefferunt ad eum* (Jefum) *docentem principes Sacerdotum & Seniores populi* ( πρεσβύτεροι τῦ λαῦ ). In Actis

*De Inæqualitate ac Diverfitate Ordinis &c.* 191

Actis vero & Epiftolis Apoftolorum poft conftitutam jam a Chrifto Ecclefiafticam focietatem Chriftianam Ecclefiæ iftius præfectis tribuitur.

* Extra controverfiam ergo eft, tam nomen *Epifcopi*, quam *Presbyteri*, in ufu Ecclefiæ femper defiguaffe talem perfonam, quæ altiorem quamdam officii & curæ in regenda Ecclefia aliqua prærogativam tenebat. *Triplex* tamen *quæftio* eft: *prima*, an unum ex his, vel utrumque hoc nomen omnibus ex æquo Ecclefiatum curam communem tenentibus perfonis & fub fignificatu eodem tributum fuerit: *altera*, utrum revera difcrimen aliquod ordinis facri, vel jurisdictionis, fuperioris & inferioris, inde a temporibus Apoftolorum in Ecclefia Chrifti fuerit inter quasdam Ecclefiaftica prærogativa ornatas perfonas; ratione cujus aliis eo gradu fuperioribus proprio & magis peculiari fignificatu nomen *Epifcopi*, aliis vero eodem gradu inferioribus nomen *Presbyteri* deinceps conftanter adhæferit: *tertia*, quæ iftius difcriminis origo; divina, an humana.

173.

SENSA SCRIPTORUM VETERUM ECCLESIASTICORUM *fuper his quæftionibus.*

1.) S. EPIPHANIUS, circa an. 373. florens, hærefi 75. de Aërio Presbytero fecta Ariano refert, quod repulfam ab Epifcopatu paffus, quem ambierat, fe ulcifcendi cauffa docuerit, nihil plane difcriminis effe inter Epifcopum & Presbyterum. *Eft enim amborum*, inquiebat is referente Epiphanio, *unus ordo, par & idem honor, ac dignitas. Manus imponit Epifcopus; idem facit & Presbyter: baptizat Epifcopus; idem facit & Presbyter: divinum omnem cultum adminiftrat Epifcopus; non minus id facit & Presbyter: Epifcopus in throno fedet; fedet & Presbyter.* Hoc ille dogma *fupra hominis captum furiofum & immane*, ait S. Epiphanius, *in vulgus jactans, plerosque in errorem abduxit. Epifcoporum ordo ad*
gignen-

gignendos patres præcipue pertinet; hujus enim eft patrum in Ecclefia propagatio. Alter ( Presbyterorum) cum patres non poffit, filios Ecclefiæ regenerationis lotione producit, non tamen patres aut magiftros. Quinam fieri poffit, ut is presbyterum conftituat, ad quem creandum manuum imponendarum jus nullum habet. Tum addit, Apoftolorum ævo vix alios fuiffe conftitutos quam Epifcopos & Diaconos, non fimplices Presbyteros: *quia*, inquit, *neceffitas Ecclefiæ eos non poftulabat*; cum *magna multitudo* ( populi chriftiani ) *non effet*. *Neque vero ulla res eft, quæ ab initio fuis omnibus numeris abfoluta fuerit: fed procedente tempore fua opportunitatibus omnibus ad perfectionem acceffio contigit.* Unde recenfens argumenta erroris ab Aërio prætenfa a ) ex Ep. ad Philipp. I.: ubi S. Paulus falutat *Epifcopos & Diaconos*, nulla facta peculiari mentione Presbyterorum, in numero plurali Epifcopos appellans; b) ex Act. XX. 17: ubi idem Apoftolus *a Mileto mittens Ephefum* vocavit majores natu *Ecclefiæ*, id eft, Seniores feu Presbyteros, quos eosdem mox v. 28. appellavit *Epifcopos a Spiritu Sancto pofitos regere Ecclefiam Dei*: fic eisdem S. Epiphanius eodem loco refpondet. *Non novit ille, qui confequentiæ veritatis ignarus eft, & hiftorias profundiffimas non legit* ( nempe Aërius ), *quod, cum recens effet prædicatio, S. Apoftolus pro re nata, velut habebat, fcripfit. Ubi enim Epifcopi erant jam conftituti, fcripfit Epifcopis & Diaconis: non enim omnia ftatim potuerunt Epifcopi conftituere. Presbyteris enim opus erat & Diaconis: per hos enim duos Ecclefiaftica compleri poffunt. Ubi vero non inventus eft quis dignus Epifcopatu; permanfit locus fine Epifcopo. Ubi autem opus fuit, & digni erant Epifcopatu, conftituti funt Epifcopi. Cum autem multitudo non effet; nec inventi funt inter ipfos, qui Presbyteri conftituerentur; etiam contenti fuerunt folo Epifcopo in loco conftituto. Verum fine Diacono*

im-

*De Inæqualitate ac Diverfitate Ordinis &c.* 193

*impoſſibile eſt eſſe Epiſcopum; & curam adhibuit S. Apoſtolus, ut Diaconi adeſſent Epiſcopis propter miniſterium.*

* Supponit ergo S. Epiphanius, 1'.) *Epiſcopi nomen iis ſolum tribui in Scripturis, qui ceu ſupremi inſpectores Eccleſiis ſingulis præerant*, & qui demum, ſi copia idoneorum hominum ſuppeteret, ſub ſe Presbyteros & Diaconos aut ipſi conſtituebant, aut ſaltem conſtitutos ab Apoſtolis ſub ſe habebant: id quod etiam probat ex I. Timoth. V. 19. ubi Apoſtolus monet S. Timotheum Epiſcopum a ſe conſtitutum: *adverſus Presbyterum accuſationem noli recipere, niſi ſub duobus teſtibus:* & jam prius v. 1. ibid. *Seniorem* ( id eſt, Presbyterum) *ne objurgaveris*. Quid attinebat, inquit S. Epiphanius, Epiſcopo hæc vetare; ni majorem Presbytero poteſtatem haberet? 2') *Epiſcopis ſolis poteſtatem fuiſſe Patres, id eſt, Presbyteros, manuum impoſitione conſtituendi, non item Presbyteris:* 3'.) S. Paulum ad Philipp. I. *ideo ſalutare ſolos Epiſcopos & Diaconos*; quia ſub Metropoli Philippenſium plures erant Epiſcopi, omnes quidem jam Diaconis, ſed non item Presbyteris, ſub ſe miniſtrantibus inſtructi: 4'.) eundem *S. Paulum Act. XX. a Mileto miſiſſe Epheſum, & juſſiſſe congregari omnes Epiſcopos vicinarum civitatum:* id quod & S. IRENÆUS L. III. c. 14. refert ita factum eſſe dicens: *in Mileto convocatis Epiſcopis & Presbyteris, qui erant ab Epheſo, & a reliquis proximis civitatibus.* Idem ſatis confirmat ipſe contextus loci Act. XX. 25.; ubi Apoſtolus ait ad illos præſentes Epiſcopos, & natu majores a ſe convocatos: *& nunc ecce ego ſcio, quia amplius faciem meam non videbitis vos omnes, per quos tranſivi prædicans verbum Dei.* Quibus verbis aperte innuit, non unius, ſed plurium locorum, per quæ tranſierat annuntiando Evangelium, Seniores & Epiſcopos collectos ſe coram habere, quos alloqueretur.

2'.) S. CHRYSOSTOMUS circa an. 385. a) commentans in illud Epiſtolæ ad Titum L 5. hujus rei *gratia reliqui te Cretæ, ut conflituas per civitates Presbyteros,* fic ait: *Hic Episcopos intelligi vult* (Apoſtolus): *nec enim profecto vult infulam totam uni viro permitti; fed unicuique propriam curam ac follicitudinem indici.* b) In Hom. I. in Epiſt. ad Philipp. cap. I. v. 1. commentans ad verba Apoſtoli folos *Epifcopos & Diaconos* falutantis fubdit: *quid hoc eſt? An unius civitatis multi erant Epifcopi? Nequaquam: fed Presbyteros iſto nomine appellavit. Tunc enim nomina adhuc erant communia, atque etiam ipfe Epifcopus vocabatur Diaconus. Idcirco ad Timotheum fcribens* (Paulus) *inquit: . . . gratia, quæ data eſt tibi cum impofitione manuum Presbyterii.* PRESBYTERI ENIM EPISCOPUM NON ORDINASSENT. *Et rurfus ad Titum fcribens, hujus rei gratia reliqui te Cretæ, ut conftituas per civitates Presbyteros . . . . Siquis fine crimine eſt &c. . . quæ quidem de Epifcopis dicit: namque hæc cum dixiſſet, ſtatim addidit: oportet enim Epifcopum fine crimine eſſe . . . . Antiquitus etiam Epifcopi . . . vocabantur Presbyteri & Diaconi Chriſti. Quocirca hodie multi Epifcopi fcribunt ita: Compresbytero & Condiacono. Procedente vero tempore proprium cuique diſtributum eſt nomen, ut hic quidem Epifcopus, ille vero Presbyter appellaretur.* c) In Ep. ad Titum Hom. 11. ait.: *inter Epifcopum & Presbyterum intereſt ferme nihil; quippe & Presbyteris Ecclefiæ cura commiſſa eſt, & quæ de Epifcopis dixit, ea etiam Presbyteris congruunt. . Sola ordinatione Epifcopi fuperiores funt; atque hoc tantum plus quam Presbyteri habere videntur.*

\* Supponit ergo S. Chryfoſtomus 1 *)* *utrumque nomen,* EPISCOPI *æque ac* PRESBYTERI *tam in Scripturis, quam in primorum temporum Ecclefiæ ufu perinde veris Epifcopis atque meris Presbyteris fuiſſe commune, imo & nomen Diaconi.* 2.) *Pro certo habet, unius civitatis femper unum tantum fuiſſe Epifcopum, Presbyteros vero fubinde etiam plures: quod patet ex textu* b. 3.) *Pro certo etiam habet, Pres-*

*byter0*

*De Inæqualitate ac Diverfitate Ordinis &c.*

byteris meris non competere poteſtatem ordinandi Epiſcopum vere talem; qualis erat S. Timotheus a S. Paulo ordinatus.

**4.)** Affirmat, *Presbyteros non differre ab Epiſcopis ratione curæ & follicitudinis, ſed ſola ordinatione*, id eſt, quod & ab Epiſcopis ſolis Epiſcopi ordinari, & ipſi alios quoslibet, Presbyteros ſcilicet & Epiſcopos, ordinandi poteſtatem habeant.

3. S. HIERONYMUS circa an, 388. a) in Epiſt. ad Titum I. 5. fic ſcribit: *idem ergo eſt Presbyter & Epiſcopus: & antequam diaboli inſtinctu ſtudia in religione fierent, & diceretur, ego ſum Pauli, ego Cephæ, communi Presbyterorum conſilio Eccleſiæ gubernabantur. Poſtquam vero quisque eos, quos baptizaverat, ſuos eſſe putabat, non Chriſti; in toto orbe decretum eſt, ut unus de Presbyteris electus ſuperponeretur ceteris, ad quem omnis Eccleſiæ cura pertineret, ut ſchiſmatis ſemina tollerentur... Putet aliquis, non Scripturarum, ſed noſtram eſſe ſententiam, Epiſcopum & Presbyterum unum eſſe, & aliud ætatis, aliud eſſe nomen officii, Relegat Apoſtoli ad Philippenſes verba, dicentis;* Paulus.. omnibus Sanctis in Chriſto Jeſu qui ſunt Philippis, cum Epiſcopis & Diaconibus; gratia vobis & pax. *Philippi una eſt urbs Macedoniæ:* & CERTE IN UNA CIVITATE PLURES, UT NUNCUPANTUR, EPISCOPI ESSE NON POTERANT: *ſed quia eosdem Epiſcopos illo tempore, quos & Presbyteros appellabant: propterea indifferenter de Epiſcopis quaſi de Presbyteris locutus eſt. Hoc ideo diximus, ut oſtenderemus, apud veteres eosdem fuiſſe Presbyteros, quos & Epiſcopos: paullatim vero, ut diſſenſionum plantaria evellerentur, ad unum omnem ſollicitudinem eſſe delatam.* b) Pergit idem porro continuo: *ficut ergo Presbyteri ſciunt, ſe Eccleſiæ conſuetudine ei, qui ſibi præpoſitus fuerit, eſſe ſubjectos: ita* EPISCOPI NOVERINT, SE MAGIS CONSUETUDINE, QUAM DOMINICÆ DISPOSITIONIS VERITATE PRESBYTERIS ESSE MAJORES, *& in commune debere Eccleſiam regere,*

*gere, imitantes Mosen; qui cum haberet in potestate solus præesse populo Israel, septuaginta elegit, quibuscum populum judicaret.* c) Idem in Epist. 85. ad Evangel. reprimens cujusdam hominis audaciam, Diaconos Presbyteris anteponentis, asserit ferme eadem, quæ in textus sub litera (a) recitati initio affirmarat, & subdit modum, quo electio Episcopi fieri solebat: *Alexandriæ*, inquit, *a Marco Evangelista usque ad Heraclam & Dionysium Episcopos, Presbyteri semper unum ex se electum in excelsiori gradu collocarunt, quem Episcopum nominabant: quomodo si exercitus imperatorem faciat; aut Diaconi eligunt de se, quem industrium noverint, & Archidiaconum vocant.* d) Subdit denique in eadem Epistola 85. non esse aliud discrimen Episcopi & Presbyteri, nisi ratione ordinationis, dicens: *quid facit, excepta ordinatione Episcopus, quod Presbyter non faciat?* Ibidem Episcoporum & Presbyterorum diversitatem comparat Aaroni & ejus filiis dicens: *ut sciamus traditiones Apostolicas sumtas de veteri testamento, quod Aaron, & filii ejus, atque Levitæ in templo fuerunt, hoc sibi Episcopi, & Presbyteri, & Diaconi vindicant in Ecclesia.* e) In Dialogo adversus Lucif., quem jam circa a. 378. Hieronymus scripsit, docet 1. *Ecclesiæ salutem in summi Sacerdotis dignitate pendere, cui si non exors quædam & ab hominibus eminens detur potestas, tot erunt in Ecclesia schismata, quot Sacerdotes*: 2.) Ad solos Episcopos pertinere jus dandi Spiritum Sanctum baptizatis per manuum impositionem: 3.) Jus istud a Spiritu Sancto esse: *disce*, ait, *hanc observationem ex ea auctoritate descendere, quod Spiritus Sanctus ad Apostolos descendit.*

\* Supponit ergo pro certo S. Hieronymus, 1.) *Episcopis proprie sic dictis hæc esse propria, nec cum Presbyteris meris communia, videlicet, quod soli ordinare Presbyteros & Episcopos possint; quod non nisi unus in una civitate Episcopus*

## De Inæqualitate ac Diverſitate Ordinis &c. 197

*pus eſſe poſſit*, cum multi eſſe Presbyteri queant; *quod hoc ordinationis diſcrimen cum jure dandi Spiritum Sanctum jungatur*; eoquod Spiritus Sanctus in Apoſtolos deſcenderit ( d, a, e ). Supponit 2.), *Epiſcopos & Presbyteros in ipſo Eccleſiæ exordio ſine alio diſcrimine quam ſolius ordinationis*, id eſt, pari jurisdictione, & cura communi, *Ecclefias rexiſſe*; atque idcirco tunc etiam utrumque nomen commune habuiſſe: brevi tamen ex illorum diſcordiis, & ortis ſchiſmatis patuiſſe neceſſitatem conſtituendi aliquem ſummum Sacerdotem, atque idcirco Epiſcopos Presbyteris ſuperpoſitos, eisque ſuperiorem quamdam Eccleſiarum ſingularum curam & regimen fuiſſe commiſſum ( a ). Ait 3.), *iſtud poſterius diſcrimen*; jurisdictionis videlicet, *magis conſuetudine Eccleſiæ* ( diſcentis videlicet ex ipſis diſſenſionibus neceſſitatem ſubordinationis ad unum caput immediatum ) *quam Dominicæ diſpoſitionis veritate, fuiſſe introductum* (b), 4.) idemque ſimile eſſe diſcrimini, quod in veteri teſtamento erat *inter Moſen & ſeptuaginta Seniores*, aut inter *Aaronem* ſummum Sacerdotem & *ejus filios*, vel inter *Imperatorem & Duces exercitus* ( b, c, d ).

4'.) THEODORETUS CYRENSIS circa an. 432. commentans in I. Timoth. III. ſic habet: *eosdem olim vocabant Presbyteros & Epiſcopos: eos autem, qui nunc vocantur Epiſcopi, Apoſtolos nominabant. Procedente autem tempore Apoſtolatus nomen reliquerunt iis, qui veri erant Apoſtoli: Epiſcopatus autem appellationem iis, qui olim dicebantur Apoſtoli, impoſuerunt. Ita Philippenſium Apoſtolus erat Epaphroditus, ... Cretenſium Titus, & Aſianorum Timotheus.*

\* Supponit ergo Theodoretus 1.) *ſemper fuiſſe in Eccleſia diſcrimen aliquod inter veros Epiſcopos & meros Presbyteros*; cujus diſcriminis iudicandi cauſſa illis nomen *Apoſtolorum* inde ab initio datum fuerit: 2. ) nomina vero *Epiſcopi* & *Presbyteri* ad illud diſcrimen exprimendum non in principio Ecclefiæ, fed poft primum ut proprii gradus notas adhibitas fuiffe.

\* \* Nititur Theodoretus *tum* citatis locis Act. XX. 17. & ad Philipp. I. 1., in quibus Presbyteri eidem exprimi per nomen *Epifcoporum*, in numero plurali & immediate cum Diaconis compofitum, videbantur: *tum* quod ad Philipp. II. 25. Epaphroditus fummus eorum Antiftes, non Epifcopus, fed *Apoftolus* vocatur. Sic etiam ad Rom. XVI. 7. Andronicus & Junias dicuntur effe *nobiles in Apoftolis*.

### 174.

*Presbyteri nomen in Actis Apoftolorum & Epiftolis Apoftolicis, ficuti & in ufu primæ Ecclefiæ Chriftianæ nunc commune eft Epifcopis & ipfis Apoftolis, ac generali fignificatu præfecturam Ecclefiafticam fignificat; nunc fpeciali modo fimplices presbyteros ab Epifcopis dignitate diverfos eisque inferiores defignat.* Namque in fecunda & tertia Epiftola S. Joannis, & prima S. Petri, uterque Apoftolus feniorem feu presbyterum fe ipfum appellat: & ad Titum cap. I. jubet S. Paulus S. Titum per fingulas civitates presbyteros, id eft, Epifcopos conftituere: mox enim docens, quales presbyteri conftituendi fint, ait: *oportet enim Epifcopum irreprehenfibilem effe*. Rurfus 1. Timoth. IV. ait Paulus, gratiam Timotheo datam effe *cum impofitione manuum presbyterii*, id eft Epifcoporum; cum utique presbyteri fimplices Epifcopum non ordinarint; qualis Epifopus certo erat Timotheus. Atque hoc primum erat. Sed & fpecialis ejusdem vocabuli acceptio pro fimplici presbytero Epifcopis fubjecto extat 1. Timot. V. 17.; ubi dicitur: *qui bene præfunt, presbyteri, duplici honore digni funt*: & Jac. IV. 14. *infirmatur quis in vobis; inducat presbyteros ecclefiæ &c*: neque enim una Ecclefia plures Epifcopos habere poteft. Item in cit. 1. Timoth.

moth. V. 19. *adverſus presbyterum accuſationem noli accipere niſi ſub duobus aut tribus teſtibus:* ubi ſane de presbytero inferiore, Timotheo Epiſcopo ſubjecto, ſermo eſt: *quod erat alterum.* Adde: in utroque hoc convenire omnes ſcriptores Eccleſiaſticos primorum ſeculorum, maxime §. præc. allegatos: unum tantum eſſe poſſe unius civitatis Epiſcopum, plures autem presbyteros; item hos ab illo ita ordine differre, ut ſolus ille ordinare presbyteros & alios Epiſcopos poſſit, non item presbyteri ſimplices.

### 175.

*An Epiſcopi nomen Apoſtolorum ætate promiſcue veris Epiſcopis & presbyteris inferioribus datum ſit, incertum eſt.* S. Epiphanius enim, Chryſoſtomo & Hieronymo ac Theodoreto antiquior, conſentiente Irenæo ſecundi ſeculi eruditiſſimo ſcriptore (173. n. 1. not.), affirmate tenet, in Actis & Epiſtolis Apoſtolicis nomine Epiſcoporum ſemper intelligi veros Epiſcopos, presbyteris ſimplicibus ordine ſuperiores (173. n. 1. not.): quin ex ipſis Actis & Epiſtolis Apoſtolicis oppoſitum ſolide probari queat.

### 176.

*Epiſcopi proprie tales, ſeu ſummi Eccleſiarum in civitatibus ſingulis præpoſiti, omni tempore ſuperiores ordine proprio ceteris ejusdem civitatis & particularis Eccleſiæ presbyteris erant, ac habebantur.* In ſingularum enim civitatum Eccleſiis ſummus ſacrorum antiſtes conſenſu omnium ſcriptorum primorum ſeculorum (173.) non niſi unus erat, idemque ſolus ordinaria, ſeu ſtabili, poteſtate pollebat manuum impoſitione ordinandi presbyteros, & alios Epiſcopos, id eſt, ordinem ipſum ſeu ſtabilem poteſtatem (168.) conficiendi Sacramenta baptiſmi & Euchariſtiæ (167. 169.), atque ipſam poteſtatestatem stabilem alios similiter ordinandi, aliis conferendi; quin eadem potestas ordinandi ceteris ejusdem Ecclesiæ presbyteris, ordine, seu stabili potestate baptizandi & Euchariftiam conficiendi instructis, esset communis. In hoc enim & S. Epiphanius, & S. Chrysostomus, atque ipse Hieronymus conveniunt.

* Huc spectat, quod Eusebius II. Hist. c. 1. & L. II. c. 11. narrat. de S. Jacobo Jerosolymorum Episcopo ab Apostolis ipsis constituto, & surrogato eidem, martyrium subeunti, S. Simeone Cleophæ filio. Quod ipsum jam ante Eusebium refert Clemens Alexandrinus in L. VI. Instituto Huc item pertinet, quod in ipsa Apocalypsi S. Joannis de septem Ecclesiarum singulis Episcopis memorat, quos *Angelorum* nomine appellat. Quæ omnia sane evincunt, Episcopos veros ab Apostolis ipsis, eosque non nisi unos in singulis civitatibus cum summa potestate constitutos fuisse.

* * *Neque opponas* isthic grandem illam controversiam de *Chorepiscopis*; quos aliqui etiam ex Catholicis Doctoribus cum Joanne Morino (de SS. Ordinat P. II. exercit. 4. cap. 3. & 4.) existimarunt fuisse simplices Presbyteros, & tamen datam fuisse illis potestatem omnes etiam SS. Ordines, etiam Presbyteratum, solo excepto Episcopatu, conferendi; etsi alii ex adverso existiment, eosdem vera ordinatione Episcopos fuisse. Unde etiam non nulli Theologi Catholici cum Vasquesio (in 3. p. S. Thomæ q. 243. a. 3. & 4.) ex prioris sententiæ hypothesi inferunt, saltem delegatam ordinandi etiam Presbyteros potestatem simplicibus Presbyteris conferri posse. *Verum*, quidquid de Chorepiscopis, seu agrorum Episcopis, sentias; nihil præsens propositum morari potest. Conveniunt enim etiam ii scriptores, quicunque Chorepiscopos fuisse simplices Presbyteros, ac tamen valide ordinasse alios Presbyteros, existimant; conveniunt, inquam, omnes in eo; quod illi vi officii Chorepiscopalis (nisi aliunde vera ordinatione propria Episcopi fuerint) in ordine ad validam ordinationem Presbyterorum

## De Inæqualitate ac Diversitate Ordinis &c. 201

non nisi delegatam, id est, precariam, in singulis actibus a voluntate Episcoporum, quibus subjecti erant, dependentem potestatem habuerint. At contra veri Episcopi, qui singuli in singulis Ecclesiis civitatum summi sacrorum Antistites erant, secundum omnes *ordinariam*, id est, stabilem, ac *propriam* potestatem ordinandi valide tam Presbyteros, quam alios sui similes Episcopos, omni tempore habuere, & non mere precariam ac delegatam ( 34. ). Unde si Morino & Vasquesio etiam contra communiorem longe aliorum Theologorum sententiam subscribas, teneasque, Chorepiscopis, licet meris Presbyteris, potestatem a veris Episcopis suis delegatam ordinandi Presbyteros concessam fuisse; in cujus tamen singulis exercitiis ab ipso jure proprio, seu libero arbitrio, Episcopi dependebant: adhuc evidens erit, solos veros Episcopos *ordinaria*, id est, stabili ac *propria* potestate ordinandi Presbyteros, & veros Episcopos, instructos, ac proinde vero ordine ( 168. ) superiores simplicibus Presbyteris omni tempore fuisse; solumque illud consequetur, potestatem ordinandi omnem ( excepta ordinatione Episcopali qua tali ) more jurisdictionis item delegari, id est, pro arbitrio & precario concedi meris Presbyteris posse ( 34. 26. ). *Neque obstat:* quod cum eodem Morino ( de SS. Ordin. Exercit. 5. ) non nulli defendant, etiam veri Episcopi ordinationes, non juxta canones Ecclesiæ factas, olim passim pro invalidis habitas fuisse. *Nam*, præterquam quod hodie communi sententia opinionem hanc Catholici Doctores rejiciant; etsi eam esse veram supponas, minime sequetur, etiam verorum Episcoporum ordinandi potestatem mere precariam esse; id est, talem, quæ ab arbitrio mero & vero jure, seu summi Pontificis, seu Conciliorum, id genus Canones Ecclesiasticos statuentium, in quovis actu dependeant: sed solum illud inde recte inferri potest; æque potestatem ordinandi omnibus & singulis Apostolis, eorumque successoribus, ab ipso Christo Domino concessam ( 170. ), superiori jurisdictioni S. Petri in ordine ad sui exercitium non modo licitum, sed etiam validum, & quoad effectum ipsum

ipsum proprium, *subordinatum* fuisse. Atqui etiam subordinata quævis potestas simul tamen *propria* & ordinaria, seu stabilis, esse potest; modo non ipsi juri & libero arbitrio, sed solum potestati morali, superioris alicujus subjiciatur (34.). Licebit itaque tota isthac mere historica disquisitione de gradu Chorepiscoporum hic quidem penitus supersedere; ne ordo demonstrationis in exponenda institutione vera Hierarchiæ Ecclesiasticæ stabilis distractione intempestiva interrumpatur.

177.

*Ordo Episcopalis ordine presbyteri simplicis non tam jure divino quam ipso conceptu metaphysico altior ac superior est.* Altiorem enim esse potestatem stabilem & propriam ordinandi presbyteros ipsos & patres Ecclesiæ, conjunctam cum potestate generandi solum filios Dei & Ecclesiæ, & conficiendi Eucharistiam atque alia quævis Sacramenta a Christo instituta, quam solam potestatem generandi filios & cetera conficiendi Sacramenta, necessitate metaphysica ex ipsis notionibus utriusque potestatis, gradus diversos & inæqualem magnitudinem exprimentibus, evidens est. Unde siquidem ambo isti ordines quacunque in hypothesi sejungantur, jure seu lege divina haud opus erit, ut unus sit altero superior. Atqui ordo Episcopalis proprie dictus ab ordine presbyteri ex notione illa secundum usum Ecclesiæ recepta differt potestate propria ac stabili ordinandi presbyteros & alios Episcopos (176.) Ergo &c. &c.

178.

*Nullum extat in Scripturis vestigium divinæ legis seu institutionis cujuscunque a Christo factæ, qua juberetur separari in subjectis diversis ordo Episcopalis ab ordine presbyteri, vel actualis a Christo factæ separationis.* Neque enim Christus diverso tempore

Apo-

*De Inæqualitate ac Diverfitate Ordinis &c.* 203

Apoſtolos inſtituit Presbyteros & Epiſcopos; ſed in cœna ultima dicens, *hoc facite in meam commemorationem*, nec uspiam alibi, conſtituit ſimul Epiſcopos & Presbyteros in ordine ad Sacramentum Euchariſtiæ; & idem Chriſtus Dominus Joan. XX. 21. dicens, *ſicut miſit me Pater, & ego mitto vos &c.* eosdem Apoſtolos inſtruxit ſimul poteſtate ſacerdotali remittendi peccata per ſe in Sacramento Pœnitentiæ, & poteſtate Epiſcopali eandem poteſtatem conferendi aliis; quin & Epiſcopos ordinandi alios: *neque* Chriſtus quemvis alium præter Apoſtolos ipſe aut presbyterum, aut Epiſcopum, inſtituit. Quem enim? an ſeptuaginta diſcipulos? ubi vero, & quando? Certe iſti nec in cœna ultima, nec in cœna, de qua Joan. XX. ſermo eſt, aſſuere præſentes. Sed neque Luc, X., cum a Chriſto in omnem civitatem mitterentur ante, quam Chriſtus eo veniret, aliam ab eo accepere poteſtatem, quam curandi infirmos & annuntiandi propinquum Meſſiæ & regni Dei adventum. Denique nec Apoſtoli ipſi uſpiam in ſcriptis ſacris, nec ceteri Evangeliſtæ, memorant aliquid de præcepto Chriſti jubentis talem ſeparationem.

\* Scio multos Eccleſiaſticos Scriptores atque Theologos aſſerere, Presbyteros ad formam ſeptuaginta diſcipulorum conſtitutos fuiſſe; quod idem ait Concilium Neocæſarienſe an. 314. celebratum Can. 13, Sed aliud eſt, Presbyteros, ab Apoſtolis ſeparato ordine conſecratos, aſſumtos eſſe ab eisdem ad officium ſimile; ad quale Chriſtus diſcipulos aſſumſit, nimirum ad curandos animæ morbos in Sacramento Baptiſmi, Pœnitentiæ, atque extremæ Unctionis, & ad annuntiandum verbum divinum; aliud eſt diſcipulos illos ſeptuaginta fuiſſe ab ipſo Chriſto conſecratos Sacerdotes. Certe S. Nicolaus I. an. 864. in Epiſt. ad Rudolphum Bituricenſem Archiepiſcopum omnino aſſerit, ſeptuaginta diſcipulos *officia Epiſcoporum habuiſſe*, dubitari non poſſe.

Atqui

Atqui certe non credidit ille, ab ipso Christo, sed ab Apostolis creatos Episcopos fuisse, uti Barnabas, Sila, aliique. Interim S. Ephiphanius Homil. 20. septem Diaconos, ab Apostolis ordinatos, scribit ex septuaginta duobus discipulis fuisse.

### 179.

I. *Ipsi itaque Apostoli, seu occulto aliquo Christi præcepto, sive S. Spiritus inspiratione moti, gradum ordinis superioris Episcopalis ab inferiore gradu ordinis Presbyteri simplicis separarunt, ordinando alios quidem Episcopos, alios solum simplices Presbyteros; vel potius ordinatis a se Episcopis præcipiendo, ut Presbyteros simplices sibi in curæ & sollicitudinis Ecclesiarum auxilium ordinarent*, ad formam videlicet & exemplum Christi septuaginta discipulos Apostolis jam delectis adjungentis.

II. *Perquam sapienter itaque Concilii Tridentini Patres Sess. XXIII. Can. 7. definiere quidem*, superiores Presbyteris esse Episcopos, nec eam potestatem ordinandi, quam habent, Presbyteris communem esse; *attamen abstinuere ab eo, ut jure divino superiores Presbyteris Episcopos dicerent*. Sicuti & iidem salvo eo, quod gradus primum ipsi Apostoli separarint, rectissime Can. 6. Sess. cit. statuerunt: hierarchiam in *Ecclesia Catholica divina ordinatione ex Episcopis, Presbyteris, & Ministris constitutam fuisse*.

### 180.

*Penes unum aliquem Episcopum cujusque particularis Ecclesiæ curam ac jurisdictionem, etiam supra jam una constitutos in eadem Presbyteros simplices se extendentem, semper constituerunt SS. Apostoli; atque penes eundem Episcopum solum etiam deinceps in omni prima Ecclesia mansit; quin unquam Presbytero simplici in Ecclesia, proprium Episcopum habente, ex ordi-*

ordinis seu gradu jurisdictio propria seu in ceteros compresbyteros, seu in Episcopum ejusdem Ecclesiæ, competeret. Id patet

1°.) Ex Scriptis Apostolicis. Nam S. Paulus ad Titum I. 5. ait: *reliqui te Cretæ, ut ea, quæ desunt, corrigas.* Et I. Timoth. V. Timotheum, Episcopum a se Ephesi constitutum, monet v. 17.: *qui bene præsunt Presbyteri, duplici honore digni habeantur: maxime, qui laborant in verbo & doctrina.* - - - *Adversus Presbyterum accusationem noli recipere, nisi sub duobus vel tribus testibus.* Enimvero hæc, sicuti & alia, quæ circa munus docendi totam particularem Ecclesiam præscribit Apostolus Timotheo, innuit profecto, penes Episcopum curam & jurisdictionem supra omnes atque ipsos etiam Presbyteros ab Apostolis repositam fuisse.

2.) Ex Patribus et Scriptoribus ecclesiasticis Primorum Seculorum a) ex SS. Ignatio, Irenæo, & Tertulliano, quorum textus luculentos recitavi §§. 149. 150. Certe *S. Ignatius* in Ep. ad Trallianos apertissime monet: *reverimini Episcopum vestrum, sicut Christum; quemadmodum beati nobis præceperunt Apostoli. Quid enim aliud est Episcopus, quam is, qui omnem potestatem & principatum super omnes habet.* Et in Epist. ad Magnesios: *decet vos obedire Episcopo, & in nullo ei refragari... Quemadmodum Dominus sine Patre nihil facit: sic & vos sine Episcopo, nec Presbyter, nec Diaconus, nec Laicus.* Maxime vero hic notari meretur, quod Sanctus hic Episcopus in Epistola ad Antiochensem propriam Ecclesiam scribit, ad martyrium ipse proficiscens: *Presbyteri,* inquit, *pascite gregem, qui inter vos est; donec Deus designaverit eum, qui principatum in vobis habiturus est: ego enim jam immolor.* Ex quo sane patet, vivente Episcopo Presbyteros non fuisse ab ejus jurisdictione immunes. Pariter

S. IRENÆUS L. III. c. 3. supra citato nihil memorat de Presbyteris, sed singulis Ecclesiis *singulos Episcopos* ab Apostolis præfectos fuisse simpliciter asserit; sicuti & TERTULLIANUS de Præscript. c. 32. ita successionem Episcoporum in qualibet peculiari Ecclesia adstruit, *ut primus Episcopus cujuslibet aliquem ex Apostolis, vel Apostolicis viris, habuerit auctorem.*

b) EX IIS TEXTIBUS SS. PATRUM, *in quibus Episcopos docent successisse in locum Apostolorum.* ita 1.) S. CYPRIANUS L. II. Ep. 10. scribit, *unitatem a Domino per Apostolos vobis* (Episcopis) *successoribus traditam* fuisse. 2.) IN CONCILIO CARTHAGINENSI sub S. Cypriano Clarus a Mascula ait: *Apostolos,.. .. quibus nos successimus, eadem potestate Ecclesiam Domini gubernantes.* 3.) S. HIERONYMUS Ep. 54. *apud nos Apostolorum locum Episcopi tenent,* 4.) S. AUGUSTINUS de Verbis Domini Serm. 24. (qui vulgo authenticus habetur) ait: *in eorum*) Apostolorum) *loco constituit nos.* 5.) S. CHRYSOSTOMUS Serm. de Anathem. asserit, anathematizandi potestatem ab Apostolis ad successores eorum Episcopos transiisse. 6.) S. GREGORIUS M. homil 26. ait: *horum* (Apostolorum) *nunc in Ecclesia Episcopi locum tenent: ligandi atque solvendi auctoritatem suscipiunt, qui gradum regiminis sortiuntur.* Jam vero certum est, quod Apostoli propria jurisdictione præfuerint Ecclesiis a se fundatis, earumque Presbyteris.

\* Solus *objici potest* locus S. HIERONYMI supra (173. n. 3. sub lit. a & b) citatus, in quo vir sanctus aperte affirmare videtur, non solum nomen Episcopi Presbyteris, sed & curam Ecclesiæ cujusque singularis, in principio saltem Ecclesiæ ita communem cum Episcopo vero fuisse, ut nullum esset jurisdictionis saltem discrimen, nec ulla Presbyterorum subjectio: sed istam primum postea factam ob pericula schismatum, ac proinde non ex jure divino, sed ex Eccle-

Ecclefiæ ftatuto. Huic objectioni priusquam refpondeam, fequens principium præmittendum eft.

181.

Jure divino conftitutum eft, ut Ecclefiæ particulares ab Epifcopis veris cum poteftate ordinis & jurisdictionis propriæ, & ordinariæ, feu ftabilis, ejusdemque immediatæ, vulgo regantur. Apoftolis enim omnibus a Chrifto collata eft poteftas jurisdictionis juxta atque ordinis cum fucceffione perpetua per illa verba Joan. XX. 21. *ficut mifit me Pater, & ego mitto vos &c.*: & licet ea omnis Apoftolorum poteftas ab eodem Chrifto Domino Joan. XXI. 15. ob curam totius ovilis Petro commiffam *fubordinata* fuerit poteftati & jurisdictioni fuperiori S. Petri, ejusque fuccefforum (142. I.) nihilominus eo ipfo, quod Chriftus a toto Ecclefiæ fuæ regimine excluferit omnem *dominatum*; & illum, qui *major* effet ab eo inter Apoftolos conftituendus, jufferit fieri ficut *minorem* Luc. XXII. (163.); non dedit profecto S. Petro moralem poteftatem omnia immediata jurisdictione difponendi in Ecclefia, fed poteftatem fuperiorem quidem; quæ tamen in ordine fe exercendi regeretur non ambitione oftentationis, aut dominatus; fed lege generali, quam finis ultimus focietatis Ecclefiafticæ a Chrifto inftitutæ (107. I.) determinat; videlicet, ut, quamdiu nullus abufus inferioris poteftatis, vel officii negligentia, ac proinde nullum publicæ falutis fpiritualis periculum, fuperioris poteftatis exercitium provocat, fe non ut *majorem*, fed potius ut *minorem* gerat, concedendo liberum omnem legitimum immediatæ poteftatis ufum inferioribus rectoribus cujusque Ecclefiæ (35.). Suppofita enim femel inftitutione Inferioris & fuperioris poteftatis, & exclufo dominatu, lex hypothetice naturalis ordinem determinat, ut prius fefe exerat poteftas inferior præ fuperiore; fiquidem utriusque poteftatis conjunctio

& fub-

& fubordinatio ex finis ultimi propofito non eft inftituta, nifi ad corrigendam, vel fupplendam inferiorem; ficubi hæc a fine aberret aut abufu, aut officii negleftu. Itaque Apoftolis cum jure fucceffionis perpetuæ conceffa a Chrifto poteftas eft poteftas immediata & propria (34. 35.). Atqui Epifcopi, non presbyteri, nec alii quicunque, fuccedunt Apoftolis jure divino in regimine Ecclefiarum fecundum poteftatem jurisdiftionis æque ac fecundum poteftatem ordinis. Eo ipfo enim, quod Chriftus utramque iftam poteftatem conjunxerit in Apoftolis, & in utraque fucceffores perpetuos inftituerit: eo ipfo quod evidenter foli Epifcopi fuccedant Apoftolis in poteftate ordinis, etiam foli ex inftitutionis divinæ modo eisdem fuccedunt in poteftate jurisdiftionis. *Præterea* tam neceffaria eft Ecclefiis fucceffio in ordine facro quam in jurisdiftione Apoftolica : ergo Epifcopo, qui in ordine fuccedat Apoftolo, carere quælibet Ecclefia non poteft : ergo hoc ipfo idem debet fuccedere in jurisdiftione propria & immediata; cum non deceat per fe, atque etiam a divina inftitutione diffentiat, alium effe, qui ordinis Apoftolici, alium qui jurisdiftionis Apoftolicæ poteftate immediata in quavis Ecclefia fungatur. Denique SS. PATRES (præc. n. 2. lit b. citati) fine difcrimine poteftatis ordinis & jurisdiftionis, Epifcopos pro certis Ecclefiis fingillatim conftitutos univerfe fuccedere Apoftolis in officio refpectu cujusque Ecclefiæ affirmant: atque idipfum affirmat CONCILIUM TRIDENTINUM Seff. XXIII. cap. 3. dicens: *Sacrofanfta Synodus declarat, præter ceteros Ecclefiafticos gradus, Epifcopos, qui in Apoftolorum locum fucceffierunt, ad Hierarchicum ordinem præcipue pertinere.*

182.

I. *Epifcopi jurisdiftione etiam fuperiores funt presbyteris in fuis propriis Ecclefiis.*

II. Pres-

*De Inæqualitate ac Diverfitate Ordinis &c.*

**II.** *Presbyteris nulla jurisdictio propria jure divino competit.* Ne quidem enim Ordo presbyteri jure divino aliquo nobis noto feparatus ab ordine Epifcopi fuit: nec ufpiam veftigium eft jurisdictionis a Chrifto alteri quam Apoftolis per fe ipfum immediate conceffæ.

**III.** *Jurisdictio propria & immediata Epifcoporum in fuas Ecclefias particulares eft immediate a Deo.* Eft enim ipfa, quæ erat in Apoftolis; quin etiam a fummo Chrifti in terris Vicario aboleri poffit; quippe cui non dedit Chriftus poteftatem mutandi modum regiminis Eccléfiæ a fe inftitutum, fed potius obligationem impofuit inftar fundamenti immobilis confervandi in fua omni prima firmitate ædificium Ecclefiæ a fe conftitutum.

**IV.** *Unde Epifcopi jurisdictionem propriam & immediatam in fuas Ecclefias accipiunt non a fummo Pontifice, fed immediate a Deo, fuppofita legitima electione & aliis requifitis;* de quibus infra dicam. Si enim reciperent a fummo Pontifice; oporteret, ut jurisdictio immediata & propria in omnes particulares Ecclefias vi inftitutionis divinæ effet immediate collata *foli* Pontifici, & ab eo primum transmitteretur in Epifcopos; & in ifta hypothefi debuiffet Chriftus foli S. Petro eam committere cum præcepto, ut Apoftolos in partem follicitudinis uti *fuos miniftros* afcifceret. Atqui hoc certo falfum eft: nec convenit cum metaphora illa fundamenti, quod utique remotiores a fe partes *non fe folo firmat immediate*, fed mediantibus aliis, ex. gr. columnis, fornicibus &c: neque Apoftoli ufpiam fe vocarunt miniftros S. Petri, fed Chrifti.

\* Exemplum habes in republica libera, in qua, cum initio poteftas fumma fecundum omnes fit in populo, cui immediate a Deo cum ipfo jure proprio libertatis eft collata ad libere fe obligandum certis legibus communi confenfu in STATTLER, DEMONSTR. CATHOL. O fociale

fociale pactum; etfi populus fummi imperii exercitium & regimen limitatum fic transmittat in regem aliquem, ut tamen præfectos inferiores cum jurisdictione aliqua, inferiore quidem & regi fubordinata, immediata tamen & a rege immutabili, cum perpetua fucceffione conftituat; enimvero, licet regi poteftatem committat perfonas ad ejus præfecturæ officia nominandi, juris:ictio tamen id genus præfectis inferioribus perinde atque Regi ipfi femper immediate a populo, non a rege, obvenit: quippe quod ipfimet regi non nifi mediata jurisdictio, cum debita fubordinatione ad legem fundamentalem exercenda, a populo collata fuerit. Itaque etiamfi Chriftus, fupremus ille Princeps Ecclefiæ, Vicario fuo fupremo fupremi imperii exercitium (limitatum tamen tota lege inftitutionis, qua inferiorum miniftrorum fuorum poteftatem perinde ipfe in perpetuum firmavit) commiferit; efto, conjunctum illud fit cum poteftate defignandi perfonas, vel excludendi ab officiis inferioris cujusque jurisdictionis: inferiorum tamen omnium miniftrorum, ab ipfumet Chrifto Domino fecundum fpeciem officii inftitutorum, jurisdictio propria & immediata, uti in fua continuatione non pendet a jure & arbitrio fummi Pontificis (fecus propria non effet, fed a Pontifice folum delegata 3. 34.), feu folum a fuperiore morali poteftate; ita nec in fui principio exiftentiam in perfona determinata fortitur ab actione feu collatione fummi Pontificis, ceu a cauffa efficiente illam, fed folum tanquam a cauffa vel promovente., vel non impediente; quatenus vel ipfe defignat in aliquo cafu perfonam, vel legitime defignatam & præfentatam Deo ab aliis, non impedit ob legitimas rationes.

\*\* *Neque ex eo fequitur*, fic omnem jurisdictionem ex. gr. Nuntiorum Apoftolicorum, Patriarcharum, Metropolitarum, imo Parochorum, Decanorum, Miniftrorum Principum &c., fore immediate collatam a Deo, nec ad homines pertinere nifi defignationem perfonarum ad hæc oficia. *Nam*, quoniam officia hæc, & jurisdictio quæcun-

## De Inæqualitate ac Diverfitate Ordinis &c.

cunque eis connexa, non funt a Deo immediate inflituta fed tota illa jurisdictio per modum propriæ & immediatæ jurisdictionis, refpectu quorumvis actuum illius exercitio proprie refpondentium, antecedenter competierit illis, qui ipfa officia Nuntiorum, Patriarcharum, Parochorum &c. inftituerunt (cum hæc utique immediate inftituta a Deo non fuerint) idcirco etiam nunc jurisdictio omnis his officiis qua talibus adhærens in fua confervatione & propagatione ad alias perfonas ab eorum jure & arbitrio dependet, qui vel ipfi ea inftituentes fuam propriam poteftatem gerentibus ea officia delegarunt, vel delegantibus eam in officium propriæ jurisdictionis fuccedunt.

\*\*\* *Neque demum ex ifto per fe confequitur*, non poffe Summum Pontificem vel auferre, vel mutare jurisdictionem Epifcoporum; quod tamen vulgo exinde inferri ab adverfæ fententiæ patronis folet. Nam ex eo, quod illa Epifcoporum jurisdictio immediate fit a Deo, folum fequitur, eam non dependere *a libero jure* & arbitrio Summi Pontificis; non item non dependere poffe eandem *a poteftate* ejusdem *morali faperiore* in cafibus; in quibus falus publica Ecclefiæ alicujus particularis, vel etiam univerfalis (quæ fumma femper lex eft omnis focietatis; quia eft finis ultimus omnes regulas in ufu mediorum determinans) exigit eam vel auferri, vel mutari. Quidni falutis iftius publicæ neceffitas fpectata mente Chrifti efficere poffit, ut vel ipfum fummum Pontificem (exemplo fit Joannes XXII., fine dubio legitime electus, & ab Ecclefia, inter dubios Pontifices judicante, acceptatus) in cafu aliquo fingulari non nifi fub ea conditione eligat, ut neceffitate Ecclefiæ pofcente iterum Pontificatum deponat. Qua neceffitate reipfa eveniente nonne habebit illa poteftatem deponendi talem Pontificem in aliquo Concilio Epifcoporum generali? Atqui tamen omnis Romani Pontificis jurisdictio immediate illi obvenit a Deo.

## 183.

*Nihil obstat*, potestatem jurisdictionis & ordinis Episcopalis tempore sejungi ac separari in eadem persona posse. Diversa enim potestas per se est, & ad diversos plane effectus tendit, illa quidem ad leges divinas & Ecclesiasticas ferendas, declarandas, exequendas &c., haec ad ordinem sacrum aliis conferendum, quae est potestas conficiendi Sacramenta a Christo instituta. Una ergo nec importat alteram, nec a priori supponit; ac proinde separabiles per se sunt. *Praeterea* Christi lex, vel institutio per se nulla obstat: etsi enim officium Episcopale instituerit, cui utramque istam potestatem perpetuo ac proprio jure adnecti voluerit; non tamen constat, uspiam illum constituisse, vel ut nulli possit potestas una sine altera conferri, vel ut ne propriis Ecclesiarum particularium Episcopis potestas jurisdictionis propriae prius inesse queat, quam ordinis potestas insit, aut ista remanere post illam aut ablatam, aut sponte dimissam ab Episcopo.

\* Si verum est, in coena ultima Apostolos jam potestatem ordinis Episcopalis saltem quoad ordinationem Sacerdotum cum potestate consecrandi Eucharistiam a Christo accepisse: cum jurisdictionem Episcopalem certo primum post resurrectionem Joan. XX. 21. acceperint: in ipso sui exordio ab ipso Christo sejunctim potestas ordinis a jurisdictione omni concessa fuerit necesse est. Atqui verisimillimum est, Christum, uti in Coena Sacramentum Eucharistiae in perpetuum instituit, sic & potestatem eam consecrandi, quam certo ibidem Apostolis dedit per verba, *hoc facite in meam commemorationem*, ceu *perpetuam*, ac proinde conjunctam cum potestate ordinandi alios Sacerdotes & Episcopos, jam tunc instituisse.

184.

## 184.

Ordo quidem presbyterorum secundum se jure divino est institutus, sed nulla propria eorum jurisdictio. Ordo enim conficiendi Sacramenta quaecunque a Christo instituta, in Apostolis ab eodem simul cum potestate ordinis Episcopalis conjunctus est & institutus. Ergo etiam ordo presbyterorum, qui complectitur potestatem conficiendi aliqua Sacramenta sine potestate propria ipsum ordinem a Christo institutum aliis conferendi, seu ordinandi alios Sacramentorum Christi ministros (presbyteros, vel Episcopos §. 176.) ab eodem utique Christo Domino est institutus : *quod primum*. Porro cum ipse Christus Dominus ordinem presbyteri simplicis ab ordine proprie Episcopali nunquam in ulla persona separarit, nec separari praeceperit (178.); presbyteris simplicibus propriam jurisdictionem ut institueret, fieri non potuit : *quod alterum*.

## 185.

I. *Omnis ergo simplicium presbyterorum jurisdictio non est propria, sed mere delegata; a summo Pontifice quidem, si est Episcopali superior, & mediata; vel ab Episcopis, si est immediata & inferior.*

II. *Interim etiam delegata jurisdictio aut stabilis delegari potest ad certas species actuum, aut solum ad aliquos actus certo numero, vel ad determinatum solummodo ac breve tempus exercendos.* Illa vero tunc ordinaria jurisdictio, haec non ordinaria vocabitur.

III. *Unde alia est jurisdictio propria, alia ordinaria*; quia illa quidem, non item ista precariae ac delegatae opponitur.

IV. *Etiam jurisdictio delegata a delegante, cujus est propria, ita diversis delegari potest, ut unius delegata alterius ab eodem delegatae subordinetur.* De eo enim, quod quis propria jure possidet, & quatenus proprio jure possidet, disponere in favorem alterius cum vel sine onere potest.

\* Sic Vicarii generales aeque ac Parochi delegatam ab Episcopo jurisdictionem ceu illius ministri exercent; Parochi tamen jurisdictio jurisdictioni Vicariorum generalium ab Episcopis, quorum propria est, subordinatur.

### 186.

FACTA AD NATURAM ORDINIS MINISTERII SACRI, SEU DIACONATUS, EXPLICANDAM IDONEA. 1'.) Act. VI. refertur, ex occasione *murmuris graecorum* querentium *adversus Hebraeos, quod despicerentur in ministerio quotidiano viduae eorum*, constituisse Apostolos septem Diaconos, ut *ministrarent mensis, & orantes* eisdem *imposuisse manus*. 2.) Exinde munus Diaconorum ita perpetuum mansit in Ecclesia, ut ubicunque Episcopi, ibidem & Diaconi in particularibus ab Apostolis & ipsis Episcopis instituerentur. Hinc enim S. Paulus 1. Timoth. III., postquam Episcoporum dotes descripsit, etiam dotes in Diacono requisitas praescribit: *Diaconos similiter pudicos, non bilingues, non multo vino deditos, non turpe lucrum sectantes, habentes mysterium fidei in conscientia pura. - - Sint unius uxoris viri.* Idem ad Philippenses I. salut t *Episcopos cum Diaconibus*; quos immediate conjungit.

3) Exinde Sancti Patres & veteres Scriptores continuam de Diaconis, Episcopo in sacris ministrantibus, faciunt mentionem, ac subinde insinuare videntur Dei, seu mandato, seu *ordinatione*, esse constituos pro ministris Episcoporum ac presbyterorum in sacris officiis & Sacramentorum administratione. a) S. IGNATIUS MARTYR an. 106. ad Trallianos scribit: *Diaconos mysteriorum Christi, & in his Ecclesiae Dei ministros esse, non ciborum & potuum, eosque purum & inculpatum Sacerdotibus ministerium exhibere.* Eisdem *commissum esse ministerium Jesu*

*Jefu Chrifti*, fcribit in Ep. ad Magnefios. In Epiftola denique ad Ephefios ait: *fubjecti eftote Epifcopis, presbyteris, & diaconis: qui enim his fubjectus eft, obedit Chrifto, qui hos conftituit.* Sic quidem nonnullæ editiones habent. b ) S. JUSTINUS MARTYR circa an. 164. in Apol. fecunda teftatur, fuo tempore diaconos Euchariftiam miniftraffe abfentibus, & ad eos detuliffe. c ) TERTULLIANUS poft an. 192. L. de Bapt. c. 17. diaconis *jus* tribuit *baptifmi dandi, non tamen fine auctoritate Epifcopi.* Sic etiam in Actis Apoftolorum legitur Philippus diaconus Eunuchum Reginæ Candacis baptizaffe. d ) S. CYPRIANUS poft an. 250. in Ep. 68, ad Clerum Hifpaniæ fcribit: *nec hoc in Epifcoporum tantum & facerdotum, fed in diaconorum ordinationibus obfervaffe Apoftolos animadvertimus, de quo ipfo in Actis eorum fcriptum eft: & convocaverunt illi duodecim, inquit, totam plebem difcipulorum, & dixerunt eis &c. Quod utique idcirco tam diligenter & caute, convocata tota plebe gerebatur, ne quis ad altaris minifterium, vel ad facerdotalem locum, indignus obreperet.* Ubi fane Cyprianus, altaris minifterium Act. VI. diaconis attributum ( non folum menfarum) ab Apoftolis fupponit. e ) Diaconis poteftatem miniftrandi laicis Euchariftiam concedunt ab. fente presbytero, vel hoc jubente, Concilium Carthaginenfe IV. medio tertio feculo Can. 38. Arelatenfe III. Can. 15. Nicænum I. generale Can. 38. f. ) S. EPIPHANIUS loc. cit. fupra §. 173. n. 1. fub. lit. b. ait, *ad Ecclefiaftica munia complenda* præter Epifcopos *Presbyteris & Diaconis opus effe;* & quidem Epifcopum fubinde fine Presbytero, nullo tamen pacto *fine* Diaconorum *minifterio* effe poffe. g ) S. HIERONYMUS in Ep. 48. ad Sabinianum Diaconum lapfum Diaconis poteftatem legendi Evangelium publice attribuit. Idem in Epift. ad Evang. ait, *traditiones Apoftolicas* circa id, quod sibi Episcopi, Presbyteri, & Diaconi vendicant in Ecclesia, sumtas esse de veteri Testamento, ad exemplum ejus, quod Aaron, & filii ejus, ac Levitæ in tem lo fuerunt. h) S. ISIDORUS L. II. de officiis Ecclef. c. 8. Diaconos Levitis Testamenti veteris comparat, & ait, eorum ministerium ita Sacerdoti necessarium esse, sicuti Levitarum. *Levitæ*, ait ibid. *inferunt oblationes in altaria, componunt mensam Domini, operiunt arcam testamenti &c.* i) S. AMBROSIO teste L. I. de Officiis c. 41. olim S. Laurentius Diaconus S. Sixtum Pontificem ita compellavit: *quo Sacerdos sancte sine Diacono properas? Nunquam sine ministro sacrificium offerre consueveras.*

4.) Tridentinum denique generale Concilium, Romano Pontifici in hoc consentiens, Sess. XXIII. Can. 6. statuit: *hierarchiam in Ecclesia Catholica divina ordinatione ex Episcopis, Presbyteris, & ministris constitutam fuisse*: ubi per *ministros* confessione omnium intelligit æque Diaconos ac Subdiaconos, aliosque inferioris ordinis ministros.

### 187.

I. *Certum est*, Diaconos inde ab Apostolicis temporibus semper non ad solum mensarum communium, sed ad Altaris & Sacramentorum ministeria fuisse adhibitos (lit. a, b, d &c. §. præc.).

II. *Certum est*, Diaconorum, qui sacris ministrant, originem esse in iis ipsis septem Diaconis, quos Apostoli Act. VI. pro mensarum cura instituerunt.

III. *Certum est*, tum ex natura Sacramentorum baptismi & Eucharistiæ, ab ipso Christo Domino institutorum, tum ex assertis SS. Ignatii M. & Epiphanii (lit. a & f), Episcopis vel Presbyteris, in administratione istorum Sacramentorum necessarios esse aliquos ministros, qui eisdem inserviant; ex. gr. qui aquam ad baptismum, qui panem & vinum pro Sacramento Euchariftiæ miniftrent, & in hujus difpenfatione illos adjuvent.

IV. *Ipfa itaque inftitutio divina Sacramentorum baptifmi & inprimis SS. Euchariftiæ per fe importat neceffitatem, ordinatione divina Apoftolis impofitam, conftituendi miniftros facrorum, Epifcopis & Presbyteris etiam in facris miniftrantium.*

V. *Etfi itaque Act.* VI. *nulla mentio deputationis feptem Diaconorum ad minifterium facrum fiat: tamen cum de ufu omnium Ecclefiarum eos ad minifteria facra adhibendi inde ab Apoftolis conftet* ( præc. n. 1. lit. a ); *dubitari non poteft, Diaconos ab Apoftolis non ad folum menfarum, fed ad facrorum minifterium ordinatione feu difpofitione divina conftitutos fuiffe.*

VI. *Exiftit ergo in Ecclefia Chrifti præter ordinem Epifcopalem, & Sacerdotalem, ordo facer tertius Miniftrorum feu Diaconorum, ab ipfis jam Apoftolis divina infpiratione conftitutus* ( 168. ).

\* Ceterum utrum Diaconatus habeat ab ipfo Chrifto Domino veram inftitutionem in ratione faltem *ordinis facri*; vel folum Apoftolis, feu præcepto, feu infpiratione fola divina, commiffa fit ejus inftitutio; tam incertum eft; quam incertum, an Sacramenti a Chrifto inftituti habeat rationem collatio ordinis ejusdem. Negavit hoc pofterius Durandus, & Cajetanus, graves Theologi Catholici. Dubitavit de eo Francifcus de Victoria. Dominicus Soto graves effe Durandi rationes agnovit, ex quibus idem negaverat. Bellarminus & Tournely etiam poft Tridentinum id negant pertinere ad fidem. Porro autem, fi Ordo Diaconatus non confertur Sacramento, quod a Chrifto inftitutum fit, difficile erit plus probare, quam Dei *ordinationem*, ut ab Apoftolis inftitueretur. Et vero miniftri Sacramentorum a Chrifto inftitutorum Chrifti perfonam gerunt: diaconi (ni fallor magnopere) perfonam, non Chrifti, fed Ecclefiæ, Chrifto fupremo Sacrorum Antititti in fuis miniftris coope-

rantis,

rantis, fuſtinent, quam perſonam ſuſtinendi poteſtatem profecto conferre ipſi Eccleſiæ, ſuppoſita inſtitutione divina Miniſtrorum ipſius Jeſu Chriſti, omnino convenit; atque, ut conferat, id eſt, ut quos lam ad hoc miniſterium deputet, in dicta hypotheſi reverentia, ſummo ſuo Antiſtiti divino ejusque miniſtris lege divina naturali debita, prorſus exigit. Hoc certe ſenſu locutus eſt S. Cyprianus Epiſt. 65. ad Rogatianum ſcribens: *Apoſtolus poſt aſcenſum Domini in cælos ſibi conſtituiſſe* Diaconos Episcopatus sui et Ecclesiæ Ministros. Item S. *Ignatius Martyr*; cum Diaconos *myſteriorum Dei* ſimul, & in his *Eccleſiæ Dei Miniſtros* appellat in Epiſtola ad Trallianos.

### 188.

FACTA AD NATURAM SUBDIACONATUS' EXPLICANDAM IDONEA. 1.) *Subdiaconi*, ſeu inferioris miniſtri, nomen primo inter Latinos occurrit apud S. *Cyprianum* medio ſeculo tertio in Ep. 22., apud S. *Cornelium* Papam ei contemporaneum in Ep. ad Fabianum Antiochenum referente Euſebio L. VI. c. 43., & in Concilio Eliberitano Can. 30. Apud Græcos nomina *Hypodiaconi* & *Hyperitæ* primum leguntur Seculo IV. apud S. *Athanaſium* in Epiſt. ad Solitar.; ubi ait: Arianos rapuiſſe *Eutychium Subdiaconum præclare Eccleſiæ miniſtrantem:* & in Concilio Laodiceno Can. 21. & 22. Quæ enim ex Liturgia S. Marci, ex Can. 42. Apoſtolorum, ex Conſtitutionibus S. Clementis, proferuntur, omnium peritorum judicio vel apocrypha ſunt, vel ſcriptoribus quarti aut quinti ſeculi attribuenda. 2.) Concilium Laodi enum Can 21. vetat Subdiaconos *locum habere in Diaconio*, *& vaſa ſacra* ( ſaltem quo tempore continent corpus & ſanguinem Chriſti Domini; uti Balſamon hunc Canonem interpretatur ) *contingere*. Idem prohibet Concilium Agathenſe an. 506. Can. 66. 3.) *Amalarius* an. 827. in L. II. de Officiis Eccleſiaſt. c, 6., poſtquam aſſeruit, duos eſſe in Eccleſia

## De Inæqualitate ac Diverfitate Ordinis &c.

fia ordines neceffarios, quos S. Paulus nominavit, Presbyterorum nempe, & Diaconorum, addit, ceteri Ordines his adjecti funt. *Crefcente Ecclefia crevit officium Ecclefiafticum: ut multitudini Ecclefiæ fubveniri poffet, adjiciuntur inferiores in adjutorio præpofitorum. - - Non convenit demirari, fi neque Subdiaconorum, neque lectorum memoriam Apoftolus feciffe videatur: illis enim gradibus functionum, qui in Ecclefia necefarii habentur, ifti poftea magis funt adjecti propter utilitatem minifterii; quod propter multitudinem credentium per alteros poftea impleri debere necefitas flagitavit. Unde nec ordinationem ante altare affequuntur; eo quod nec myfteriis miniftrare ftatuantur; fed alii quidem eorum lectionum officium implent; alii vero intra Diaconium illa præparant, quæ ad Diaconi pertinent minifteria.* 4.) *Urbanus II.* Papa an. 1091. in Concilio Beneventano ftatuit, nullum in Epifcopum eligi, nifi in facris ordinibus religiofe vixiffe inventus fuerit. *Sacros autem ordines dicimus,* inquit, *Diaconatum & Presbyteratum: hos fiquidem folos primitiva habuiffe Ecclefia legitur. Subdiaconos vero, quia & ipfi altaribus miniftrant, opportunitate exigente concedimus eligi.* 5.) S. *Innocentius III.* Papa, ifto Urbani II. refcripto nixus, denique Cap. *Miramur.* fic ftatuit: *de Subdiaconali ordine, quia de eo non fit mentio in Patrum ftatutis expreffe; videtur nobis, quod & is cum diaconali gradu privilegio gaudeat eodem* (fcilicet ut Subdiaconus quoque in Epifcopum poffit eligi). *Nam licet facer ordo non reputaretur in Ecclefia primitiva; tamen a Conftitutione Gregorii atque Urbani fecundum moderna tempora facer gradus effe minime dubitatur.* Nimirum S. *Gregorius Magnus,* cum decrevit L. 1. Ep. 44. (alias 42.), ut nullus ad Subdiaconatum admitteretur, nifi qui fe *victurum cafte promiferit,* imponendo Subdiaconis legem cœlibatus, primum gradum pofuit, ut Subdiaconatus inter *facros* ordines in Ecclefia denique cen-

fere-

feretur : *Urbanus II.* idem promovit : *Innocentius III.* complevit.

### 189.

I. *Certum itaque est, Subdiaconatum ex usu Ecclesiae esse stabilem potestatem sub Diacono serviendi in ministerio sacrorum* (praec. n. 1. &. n. 3.).

II. *Certum est, illum non a Christo, sed ab Ecclesiae rectoribus fuisse institutum, nec omnibus Christianis comunem fuisse, sed non nisi certis personis commissum* (praec.).

III. *Subdiaconatus ergo ordo sacer quidem est, non divinus, sed Ecclesiasticus* (168.); *non in Ecclesia primitiva jam usitatus, sed postea primum ab Ecclesiae rectoribus diaconatui adjunctus & consecratus;* quatenus lege coelibatus & capacitate Episcopalis electionis ei annexa, personae ad illum deputatae arctiore nexu ministerio Ecclesiastico circa Sacramenta a Christo instituta obeundo adstrictae sunt (praec. nn. 3. 4. 5.).

### 190.

FACTA AD NATURAM MINORUM ORDINUM INTELLIGENDAM IDONEA. 1.) *Ecclesia Latina* praeter Diaconos & Subdiaconos etiam alios quatuor gradus Ministrorum Ecclesiasticorum numerat, *Acolythos* videlicet, lumen & vinum pro SS. Eucharistia conficienda ferentes; *Exorcistas*, adjurationes daemonum super energumenis, sive nondum baptizatis, sive jam baptizatis, ex mandato Episcopi vel Presbyteri pronuntiantes, qui forte sacras ceremonias turbarent; *Lectores*, Verbum Dei & SS. Scripturas populo Christiano in Ecclesia praelegentes; denique *Ostiarios*, claves Ecclesiae custodientes, eamque aperientes & claudentes. 2.) De his omnibus quatuor ministeriis *Concilium IV, Carthaginense* medio tertio seculo sub S. Cypriano celebratum

tum Can. 6. 7. 8. 9. memorat, eorumque officia ac miniftros ad ea ordinandi modum defcribit. De *Acolythis* & *Exorciftis* etiam meminit S. *Cornelius Papa*, S. Cypriani amicus, Ep. ad Fabium Antiochenum: *De Lectoribus* præter S. *Cyprianum* Ep. 23. etiam meminit S. *Gregorius Nazianzenus* Orat. 1. contra Julianum Apoftatam: atque idem Orat. 18. etiam *Oftiarios* commemorat; quos & nominat S. *Auguftinus* L. VI. Conf. c. 2. 3.) *Græci* Lectores tantum habent, non Acolythos, non Exorciftas, non Oftiarios: de quo queritur Innocentius IV. Papa in Epift. ad Epifcopum Tufculanum regni Cypri legatum. 4.) Præter quatuor hos officiorum gradus etiam extitere olim *Cantores* feu Pfaltes, de quibus Concilium Laodicenum Cap. 15. & Carthaginenfe IV. Can. 10. meminere; *Foffarii*, mortuis fepeliendis operam navantes; de quibus S. Epiphanius in Expofit. fidei, & Auctor Epiftolæ ad Rufticum Narbonenfem; quæ olim S. Hieronymo tribuebatur: *Notarii*, Græcis *Cartophylaces* dicti, qui inftrumenta & tabulas Ecclefiæ cuftodiebant; *Cuftodes Martyrum*, qui curam cæmeteriorum vel eorum locorum gerebant, in quibus Martyrum corpora jacebant fepulta; qui locus apud Latinos, & Romæ inprimis, *Confeffio* vocabatur. Vide Morinum Exercit. XI. C. I. n. 11.

I. *Minores Ordines non nifi officia quædam funt miniftrorum Ecclefiæ, non Ordines facri a Chrifto, vel Apoftolis inftituti:* quia carent omni poteftate ftabili vel conficiendi Sacramenta, vel iftorum confectioni immediate miniftrandi, fed tantum remote ad decorem adminiftratiònis eorundem referuntur (187. n. 3.).

II. *Ab Ecclefiæ rectoribus inftituti funt ad majeftatem & decorem minifterio Ordinum Sacrorum & ipfis Ecclefiis conciliandum.*

## Sectio II. Caput VII.

### 191.

*Tonsuræ Ecclesiasticæ* origo hæc fuisse videtur. Christianæ Ecclesiæ rectores & Episcopi inde a primis Ecclesiæ initiis continuo urgebant modestiam ut in vestibus, sic & in crinibus eorum, quos ad ministerium Ecclesiasticum assumserant. Sic Concilium Carthaginense IV. Can. 44. prohibet, *ne Clericus comam nutriat, aut barbam radat*. Itaque cum quis ad sacrum ministerium Ecclesiæ assumebatur; primum erat, ut vestibus mutatis comam tondere juberetur; si prius nutrisset. Prima tonsuræ in circulum faciendæ mentio propria invenitur in Concilio Toletano IV. an. 624. Can. 41. *Omnes clerici, vel lectores, sicut Levitæ & Sacerdotes, detonso superius capite toto, inferius solam circuli coronam relinquant: non sicut huc usque in Galliciæ partibus facere lectores videntur, qui prolixis ut laici comis, in solo capitis apice modicum circulum tondent.* Interim S. Isidorus Hispalensis, qui præfato Concilio ex 70. Episcopis congregato præfuit, in L. II. de Offic. Ecclef. c. 4., & alii post ipsum, originem hujus tonsuræ ducunt ab imitatione Nazaræorum veteris testamenti; de quibus scribitur Numer. VI. 18.: ut nempe indicio sit, hominem omnibus terrenis cupiditatibus & curis abdicatis toto studio se Dei obsequio per ministerii Ecclesiastici susceptionem abdicare. Tonsuræ itaque susceptio proprie externa quædam istius propositi professio est. Unde primis Ecclesiæ temporibus, sicut teste S. Cypriano in Ep. 66. vix ulli Clerici erant, qui non in ipsa ordinatione ad ministerium aliquod determinatum certæ Ecclesiæ deputati fuissent, ita nullus erat sola clericali tonsura insignitus, sine alio ordine, vel officio. Ceterum quicunque saltem tonsuræ susceptione profitentur se ministerio Ecclesiastico addictos; *Clerici* appellantur.

CAPUT

# CAPUT VIII.
## DE INSTITUTIONE METROPOLITARUM ET PATRIARCHARUM.

### 192.

*Metropolitæ* nomen idiomate Ecclefiaftico denotat prærogativam dignitatis & jurisdictionis Epifcopalis unius Epifcopi refidentis in primaria urbe (feu *metropoli*) provinciæ Ecclefiafticæ quæ plures Epifcopales Ecclefias complectatur, fupra ceteros ejusdem provinciæ Epifcopos. *Patriarcha* eodem idiomate appellatur, qui dignitatis & jurisdictionis Epifcopalis prærogativa fuperiore fupra ipfos plures Metropolitas eminet. Quamquam hoc nomen fummis Chriftianorum Epifcopis inter privatos auctores primus tribuit *Socrates*, qui circa annum 440. fcripfit. Publicis in documentis primo idem ufurpatum reperimus in *Concilio Chalcedonenfi* an. 451. tributum tam *S. Leoni* Magno Papæ, quam Diœcefeon *Exarchis.* Porro *Diœcefis* olim vocabatur, nexus plurium provinciarum Ecclefiafticarum, totidem Metropolitas numerantium, in unum corpus morale per fubjectionem Metropolitarum illius omnium uni Patriarchæ factam. Quæ enim nunc paffim diœcefis dicitur, videlicet ditio uni Epifcopo fubjecta, olim *Parœcia* nuncupabatur. Inde porro etiam inter Patriarchas difcrimen ortum, ut fcilicet *Patriarchæ majores* effent, qui plures fimul diœcefes diverfas, vel certe plures provincias Ecclefiafticas, id eft, illorum Metropolitas, fibi fubjectos habebant; *Patriarchæ minores* autem appellarentur, qui vel uni tantum metropoliticæ diœcefi, vel certe minus late extenfæ, ac pauciores Metropolitas numeranti, præerant. *Exarchi* nomen idem ferme eft cum Patriarcha minore

nore. *Primates* vocabantur; qui in Dioecefi aliqua inter Metropolitas plures praerogativa dignitatis feu honoris fupra ceteros, fine jurisdictione fupra eosdem eminebant. In Africa tamen Primatis nomen idem fere quod Metropolirae erat; qui non fecundum dignitatem aut celebritatem civitatum , fed fecundum tempus ordinationis eo honore infiguiebantur ;· quibusve omnibus praeerat *Archiepifcopus* Carthaginenfis. Hodie *Archiepifcopi* & *Metropolita* idem eft nomen ac gradus.

### 193.

FACTA HISTORICA *ad naturam graduum Metropolitæ, Exarchi, & Patriarchæ in Ecclefiam introductorum explicandam idonea.*

I. ) Conftat ex *Notitiis Imperii Romani* ab Onuphrio Panuinio editis, *Imperium Romanum primo quidem ab ipfo Octaviano Augufto, tum vero iterum iterumque diverfis vicibus ob crefcentem femper ejus magnitudinem ab Hadriano, & Conftantino Magno, in Provincias, & Diœcefes, divifum fuiffe.* Provinciæ erant majores regiones bello in poteftatem redactae, in quas Praefectos fuos mittebant, qui fi conful fuerat, *Provincia confularis*, 'fi Praetor, *Prætoria* dicebatur, & in primaria ejus regionis civitate, feu *Metropoli*, tribunal erigebat; ad quod populi accurrebant, ut jus fibi ab eo in exortis cauffis & controverfiis diceretur. *Diœcefes* vocantur ditiones plures fimul Provincias complectentes, quae fingulae peculiarem Rectorem vel Praefidem habebant, qui cauffas vel graviores, vel appellatione eo delatas, in ipfo Romano Praetorio ac veluti fupremo tribunali dijudicabat. Sub Augufto id genus dioecefes numerabantur viginti fex, quarum quatuordecim Auguftus per totidem rectores, reliquas Senatus populusque Romanus regebat. Deinceps plures dioecefes ad unum quemlibet Præfectum Prætorii Romanæ urbis relatæ funt. Vide Schelftrate P. II. Antiq. Illuft. Differt. IV. C. 1.

194.

II.) *Certum eſt, ab ipſis SS. Apoſtolis conſtitutos fuiſſe Epiſcopos in ſingulis civitatibus majoris nominis, cum jurisdictione* IMMEDIATA *in earum Eccleſias, quæ ſe extra certos fines locorum non extenderet, & quibus non licebat extra Eccleſiæ ejusmodi limites Epiſcopos vel presbyteros jure proprio ordinare, aut jus dicere, ac delinquentes pœnis Eccleſiaſticis corrigere: etſi caritatis officia ultra quosvis locorum fines extendere falva prudentiæ moderatione omnibus liceret.* Nam 1.) IN SS. SCRIPTURIS legimus Epiſcopos ab Apoſtolis non niſi particularibus Eccleſiis præpoſitos fuiſſe. Sic enim Act. XX. 17. Epiſcopi Epheſinæ provinciæ (173. n. 1. not. n. 3.) vocantur *majores natu* Epheſinæ *Eccleſiæ*; quos utique Paulus comparate ad Apoſtolos tales non vocaſſet, multo vero minus relate ad totam Eccleſiam, adhuc ſub Apoſtolorum regimine conſtitutam: neque enim reſpectu Apoſtolorum illi erant *majores natu*, ſed minores; quovis ſenſu vocem hanc intellexeris. Rurſus ibidem v. 28. aperte S. Paulus gregem ſingulorum Epiſcoporum proprium exprimit: *attendite vobis & univerſo gregi,* IN QUO VOS (ſingillatim nempe) *Spiritus Sanctus poſuit regere Eccleſiam Dei.* Enimvero nihil in toto contextu eſt, quo Apoſtolus illis commendet curam totius Chriſti gregis ex proprio officio gerendam; ſed unam inculcat ſollicitudinem Epheſinæ Eccleſiæ a lupis rapacibus defendendæ; de qua ſola parte gregis Chriſti v. 29. prædicit ex particularibus adjunctis: *ego ſcio, quoniam intrabunt poſt diſceſſionem meam lupi rapaces* IN VOS, *non parcentes gregi.* Et EX VOBIS IPSIS (utique ex Epheſina Eccleſia particulari) *exſurgent viri loquentes*

STATTLER, DEMONSTR. CATHOL. P *per-*

*perverſa*, *ut abducant diſcipulos poſt ſe.* b) Ad Titum I. 5. S. Paulus Titum ſoli Cretæ inſulæ præponit cum mandato, ut ipſe conſtituat per civitates Presbyteros, quos v. 7. continuo *Epiſcopos* vocat. *Hujus rei cauſſa reliqui te Cretæ*, UT (ibi ſcilicet, non in toto orbe) *ea, quæ deſunt*, CORRIGAS ET CONSTITUAS *per civitates presbyteros; ſicut & ego diſpoſui tibi.* Evidens eſt, hic Apoſtolum conſtituere Titum cum jurisdictione in totam inſulam, & jubere, ut ipſe Titus conſtituat ſub ſe Epiſcopos cum jurisdictione ſolum in ſingulas civitates, vel certe non extra inſulam Cretam. c) Similiter S. Petrus I. Petr. V. 1. ſcribens ad Eccleſias diſperſas Ponti, Galatiæ, Cappadociæ &c. *Seniores*, qui in illis erant, id eſt, Epiſcopos ſic hortatur: *Seniores, qui in vobis ſunt, obſecro: paſcite,* QUI IN VOBIS EST, *gregem Dei &c.* Enimvero, cum primo dicit, *ſeniores, qui in vobis ſunt*, non niſi Eccleſiarum illarum fideles (*in vobis*) intelliget: ergo etiam per *gregem, qui in vobis eſt*, non niſi cujusvis Epiſcopi proprium gregem, non univerſam Eccleſiam, intelligit; cujus paſcendi proprium officium illis ſingulis inculcet. Et vero textus Arabicus eo loco legit, *gregem, qui inter vos eſt*, Æthyopicus, *qui eſt apud vos*; Syriacus, *qui traditus eſt vobis.*

2.) SCRIPTORES ET PATRES PRIMI ECCLESIÆ idem teſtantur paſſim. Nam a) S. IGNATIUS MARTYR an. 106. ſcribens ad diverſas Eccleſias, nullam ſibi eſſe in eas auctoritatem profitetur, ſed unice ex caritatis officio ſingularum fideles hortari ſeſe, ut quique proprio ſuo Epiſcopo & Presbyterio obediant. Sic Epiſt. ad Epheſ. rogat: *ut ſubjecti Epiſcopo* (Oneſimo, quem & nominat) *& Presbyterio ſecundum omnia ſitis ſanctificati.* NON DISPONO VOBIS, UT EXISTENS ALIQUIS - - - *ſed quia caritas non ſinit me ſilere pro*
*- vobis.*

*vobis.* Similiter in Epift. ad Roman. proteftatur: *non impero vobis, ficut Petrus & Paulus.* Denique ad ipfos Antiochenos fuos fideles fcribens, ait: *Presbyteri! pafcite* GREGEM, QUI INTER VOS EST (ecce! ut verba S. Petri interpretetur S. Ignatius) *donec Deus defignaverit eum, qui principatum in vobis habiturus eft: ego enim jam immolor.* Ecce! ut fuo fucceffori Epifcopo limites jurisdictionis determinet defignando illos, quibus fuam ipfius jurisdictionem circumfcriptam & ad folam Ecclefiam Antiochiæ reftrictam agnofcebat. Verum eft, quod in Epift. ad Smyrnenfes etiam S. Polycarpo ceu viro Apoftolico commendet Ecclefiam fuam, fed non ut in ea jurisdictionem exerceat, fed ut cura fua & diligentia fovere vellet. Et vero fucceffor Ignatii Antiochiæ electus & Epifcopus creatus eft, neutiquam a S. Polycarpo.

b) S. IRENÆUS L. III. c. 3. de S. Polycarpo narrat, quod Romam fub Aniceto adveniens, de quibusdam quæftionibus cum ifto contulerit: tumque in Ep. ad Victorem refert, quod *Anicetus in Ecclefia confecrandi munus Polycarpo honoris cauffa conceffit*: id quod indicio eft manifefto, illa prima Ecclefiæ ætate Epifcopo in aliena civitate & Ecclefia ne quidem SS. Euchariftiæ Myfteria confecrare fine proprii ejus Epifcopi confenfu licuiffe. Idem S. Irenæus eodem loco refert, Epifcopos fingulos in fingulis Ecclefiis cum perpetuo fucceffionis jure ab Apoftolis conftitutos fuiffe, ac demum de fola Romana Ecclefia tanquam *omnium maxima, antiquiffima, & omnibus cognita*, ait, *ad quam propter potiorem principalitatem neceffe eft convenire omnem Ecclefiam.* Atqui hoc idem profecto eft dicere, ac omnes Ecclefias quidem habere proprios Epifcopos, nec eas ab aliorum Epifcoporum jurisdictione ullo pacto pendere, excepta fola Romana Ecclefia; cum cujus Epifcopo ob ejus *superiorem* in omnes *jurisdictionem* (non vero ob folam ceteris communem auctoritatem mere *Epifcopalem*) omnes obligentur in fidei & caritatis unione concordare. c) S. CHRYSOSTOMUS in Epift. ad Innocentium I. Papam de Theophilo Alexandrino, licet fecundae fedis Epifcopo, fcribit: *non effe confentaneum, ut ille, qui ex Ægypto effet, in Thracia judicaret . . Quæfo, ut tanta iniquitas reprimatur. Si enim licebit cuivis in alienas invadere provincias, ex auctoritate fua quodlibet agendo, fcitis, omnia peffum itura.*

3.) SS. CANONES *in primà Ecclefia recepti* idem evincunt. Nam a) inter CANONES APOSTOLICOS, qui tertio feculo ab ignoto auctore collecti, fecundum omnes Criticos fynopfis quaedam funt difciplinae in primis feculis receptae, & ab ipfis Apoftolis derivatae, Canon. XXXV. fingulis Epifcopis praefcribit: *gerant illa fola finguli, quæ parochiæ propriæ* (192.), *& villis, quæ fub ea funt, competunt.* Et Canon. XXXVI. *Epifcopum non audere extra terminos proprios ordinationes facere in civitatibus & villis, quæ illi nullo jure fubjectæ funt. Si vero convictus fuerit hoc feciffe præter eorum confcientiam, qui civitates & villas detinent, & ipfe deponatur; & qui ab illo funt ordinati.* Canon XXXIII. *Siquis Presbyter, aut Diaconus, ab Epifcopo fuo fegregetur, non licere ab alio recipi.* Unde & S. Epiphanius haerefi 42. refert, cum Marcion fub annum 170. ab Epifcopo, proprio parente fuo, excommunicatus, Romam veniens *a fenioribus, qui ab Apoftolorum difcipulis edocti adhuc fupererant*, Ecclefiae communionem eo tempore peteret, quo Romana fedes vacabat, illum ab eis hoc refponfum tuliffe: *nobis injuffu venerandi patris tui facere iftud non licet.* Nec nifi fub conditione, ut ceteros, quos perditioni erudiiffet, Ecclefiae reftitueret (tefte Tertulliano L. de Praefcript.

## De Iuftitutione Metropolitar. & Patr. 229

fcript. c. 30.), fpes ei communionis facta eft ab Eleutherio ad Pontificatum Romanum poftea electo. Nimirum feniores, epifcopali folum Romæ jurisdictione tempore fedis vacantis inftructi, fatebantur, convenienter difciplinæ, quam ab Apoftolorum difcipulis acceperant, fe alieni Epifcopi fubditos nec judicare, nec abfolvere poffe, folique Romano Pontifici ceu Principi totius Ecclefiæ id juris competebat. b) His ex integro confonant CANONES CONCILIORUM, atque inprimis CONCILII NICÆNI I. *Oecumenici* Canon. V. *Sententia regularis obtineat, ut hi, qui abjiciuntur, ab aliis non recipiantur:* item CONCILII ANTIOCHENI an. 344. ab iisdem magnam partem Epifcopis celebrati, qui Nicæno interfuerant, Canon. IX. *Epifcopi tantum ea peragere poffunt* SECUNDUM ANTIQUAM A PATRIBUS CONSTITUTAM REGULAM, *quæ ad fuam Diœcefin pertinent.* CONCILIUM SARDICENSE Can. III. fic habet: *illud quoque neceffario adjiciendum eft, ut Epifcopi de fua provincia ad aliam provinciam,* IN QUA NON SUNT EPISCOPI, *non tranfeant; nifi forte a fratribus fuis invitati; ne videamur januam claudere caritati.* Ecce! ut fola caritate ferri extra limites fuæ parœciæ Epifcopos poffe voluere Concilia, non jurisdictione.

\* Sine omni fundamento *objiciuntur* ifthic 1\*.) Epiftolæ a SS. Ignatio Antiocheno, Dionyfio Corinthio, aliisque ad aliarum Ecclefiarum Chriftianos fcriptæ, & admonitionibus piis refertæ: quia res ifta omnis ad caritatis folius, non ad jurisdictionis exercitium pertinet. 2.) Æque fine fundamento objicias hic auctoritatem *S. Cypriani,* in Concilio Carthaginenfi III. profitentis, *nullum Epifcopum ab alio judicari, aut judicare alios Epifcopos poffe.* Nam non eft hic quæftio, an Epifcopi in fe mutuo quoad perfonas fuas jurisdictione polleant, fed an unus in fubditos Chriftianos alterius Ecclefiæ Epifcopi: nec ex eo, quod unus alterum judicare nequeat, sequitur, unicuique omnes aliorum Episcoporum subditos ex æquo subesse. 3.) Porro cum S. *Cyprianus* in L. de Unitate Ecclesiæ ait: *Ecclesiæ unitatem firmiter tenere, & vindicare debemus maxime Episcopi, qui in Ecclesia præsidemus, ut Episcopatum quoque ipsum unum atque indivisum probemus: Episcopatus unus est; cujus a singulis in solidum pars tenetur:* enimvero nihil minus intelligit, quam unumquemque Episcopum in totam Christi Ecclesiam jurisdictione pollere. Nam *inprimis* Ep. 59. ( alias 55.) aperte contrarium docet, scribens: *singulis pastoribus portio gregis est adscripta; quam regat unusquisque, & gubernet, rationem sui actus Domino redditurus.* Deinde illa vox *in solidum* aperte ad *partem* Episcopatus appellat, ita, ut Cypriani hæc sententia reipsa sit, singulis ab Episcopis non quidem totum Episcopatum, qui & quoad unus est, teneri, sed tamen ejus pirtem aliquam indivisam ab uno quolibet ita possideri, ut ea ipsa pars dividi inter plures non debeat. Sumta enim verba illa Cypriani in cit. lib. reipsa sunt ex ejusdem Epistola ad *Antonianum;* in qua eo spectabat Cyprianus, ut ostenderet, cum *Cornelius* fuisset Romæ Episcopus rite & secundum Canones electus, non potuisse *Novatianum* simul ejusdem Ecclesiæ Episcopum ordinari. Nam *Episcopatus unus est,* inquit, *cujus a singulis in solidum pars tenetur,* id est, solitarie, & sine æqualis alterius consortio. Enimvero Cyprianus non dixit, Episcopatum unum esse, & totum a singulis in solidum teneri, sed ejus, qui unus est, *partem* solummodo. 4. ) *Denique* verissimum quidem est, Episcopos esse Apostolorum successores, tum in universa potestate ordinis, tum etiam in immediata in particulares Ecclesias jurisdictione; quæ ut olim ab Apostolis ex ipsius Christi institutione gesta est; sic & in perpetuum geri ab Episcopis debet. At enim aliud statuendum est de eo; utrum, sicuti Apostoli, Episcopatus peculiares primum de novo instituentes, sic et. jam nunc Episcopi, succedentes in Episcopatibus jam institutis

stitutis, non solum curam omnium ⸓Ecclesiarum ( seu jam pridem institutarum, seu porro novarum gentium conversione facta instituendarum ) ex officio caritatis, sed etiam jurisdictionem ex proprio officio gerant. Enimvero officium illud Apostolicum, cum jurisdictionis exercitio necessario conjunctum, ad aedificandam & convocandam primum in toto terrarum orbe Christi Ecclesiam collimabat, atque necessarium prorsus erat in ipsa fundatione Ecclesiarum; quin permitteret, ut pauci numero Apostoli uni quisque exiguae Ecclesiae affigeretur. Primo itaque necesse erat, ut Apostoli sub Petro summo Principe inferiorem suam immediatam jurisdictionem exercerent fundando ubique Ecclesias, non uni Ecclesiae jam institutae seorsim curam omnem immediatam intendendo. Ast Ecclesiis jam constitutis non solum non necessarium, sed nec possibile vulgo est idem immediatae jurisdictionis exercitium in fundandis Ecclesiis praecipue occupatum, & Apostolis proprium; atque insuper immediata jurisdictio Episcoporum, vel nulli certae Ecclesiae affixa, vel non ejusdem limitibus circumscripta, non modo utilis non foret, sed, ut supra verbis S. Chrysostomi jam enuntiatum est ( hic n. 2. sub lit. c. ), ad pessumdandam pacem & salutem Ecclesiarum unice valeret. 5. ) Interim minime hinc sequitur, non posse in casu quolibet Episcopum vel ordinare alium Episcopum in aliena Ecclesia, si ad hoc rogatus fuerit; vel, si quocunque casu in loca infidelium delatus fuerit, inter istos facta aliquorum forte conversione novam Ecclesiam instituere, eidemque Episcopum ordinare: quo sane casu occasio erit, ut talis Episcopus Apostolis etiam in proprio ipsis munere exercendo succedat. Id quod exemplo suo docuit S. *Chrysostomus*, in Gothorum seu Scytharum ad Istrum regione, ethnicis superstitionibus adhuc implicata, amplificandae apud ipsos Christianae religionis studio *Unilam* Episcopum pro paucis illis ordinans, qui ex ipsorum gente Christianis mysteriis Constantinopoli fuerant initiati. 6 ) At vero, quae porro *oggerunt*

runt de S. *Athanafio* ex Socrate Hift. Eccl. II. 24., de *Eufebio Samofateno* ex Theodoreto Hift. IV. 12., de *S. Epiphanio* ex ipliusmet Epiftola ad Joan. Jerofolymit. &c. &c. ob Epifcopos ac Presbyteros ab eis in aliena Diœcefi ordinatos; partim dubia funt, partim a fcopo aliena. Nam *S. Athanafius* non nifi in Ægypto ceu iftius Patriarcha ordinationes fecit: cum ipfe Socrates eas poft Athanalli in Pelufii urbem ingreffum narret; quæ urbs ex Syria proficifcentibus prima Ægypti eft. Atqui ut Patriarcha in ea neceffitate Ecclefiæ, Arianis omnes fedes Epifcopales, aut Epifcoporum expultione, ac nece in exilio, orbantibus, aut omnino invadentibus, poterat fane in SS. Canonibus ita difpenfare, ut absque Metropolitarum confenfu id faceret. Quæ res tamen criminationibus, de quibus Socrates ait, anfam dare potuit. Etfi alii cum *Tillemontio* in hac parte jure Socratis fidei diffidant: eo quod *Athanafius* ipfe in *Apologia* fua, cum perfecutionum fuarum cauffas vicesque percenfet, de hujusmodi omnino fileat. *Eufebius Samofatenus*, cum de illis ordinationibus, ab ipfo fub militari habitu Syriam, Phœniciam & Palæftinam peragrante factis in Ecclefiis per Arianos vaftatis, a nullo ne quidem Ariano incufatus fuerit; merito creditur, vel Antiocheni Concilii juffu, vel rogatus ab iis, quibus id ex officio convenerat, operam folum feu in electione, feu etiam in ordinatione contuliffe: fiquidem Canones fupra citati eo tempore in recentiffimo vigore erant faltem inter Catholicos. S. *Epiphanius* nihil fe adverfus Joannis Jerofolymitani jura feciffe probavit ea ipfa in cit. Epift. ad Joan. Jerofol.: quia videlicet Monafterium, in quo *Paullinianum* S. Hieronymi fratrem Presbyterio initiavit, a Joannis auctoritate immune erat, & *nihil ejus provinciæ deberet*; ut ipfe Epiphanius fcribit. De fimilibus exemplis ergo, quæ fruftra a non nullis contra iftius facti, quod afferimus in præfens, evidentiam opponuntur, illud valet, quod peraccommode in Ep. 34. (edit. Maur.) fcripfit S. Auguftinus, excufans fe, quod non ierit in alienæ Diœcefis urbem ad difputandum cum hæreticis:

ticis: *ridiculum eſt*, inquit: *quaſi ad me pertineat cura propria, niſi Hipponenſis Eccleſiæ . . . In aliis civitatibus tantum agimus, quod ad Eccleſiam pertinet, quantum vel nos permittunt, vel nobis imponunt earundem civitatum Epiſcopi fratres & conſacerdotes noſtri.* Siquid ultra factum aliquando etiam a magnis viris eſt, uti probari non poteſt, ſic nec in exemplum adduci debet. Certe teſte Socrate L. VI. c. 14. S. Chryſoſtomus Epiphanio illud gravi ſermone objecit: *multa contra regulas agis, o Epiphani! qui primum quidem in Eccleſiis ſub diſpoſitione mea conſtitutis ordinationem feceris; deinde injuſſu meo ex tua ipſius auctoritate in iisdem Eccleſiis Miſſarum ſolennia celebraveris.*

195.

III. *Jam ante medium tertii ſeculi Chriſtiani Metropolitæ Eccleſiaſtici conſtituti erant Epiſcopi in Metropolibus Provinciarum Romani Imperii cum jurisdictionis alicujus ac dignitatis ſuperioris prærogativa in ceteros Epiſcopos aliarum civitatum ejusdem provinciæ.* Documenta iſtius facti ſequentia habemus omni exceptione majora.

1'. CANON XXXV. APOSTOLORUM, ſeculi tertii diſciplinam referens, ſic habet: *Epiſcopos gentium ſingularum ſcire convenit, quis inter eos primus habeatur; quem velut caput exiſtiment, & nihil amplius præter ejus conſcientiam gerant, quam illa ſola ſinguli, quæ parochiæ propriæ, & villis, quæ ſub ea ſunt, competunt.*

2.) CANON IV. CONCILII NICÆNI I. Oecumenici ſic habet: *Epiſcopum convenit maxime quidem ab omnibus, qui ſunt in provincia, Epiſcopis ordinari. Si autem hoc difficile fuerit, aut propter inſtantem neceſſitatem, aut propter itineris longitudinem; tribus tamen omnimodis in id ipſum convenientibus, & abſentibus quoque per ſcripta conſentientibus, tunc ordinatio cele-*

*celebretur.* Firmitas autem eorum, quæ geruntur, per unamquamque Provinciam Metropolitano tribuatur Episcopo.

3.) CANON IX. CONCILII ANTIOCHENI an. 341. celebrati ita ftatuit: *per fingulas regiones Epifcopos convenit noffe, Metropolitanum Epifcopum totius provinciæ follicitudinem gerere: propter quod ad Metropolim omnes undique, qui negotia videntur habere, concurrunt. Unde placuit, eum & honore præcellere, & nihil amplius præter eum ceteros Epifcopos agere, fecundum antiquam a Patribus noftris conftitutam regulam.* Ubi nota, Patres Antiochenos, qui magno numero iidem erant, qui fedecim primum abhinc annis Nicæno Concilio interfuerant, per *regulam antiquam a Patribus fuis conftitutam* nequaquam intelligere poffe Nicænum eundem Canonem quartum n. præc. citatum, fed evidenter alludere potius ad Canonem XXXV. ex Apoftolicis; qui feculo tertio ab Epifcopis collecti, pæne omni Ecclefiæ pro certis regulis Apoftolicis ferviebant.

4. EX CONCILIIS TERTII SECULI, Carthagine in Africa, ab Agrippino & S. Cypriano, Cæfareæ in Cappadocia a S. Firmiliano celebratis, fatis aperte patet, Epifcopum Carthaginenfem totius Africæ, Cæfareenfem vero totius Cappadociæ, Metropolitas fuiffe: & Africam quidem plures provincias, Africam nempe Proconfularem, & Numidiam, ac Mauritaniam utramque ( tefte S. Cypriano in Ep. 45. ad Cornelium ) complexam fuiffe, quæ fingulæ fuos etiam feorfum primates habebant; qui tamen & ipfi Carthaginenfi ceu fummo Africæ totius Primati fubjecti erant; a quo ad Concilia Carthaginenfia, illo feculo de rebaptizandis hæreticis habita, convocabantur. De primate Numidiæ veftigia habentur in Epiftola S. Cypriani ad Jubajanum ejusque Coëpifcopos, & iftius ad Cypria-

*De Inſtitutione Metropolitar. & & Patr.* 235

Cyprianum; tum vero amplius ſub initium ſeculi quarti in Concilio Cirthenſi an. 305. celebrato; cujus Acta S. Auguſtinus L. III. contra Creſconium c. 27. refert ita incipientia: *Cirthæ, cum Secundus Tigiſitanus primæ cathedræ conſediſſet in domo Urbani Donatique, idem dixit &c.* Erat autem Cirtha urbs Numidiæ, in qua convenerant ejus provinciæ Epiſcopi in locum Epiſcopi defuncti ejus civitatis alium conſtituturi. Eundem Secundum S. Auguſtinus L. I, contra Parmenianum expreſſe Numidiæ Primatem vocat: *venientes*, inquit, *cum Primate ſuo tunc Secundo Tigiſitano.*

5.) Aliud exemplum occurrit in *Polycrate Epheſino*, quem Epiſcopis omnibus Aſiæ, qui in cauſſa Paſchatis die Dominica celebrandi ſe Victori Papæ ſub finem Seculi II. ſe oppoſuerant, *præfuiſſe* Euſebius V. 24. Teſtatur, eosque juſſu ipſius Papæ in Concilium convocaſſe. In ejusdem controverſiæ actis, in quodam ſexcentorum annorum Codice Bibliothecæ Alexandrinæ Vaticanæ deſcriptis (teſte Schelſtratio P. II. Antiq. illuſtr. Diſſ. III. C. IV. n. 2.) ſequentia de Theophilo Cæſareenſis Paleſtinæ Antiſtite ſeu Metropolita legimus: *Papa Victor Romanæ urbis Epiſcopus direxit auctoritatem ad Theophilum Cæſareenſis Paleſtinæ Antiſtitem, ut, quomodo Paſcha a cunctis celebraretur Eccleſiis, fieret ordinatio. - - Percepta itaque auctoritate prædictus Epiſcopus non ſolum* DE SUA PROVINCIA, *ſed etiam de diverſis regionibus, omnes Epiſcopos evocavit.* Porro Cæſareenſis Epiſcopi dignitas Metropolitica, hujusque antiquitas, apertiſſime etiam ſtabilitur Canone VII. Nicæno, ubi de Epiſcopo Hieroſolymitano ſtatuitur: *quia conſuetudo obtinuit, & antiqua traditio, ut Æliæ Epiſcopus* (Ælia vocabatur urbs ſuper Hieroſolymæ ruderibus ædificata ab Ælio Hadriano Imperatore) *honoretur; habeat honoris conſequentiam; ſalva Metropoli*

poli dignitate. Ubi per *Metropolin* intelligi Cæsaream, cujus fuffraganea erat Ecclefia Jerofolymæ, diftincte adnotavit S. Hieronymus in Epift. ad Pamachium: cujus textum paullo poft §. feq. recitabo.

196.

IV. *Ante Seculum quartum Patriarchalis dignitas & jurisdictio conftituta erat in Epifcopis Romano, Alexandrino, & Antiocheno.* Probat hoc 1°.) CANON VI. CONCILII NICÆNI; cujus genuina verba fic *Dionyfius exiguus* ex græco latine vertit: *Antiqua confuetudo fervetur per Ægyptum, Lybiam, & Pentapolin, ut Alexandrinus Epifcopus horum omnium habeat* POTESTATEM; *quia & Urbis Romæ Epifcopo parilis mos eft. Similiter autem & apud Antiochiam ceterasque provincias fua privilegia ferventur Ecclefiis. Illud autem generaliter clarum eft, quod fiquis præter Metropolitani fententiam fuerit factus Epifcopus; hunc magna Synodus definivit Epifcopum effe non oportere.* In hoc Canone de omni Patriarchico jure agi, & comparari in ifto Alexandrinum cum Romano Epifcopo, evicit dudum ita contra Launojum Valefius ( in Adnot. ad novam hiftoriæ Socratis & Sozomeni verfionem cap. 2. & 5.) ut ipfe eidem palmam cefferit Launojus in Valefianæ Capitis 6. difcuffione. Etfi enim ( ut recte Jacobus Sirmondus in Adventoria part. 2. c. 1. ex ipfa Synodi Nicænæ ad Epifcopos Ægypti epiftola probat quam L. I. c. 9. Theodoretus recitat ) prædictus Canon editus fuerit ob Meletii Lycopolitani Epifcopi fchifma; qui contra jura Alexandrini Epifcopi ( tefte S. Epiphanio hærefi 68.) Epifcopos, Presbyteros, & Diaconos paffim ordinabat: non tamen de folo jure ordinandi Alexandrino ac ceteris duobus vindicando, fed de afferendo ac ftabiliendo univerfo jure Patriarchico ex

occa-

occafione ejusdem juris a Meletio violati per verba generalia, *omnium horum habeat Alexandrinus poteftatem*, S. Synodus laborabat. Ita certe illum Canonem intellexere Epifcopi Ægyptii in Concilio Chalcedonenfi; in cujus Act. IV, illorum omnium nomine Henricus Epifcopus ita loquitur : *Sciunt fanctiffimi Patres noftri ; quia* IN OMNIBUS *expectamus fententiam Sanctiffimi Archiepifcopi, & petimus veftram clementiam expectare Præfidis noftri præfentiam; quia eum* IN OMNIBUS *fequimur. Nam & Sanctiffimi Patres, qui in Nicæna congregati funt* 318, *hanc regulam dederunt, ut fequatur omnis Ægyptiaca diæcefis Archiepifcopum magnæ urbis Alexandrinæ, &* NIHIL ABSQUE IPSO AGATUR *ab aliquo ei fubjacente Epifcopo*. Qua proteftatione detrectabant tunc Epifcopi totius Ægypti ante Alexandrini Patriarchæ fui adventum fubfcribere Epiftolæ dogmaticæ R. Leonis Papæ ad Concilium miffæ. Veriffimum quidem eft, quod Launojus obfervat, *Patriarchæ* nomen diu poft Nicænum primum ufurpari cœpiffe : res tamen ipfa & omnis dignitas ac poteftas pridem ante illam Synodum extitit, hoc eft, Epifcopi, qui non modo unius Provinciæ Epifcopis, ut Metropolitæ, fed integræ Diœcefi, id eft, plurium provinciarum Metropolitis, fuerant cum poteftate fuperiore præfecti. Porro Antiochenum æque, ac Alexandrinum Epifcopum, cum Romano Papa, plures fub fe Metropolitas habuiffe, tum ex enumeratis Ægypti provinciis in dicto Canone 6. ex parte jam per fe patet, tum porro ex fequentibus patebit argumentis; quibus hic n. 3. oftendam, Ægypti, Lybiæ, & Pentapolis provinciis, quæ in illo Canone commemorantur, Metropolitas Epifcopos jam ante Nicænum præfuiffe.

2.) DE ANTIOCHIÆ PATRIARCHA fingillatim id probatur a) ex S. HIERONYMI *epiftola ad Pammachium*, de Joanne Jerofolymitano Epifcopo, quod

quod accufatus de Origenis erroribus, præterito proprio Metropolita Cæfareenfi & Patriarcha Antiocheno, judicium Alexandrini Epifcopi appellaverit, fic fcribentis: *Quæ hæc eſt tanta arrogantia non refpondere de fide interrogantibus? - - Palæſtinæ interrogaris, & refpondes Ægypto. - - Palæſtinæ provocatus, Alexandriæ loqueris. - - Tu, qui regulas quæris Ecclefiaſticas, & Nicæni Concilii canonibus uteris; refponde mihi, ad Alexandrinum Epifcopum Palæſtina quid pertinet? Ni fallor, hoc tibi decernitur,* ut PALÆSTINÆ METROPOLIS CÆSAREA SIT, ET TOTIUS ORIENTIS ANTIOCHIA. AUT IGITUR AD CÆSARIENSEM EPISCOPUM *referre debueras, cui fpreta communione tua communicare nos noveras: aut, fi procul expetendum judicium erat, Antiochiam potius literæ dirigendæ. Sed novi, cur Cæfaream, cur Anticchiam nolueris mittere: fciebas, quid fugeres; quid vitares: maluifti occupatis auribus moleftiam facere, quam debitum Metropolitano tuo honorem reddere.* Enimvero neque ifthic de ordinationibus agebatur; atque evidens eft, quod S. Hieronymus, imo (ut hic aperte fupponit) omnis oriens Nicænum Canonem 6. & 7. de toto jure Patriarchico & Metropolitico intellexerit.  b) CONCILIUM OECUMENICUM II. S. Hieronymo confentit prorfus: cum Can. 2. ftatuit: *Orientis Epifcopi orientem tantum gubernent, fervatis privilegiis, quæ Nicænis Canonibus Ecclefiæ Antiochenæ tributa funt.*  c) Confonat S. INNOCENTIUS I. PAPA ROMANUS in Epift. ad Alexandrum Patriarcham Antiochenum fub quinti feculi initium fcripta. *Revolventes,* inquit, *auctoritatem Nicænæ Synodi, quæ unam omnium per orbem terrarum explicat mentem Sacerdotum, quæ cenfuit de Antiochena Ecclefia cunctis fidelibus, ne dicam Sacerdotibus, effe neceffarium cuftodire, non fuper diæcefin fuam prædictam Ecclefiam, non fuper aliquam provinciam recognofcimus conftitutam. - - Itaque arbitramur;*

*mur, frater cariſſime, ut ſicut Metropolitanos auƈtoritate ordinas ſingulari, ſic & cetcros non ſine permiſſu conſcientiaque tua ſinas Epiſcopos procreari. In quibus hunc modum recte ſervabis, ut longe poſitos literis datis ordinari cenſeas ab his, qui nunc eos ſuo tantum ordinant arbitratu: vicinos autem, ſi æſtimas, ad manus impoſitionem tuæ gratiæ ſtatuas pervenire. Quorum enim te maxima expectat cura, præcipue tuum debent mereri judicium.* d) Ceterum quod Antiochena Eccleſia, licet ab ipſo S. Petro ante Alexandrinam fundata fuerit, tamen ordine honoris iſti poſthabita fuerit; haud alia huc uſque ratio occurit ab ea, quam Baronius ad an. 36. ſuſpicatus eſt; nempe quod Præfectura Alexandriæ, *Auguſtalis* ab Auguſto ipſo appellata, longe Præfecturæ Syriæ præſtiterit.

3.) De Patriarchatu Alexandriæ id ipſum conſtat ſequentibus ex documentis. a) Alexander Episcopus Alexandriæ, Petri in ea ſede ſucceſſor in Epiſt. ad Epiſcopos (quæ extat apud Gelaſium Cyzicenum L. II. c. 3. hiſt. Nic. Conc. & apud Socratem L. I. c. 3. ſcribit paullo ante Concilium Nicænum, ſe *cum aliis fere centum Ægypti & Lybiæ Epiſcopis in unum conveniſſe, & Ario ejusque fautoribus anathema denuntiaſſe*. His duabus memoratis Ægypti & Lybiæ provinciis S. *Athanaſius*, Alexandri iſtius ſucceſſor, in Apol. 2. eandem Synodum deſcribens duas alias provincias Thebaidem, nempe & Pentapolin, adjungit his verbis: *Sancta Synodus Alexandriæ congregata ex Ægypto, Thebaide, Lybia, & Pentapoli*. Ex quo patet, Alexandrino Epiſcopo jam ante Nicænum plures provincias Eccleſiaſticas fuiſſe ſubjectas, quarum Epiſcopos ad Synodum convocandi jus illi erat. b) Verum eſt, ex defectu monumentorum Eccleſiaſticorum latere nomina Metropolitarum, qui ante Nicænum variis illis Alexandrinæ diœceſis provinciis

vinciis fub Patriarcha præerant: conftat tamen, *Meletium* Hypfelitanum primo, deinde Lycopolitanum Epifcopum (S. Athanaf. Apol. ad Conftantium Jmperat. in epigraphe Epift. Arfenii, & Meletii Breviario) Metropolitam tempore Petri Alexandrini fuiffe: nam & *Archiepifcopus* a Joanne Memphitano Epifcopo in fubfcriptione appellatur (Memphis Arcadiæ urbs una cum tota Arcadia Meletii temporibus nondum a Thebaidis provincia avulfa erat; cujus metropolis Lycus erat) & *S. Epiphanius* hæref. 68. perfecutionem Diocletiani referens, ait, eundem *ceteris Ægypti Epifcopis* fic *antecelluiffe*, ut *fecundum a Petro Alexandrino Epifcopo dignitatis locum obtineret utpote illius adjutor*, *fed eidem tamen fubjectus, & ad ipfum de cauffis Ecclefiafticis referens*. Idem Epiphanius hæreſi 69. eundem Meletium *Thebaidis in Ægypta Archiepifcopum, Alexandro fubjectum*, iterato appellat. c) Porro idem S. Epiphanius hærefi 68. & Sozomenus L. I. c. 24. de eodem *Meletio* narrant, quod, dum *Petrus Epifcopus Alexandriæ*, qui poftea martyrium confummavit, ob fævientem tunc perfecutionem fugiffet, *ordinationes ad illum pertinentes fibi vendicaverit*, & contra ejus fucceflorem *Alexandrum* fchifma conflaverit: tum vero *Symodum Nicænam contra illum fententiam tuliffe, ut folo Epifcopi nomine contentus in urbe Lyco degeret, nec deinceps ordinationem ullam faceret: hi vero, qui ab illo ordinati effent, communione quidem recepta minifterium fuum retinerent; reliquis tamen clericis per fingulas Ecclefias & Parochias conftitutis honore inferiores effent; ita tamen, ut in locum morientium per ordinem fuccederent; dummodo plebis fuffragio judicarentur idonei*, *Epifcopo Alexandriæ electionem eorum nihilominus confirmante*; *ipfis autem ne liceret arbitrio fuo eligere, quos vellent*. Quod ultimum quoque ex ipfa Synodica Nicæni ad Ecclefiam Alexandrinam Epiftola referens Theodoretus L. I.
Hift.

*De Inſtitutione Metropolitar. & Patr.*  241

Hiſt. c. 6. ſic exprimit: *quodſi quempiam eorum, qui in Eccleſia cenſentur, diem ſuum obire contigerit; tum in defuncti locum atque honorem provehantur ii, qui nuper adſciti ſunt, modo digni videantur, & modo populus eos eligat; ſuffragante nihilominus, plebisque judicium confirmante Alexandrinæ urbis Epiſcopo.*

4.) DE PATRIARCHATU ROMANÆ SEDIS denique idem patet ex ſequentibus. a) *In Concilio Arelatenſi* an. 314. in epiſtola Synodica Epiſcopi ex omnibus Europæ & Africæ provinciis, ſeu ex toto Occidente, congregati ſic ſcribunt ad S. Sylveſtrum Papam: *tu, qui majores Diœceſes tenes, ceteris Paſchæ diem per literas ſignificabis.* Jam vero conſtat ex Epiſt. Conſtantini Imperatoris de celebratione Paſchatis, tempore Nicæni Concilii ſcripta (apud Socrat. L. 1. c. 9. Valeſii) per *diœceſin* exprimi non provinciam unam, ſed plurium complexum, uti ex. gr. *diœceſin Aſiaticam & Ponticam;* quas ibi Conſtantinus tales appellat: ſimulque ex Notitia Imperii, ab Hadriano & Conſtantino Imperatoribus diviſi, certum eſt, Occidentem totum, prout ab Oriente diſtinguitur, in ſex diœceſes jam tum diviſum fuiſſe, videlicet in Africanam, Illyricam, Italicam, Hiſpanicam, Gallicam, & Britannicam. Extra dubium ergo eſt, quod de his majoribus Diœceſibus locuti ſnt Patres Arelatenſes ex eisdem congregati, dum ad S. Sylveſtrum ſcripſere: *qui majores tenes Diœceſes.* b) S. HIERONYMUS tempore Damaſi Papæ in Epiſt. ad Marcum ſcripſit: *hæreticum me cum Occidente, hæreticum me cum Ægypto, hoc eſt, cum Damaſo, Petroque, condemnent.* Ecce! ut Hieronymus ſupponit, uti Petri Alexandrini Ægyptum, ſic Damaſi Epiſcopi Romani Diœceſin fuiſſe totum Occidentem. Similem in modum tres Patriarchatus in L. adverſus Vigilantium ſic memorat, ut *Sedi Apoſtolicæ* totum orbem reliquum occidentem tribuat: *quid facient Orientis Eccleſiæ, quid Ægypti, & Se-*

STATTLER, DEMONSTR. CATHOL.   Q   *dis*

*Sedis Apoſtolicæ?* c) S. AUGUSTINUS, cum L I. contra Julianum adduxiſſet teſtimonia S. Cypriani ex Africa; Irenæi, Reticii, Hilarii ex Gallia; Olympii ex Hiſpania; & Ambroſii ex Italia; cap. 2. ſic pergit: *An ideo contemnendos putas; quia Occidentalis Ecclefiæ ſunt omnes, nec ullus in eis commemoratus eſt Orientis Epiſcopus? Quid ergo faciemus; cum illi Græci ſint, nos Latini? Puto, tibi eam partem Orbis ſufficere debere, in qua primum Apoſtolorum ſuorum voluit Dominus glorioſiſſimo martyrio coronare: cui Eccleſiæ præſidentem beatum Innocentium ſi audire voluiſſes; jam tunc periculoſam juventutem tuam Pelagianis laqueis exuiſſes.* Evidens eſt, Auguſtinum hic Romanum Papam ſpeciali modo toti Occidenti præpoſitum eſſe affirmare, cui Julianus ceu vero ſuperiori obedire debuiſſet. d) INNOCENTIUS I. ipſe Epiſt. ad Decentium Eugubinum, oſtenſurus, non modo univerſam ſub cœlo Eccleſiam Sedis Apoſtolicæ judicio ſubjectam eſſe, ſed Occidentis præſertim Eccleſias ſingulari nomine ad eam de fidei quæſtionibus referre debere, ratione id ſequente probat: *præſertim cum ſit manifeſtum, in omnem Italiam, Gallias, Hiſpanias, Africam, atque Siciliam, Inſulasque interjacentes nullum inſtituiſſe Eccleſias, niſi aut quos venerabilis Apoſtolus Petrus, aut ejus ſucceſſores conſtituerint Sacerdotes: aut legant, ſi in iis provinciis alius Apoſtolorum invenitur, aut legitur docuiſſe. Quodſi non legunt, quia nuſquam inveniunt; oportet eos hoc ſequi, quod Eccleſia Romana cuſtodit; a qua eos principium accepiſſe non dubium eſt: ne, dum peregrinis aſſertionibus ſtudent, caput inſtitutionum videantur omittere.* e) Denique exercitæ in Galliæ Metropolitam a Romano Papa Patriarchalis poteſtatis exemplum jam medio Seculo tertio occurit occaſione Martiani Arelatenſis Epiſcopi; de quo S. Cyprianus Epiſt. 67. ſic ad S. Stephanum Papam ſcribit: *Fauſtinus, Collega noſter, Lugduni conſiſtens, ſemel*

*semel atque iterum mihi scripsit, significans ea, quæ etiam vobis scio utique nuntiata tam ab eo, quam a ceteris Coëpiscopis nostris in eadem provincia constitutis, quod Martianus Arelate consistens Novatiano se conjunxerit, & a Catholicæ Ecclesiæ unitate, atque corporis nostri & Sacerdotii consensione discesserit &c. Quapropter te facere oportet plenissimas literas ad Coëpiscopos nostros in Galliis constitutos, ne ultra Martianum pervicacem Collegio nostro insultare patiantur.* Et infra: *Dirigantur in provinciam & ad plebem Arelate consistentem a te literæ, quibus abstento Martiano alius in locum ejus substituatur.* Ecce! ut in Metropolitam, nulli Galliæ Episcopo subjectum, ipsi Galliæ Episcopi per Cyprianum Africæ Primatem urgent Romanum Pontificem, ut altiore sua jurisdictione in illum utatur, illum deponendo ab Episcopatu, & curando, ut alius ipsi substituatur.

* Sed, quo minus Patriarchatus Romani terminos tam amplos constituere pro Nicani I. Concilii ætate liceat; ajunt obstare ipsum Nicænum Canonem VI. supra n. 1. citatum, quem L. X. hist. c. 10. his verbis referat Ruffinus Aquilejensis Presbyter, S. Hieronymo contemporaneus: *ut apud Alexandriam, & in Urbe Roma, vetusta consuetudo servetur, ut vel ille Ægypti, vel hic* SUBURBICARIARUM ECCLESIARUM *sollicitudinem gerat.* Hinc enim constare volunt, Romani Episcopi potestatem Ruffini temporibus, id est, circa an. 400., iis provinciis definitam fuisse, quæ *Suburbicariæ* dicebantur ( id est, Piceno agro, Tuscia, Latio, & Valerio ) quod a jurisdictione Præfecti Urbis Romæ penderent, quæ ultra centesimum ab Urbe lapidem non porrigebatur. Atque hoc quidem argumento Protestantes Galliæ & Germaniæ ad ipsum quoque Primatum Romani Pontificis impugnandum utuntur. *Responderunt* huic argumento summi viri Catholici cum Petro de Marca in Concord. L. I. C. 7. §. 6. *inprimis* falsum certo esse, Præfectum Urbis Romæ olim in provincias suburbicarias habuisse jurisdictionem.

Etenim antiquæ *Notitiæ Imperii*, ab Hadriano & Conſtantino Imperatoribus diviſi, docent, tredecim ſolum diœceſes ſub 4. Præfectis Prætorii fuiſſe inſtitutas, & inter illas nulla Præfecto Urbis aſſignatur; ſed nec aſſignari potuit: cum diœceſis plures provincias contineat, quæ intra 100. paſſuum millia exiſtere non potuere; ad quæ ſola Præfecti Urbis poteſtas ſeſe extendebat. *Suburbicariæ* ergo ad Vicarios Præfecti Prætorii pertinebant, quorum duo in Italia erant; primus quidem Vicarius Urbis Romæ, & alter Vicarius Italiæ: prioris ſedes Roma, alterius Mediolanum erat. Inter hosce duos Vicarios omnes Italiæ provinciæ diviſæ erant ita, ut quæ erant ſub Vicario Italiæ, præcipuo titulo *Italicæ Regiones & Provinciæ*, quæ vero ſub Vicario Urbis, *Urbicariæ* & *Suburbicariæ* appellarentur. Id quod Sirmondus ex Valentiniani Imperatoris Codice ejusque lege tertia oſtendit. Poſteriores iſtas *Notitia Imperii* indicat fuiſſe Campaniam, Tuſciam, Umbriam, Picenum, Siciliam, Apuliam, Calabriam, Brutios, Lucaniam, Samnium, Sardiniam, Corſicam, Valeriam. His ergo poſitis ſane multum ultra centeſimum ab Urbe lapidem jam Romani Pontificis Patriarchalis dignitas extendetur. Id quod omnino conſonat cum veteri illa *Vaticana Notitia*, quæ a Baronio ad an. 1057. refertur, §. 69. Epiſcopatus, ex quibus Romana Provincia conſtata erat; nobis exhibet, qui non ſolum Picenum, Tuſciam, Latium, & Valeriam complectebantur, ſed per multo remotiores ab Urbe provincias diſperſi erant; ex quibus omnibus Epiſcopos frequenter ad Synodos Romanas vocatos fuiſſe Baronius T. XI. ad an. cit. oſtendit. Porro his poſitis Petrus de Marca L. I. C. 3. §. 12. *ulterius reſpondet*, in Canone VI. Nicæno Alexandrini Epiſcopi poteſtatem cum Romano potiſſimum comparari ſecundum jus ordinationum, quod Meletius ante violaverat: extra dubium enim eſſe, earum provinciarum, quas Ruffinus *ſuburbicariarum* nomine expreſſit, quæve per Apuliam, Calabriam, Campaniam, uſque ad Siciliam extendebantur, & ordinationes, & Synodos, atque plenam ſuperiorem Patriarchicam adminiſtratiotionem, ad Romanos Episcopos pertinuisse. *Denique* recte Ruffinum comparationem his finibus fuburbicariarum Ecclefiarum coercuisse; quia fcilicet in reliquo ampliore & altiore jure, quo Romanus Pontifex frueretur, dum fcilicet *plures majoresque diœcefes tenet*, & principatum infuper totius Ecclefiæ gerit, duos illos Alexandriæ & Antiochiæ Patriarchas cum Romano componi non poffe cenfebat.

** *Verum* monui jam fupra hic n. 1., non folum jus ordinandi, fed ex ejus a Meletio læfi occafione univerfum jus Patriarchicum a Nicæno in illo Can. VI. ftabiliri. Unde fiquidem Ruffinus in ea mente fuiffet, quam Petrus de Marca aliique illi attribuunt, nec ejus interpretatio de prædicto Canone facta alium fenfum admitteret a modo dicto, explodi profecto is meretur: cum certum fit, jura Patriarchalia Romani Pontificis ultra omnes illas quascunque fuburbicarias provincias Ruffini ætate fe extendiffe; etfi ejusdem Metropolitana jura in ordinandis per fe ipfum & ad Synodum Romanam provincialem convocandis Epifcopis vi confuetudinis folum ad decem Romæ viciniores Italiæ provincias fe extendebant. Et vero cum fingularis mereque arbitrata facta fit interpretatio Ruffini, & ab aliis omnibus diffentanea, imo explicatio magis quam verfio: quid coget nos, homini tot nominibus fufpecto genua fubmittere; cum genuinum Canonem præ manibus & oculis habeamus. De Ruffino certe S. Hieronymus in Ruffin. Apol. II. ait: *omne iter dictionis tuæ absque Palladis arte falebris & voraginibus vitiorum inciditur:* eundemque Jofephus Scaliger compertæ *infcitiæ* hominem appellat. Quodfi tamen excufare Ruffinum lubeat: dicam cum Valefio (loc. fupra n. 1. cit. cap. 7.) & Sirmondo (Differt. II. de Suburbicariis cap. 4.) *Suburbicarias Ecclefias* Ruffinum dixiffe omnes Ecclefias, quæcunque per totum Occidentem fubjacebant Epifcopo urbis Romæ; ficuti norat *fuburbicarias provincias* appellari confueviffe, quæ erant fub Vicario Urbis Romæ Præfecto. *At* fuburbicariæ, *inquis*, regiones aut provinciæ tam late non patebant. *Quid tum? Quam multa funt ejusmodi vocabula*, ( reponit ad hæc Sirmundus ) *quæ pro rei adjunctæ modo fignificatum variant? Iidemne funt fines ac termini Orientis, cum comitem Orientis audimus, & cum Præfectum Prætorio Orientis? Eademne Afiæ, cum proconful Afiæ nominatur, & cum Vicarius diœcefis Afianæ? Eademne Italia, quæ a Vicario Italiæ regitur, & quæ a Præfecto. Prætorio Italiæ adminiftratur? Quod his ergo & aliis fexcentis ufus tulit; cur in fuburbicariis, quæ dicuntur, idem non faciat, ut, quemadmodum fuburbicariæ regiones dictæ funt, quæ Vicario Urbis parebant, ita fuburbicariæ Ecclefiæ rite nominentur omnes, quæ in Urbis Epifcopi fint diœcefi ac poteftate?*

### 197.

V. *Conftantinopolis & Hierofolymæ Epifcopi non nifi poft Seculum IV. ad Patriarcharum honoris & jura evecti funt.* Et quidem.

1°. ) De Constantinopolitano Episcopo conftat a) ex Socrate L. II. c. 41. & Sozomeno L. IV. c. 23. non nifi an. Chrifti 359. extincto Proconfulatus officio primum Urbis Conftantinopolitanæ Præfectum a Conftantino M. conftitutum, atque Urbem reginæ Romæ æquatam fuifle: b. ) inde vero cœpifle ejus Urbis Epifcopos, qui antea Heracleenfi Metropolitæ tefte Theodoro Balfamone (in Comment. ad Can. 3. Concilii Conftantinopolitani I) & Zonara ( in Scholio ad eundem Canonem ) fubjecti erant, majorem dignitatis honorem affectare, ac effecifle Nectarium an. 381. in Concilio Conftantinopolitano I., ut ab Orientalibus Epifcopis numero 150. Can. 3 fuæ fedi concederentur *priores honoris partes poft Romanum Pontificem, eo, quod fit ipfa* ( Conftantinopolis ) *nova Roma*: quo facto tamen Conftantinopolis Epifcopo æque parum jura alicujus Metropolitæ aut Patriarchæ collata funt, atque Jerofolymæ Epifcopo, cui idem Concilium

lium tribuit honoris praerogativam *salva*, ut loquuntur Patres, *propriae Metropolis* ( Caesareae videlicet ) *dignitate*. c) Interim ab eo tempore exempla complura extant Epifcoporum Conftantinopolis ingerentium fe in ordinationes atque etiam difpofitiones Epifcoporum aliis Metropolitis vicinis, Ponti inprimis & Thraciae, fubjeƈtorum; *feu* proprio privato arbitratu: *five* Romani Pontificis indultu aliquo id fecerint; quod de S. Joanne Chryfoftomo Morinus ( Exercit. 14. de origine Patriarch. ) fufpicatur; *five* demum oblatam fibi, ut in urbe Imperiali non modica apud Caefares auƈtoritate pollentibus, ab ipfis minoris nominis Epifcopis ac clero poteftatem avide amplexi fuerint: cujus indicium in Aƈt. XVI. Chalcedonenfi in iis extat, quae Eufebius Ancyrae Galatiae Metropolita teftatur de Gangrenfis Epifcopi ordinatione nunc fibi, nunc Conftantinopolis Epifcopo, ab ipfo populo Gangrenfi delata. d) Ex eadem Aƈt. XVI. Concilii Chalcedonenfis an. 451. celebrati conftat, Epifcopos trium Provinciarum fponte profeffos fuiffe, fe Conftantinopolitano fubjici exoptare, atque idcirco Patres illi Aƈtioni praefentes denique ftatuiffe: *Ex his, quae ab unoquoque depofita funt, perpendimus, omnem quidem primatum & honorem praecipuum fecundum Canones antiquae Romae Dei amantiffimo Archiepifcopo confervari: oportere autem Sanƈtiffimum Archiepifcopum regiae Conftantinopolis novae Romae eisdem primatibus honoris & ipfum dignum effe, & poteftatem habere ordinare Metropolitas in Afiana, & Pontica, & Thracia dioecefibus, fecundum hunc modum, ut decreto faƈta a Clericis uniuscujusque Metropolis, ut poffefforibus, atque clariffimis viris, fuper haec a Reverendiffimis Epifcopis Provinciae omnibus, aut pluribus, eligatur is, quem praefati Metropolitanae Ecclefiae Epifcopi dignum effe probaverint. Referatur autem ab omnibus eligentibus SS. Archiepifcopo regiae Conftantinopolis, ut penes eum fit, fi velit, huic, qui electus*

*electus eft, advenire, & hic ordinari, an fecundum ejus permiffionem in provincia Epifcopatus mereri decretum: uniuscujusque tamen civitatis Sanctiffimos Epifcopos ordinari ab omnibus, aut pluribus provinciæ reverendiffimis Epifcopis;* poteftatem habente Metropolitano fecundum Petrum regulas definitam, etiam nihil communicante in illorum ordinationibus Sanctiffimo Archiepifcopo regiæ Conftantinopolis. e) Verum contradixere continuo huic ftatuto non modo plures Afiæ Epifcopi ( uti probari poteft ex Act. XI.), & fedis Apoftolicæ legati ( Act. XVI.), fed inprimis ipfe S. Leo Magnus Ep. 55. ad Pulcheriam Auguftam fcribens: *nimis fuperbum effe & immoderatum, ultra fines proprios tendere, & antiquitate calcata alienum jus velle præripere, atque ut unius crefcat dignitas, tot Metropolitanorum impugnare primatus, quietisque provinciis, & olim S. Synodi Nicænæ moderatione difpofitis, bellum nova perturbationis inferre.* Quam *Leonis M.* conftantiam tefte *Gelafio I.* in Ep. 13. ad Dardaniæ Epifcopos fummis laudibus extulit, atque ipfe *Anatolius*, qui tempore *Concilii I. Conftantinopolitani* Ecclefiæ illius Urbis regiæ Epifcopus erat, tam injuftam effe agnovit, ut eodem tefte Gelafio ( loc. cit.) fe eidem excufarit, obtendens, *Clerum potius Conftantinopolitanum, quam fe talia tentaffe;* atque fimul confitens, *in Apoftolici Præfulis totum pofitum effe poteftate.* Unde & ipfe *Gelafius* in cit. epift. prorfus non folum priorem honorem præ fede Alexandrina & Antiochena, fed & omnia *Metropolitarum jura* Conftantinopolitano Epifcopo adhuc abjudicat, & cum eo *Gregorius M., Nicolaus I.* aliique ipfo adeo feculo VIII. f) Interim Imperatorum auctoritate & auxilio fuffultis Conftantinopolis Epifcopis ( *Juftinianus* quidem Imperator Novella 130. *fecundum ab Apoftolica veteris Romæ Sede locum* eisdem confirmavit) denique Alexandrinus ipfe & Antiochenus Patriarchæ primum locum feu neceffitate, feu ultro
etiam,

etiam, quod eorum interceſſione in Urbe Imperiali apud fummos Principes ſæpe haberent opus, deinceps conceſſere. Illi ipſi vero etiam partem Romani Patriarchatus ambitione ſua invaſere, contradicentibus licet Romanis Pontificibus Illyricum Orientale ad ſe avellentes. Quæ quidem ambitio poſtmodum ſemper crevit, ita ut jam Seculo XII. teſte Nilo Doxapatrio ( in Notitia de quinque Patriarchalibus thronis ) in ipſam quoque Ruſſiam ſe extenderit.

2.) HIEROSOLYMITANA ECCLESIA, a ) etſi omnium Eccleſiarum mater extiterit, ab ipſo Chriſto Domino inſtituta, dignitatem tamen ſuam amiſit, cum poſt deſtructionem illius per Titum factam Metropoliticæ urbis honor a Romanis in Cæſaream translatus eſt; in qua Judææ provinciæ Procuratores jam antea ſedem ſuam fixerant. Poſtquam tamen ab Ælio Hadriano reſtaurata urbs illa fuit, nomen Æliæ inde ſortita, ejus Epiſcopus honorem priſtinum a Nicænæ Synodi Patribus repetiit, obtinuitque in Can. VII. his verbis: *Quia conſuetudo obtinuit & antiqua traditio, ut Æliæ Epiſcopus honoretur; habeat honoris conſequentiam, ſalva Metropoli* ( Cæſareæ videlicet ) *propria dignitate* b ) Cum vero Cyrillus ejusdem Epiſcopus poſtmodum etiam Metropoliticam dignitatem, Joannes vero, de quo ſupra ( 196. n. 2. ), immunitatem etiam a jure Patriarchæ Antiocheni prætendiſſet; ille quidem teſte Sozomeno ( L. II. c. 24. Hiſt. ) a Synodo Seleucienſi ideo omnino exauctoratus, hic vero a S. Hieronymo repreſſus eſt, ut ſupra dictum; ipſo etiam Concilio II. generali ſub Damaſo Can. 2. jura Antiocheni Patriarchæ vindicante: *Orientis Epiſcopi Orientem tantum gubernent, ſervatis privilegiis, quæ Nicænis Canonibus Eccleſiæ Antiochenæ tributa ſunt.* c ) Tempore vero Epheſini Concilii Oecumenici, id eſt an. 431., Juvenalis Hieroſolymæ Epiſcopus teste S. Leone M.) Ep. 62. ad Maximum Antiochenum) ex occasione indignationis communis Patrum adversus Joannem Patriarcham Antiochenum Nestorio amicum *ad obtinendum Palæstinæ provinciæ principatum credidit* se posse pertingere: sed a S. Cyrillo Alexandrino, operam huic navante S. Leone, tunc Romanæ Ecclesiæ Archidiacono, constanter repressus est. Idem vero instaurans ausus suos in Concilio Chalcedonensi, post multam Patrum oppositionem non nisi pacto quodam & stipulatione ab ipso primum Antiocheno Patriarcha suo Maximo, deinde vero etiam consensu Patrum in Concilio præsentium, jus in tres Palæstinas obtinuit in Act. VII.: cum ipse vicissim a petitione sua & prætensione pristina in provincias Arabiæ & utriusque Phœniciæ desisteret. At enim S. Leo M. jam tunc ipse Papa Romanus acta illa Concilii omnia in cit. Ep. rescidit. d) Constat nihilominus, Juvenalem, Marciani imperatoris fultum auctoritate, deinceps jura Patriarchæ in tres Palæstinas contradicente licet sede Apostolica exercuisse (teste Evagrio Hist. L. II. c. 5. & Liberato Carthaginensi Archidiacono in Breviario c. 13.): donec denique eadem ejus successoribus in Concilio Generali V., quod an. 552. convocatum est, præsente Papa Vigilio fuere confirmata; id quod discimus tum ex inscriptione rescripti Synodici ad Joannem Constantinopolitanum missi, quod ita habet: *Joannes Dei miseratione Episcopus Jerosolymorum & S. Synodus trium Palæstinarum*; tum ex Guillelmo Tyrensi Archiepiscopo in Notitia Patriarchatus Jerosolymitani, quam historiæ suæ de bello sacro subjecit: quamquam Synodicum decretum, de quo is scriptor meminit, nusquam extet.

### 198.

*Metropolitas & Patriarchas primitus Apostoli ipsimet instituerunt.* Docemur istud 1°.) ex SS. Scri-

### De Inſtitutione Metropolitan. & Patr.

SCRIPTURIS; in quibus illuſtre de hoc extat exemplum in Ep. ad Titum I. 5. *Reliqui te Cretæ*, ſcribit Paulus ad Titum, *ut ea, quæ deſunt, corrigas, & conſtituas per civitates presbyteros, ſicut & ego diſpoſui tibi:* ubi conſtat ex ſupra dictis (173. n. 2.) per presbyteros intelligi Epiſcopos. Porro Menologium Græcorum ab Eminentiſſimo Cardinale Sirleto latine redditum, & editum ab Henrico Caniſio in Tom. II. Antiq. Lect., teſtatur ad diem 25. Auguſti, S. Titum Gortynenſis civitatis Epiſcopum fuiſſe; quod idem habent Menea Græcorum. Porro in ſecundo Chriſti Seculo Philippus Gortynenſium Epiſcopus pro præcipuo totius Cretæ Antiſtite habitus eſt ; ut patet ex Epiſt. S. Dionyſii Corinthiorum Epiſcopi, qui teſte Euſebio IV. 23. *Eccleſiæ Gortynenſi & reliquis ſimul Eccleſiis Cretæ literas ſcribens, Epiſcopum ipſorum Philippum magnopere prædicat.* Ubi ſane Philippus inter omnes veluti præcipuus & veluti præpoſitus reliquorum prædicari haud alia ex cauſſa dici poteſt, niſi quod, ceu ſucceſſor S. Titi, Metropolitæ jure in ceteros illius inſulæ Epiſcopos gaviſus fuerit. *Aliud argumentum* ex inſcriptionibus Epiſtolarum Apoſtolicarum ſumitur, ad provincias civiles earumque Metropoles ſic directis, ut ipſas quoque Eccleſiarum ad formam Imperii Romani diſtributiones per provincias Eccleſiaſticas indicent, in quibus Metropolitani jam ab ipſis fuerint conſtituti, a quorum cura & ſollicitudine præcipuæ provinciarnm cauſſæ dependebant. Sic S. Petrus Epiſtolam ſuam Canonicam ex Babylonia, id eſt, ex Urbe Roma, *fidelibus diſperſionis Ponti, Galatiæ, Cappadociæ, Aſiæ, & Bithyniæ* inſcribit. Sic S. Paulus ad cunctas Achajæ Eccleſias ſcribens, literas ſuas Metropolitanæ civitatis Eccleſiæ inſcribit: *Eccleſiæ Dei,* inquit II. Cor. I., *quæ eſt Corinthi, cum univerſa Achaja.* Ad quæ verba S.

Chry-

Chryfoftomus homil. 1. adnotat: *cur ad metropolin fcribens, omnibus per eam fcribit?* Quod idem notat in locum eundem S. Ambrofius; & conftat alioquin ex Annæo Floro L. II. c. 16., Achajæ metropolin politicam Corinthum fuiffe. 2'.) Enimvero argumenta ifta ex Scripturis petita fe folis quidem tam convincentia non funt; quin fufpicari nihilominus quis poffit, Ecclefias folum ita diftinctas fuiffe ab Apoftolis propter diftinctionem urbium & provinciarum politicam prius jam ab Imperatoribus Romanis factam. At enim fi reflectamus jam infuper ad Canones fupra §. 195. allegatos, ex quibus difciplina in tertio feculo jam inveterata, & *regula antiqua a Patribus 'conftituta*, ut loquitur Concilium Antiochenum, dignofcitur; fi iftam componamus cum facto S. Pauli, Titum Cretæ infulæ præficientis, & cum modo Epiftolas dirigendi ad Metropoles provinciarum Apoftolis ufitato &c.; fi denique neceffitatem ipfam fubordinationis alicujus Epifcoporum in provinciis (cum utique fupremus Chrifti Vicarius non folus ubique omnia etiam mediata poteftate regere & ordinare in toto orbe terrarum poffit) ac divifionis ipfius provinciarum attendamus, cujus aliud initium nefcimus: enimvero his omnibus confideratis verifimillimum profecto fit, originem primam Metropoliticæ dignitatis, ab ipfis SS. Apoftolis exiftere: & cum Patriarchæ non nifi Metropolitarum Metropolitæ, primæque & antiquiffimæ Patriarchales fedes eædem ipfæ fint, quæ a S. Petro tum per fe ipfum, uti Antiochena & Romana, tum per S. Marcum difcipulum funt primitus fundatæ; idem de iftarum origine omnino valet, quod de Metropoliticis Ecclefiis dictum eft.

* Nimirum Apoftoli vel ipfimet primum in primariis provinciarum quarumvis Urbibus Evangelium prædicabant, ad quas populi ex ceteris minoribus concurrebant frequentius;

tius; & in eisdem Episcopum constituebant, qui post suum ad alias provincias diffessum novellum gregem susciperet pascendum, atque Evangelium etiam in minora loca diffunderet, atque etiam Episcopos in his, cum consultum videretur, institueret; vel etiam ad quasdam Metropoles & provincias, ad quas omnes ipsi accedere non poterant, discipulos & minoris Ordinis Apostolos mittebant cum simili mandato. Metropoleon id genus Episcopi respectu aliorum, quos ipsi in reliquis provinciæ urbibus instituerant Episcopos, veluti Patres erant spirituales, quibus isti per se ob institutionem ab eis primitus acceptam reverentiam lege naturali hypothetica debebant. Supposita hac lege naturali Apostoli ejus executionem urgebant, & ad accepti beneficii memoriam, tum vero ob certam Ecclesiarum ipsarum necessitatem ac utilitatem, cui prospicere tenebantur, minorum locorum Episcopos obedire in certis rebus Metropoleon Episcopis, & ab his ordinationem institutionemque accipere in perpetuum jussere: cui jussui primæ illius Ecclesiæ Episcopi, nota caritate & modestia viri, etiam volentes paruere.

\*\* At enim alia gravior superest quæstio: *qua videlicet potestate Metropolitis Apostoli ceteros Episcopos subjecerint*; *Metropotitis*, inquam: nam *Patriarchas* saltem *majores tres* ab ipso S. Petro pro jure divino sui **Primatus** ceteris & Metropolitis & Episcopis suis potestate delegata (34.) præponi potuisse, & actu fuisse præpositos, ex dictis extra controversiam esse ultro dignoscitur: ex adverso æque indubitatum est, non omnes Metropolitas ab ipso S. Petro per se immediate institutos fuisse, sed quam plurimos a ceteris Apostolis. *Sunt itaque, qui existiment, non certa lege Apostolica, sed* hortatu solum & paterna institutione Episcopos minorum urbium Metropolitis subordinatos initio fuisse; ac *solum consuetudine firmatam initio eam subordinationem; quin & præscriptione Metropolitarum*, potestatis suæ firmiter & cum vi legis institentium, roboratam fuisse; donec a Concilio Nicæno publica Ecclesiæ universalis lege de mum fuerit confirmata. Sunt alii, qui putent, *Apoſtolos fpeciali*, nec ad fucceſſores ſuos quoslibet Epiſcopos transmittenda, *poteſtate ſibi divinitus ſingillatim conceſſa eam ſubordinationis legem inde ab Eccleſiæ exordiis edidiſſe* Ego vero ita ſtatuo.

### 199.

*Neceſſaria non fuit Apoſtolica ſpecialis poteſtas; divinitus ſingulari jure ſingulis Apoſtolis data, ad ſtabiliendos ſubordinationis gradus inter Epiſcopos a ſummo Pontifice & Chriſti ſupremo Vicario diverſos: &, cum non extet id genus ſpecialis divinæ conceſſionis veſtigium, non eſt aſſerenda.* Poterant enim id totum negotii conficere collatis cum S. Petro inde ab initio conſiliis, & delegata ab ipſo, ceu omnium ſuperiore ſupremo, poteſtate: & vero aſtu ſic absque ſpeciali cuiquam alteri hominum divinitus conceſſa id genus poteſtate, ſolo accedente conſenſu ſucceſſorum S. Petri, deinceps ſecutis temporibus novi Metropolitæ ſunt conſtituti; uti Cæſareenſis reſpeſtu ipſius Jeroſolymæ; poſtquam hæc a Tito Imperatore everſa, cum nomine honorem dignitatis priſtinæ amiſit: imo & novi Patriarchæ; uti Conſtantinopolitanus cui ſaltem ſeculo ſexto & ſequentibus honor iſte legitime a Romanis Pontificibus eſt confirmatus, vel permiſſus. Taceo alios, qui poſterioribus primum ſeculis auſtoritate Romanorum Pontificum recens ſunt inſtituti: quos legitima poteſtate, præſertim conſenſu Eccleſiarum, quarum intererat, accedente, iſtud feciſſe, tam ſane extra dubium erit; ſi & de illorum juriſdiſtionis univerſali primatu, & de Patriarchatu Jeroſolymitano & Conſtantinopolitano non niſi per ipſos conſentientes denique legitime conſtitutis, mecum convenias. Certe conſtitui ſic potuiſſe legitime, extra dubium eſt. Ergo neceſſaria ad hoc neutiquam ſpecialis poteſtas, Apoſtolis ſingulis divinitus conceſſa!

*De Inflitutione Metropolitar. & Patr.* 255

ceffa : *quod primum.* Porro nullum pofitivum argumentum iftiusmodi divinæ conceffionis extare, omnes confentiunt ; fecus in explicanda ifta inftitutione non tam in diverfas fententias abituri. Cum econtra, communicato cum S. Petro confilio omnia Apoftolos inde ab initio feciffe, tum ex Conciliis Apoftolicis Jerofolymæ celebratis, tum ex facto S. Pauli pro certo conftet; qui, licet non ab homine, fed ab ipfo Chrifto conftitutus, & de omnibus dogmatis pleniffime edoctus Apoftolus, tamen Jerofolymam acceffit, cum Petro, & iis, qui videbantur aliquid effe, confilia collaturus. *Afcendi* ( Jerofolymam ait ad Galat. II. 2.) *fecundum revelationem, & contuli cum illis Evangelium, quod prædico in gentibus, feorfum autem iis, qui videbantur aliquid effe ; ne forte in vacuum currerem, aut cucurriffem.* Quo fane in loco monumentum aliquod illuftre habemus illius ftudii unitatis Epifcopalis, quam vel ipfi fummi Apoftoli colebant. Itaque afferenda non eft fpecialis illa & propria Apoftolorum omnium poteftas*: quod alterum.*

* *Neque dicas,* conftare de tali poteftate Apoftolorum in fimili argumento, videlicet in inftitnendis ubivis locorum Epifcopis ; quæ tamen Epifcopis ipfis illorum fucceffuribus communis non eft. Nam *refpondeo :* illa poteftas eo ipfo divinitus Apoftolis omnibus data' eft , cum ire in mundum univerfum, & inftituere Ecclefias juxta ac muneris fui Epifcopalis fucceffores a Chrifto juffi funt; & nihilominus eadem ipfa poteftas erat fupremo Primatui S. Petri itidem divino jure fubordinata. Atqui fubordinata ifta poteftas etiam ad Epifcopos eorum fucceffores transmittitur ; quibus profecto nullo jure prohibitum eft , imo ex caritatis officio incumbit , fiquas diœcefibus fuis vicinas infidelium regiones habeant, cum debita erga S. Petri Succefforem fubordinatione novas in illis Ecclefias atque etiam Epifcopos inftituere; uti fupra §. 194. not. n. 5. aliquod iftius rei exemplum de S. Joanne Chryfoftomo retuli, in Scytharum re-
gióne

gione recens ad fidem converfa Unilam Epifcopum ordinante, & inftituente. Interim ex eo minime fequitur, poffe etiam Epifcopos defertis propriis Ecclefiis more Apoftolorum per totum orbem circumvolare, & pro arbitrio infidelium converfioni & novis Ecclefiis ac Epifcopis inftituendis vacare: quia id cum propriarum damno Ecclefiarum, & contra fupremi Chrifti Vicarii legem fieret, quo jure invito nec Apoftolis tale aliquid licuiffet.

200.

*Si absque lege Apoftolica expreffa, & fola confuetudine introducti funt gradus fubordinationis Epifcopalis erga Metropolitas, confen/u aliquo fupremi Chrifti Vicarii, tacito, vel expreffo, ad eorum legitimam inftitutionem & perdurationem opus fuit.* Conftat ex Jure naturæ Sociali, in omni focietate inæquali, cui jam aliquis legitimus princeps vi legis fundamentalis fummo imperio præeft, nullam confuetudinem vim legis fine iftius confenfu, tacito, vel expreffo, obtinere; multo vero minus fine id genus confenfu per quemcunque confenfum ipforum fubditorum alteri cuicunque perfonæ immediatam in ipfos jurisdictionem cum præjudicio fummi principis, fundamentali lege conftituti, transmitti poffe. Quodfi hoc evidens plane eft de focietate mere voluntaria inæquali; qualis eft respublica quævis humana & civilis non mere democratico fub regimine inftituta; profecto idem a fortiori valet de Societate Ecclefiaftica Chriftiana; cujus fupremum imperium lege fundamentali, non humana, fed divina, ac proinde per nullum arbitrium & quemcunque confenfum humanum folorum fubditorum mutabili, uni fupremo Chrifti in terris Vicario commiffum, & confirmatum eft.

### 201.

Etsi hypothesin hanc assumas, quod *Apostoli*, potestate speciali singulis divinitus concessa, Metropolitas primitus instituerint: tamen evidens est, id aliter ab eis factum non esse, quam salvo omni supremo principatu S. Petri divinitus jam instituto, & cum certa ac perpetua Metropolitarum pari, atque ipsorum simplicium Episcoporum, erga supremam illius potestatem subordinatione. Evidens enim est, potestatem Apostolis quocunque modo divinitus concessam se non extendisse ad mutandam legem fundamentalem regiminis Ecclesiastici antehac ab ipso Christo divinitus constitutam. Atqui tali lege fundamentali divina instituta est suprema S. Petri in omnes reliquos Apostolos ad horum quoslibet successores Episcopos immediata jurisdictio, istorumque subordinatio ad illam. Ergo &c.

### 202.

I. *Verisimile non est, alia quam delegata a S. Petro potestate Apostolos Metropolitas cum jurisdictione superiore in ceteros ejusdem provinciæ Episcopos instituisse.* Patet ex §. 199. Cujus quoque grave indicium est, quod primæ sedes Patriarchales non nisi in Ecclesiis a S. Petro fundatis inde ab Apostolorum tempore constitutæ, eisque omnes ceteræ Ecclesiæ, etiam ab Apostolis ceteris fundatæ subjectæ fuerint.

II. *Certum est omnem Metropoliticam & Patriarchalem potestatem supremæ potestati S Petri, ejusque successorum, perinde atque jurisdictionem omnibus Episcopis communem, subordinatam esse* (200. 201.)

III. *Æque certum est, institutionem Metropoliticæ & Patriarchalis potestatis quocunque modo factam non posse præjudicare supremæ S. Petri ejusque successorum potestati immediatæ in omnes Episcopos; quo minus illi, necessitate Ecclesiæ ita exigente, immediate Epi-*

STATTLER, DEMONSTR. CATHOL. R *scopos*

*scopos quosvis judicare, atque etiam quæcunque humanitus, etiam per Apostolos, circa illorum subordinationem, vel restrictionem quamcunque Episcopalis potestatis constituta, absolute mutare, atque alia ratione ordinare possint; modo non despotice, sed salvis regulis supra Cap. VI. constitutis, id faciant.*

IV. *Verisimile non est, Metropoliticam & Patriarchalem potestatem esse diversam a delegata ipsius S. Petri ac Successorem illius potestate.* Sequitur ex Cor. I. hic.

V. *Metropolitis nulla in subditos Episcoporum immediata competit potestas, sed tantum mediata; quatenus immediata potestate delegata in casibus a summo Christi Vicario determinatis subjectos sibi Episcopos judicare possunt.* Immediata enim in Christianos quoslibet jurisdictio Episcopis illorum jure divino convenit (181.), nec S. Petrus, seu per se, seu per SS. Apostolos, Metropolitis qua talibus aliam in subditos Episcoporum sibi subjectorum potestatem nisi mediatam delegare potuit; quam solam scilicet ipse habuit (18. IV.).

\* *Quid S. Petri in Primatu successor in instituendis Metropoliticis dignitatibus posset*, facto ipso ostendit *S. Innocentius I.*, non solum cum jura Patriarchalia in ep. ad Alexandrum Antiochenum pro summa potestate authentice declararet (196. n. 2. sub lit. c.) sed etiam in prohibenda divisione diœcesis Metropoliticæ Cæsareensis. Cum enim Imperator Valens, ut Basilii Cæsareensis minueret auctoritatem, Cappadociam in duas divisisset (vide S. Gregor. Nazianz. Orat. XV.), & Tyanam secundæ Cappadociæ caput constituisset; Anthymus ejus Episcopus Basilio subesse renuerat, ac Metropolitica jura sibi vendicaverat. Hoc novitatis genus damnans Innocentius, continuo ad eundem Alexandrum Antiochenum Patriarcham, cui Cæsarea Cappadociæ suberat, rescripsit in hunc modum: *Quod sciscitaris, utrum divisis*

*impe-*

*imperiali judicio provinciis*, ut *duæ Metropoles fiant*, *sic duo Metropolitani Episcopi debeant nominari*; *non esse e re visum est ad mobilitatem necessitatam mundanarum Dei Ecclesiam commutari*, *honoresque aut divisiones perpeti*, *quas pro suis caussis faciendas duxerit Imperator*. Ergo *secundum pristinum Provinciarum morem Metropolitanos Episcopos convenit numerari*. Notum quoque est, quid SS. Pontifices *Zosimus*, *Bonifacius I. & S. Leo M.* in caussa Metropoliticæ dignitatis controversæ inter *Arelatensem*, *Viennensem*, & *Narbonensem* in Galliis Ecclesias seculo quinto decreverint.

## CAPUT IX.

### DE EXTENSIONE UNIVERSÆ POTESTATIS ECCLESIASTICÆ, LEGE POSITIVA A CHSISTO DOMINO INSTITUTÆ.

#### 203.

*Extensio potestatis* cujuslibet est multitudo diversorum effectuum, quibus determinandis illa sufficiens est.

#### 204.

Quoniam alia est potestas ordinis sacri in Ecclesia, alia potestas legislatrix & jurisdictio (31. 34. 168.): *ut tota extensio Ecclesiasticæ potestatis a Christo institutæ ostendatur*, *tam potestas ordinis*, *quam jurisdictionis sacræ*, *quo usque se extendant exponi debet*; cum de alia potestate ab eodem instituta non constet

#### 205.

*Potestas ordinis sacri ad conficienda Sacramenta a Christo instituta*, & *ad ordinationem ipsam*, *seu actionem externe sensibilem*, qua ordo sacer certis perso-

personis confertur, *se universe extendit* Primum ex ipsa definitione ordinis sacri constat (168.): alterum ex eo patet, quod per dicta §. 174. diversus sit gradus ordinis Episcopalis & simplicis presbyteri; quin sit aliud utriusque discrimen quam quod Episcopi ordinare alios presbyteros & Episcopos possint, non item presbyteri. Denique de alia virtute potestatis ordinis, quatenus haec ex divina institutione est, nuspiam quid extat.

206.

Ut *extensio jurisdictionis & potestatis legislatricis Ecclesiasticae a Christo lege positiva institutae universe exponatur*, ostendi debet 1'.) quid valeat jurisdictio sacra circa declarationem, & executionem legum divinarum, tam naturalium, quam positivarum; quatenus nempe jurisdictio a potestate legislatrice seorsim sese exserere potest (33.): 2'.) *quid valeat potestas legislatrix Ecclesiastica in ferendis etiam legibus mere humanis*; quae legibus divinis sola ipsius emphasi superaddantur: 3'.) *quo usque potestati praedictae legislatrici subjaceat usus quiscunque ipsius potestatis ordinis, seu Episcopalis, seu presbyterii*. Cum enim usus iste per se capax sit, ut legibus regatur; extet vero a Christo instituta potestas legislatrix, tum in Episcopis immediata, tum mediata in supremo Christi Vicario; cui omnis administratio rerum Ecclesiasticarum subjecta sit; evidens est, usum quoque cujuscunque potestatis ordinis potestati legislatrici Ecclesiasticae subjacere.

## ARTICULUS I.
### DE AUCTORITATE ECCLESIÆ INFALLIBILI IN DECLARANDIS LEGIBUS DIVINIS FIDEI ET MORUM.

207.

*Ecclesiæ jurisdictio, si ex præscripto legis fundamentalis a Christo constitutæ exerceatur, ad quasvis leges divinas, seu naturales, seu positivas, seu fidei, seu morum, infallibili authentico judicio declarandas se extendit.* Concessit enim Christus Ecclesiæ suæ rectoribus, Apostolis videlicet, eorumque in omne ævum successoribus, infallibilem potestatem docendi (119.), id est, declarandi authentice (28.) omnes leges divinas; qua si ex præscripto legis fundamentalis a se constitutæ rite uterentur, ipse ita eis esset in omne tempus per S. Spiritum affuturus, ut nunquam inferni portæ sint contra Ecclesiam, petræ, id est, capiti suo, inædificatam prævalituræ. Atqui prævalerent sane inferorum portæ adversus Ecclesiam, id est, gravis ruina Ecclesiæ abesse non posset; si Ecclesiæ rectores quicuuque in nomine Christi congregati, id est, cum suo Capite supremo visibili conjuncti, ac proinde potestate docendi divinitus sibi concessa legitime utentes, in declarandis legibus quibuscunque divinis a vero aberrare possent. Cum enim *leges divinæ* omnes, seu ex necessitate summa, si *naturales* sint, seu certe ob prævisam majorem salutem communem & utilitatem sine illis non obtinendam, *si positivæ sint*, unice ferantur (Ethic. Univ. Christ. §§. 357. 399.); si in illis authentice declarandis erraretur; aut ruina positiva, aut majoris certe salutis jactura abesse non posset. Jam vero sicuti universa mundi istius per divinam providentiam dispositio, ita etiam omnis Ecclesiasticæ jurisdictionis institutio ad maximam totius humani

mani generis communem falutem, ceu ad finem ultimum omnium pofsibilium optimum, certiffime collimat, eidemque conformiter a divina Chrifti fapientia ordinatur. *Denique* fi errare Ecclefia in authentica id genus declaratione & judicio poffet; profecto non poffent Chriftiani omnes lege divina ad credendum eidem graviter obligari ; atqui obligantur ( 120.): ergo &c. &c.

\* *Dices* 1'. ), fufficere, fi Ecclefia in iis non erret, quæ ad falutem omnibus fcitu abfolute neceffaria funt (quos **Proteftantes** vocant *articulos fidei fundamentales;* & quos falfo plerique Catholici Scriptores dixere difcerni non poffe): 2'.) ignorantia & error ipfe fubinde per accidens prodeffe poffunt ad majorem falutem communem, eo ipfo, quod idcirco Deus etiam errorem & ignorantiam juris naturæ in non neceffariis abfolute ad falutem fæpiffime permittat. Sed *refp. ad* 1. fufficere hoc ad abfolutam moralem pofsibilitatem falutis omnium, *concedo;* ad maximam falutem communem; qui neceffarius eft finis uti creationis, ita inftitutionis omnis pofitivæ; *nego.* Ad hunc enim finem ficuti notitia certa omnium legum divinarum, ceu totidem mediorum, ita certa promulgatione & authentico Ecclefiæ magifterio eft opus. *Ad* 2 ajo, errorem particularem unius & alterius individui, vel etiam multorum, quidem refpectu particularium prodeffe poffe ; at non errorem communem relate ad communem maximam falutem (vide dicta in Ethica Univ. Chrift. §. 592): fecus leges illæ divinæ carerent hoc ipfo ratione fufficiente, nec proinde actu ferri potuiffent : cum lex communiter non promulgata hoc ipfo exiftentia deftituatur. Enimvero Chriftus, cum ad decendum omnes gentes mitteret Apoftolos fuos, difcrimen non fecit inter dogmata abfolute neceffaria, & alia pofitivæ legis : fed univerfe dixit : *docentes eos fervare omnia, quæcunque dixi vobis:* & S. Paulus Apoftolus ne in una quidem lege : ex. gr. de circumcifione non neceffaria ad falutem ; errorem communem in fuis Galatis permifit ;

*De extensione universæ potestatis Eccles. &c.* 263

fit; ad quos scripsit V. 2.: *si circumcidamini, Christus nihil vobis prodest.*

\* \* Atque hoc sensu idem S. Paulus 1. Timoth. 15. *Ecclesiam* vocat *columnam & firmamentum veritatis* simpliciter, nimirum non solum illius, de qua mox subdit mentionem versu sequente, dicens: *& manifeste magnum est pietatis sacramentum, quod est manifestatum in carne, justificatum in spiritu, apparuit Angelis, prædicatum est gentibus, creditum est in mundo, assumtum est in gloria;* id est, mysterii Incarnationis; uti voluit Calvinus. Nam evidens est ex tota œconomia missionis divinæ Jesu Christi ut *Magistri*, veritatem mysterii Incarnationis solum se habere instar medii, finem autem ejusdem unum ex præcipuis fuisse, ut divinus Magister, visibili specie præsens, in *omnibus* veritatibus ad religionem veram, internam, & externam pertinentibus, atque utilibus ad salutem, nos quam plenissime instrueret. Inde erat illud ejusdem studium & assiduitas in Apostolis erudiendis, atque ipsa S. Spiritus in vicem suam post ascensum ad cœlos substitutio; qui illos de *omnibus* denuo *edoceret*, ac tempori commoneret, *quæcunque* ipse illis præsens *dixisset*. Enimvero si post Apostolorum decessum Ecclesia ejusque rectores rursum errori in omnibus ceteris doctrinis a Christo acceptis obnoxii sunt; quid prodest sola certitudo erroris expers de veritate Incarnationis? imo quid ipsum profuit nobis *Magisterium* Jesu Christi? quid missio S. Spiritus posteriorum temporum Ecclesiæ prodest? Frustra *urget Calvinus*, de Ecclesia tantum particulari Apostola sermonem esse; cui scilicet Timotheus ab ipso fuerat præfectus, & quæ nec secundum Catholicos infallibilitatis dono potiatur. Fallitur enim inprimis in eo, quod assumit: quia Episcopus etiam particularis, qualis erat Timotheus, *in domo Dei, quæ est Ecclesia, conversans* ( ut Paulus loquitur ) non solum suæ Ecclesiæ vivit, sed universæ fidelium Societati tanquam publica persona, unitati fidei, & communi nexui sociali cum omnibus mediante eodem capite conservando ex officio invigilans. Præterea errat Calvinus, si

exi-

exiſtimat, etiam ſimplicem Epiſcopum errare poſſe, ſi doceat conſentiens cum capite Eccleſiæ, id eſt, ſi juriſdictione ſua utatur ſecundum legem fundamentalem a Chriſto conſtitutam. Unde ajo ulterius:

### 208.

*Sive cum paucis, ſive cum multis Epiſcopis, ceu immediatis Eccleſiarum particularium rectoribus, judicet de divinis legibus, naturalibus; aut poſitivis, ſupremus Chriſti Vicarius authentica, id eſt, publica & ad omnem Eccleſiam directa, earum qua talium declaratione; omne id genus judicium erroris expers eſt.* Ubi enim & quoties Chriſtus ipſe in medio eſt inter vicarios ſuos miniſtros, miniſterio ſuo actu fungentes; ibi & toties error in declaratione legum ejusdem quarumcunque locum habere non poteſt. Atque in medio eorum toties virtute ſua præſens eſt; quoties in ejus nomine, id eſt, conformiter legi fundamentali a ſe conſtitutæ, ſuo miniſterio funguntur; ſive quoties cum capite Eccleſiæ ac ſupremo ſuo Vicario conjuncti ſunt; ſeu multi ſint, ſeu pauci, etiam duo, vel tres ſolummodo ( 130. 131. 135. ſeq. )

\* Dixi. *in publica declaratione Legum divinarum* errare ſupremum Chriſti Vicarium cum Epiſcopis ſibi conſentientibus non poſſe; per quam videlicet talem intelligimus quæ publicæ promulgationis, reſpectu totius Eccleſiæ per ſe ſufficientis, rationem habeat, & qua proinde legem divinam toti Eccleſiæ applicet. Unde ab errore neutiquam eximitur perſona ſummi Pontificis in ſententiis privatis.

\* \* At enim reculant plurimi ex Chriſtianis id genus judicium Eccleſiæ, & cum celeberrimo Lockio ( Le Chriſtianiſme Raiſonnable Chapitre IV. V. VI. ) propugnant, ut quis Chriſtianus ſit, non eum obligari ad aliud credendum, niſi, *Deum exiſtere,* & *Jeſum Chriſtum fuiſſe Meſſiam:* quod utrumque ſi credat, oblato ipſi divino Scripturarum codi-

codice illum relinqui debere *privato suo judicio* ( vel *spiritui*, ut loquuntur ) ita, ut qnod rite cognofcit ex SS. Scripturis fuiſſe a Chriſto aut revelatum, aut præceptum, id quidem credere, & facere, porro obligetur; id vero, quod ipſe in Scripturis revelatum, aut præceptum eſſe, certo detegere non poſſit, nihil ad ipſum veluti pertinere; atque ita, quidquid ſuo privato judicio ex Scripturarum lectione de ceteris dogmatis ſentiat, etſi erret in plurimis, vel in paucis, reſpectu ſalutis ipſius æternæ indifferenter ſe habere; modo id credat, atque exequatur, quod revelatum, ac præceptum a Chriſto fuiſſe, ipſe ex Scripturarum lectione ac certa interpretatione dignoſcit. His præmiſſis Lockius rectiſſime & cum plena evidentia urget *univerſos Proteſtantes*, qui omnes Eccleſiæ infallibilitatem negant; affirmans, non poſſe quamlibet ipſorum factionem obligare alteram, ut credant alii dogmata, quæ una illorum pars putat ſe in Scripturis expreſſa invenire. Quodſi enim ſola Scriptura & interpretatio ex mei unius ſpiritus privati judicio facta mihi unica credendi regula eſt; cur alterius potius credam interpretationi, quam meæ propriæ? Evidens ergo eſt, cogi Proteſtantes omnes, ut promiſcue invicem ſe tolerent, ac ceſſent nomina factionum Lutheri, Calvini, Zwinglii &c. &c. *Catholici* econtra, inquit, infallibilitatem judicii in rebus fidei ac morum Eccleſiæ tribuentes, dum alias ſectas tolerare nolunt, eo principio ſemel ſuppoſito magis ex conſequentia loquuntur. At enim principium illud ſine ratione ſufficiente aſſumitur ab illis. Quodſi enim verum id eſſet, ac fundamentalem fidei articulum conficeret, tam clare in Scripturis Apoſtolicis expreſſum eſſe deberet, atque illud, quod *Chriſtus Meſſias fuerit*, ut ſcilicet a nemine, Scripturas legente, non poſſet non facillime cum omni certitudine intelligi. Atqui, pergit ille, hoc nuſpiam invenire eſt in Scripturis, adeo, ut de locis atque textibus, ex quibus eruere id Catholici conantur, ipſimet litigent, quo pacto intelligendi sint, & inter se disceptent; cuinam personæ Christus donum illud infallibilis judicii contulerit: an summo Pontifici? an Conciliis, sic ut ista Papa superiora auctoritate sint? an simul Conciliis cum Pontifice? Denique, sit, cum Catholici ipsimet, fateantur, se non nisi ex SS. Scripturis probare posse hoc infallibilitatis donum a Christo Ecclesiæ concessum; quidni ego, aut quiscumque alius, dogma hoc expressum actu in Scripturis non intelligamus; quodsi locis pro eo allegari solitis longe aliud ab illo exprimi nobis plane videatur; quo pacto obligabimur illud credere? an quia Catholica sic intelligit Ecclesia? Atqui sic non id credam Jesu Christo, sed hominibus; & pari jure quævis alia Ecclesia infallibilem profiteri se quoque poterit. Interim ( concludit ille ) etsi quædam Scripturæ loca non intelligam eodem modo cum Ecclesia Catholica, aut etiam omnino non intelligam; cum confitendo, Christum Messiam esse, & ejus revelationibus ac præceptis aliis, quæ in Scripturis detego, fideliter credendo & obediendo, certo nihilominus Christianus sim; quo jure Catholici anathemate me feriendo dæmonibus devovent?

* * * Huic profundi Lockii ratiocinio quam parum *Protestantes quicunque* sectæ suæ studiosiores respondere aliquid solidi possunt; tam magnam vim addunt ( nisi me omnia fallant) etiam *ii Catholici*, qui in eis ipsis textibus Scripturæ, ex quibus præcipue dogma infallibilitatis Ecclesiæ ipsimet probari consentiunt, eam inesse obscuritatem concedunt, ut non nisi secundum sensus maxime tortos, & literali vocum significatui ac constructionis syntaxi prorsus adversos intelligi debere propugnent. Enimvero si Matth. XVI. tam obscure locutus est Christus, ut dubium sit, an soli Petro, an toti Ecclesiæ loqueretur; an ipse sese, an Petrum Ecclesiæ fundamentum ædificii istius dixerit &c. &c.; profecto Protestantibus vitio vertere nemo poterit; si haud omnino ibi sermo aliquis esse de immunitate ab errore in dogmatis fidei eisdem videatur. Nec *prodest* quidquam, quod Catholici

Docte-

### De extenfione univerfæ poteftatis Ecclef. &c. 267

Doctores omnes confentiant, ibidem exprimi infallibilitatis privilegium fimpliciter Ecclefiæ conceffum; etfi obfcurum fit, cui perfonæ illius exercitium fit commiffum. Nam, præterquam quod talis ejus concedendi modus fapientiæ divini Legislatoris oppido male conveniat (114. 115.) fiquidem femel ferio concedas, obfcure declaratam a Chrifto fuiffe *perfonam*, per quam, & *modum*, quo judicium falli nefcium ferri in Ecclefia debeat; profecto non jam probare poteris, majori claritate ipfam fubftantiam conceffi ibidem privilegii expreffam effe. Quapropter fincere fatendum, exiftimo, Syncretiftis æque ac Proteftantibus univerfis arma periculofa miniftrata a Catholicis fuiffe ; cum moderandæ immodicæ Pontificiæ anctoritatis ftudio textus S. Scripturæ præcipuos, quibus lex fundamentalis totius regiminis a Chrifto conftitutæ exprimitur, obfcuris & tortis explicationibus involvere laborarunt : fiquidem confequentia doctrinæ aperte evertitur, fi defendas, inæqualitatem aliquam ao regimen a democratica diverfum a Chrifto in Ecclefia fuiffe per concepta quædam verba inftitutum , fimulque propugnes , formam ac modum regiminis iisdem obfcure folummodo expreffum fuiffe. *At enim* videbimus fuo loco, perquam facile fequelis immoderatæ Pontificiæ auctoritatis obviam iri, easque præverti poffe; etfi auctoritatem ipfam & rationem vifibilis & nulli ruinæ obnoxii fundamenti eidem prorfus intactam relinqnamus : cui quippe propofito vel fola applicatio regularum Cap. VI. traditarum, & doctrina de immediata Epifcoporum in particulares Ecclefias , & folum mediata Vicarii Chrifti in easdem jurisdictione ( §§. 181 182.) propofita abunde fufficiet. His præmiffis

\* \* \* \*  *Equidem Lockio fic refpondeo.* 1.) Lockius, ac quivis alius Syncretifta, nullum ex illis factis, ex quibus Cap. III. inæqualitatem in Societate Chriftiana Ecclefiaftica a Chrifto inftitutam fuiffe oftendi, ullo probabili argumento in dubium vocare, nec proinde inficias ire poteft; quin & Apoftoli, ceu totidem rectores Ecclefiæ, fuperiore poteftate
inftru-

inftructi, omnia plane religionis dogmata a Chrifto accepta Chriftianis primis prædicarint; & ad omnia credenda fingillatim, quæ illis prædicaverint, graviter obligarint; ac denique, qui vel uni folum certa fide recipiendo poft certam declarationem ab ipfis factam refractarios fefe exhibuerint, illos nequaqnam pro veris Chriftianis, id eft, veræ Chrifti Ecclefiæ membris habuerint (144. 145.). Quorfum enim alias dixiffet *Galatis* S. Paulus: *fi circumcidamini*; *Chriftus nihil vobis proderit?* cur doctrinas fuis contrarias docentibus I. 7. comminatur: *fiquis vobis evangelizaverit præter id, quod accepiftis*; *anathema fit*. Itaque fub initium Ecclefia fic eft a Chrifto inftituta, ut inæqualitas effet membrorum aliis regentibus, aliis regi fe ut paterentur, & ut fidem eis ceu magiftris falli nefciis adhiberent, non in uno folum altereve primario dogmate, fed in omnibus, quæ docerent, obligatis. Nulli igitur Syncretifmo, nulli fpiritui privato in Scripturis exponendis locus primis in Chriftianis erat; maxime quod nec Scripturæ novi teftamenti per annos primos pæne quatuordecim ab afcenfione Chrifti in cœles ufpiam extarent; fed omnia, quæ Apoftoli ceu a Chrifto tradita fibi & revelata *oretenus* proponebant, certa fide credere tenerentur omnes, qui pro veris recipi Chriftianis exoptabant. Inde factum, ut Samaritani quidam, qui, ignari licet, baptifmum Joannis folum receperant, continuo baptifmo Chrifti ablui ab Apoftolo juberentur Act. XIX. 4. Idcirco idem Paulus Titum (III. 10.) monet, ut *hæreticum hominem poft unam & fecundam correptionem devitet*. 2.) Quodfi initio fic ædificata eft Ecclefia a Chrifto, ut certæ fidei omnium dogmatum per doctores vifibiles ac viva voce inftituentes profpiceretur, & cuncti fingula credere obligarentur; dubium non eft, quin idem ædificium, eidem petræ ceu fundamento innixum, eodem modo hodiedum perduret (128.) 3.) Porro fi inæqualitas eadem, fi idem difcrimen paftorum & ovium, vi divinæ inftitutionis in omne ævum perduret; etiam officia eadem, & obligatio credendi doctoribus doctrina fua pafcentibus, perdureut neceffe

ceffe eft. Si obligatio perdurat credendi in ovibus; enimvero infallibilitas doctrinæ itidem debet perdurare; fine cujus fecuritate fides certa locum non haberet. 4.) Quodfi regimen cum obligatione activa conjunctum in perpetuum a Chrifto conftitutum eft; etiam modus regiminis illius exercendi &|forma certa fundamentali quadam lege conftituta ut ab eodem fit, neceffe eft; & quidem lege clara, nec ulli obfcuræ interpretationi obnoxia. Hanc in citato loco Matth. XVI. & Joan. XXI. proponi extra dubium eft : ergo |in fenfu obvio, in quo femper ab Eccleſia intellecta funt, verba illa Chrifti fupremi Legislatoris intelligenda funt (134. feq. 150. 151.). 5.) Quodfi tamen cuicunque, non præjudicio quodam & prava mentis obftinatione ducto, fed fincere rem examinanti, errore mentis prorfus innocuo verba illa Chrifti aliud longe innuere videantur : fatemur, talem, fi cetera fundamentalia dogmata, ad falutem prorfus fcitu neceffaria rite credat, & Dei mandata a fe cognita chriftianis ex motivis obfervet, & Chriftianum fimpliciter effe (112. IV.) mente, & voluntate, atque etiam pervenire ad falutem poffe; etfi in vera Chrifti Ecclefia non fit (142. I./. Falfum enim eft, Catholicos Theologos unquam defendiffe, feu notitiam, feu fidem, de inftituto a Chrifto Ecclefiaftico magifterio infallibili & regimine, ad media falutis abfolute neceffaria pertinere : etfi docuerint, eos, qui, fcientes iftam Chrifti inftitutionem; mera tamen ex pertinatia voluntatis regimini Ecclefiæ fe fubjicere noluerint, uti rebelles Chrifto & Ecclefiæ funt (cit. II.), & utriusque legibus refractarii, ita falute certo privandos; etfi nomen Chriftiani fimpliciter talis non amittant; cui quippe confervando fola obligatio, illos Ecclefiæ adnectens (112. I. II. VI.), fufficit. Certe, cum quæ *dogmata fundamentalia* fint in ftatu morali præfente Chriftiano, in mea Ethica univ. Chrift. §§. 522. 523. 529. definirem; nihil mihi inciderat in mentem de dogmate infallibilis auctoritatis veræ Chrifti Ecclefiæ eisdem accenfendo. 6.) Interim negare nemo Acatholicorum poteft, fi revera a Chrifto inftitutum regimen & poteftas Ec-

clefia-

clefiaftica eft, infallibili auctoritate inftructa ad definiendas omnes fidei controverfias, quemadmodum ea medium faluberrimum eft tum ad unitatem fidei juxta ac animorum pacem, tum inprimis ad univerfum religiofarum doctrinarum & ad falutem communiter utilium depofitum falvum femper atque integrum confervandum; ita hoc ipfo fumme noxios elfe univerfæ Chriftianæ Societati eos, qui, five fcientes, five ignorantia & errore inducti, eam inficiantur, ac voce fcriptove publice impugnant. Itaque evidens eft, vel ipfo ex jure naturali, veræ Chrifti Ecclefiæ (quæ certa eft, fumma illa docendi & regendi poteftate fe a Chrifto inftructam effe) & rectoribus ejus a Chrifto reipfa inftitutis, non modo poteftatem moralem, fed certam obligationem incumbere, ut veros omnes Chriftianos ab id genus noxiis hominibus, & adverfus damna ab eis imminentia, mediis per fe licitis, & ab ipfo Chrifto fubminiftratis, defendere fategant; five fcientes illi, five ignari, gregi fuo noceant: ficuti non modo principibus politicis, fed etiam privato cuique jus certum ac naturale defendendi fe fuosque ab omni noxa, etiam ab hominibus mente captis impendente, fine omni controverfia conceditur. Videndum ergo folummodo, quænam media illa juftæ defenfionis Ecclefiæ veræ rectoribus fint ab ipfo Chrifto fuppeditata: qua de re Artic. feq. difputabimus. Et vero, quemadmodum longiffime totaque mente abfum a condemnandis vulgo Acatholicis etiam profunde doctis (cum certus fim, ob veras completasque demonftrationes a Catholicis Theologis ex methodi ignorantia rariffime propofitas, etiam doctos innocenter errare poffe) ita anticipato moneo, eam menti meæ intime infitam fententiam hærere, quod cum raro certitudo haberi poffit, vincibili, an invincibili errore quifcunque Catholicæ doctrinæ adverfarius erret (nunc inprimis, cum adverfæ doctrinæ præjudicia provincias integras ampliffimasque actu occurrent), non nifi mitiffima remedia prodeffe queant; nec duriora, præterquam neceffitas cogat, unquam adhiberi debeant. ***** *Di-*

De extensione universæ potestatis Eccles. &c. 271

\* \* \* \* \* *Dices* vero præterea 1.) explicari non posse an Episcopi, cum Capite Ecclesiæ extercentes judicium falli nesciunt, libertate polleant, nec ne. Quodsi enim pollerent illa; etiam errare possent: si non pollere libertate dicas; gratis & contra experientiam id assumere videris; cum constet, vota sæpe in Conciliis etiam Oecumenicis variasse. 2.) An immunitas ista ab errore ex Scriptura probatur? ast unde de Scripturarum divinitate constat? an ex auctoritate Ecclesiæ? hem circulum vitiosum! *Resp. ad* 1. posse Deum tum salva libertate ope præscientiæ suæ infinitæ prævidere media inclinandi intellectum & voluntatem rectorum Ecclesiæ, & inprimis Capitis ejusdem; tum vero etiam, si necesse sit, erepta libertate divina sua oracula per ora illorum edere, sicuti per Caipham prophetantem illis verbis, *expedit vobis, ut unus homo moriatur pro populo &c.*, quia ipse illud sciret. *Ad* 2. Moeui initio §. 80. seqq., me Scripturas novi testamenti haud ut divinas ex integro in tota ista demonstratione assumere, sed solum ut summa fide humana authenticas; ac proinde ceu plurima Christi Dei Hominis verba concepta & formalia continentes: in quibus nulla obscuritas inesse queat; cum de lege fundamentali constituenda illi sermo fuit.

## ARTICULUS II.

DE POTESTATE COACTIVA ECCLESIÆ CHRISTI IN EXIGENDA OBEDIENTIA ERGA LEGES DIVINAS A SE AUTHENTICE DECLARATAS: UBI AGITUR DE TOLERANTIA IN MATERIA RELIGIONIS.

### 209.

*Excommunicatio* est actio qua cuicunque alicujus Ecclesiæ membro actuali ob culpam aliquam admissam aufertur jus utendi spiritualibus emolumentis

tis feu bonis ejusdem Ecclefiæ, quod prius habebat. *Non communicare in rebus facris feu Ecclefiafticis cum aliquo* eft communem ufum rerum facrarum cum eo non facere, eas ab illo non recipere, nec eidem eas miniftrare. *Excludere a communione Ecclefiaftica aliquem* eft vi coactiva obligare fubditos, ut ei non communicent.

\* Nimirum excommunicatio in Societate Ecclefiaftica fe habet inftar profcriptionis in Societate politica.

### 210.

I. *Excommunicatio ex natura fua eft pœna Ecclefiaftica.* Eft enim mali phyfici ob culpam illatio, ift eft, exclufio a bonis fpiritualibus Ecclefiæ.

II. *Excommunicatio ex natura fua eft actio propria fuperioris Ecclefiaftici*: quia non nifi is punire poteft, qui poteft obligare, & poteftate pollet in libertatem perfonæ, quam obligat, & punit (24.); item in eas perfonas, quibus prohibet vera lege, ne cum reo in facris communicent.

III. *Ut quis falva morali rectitudine præcife non communicet in rebus facris cum aliquo, poteftate in perfonam iftius opus non habet; fed fufficit, quod ad communicandum non obligetur, & non communicandi prudentes habeat rationes.* Non communicando enim præcife nec juris aliquid illi aufert, nec obligationis aliquid ei imponit, nec mali quid infert.

IV. *Ut quis aliquem communione alicujus Ecclefiæ excludat, cujus communionis jure is nondum gaudet; poteftate fuperiore illi opus eft quidem is Ecclefiæ ejusdem membra; non item in illum, quem excludit.* Modo enim illa obligare pro poteftate poffit, ne communicent, jam excludit iftum a communione.

V. *Ex-*

V. Excommunicare ergo neminem quis potest, cujus superior Ecclesiasticus non est; bene tamen a communione excludere (IV.).

* Sunt autem *bona & emolumenta spiritualia in Catholica Ecclesia* 1) usus seu receptio Sacramentorum (166.), 2.) eorundem administratio ex potestate ordinis sacri (168.), 3.) participatio fructus spiritualis ex publicis functionibus religionis, tum ratione praesentiae ad easdem, tum ratione virtutis impetrandi aliquid a Deo, quam habent ex conjunctis Ecclesiae totius meritis, in cujus communi nomine per legitimos Ecclesiae ministros peraguntur.

### 211.

*Datur in Ecclesia vera Christi potestas moralis cogendi poenis spiritualibus illos, qui ejus vera membra sunt* (145.), *ad leges quasvis divinas, semel authentice ab Ecclesia declaratas, rite & fideliter observandas*; nimirum *in foro interno* subtrahendo gratiam remissionis *pecatorum* in Sacramento paenitentiae, eamque *remissionem* ita *retinendo*, ut ne in Dei quidem foro remittatur; donec Ecclesiae rectoribus satisfecerint (121. 167.); *& in foro externo* etiam *excommunicando*, id est, subtrahendo usum Sacramentorum ex. gr. Eucharistiae, usum ordinis sacri in Sacramentis administrandis; & excludendo a fructu ac praesentia in publicis Ecclesiae functionibus, ac precibus, ab ejus ministris peragi solitis. Etenim tam potestas ordinis, Episcopis & Presbyteris competens (174. 176.), quam ipsa Episcoporum jurisdictio, supremae jurisdictioni summi Pontificis verae Christi Ecclesiae subordinatur, & subjicitur vi divinae institutionis, aeque ac omnia alia membra verae Christi Ecclesiae (142. 202.); Presbyteris vero nec jurisdictio propria competit, sed solum delegata ab Episcopis (185.), nec potestas alia ordinis ad sacramenta administranda, nisi Episcoporum immediatae jurisdictioni subordinata (181. 182. I.). Ita que fiqui ex veræ Ecclefiæ fociis culpa gravi id genus pœnam, feu paternam, & ad correctionem propriam, feu exemplarem, & ad exemplum aliorum neceffariam, promereantur; poteftas divinitus inftituta in Ecclefiæ rectoribus, Epifcopis & fupremo Chrifti Vicario, extat, tum fubtrahendi illis facramentorum pœnitentiæ & Euchariftiæ licitum ufum, tum prohibendi illorum Sacramentorum miniftros, ne poteftate ordinis fui in iis adminiftraudis refpectu illorum licite uti poffint; item obligandi ceteros Chriftianos, veræ Ecclefiæ fubditos, ne in religiofis functionibus cum eis communicent, aut ne miniftri Ecclefiæ, publico munere fungentes, preces pro eis fundant ad Deum, intentatione videlicet fimilium pænarum; fi Ecclefiæ rectorum præceptis non obediant. Atqui merentur id genus pœnam, & culpæ gravis fefe reos faciunt, quicunque rectorum veræ Ecclefiæ Chrifti publica profeffione poteftatem ac jurisdictionem in divinis legibus authentice declarandis ceu divinitus inftitutam agnofcunt, & nihilominus illorum auctoritati contumacius repugnant in iisdem legibus certa fide recipiendis, vel paternæ correctioni in exequendis illis pertinacius obluctantur. Ergo &c. &c.

* Expreffit hanc vim poteftatis Ecclefiæ fuæ rectoribus a fe concedendæ Jefus Chriftus Matth. XVIII. 17. illis verbis: *qui Ecclefiam non audierit; fit tibi ficut Ethnicus & Publicanus*, id eft, inftar hominis extranei a focietate Ecclefiæ meæ. Cur autem hoc? *Amen dico vobis*, fubdit, *quæcunque alligaveritis fuper terram, erunt ligata & in cælis*; id eft, quemcunque exutum a jure participandi emolumenta fpiritualis focietatis Ecclefiafticæ a me inftituendæ declaraveritis, a me ipfo pro tali habebitur. Vide jam dicta §. 121.

** Antiquiffimum ufum iftius coactivæ poteftatis in Ecclefia conteftatur omnis pœnitentiæ publicæ difciplina,

tertio

tertio & quarto feculo ufitata. Præ omnibus juvat adducere S. AUGUSTINI TESTIMONIUM; etfi paullo prolixius fit; ea maxime ex cauffa, quod fimul fummi momenti *regulas* fuggerat, *quo pacto & quam exquifita moderatione id genus pœnis ultimis Ecclefiafticis uti pios ac fapientes Ecclefiæ rectores ex mente ac fpiritu Chrifti oporteat.* Itaque L. III. contra Epift. Parmen. c. 2. commentans in textum Apoftoli ( I. Cor. V. 9. dicentis: *fcripfi vobis in epiftola, ne commifceamini fornicariis: non utique fornicariis hujus mundi; alioquin debueratis de hoc mundo exiiffe. Nunc autem fcripfi vobis non commifceri, fi is, qui frater nominatur, eft fornicator, aut avarus, aut maledicus; cum ejusmodi nec cibum fumere* ) fequentes regulas circa ufum excommunicationis fuggerit. 1'.) Negant, Apoftolum velle, ut omnium impiorum fugiamus convictum: *cum opus noftrum in hoc mundo illud fit, ut peccatores Chrifto ad falutem lucremur; quod fieri non poterit, fi eorum colloquia & convictum fugiamus.* 2'.) Ait, certum effe, Apoftolum l. cit. *de feparatione etiam corporali* agere ( non tantum de fpirituali, quæ cordis ab eorum peccatis alienatione fieri omnium malorum refpectu debet ) & quidem *non ab iis malis, qui Chriftiani non funt; fed ab eis, qui Chriftiani funt;* cum dicat mox v. 12. ibid.: *quid enim mihi de his, qui foris funt, judicare? nonne de his, qui intus funt* ( id eft, in Ecclefia ) *vos judicatis? nam eos, qui foris funt, Deus judicabit. Auferte malum ex vobis ipfis.* 3'.) Subdit poft hæc regulam hanc generalem: *fiquis Chriftianorum, id eft, in Ecclefiæ focietate conftitutorum, ob aliquod peccatum anathemate dignus habeatur*, tunc eo feriendum effe; *ubi periculum fchifmatis nullum eft, atque id cum ea dilectione, de qua ipfe Apoftolus dicit II. ad Theffal. V., ut inimicum eum non exiftimetis; fed corripite ut fratrem. Non enim eftis ad eradicandum, fed ad corrigendum. Cum enim Dominus dixit fervis volentibus zizania colligere Matth. XIII: finite utraque crefcere ufque ad meffem; præmittendo cauffam hanc: ne forte, cum vultis colligere zizania, eradicetis fimul & triticum; fatis oftendit: cum metus ifte non fubeft, fed omnino de*

*frumen-*

*frumentorum stabilitate certa securitas manet, id est, cum ita crimen notum est omnibus & exercrabile, ut vel nullos prorjus, vel non tales habeat desensores, per quos possit schisma contingere; non debere dormire severitatem disciplinae.* Tunc enim ille timore percutitur, & pudore sanatur; cum ab universa Ecclesia se anathematizatum videns, sociam turbam, quacum in delicto suo gaudeat, & bonis insultet, non potest invenire. 4'.) Pergit vero: *cum vero idem morbus plures occupaverit, nihil aliud bonis restat, quam dolor & gemitus, quo ad eum, qui errare non potest, clament: ne perdas cum impiis Deus animam meam, & cum viris sanguinum vitam meam.* Psalmo XXV.: *ne cum voluerint colligere zizania, eradicent simul & triticum. Si enim peccati contagio multitudinem invaserit; divinae disciplinae severa misericordia necessaria est, & flagellum aliquod Domini; quo illi corripiantur, qui jam propter multitudinem non possunt ita corripi, ut ab eorum conjunctione se ceteri continerent, & eos erubescere facerent. Nam* CONSILIA SEPARATIONIS ET INANIA SUNT, ET PERNITIOSA, ATQUE SACRILEGA, QUIN ET IMPIA ET SUPERBA, *& plus perturbant infirmos bonos, quam corrigant animosos malos.* 5.) *Turba iniquorum*, inquit ulterius, *cum facultas est in templis promendi sermonem, generali objurgatione ferienda est; & maxime, si occasionem atque opportunitatem praebuerit aliquod Domini flagellum desuper, quo eos appereat pro suis meritis vapulare.* Tunc enim aures humiles praebet emendanti calamitas auditorum, facilisque in gemitum confitendi, quam in murmura resistendi afflicta corda compellit. *- Quamquam & si nulla calamitas tribulationis premat; cum facultas datur utiliter corripitur in multitudine multitudo. Nam sicut separata saevire, sic in ipsa congregatione objurgata gemere consuevit. Quam ob rem illud praeceptum Apostoli nullo modo negligendum est, ut a congregatione bonorum malus separetur; cum sine periculo pacis fieri potest: & ejusdem illud praecipue attendendum est, ut sufferentes invicem studeamus servare unitatem spiritus in vinculo pacis. Potest enim utrumque fieri ab eis, quibus dictum est: beati pacifici, quoniam filii Dei vocabuntur.*

*De extenſione univerſæ poteſtatis Eccleſ. &c.*

*buntur.* 6.) Deuique illud ſapientiſſime addit ibid. Cap. 5. *Nuñi boni ab Ecclefia fine fchifmatis facrilegio ſe ipſos poſſunt dividere, eo quod males in ea juxta ſe boni patiantur: quia tali modo vexationi frumentorum non parcitur, uſurpantibus ſi i hominibus ante meſſem, quod angeli in meſſe faĉturi funt. Per totam en'm iſt iu Ecclefiæ civitatem, toto orbe diſſuſam, quæ alfondi non poteſt, quia ſupra montem conſtituta eſt, juſti gemunt, & mærunt ob iniquitates, quæ funt in medio eorum. Non ergo quærat quis ſeparatos juſtos : ſed cum ipſis potius in malorum temporali commixtione concorditer gemat.* Ecce! admirabilis ſapientiæ & caritatis regulas, Auguſtini corde paterno & ingenio dignas! O quot quantave Eccleſiæ mala nunquam vidiſſet Chriſtianus orbis; ſi iſtas regulas attendiſſent rectores gregis Chriſti, priusquam cum virga venirent ad hunc. Quid diceret Auguſtinus, ſi multitudinem excommunicationum *ipſo facto* incurrendarum & Cenſurarum Catalogos legeret; ſi audiiſſet de interdictis regnorum, Anathematis in principes & regna latis ? Nonne illud ? heu! quanta cum ſtrage frumenti optimi zizania, o miniſtri Jeſu Chriſti, eradicatis ante meſſem !

212.

*Qui veræ Eccleſiæ Chriſti membra ſe non profitentur* (145.). *ſed Eccleſiæ rectorum divinitus inſtitutam poteſtatem inficiantur; quin tamen errorem ſuum publice doceant, vel ſeducendis veris Eccleſiæ membris intendant; illi Eccleſiæ pœnis cogendi non ſunt, ut ſe ſubjiciant.* Vel enim errore invincibili laborant (quod fieri poſſe nemo niſi rerum inexpertus negaverit) & potius cum omni caritate edocendi veritatem ſunt, non intempeſtiva ſeveritate irritandi; quam nulla culpa ſua promerentur: vel ſcientes auctoritatem Eccleſiæ contemnunt ? & his contemta auctoritas ſeveritate nulla inſinuabit ſui æſtimationem, ſed contumaciam augebit. Non ergo ſpes correctionis id genus ovium errantium paternam, nec periculum bonarum ovium judicialem & exemplarem pœnam (per hypothefin) eo in cafu provocat; nec proinde fine utilitate: multo minus cum periculo majoris mali ex irritatione forfan extituri, vexandi a boni Paftoris vicariis miniftr.s funt.

* Aliter fe res habet circa exclufionem a certis officiis; quorum adminiftratio id genus hominibus tam parum committi prudenter poteft, quam parum in focietate civili prudenter ex. gr. munus docendi jus civile committeretur homini principiis ftatui civili noxiis imbuto. Unde fapienter a talium officiorum adminiftris fidei catholicæ profeffio publica requiritur.

### 213.

*Quodfi tamen alieni a vera Ecclefia homines errores publice docendo inter veræ Ecclefiæ membra propagare, atque ifta feducere velint:* jure defenfionis naturalis tum ipfis veræ Ecclefiæ membris obligatio incumbit eorum confortia fugiendi, tum veræ Ecclefiæ rectoribus interdicendi fub pœnis paternis Ecclefiafticis, ne illorum confortio fe mifceant. Nulla enim eft focietas, in qua non membris omnibus, atque inprimis principibus ejusdem, obligatio incumbat, ut mediis omnibus, quibus falva rectitudine morali poffunt, fe totamque focietatem a noxiis infeftationibus omnium ab eadem extraneorum defendant. Atqui medium & per fe honeftum, & omnium maxime neceffarium eft, ut hoftium confortia vitentur.

### 214.

*Si tamen vitari etiam id genus hominum* (præc.) *confortia ob eorum multitudinem, vel alia locorum atque temporum adjuncta moraliter non poffunt;* fufficiet falubri inftructione præmunire gregem, ac de cetero humanitatis & caritatis chriftianæ officiis adverfos animos demulcere. Neque enim mala minora ra per pejora remedia removenda, neque ad zizania eradicanda ipsum frumentum evellendum est.

\* Profecto cum id genus hominibus in tali casu eadem saltem moderatio abhibenda est, qualem S. Paulus & S. Augustinus observandam Christianis respectu ipsorum gentilium commendarunt (211. not. 2. n. 1.). Qui severiores canones de modo agendi cum hominibus Acatholicis præscribunt; meminerint, se idem jus Acatholicis societatibus civilibus ipso facto adjudicare pari modo cum Catholicis agendi; quamdiu illi bona fide judicant, Catholicos a recta fidei regula aberrare. Sed neque existimet quis, novas esse *Christianæ tolerantiæ regulas*, quas hic proposui. Nequaquam : sed ab omni sapiente Catholico omni tempore sunt receptæ. Nemo enim doctus Catholicus condemnavit unquam Acatholicum, qui innocuo errore & bona fide Ecclesiæ inæqualitatem, & rectorum ejus potestatem a Christo institutam ignoraverit. Ipsa Ecclesia Catholica suos quidem intentatis censuris & pœnis paternis a consortiis perversa docentium, eorumque noxiis libris legendis absterret; atque eos etiam, qui se illius filios ipsi profitentur, similibus pœnis prohibet, ne quid suis authenticis divinarum legum declarationibus adversum doceant : sed anathemata sua ad illos non extendit, qui ipsam Ecclesiæ auctoritatem divinitus institutam se ignorare profitentur. Cum enim de internis mentium cogitationibus judicare nisi ex significatione earundem externa non possit Ecclesia: quid potest demum in subjiciendis id genus hominibus; nisi ut eos de veritate suæ potestatis solide instruat, atque ut instrui se patiantur, caritatis & mansuetudinis Christi suavitate demulceat. Neque enim sine potestatis legislatricis certa cognitione leges ipsæ superioris cujuscunque in subditi animo locum habent (19. n. 2.) Unde nec *hæreticum* alium Catholici appellant, nisi qui cognitæ veritati sciens resistit. Quodsi quis sciens institutionem Christi, tamen auctoritatem Ecclesiæ se ignorare externe mentitur; is a visibili veræ Ecclesiæ societate se

*ipsum*

ipsum segregat (145.); quin excommunicatione ejusdem Ecclesiæ aut opus habeat, aut offendi possit; si erroris sui venenum latius spargere in bonas Ecclesiæ oves non vereatur.

\* \* *Neque dicas :* si homines Acatholici Catholicis permixti in eadem civitate vivant, periculum Catholicis creari. Nam falsum est, majus esse Catholicorum periculum, qui publicis Doctoribus & libero externo religionis exercitio gaudent, quam spem conversionis Acatholicorum, ad internam solum religionem suam restrictorum. Certe experientia contrarium docet, etiam ubi geminæ religionis liberum exercitium viget.

\* \* \* Scio, acerbius subinde de hoc argumento alios Catholicos Doctores sensisse videri posse, eo quod *distincte* expositas & perspectas istas regulas moderationis Christianæ non habuerint; in confusione vero idearum & notionum intellectus non rite distinguentis ea, quæ reipsa multum diversa sunt, raro voluntatis error abesse soleat. Sed nullus tamen dubito, post distinctam expositionem illarum ab omni moderato Doctore Catholico libentissime recipiendas esse: sicuti & pauci hodie erunt ex doctioribus Catholicis, qui ferro & igne cogendum quemqiam ad abjurandos errores in materia fidei etiam publice docendo sparsos existiment; cum ad cavenda societatis damna id genus noxiorum hominum proscriptio sufficiat.

## ARTICULUS III.
### DE POTESTATE LEGISLATRICE ECCLESIÆ SE EXTENDENTE AD LEGES NOVAS MERE HUMANAS ET ECCLESIASTICAS FERENDAS.

### 215.

*Christus Dominus Apostolis suis, ceu veris Ecclesiæ suæ rectoribus ac principibus* (126. 24.)*, dedit potestatem legislatricem minime restrictam ad solas leges*

*De extenfione univerfæ poteftatis Ecclef. &c.* 281

ges jam a fe divinitus latas authentice declarandas, & executione urgendas, fed extenfam ad lege propria præcipienda & vetanda omnia, quæcunque ipfis pro communi majore bono Ecclefiæ utiliter præcipienda & vetanda viderentur. Promifit enim & Petro Matth. XVI. & omnibus Apoftolis Matth. XVIII. poteftatem univerfalem ligandi quodcunque ; *quodcunque ligaveris, quodcunque ligaveritis* ; mifit item eosdem Joan. XX. ficut ipfe miffus eft a Patre : *ficut mifit me Pater, & ego mitto vos.* Cum itaque certum fit, quod cum poteftate legislatrice miferit; certum item erit, quod non ad alias conditiones eam poteftatem reftrinxerit, nifi ad eas, quæ omni poteftati legislatrici lege naturæ præfcriptæ funt, videlicet, ut non nifi utilia ad finem ultimum focietatis, nec fub graviore, quam neceffe eft, obligatione præcipiantur ; (de quibus dixi §. 161. 2.) Unde iftam poteftatem APOSTOLI continuo exercuere in Concilio Jerofolymitano congregati, præcipiendo, ut Chriftiani omnes primis illis Ecclefiæ temporibus, etiam lege Judaica jam abrogata, porro abftinerent a fanguine & fuffocato, dicentes Act. XV. 28.: *vifum eft Spiritui Sancto & nobis, nihil ultra imponere vobis oneris, quam hæc neceffaria : ut abftineatis vos ab immolatis fimulacrorum, & fanguine, & fuffocato &c.* Sic & S. Paulus 1. Timoth. III. 2. præcepit, ut ne bigamus ad Epifcopatum admittatur : *oportet Epifcopum effe unius uxoris virum.* 3.) PRIMI PATRES ECCLESIÆ idcirco chriftianos continuo ad obediendum Epifcopis fuis in omnibus hortantur, ut ipfi Chrifto Domino. Teftimonia *SS. Ignatii* ex ep. ad Smyrnenfes §. 149. n. 2. & ex ep. ad Trallianos §. 180. n. 2. & *Irenæi* §. 149. n. 4. ex L. IV. c. 43. recenfui. Similia prorfus habet *S. Clemens* Papa Romanus in ep. ad Corinthios. 4.) Denique IIDEM PATRES ECCLESIÆ primis feculis agnoverunt omnes legitimam

timam poteftatem Ecclefiæ inftituentis diem Dominicam loco Sabbati pro feftivo Dei cultu, celebrationem Pafchatis eodem die a Nicæno I. Concilio confirmatam, pluraque alia : de quibus fapientiffime S. Augustinus in Ep. 118. ad Januar. c. 1. ait: *illa, quæ non fcripta* ( in divinis fcripturis) *fed tradita cuftodimus , quæ quidem toto terrarum orbe obfervantur, dantur intelligi , vel ab ipfis Apoftolis, vel plenariis Conciliis, quorum eft in Ecclefia faluberrima auctoritas, commendata atque ftatuta retineri; ficuti quod Domini paffio , & refurrectio, & afcenfio in cælum , & adventus de cælo Spiritus Sancti, anniverfaria celebritate celebrantur : & fiquid aliud tale occurrerit, quod fervatur ab univerfa, quacunque fe diffundit Ecclefia. Alia vero , quæ per loca terrarum regionesque variantur ; ficuti eft , quod alii jejunant fabbato, alii non;* . . *totum hoc genus rerum liberas habet obfervationes.*

\* Quæ quidem S. Auguftini utraque epiftola, uti & fequens 119, de eodem argumento fcripta tum fenfum Ecclefiæ illius temporis de ifta poteftate legislatrice Ecclefiaftica, tum neceffariam illius moderationem, aptiffime declarat: cum in eo videlicet totam fuavitatem divini jugi & novæ legis reponit S. Pater , quod *Sacramentis numero pauciffimis, obfervatione facillimis, fignificatione præftantiffimis, focietatem novi populi colligavit* (ep. 118. c. 1.) atque ab iis innumeris obfervautiis nos liberarit, *quæ fervitutem populi veteris pro congruentia cordis eorum & prophetici temporis onerabant.* Id quod fane documento effe debet rectoribus quibusque Ecclefiæ Chriftianæ : ficut juniverfe multitudo *legum mere pofitivarum* nullam gubernationem publicam valde commendat ( aliud intellige, de legibus folum jus naturale explicantibus) fed illius onus aggravat; ita proprium effe Chriftiano regimini debere, ut quam pauciffimis legibus pofitivis graviter obligantibus confcientias univerfas oneret, nec nifi tum ; cum vel neceffarium, vel tam fumme utile eft est ad communem salutem, quod præcipitur, ut simul facile observetur.

### 216.

I. *Potestas Ecclesiæ legislatrix se extendit ad determinandas lege Ecclesiastica leges eas naturales, & positivas divinas, quarum obligatio per se indeterminata est ratione temporis, loci, modi &c.* Sic ex gr. cum lege naturali jubeamur certum tempus impendere cultui divino, etiam externo, & lege divina positiva nobis perceptio mysterii SS. Euchariftiæ præcepta sit (103. n. 4.); quin tamen certum tempus, locus, modus &c., nobis in his legibus divinis præscribatur: potuit Ecclesia diem Dominicum, vel etiam alios accedentibus sufficientibus rationibus (161.) determinare. Item cum alioquin lege divina teneamur audire instructionem sacram, qua erudiamur in legibus divinis; recipere pœnitentiæ Sacramentum; quod diligens examen, otiumque ab aliis negotiis, & collectionem mentis requirit: potuit Ecclesia præter cultum divinum diebus illis festis præcipere cessationem a certis laboribus, magis distrahentibus, & effundentibus animum in rerum temporalium curam &c. &c. In id genus enim legibus positivis ferendis manifeste suppetit ratio sufficiens requisita, nimirum summa *utilitas*; quæ in eo est, ut leges divinæ alioquin jam pro indeterminato tempore sub gravi obligatione obligantes, certius observentur; ut ipsa uniformitas in tota Ecclesia, conventus Christianorum communis in templis, & commune exemplum, religionis externæ fervorem promoveant &c.: nec tamen gravior justo obligatio legis humanæ imponitur; quippe quæ in substantia a divina obligatione parum differt. Ergo &c. &c.

\* Ceterum, uti nullus dubito, quin obligatio celebrandi cultu publico divino diem dominicum jam sit ab ipsis

Apoſtolis impoſita; ita lex ceſſandi a labore ſervili tempore S. Auguſtini nondum univerſe in Eccleſia obtinuiſſe videtur; cum is Ep. 119. Cap. 12. expreſſe dicat : *inter omnia decem præcepta* (quæ Deus Judæis per Moſen tradidit) *ſolum illud quod de Sabbato poſitum eſt , figurate obſervandum præcipitur: quam figuram nos intelligendam , non etiam per otium corporale celebrandam ſuſcepimus. - - Obſervare diem Sabbati non ad literam* (nos Chriſtiani) *jubemur ſecundum otium ab opere corporali ; ſicut obſervant Judæi*. Idem pro ætate Conſtantini Magni evincit *lex de feriis* tertia ab eo lata ; qua ceſſationem quidem a cauſſis forenſibus pro die Dominica præcipit, ſed labores agriculturæ ruriculis liberos eſſe vult. Ceterum de modo diem dominicum celebrandi , in prima Eccleſia uſitato, lege fis S. Juſtinum M. Apol. 2.

### 217.

II. *Eadem poteſtas legislatrix Eccleſiæ ſe extendit ad pias conſuetudines generales populi Chriſtiani legis Eccleſiaſticæ obligatione firmandas*. Sic generalem conſuetudinem jejunandi certis diebus, in primis Eccleſiæ initiis continuo introductam ( quo tempore veriſimilius lege jejunium nondum præſcriptum erat) potuit Eccleſia ſecutis temporibus lege ſua firmare ; quia nec iſthic ſapientes deerant rationes ; eo quod ea ſemel tam univerſe ex pio fidelium fervore jam introducta conſuetudine , pravo exemplo paucorum repugnantia non caruiſſet ; quod recte amoliri lege lata eccleſia potuit ; neque gravior juſto eſt obligatio legis etiam gravis impoſitæ; cum leviter ſolum obligans pro materiæ iſtius qualitate ad obtinendam obſervantiam haud prudenter ſufficere credebatur ( 161 ). Adde; naturalis legis obligationem alioquin omnibus hominibus, qui plura in dies peccata committere tum gravia, tum levia, ſolent; ut voluntaria ſui caſtigatione Deo ſatisfaciant, & peccati habituales reliquias extinguant;

gnant: id quod in Ethica Univ. Chrift. §. 255. & feqq. demonftravi.

\* Ad hoc principium quoque lex penfi Canonici per horas canonicas perfolvendi omnibus Sacerdotibus, aliisque Clericis, impofita revocari debet.

218.

III. *Eadem poteftas Ecclefiæ fe extendit ad lege præfcribendas facras ceremonias in cultu divino publico univerfe a Miniftris Sacramentorum & Ecclefiæ conftanter adhibendas*, tales videlicet, quæ vi fua fignificativa, tum naturali, tum legali, idoneæ fint ad religionem internam communiter promovendam, ex. gr. ad graviffimas religionis internæ veritates & officia in memoriam revocanda, & veluti oculis reprefentanda; ad fignificandam ope religionis externæ actualem executionem publicam, & communi fidelium nomine per miniftros Ecclefiæ factam, præcipuorum eorundem officiorum religionis internæ; ad quos fines revocantur omnes pæne ceremoniæ Ecclefiæ Catholicæ genuina auctoritate inftitutæ (94. n. 4.). Vide Ethic. Univerf. Chrift. §. 694. feqq.

\* Enimvero mirandum, quod ex Proteftantibus tot infiftant in inculandis *ceremoniis facris* in Ecclefia Catholica ufitatis. Si eas folum fuperftitionis incufarent, quæ Ecclefiæ legitima approbatione juxta ac inftitutione carent, ac fæpe a rudibus vel etiam malis hominibus ad quæftum obtruduntur fimplici populo; fane magnopere confentientem me fibi haberent. Aft, quæ legitima Ecclefiæ auctoritate probantur, & ufurpantur a prudentibus Catholicis, has fummæ falutares effe cœtui fidelium ita evidens ratio & experientia evincit, ut vel fapientiores ipfi ex Proteftantibus majorem illarum ufum in fuis Ecclefiis fummopere defiderent.

219.

219.

IV. *Potestas Ecclesiæ itidem se extendit ad certas conditiones iis lege præscribendas, qui ad ministerium sacrum, & ad ordines Presbyterii & Episcopatus admittendi sunt*; tales nimirum, fine quibus ad illius ministerii & ordinis officia minus idonei, vel etiam pravo exemplo futuri essent; vel quibuscum multo majore fructu & meliore exemplo universe in eis sunt ministraturi. Profecto enim vel in ipso statu religionis mere naturalis in Societate civili mere voluntaria rationes sufficientes Principi, summo imperio fungenti, suppeterent, ut in ministris religionis publicis a se, vel a populo deligendis, certa ac stabili lege requireret certam ætatem, scientiam, honestatem civilem, decentem corporis habitum, bonam famam &c. Quidni ergo in statu religionis supernaturalis rectores veræ Christianæ Ecclesiæ, potestate legislatrice generali simpliciter a Christo instructi, in iis, quibus ordinis sacri & spiritualis jurisdictionis potestatem, a Christo primitus acceptam, transmissuri sint, certa lege requirere similes conditiones possint? idque eo amplius, quo gravior obligatio in lege gratiæ a Jesu Christo imposita est hisce ministris suis in pascendis ovibus tum verbo veritatis, tum exemplo.

220.

V. *Eadem potestas Ecclesiæ similes conditiones lege stata præscribere potest iis, qui Sacramenta a Christo instituta recipere exoptant*; tales nempe, quæ & religionem internam & fructum ex illis percipiendum universe in cœtu fidelium promoveant, nec sua difficultate relate ad fructum, quem afferunt, multum onerent (161.).

## 221.

*Non tamen Ecclesiæ potestas legislatrix* se extendit *ad quæcunque officia virtutum, & quæ spectata lege divina consilii solum sunt, universe aut communiter Christianis lege humana Ecclesiastica, seu graviter, seu leviter obligante, præscribenda.* Omnes enim leges, uti esse sapientes, & ad commune societatis bonum idoneæ, ita rationes sufficientes habere debent, ex quibus idoneæ ad illum finem fore dignoscantur (161.). Atqui tam parum legislatori humano id genus rationes sufficientes ad omnia consilia virtutum in leges vertenda suppetere possunt, quam ipsi Deo, quod in Ethic. Univ. Christ. §. 360. & seq. demonstravi. Et vero cum Christus ipse Dominus jugum omne legis suæ & onus suave ac leve esse se velle palam fuerit protestatus ; non est verisimile, quod ministris suis, quos *dominari* more regum gentilium conceptis verbis prohibuit, potestatem dederit legum humanarum multitudine immodica ac minus utili idem jugum ultra modum aggravandi.

\* Ad principia hoc Articulo toto tradita omnes leges Ecclesiasticæ expendi, priusquam ferantur, & ex eisdem defendi debent, quæ actu latæ sunt, quin hic locus sit de iis agendi singillatim.

## 222.

*Obligatio* in conscientia, *seu in foro Dei*, est obligatio, seu necessitas moralis obediendi voluntati alterius, aliquid jubentis, orta ex poenis a Deo intentatis, nisi obediatur.

## 223.

*Leges Ecclesiæ etiam obligant in conscientia ad id, ad quod Ecclesia legitime vult subditos suos in conscientia obligatos.* Christus enim conceptis verbis
talem

talem poteſtatem ligandi libertatem Chriſtianorum Apoſtolis horumque ſucceſſoribus conceſſit (121. 128.); vi cujus, ſiqua in re obligarent illos, & quomodo vellent obligatos, in eadem re & eodem modo ipſe in cœlis eos vellet eſſe obligatos. Ergo ſi rectores Eccleſiæ velint ſubditos ſuos Chriſtianos aliqua in re in ipſo Dei foro obligatos, erunt reipſa in eo foro obligati. *Rurſum*: Chriſtus S. Petro ejusque ſucceſſoribus tradidit *claves regni cœlorum*; quorum virtute cœlum & aperire, & claudere poſſent Itaque ſi ſub Interminatione, quod ſecus clauſum tenere cœlum velint, quid lege vetent, aut jubeant; Deus quoque non aperiet cœlum; donec Eccleſiæ ſummis rectoribus fuerit ſatisfactum; ac proinde etiam Deus pænam excluſionis a cœlo & vita æterna talibus intentat, id eſt, obligat in conſcientia.

\* Nullius momenti eſt illa objectio in argumento iſto, quod inferior nihil poſſit in foro ſuperioris; & quod nemo poſſit obligare ſub pœna, quam ipſe infligere non poteſt. *Primum* tunc ſolum valet; ſi ipſe ſuperior fidem ſuam non interponat, quod volente inferiore ipſe quoque obligare velit. *Alterum* illud probat ſolummodo; quod legislator Eccleſiaſticus non ſit principalis cauſſa efficiens obligationem divinam, ſed ſolum conditionem ponat; qua poſita Deus ſuo quoque in foro obliget.

### 224.

*Poteſtas legislatrix Eccleſiæ per ſe extendit ſe ad actus internos immediate præcipiendos & prohibendos.* Finis enim hujus poteſtatis, uti & totius ſocietatis eccleſiaſticæ (107. 109.), eſt ſalus æterna per merita bona moralia obtinenda, ad quæ merita promovenda immediate ordinatur. Atqui merita moralia non ſunt actus præciſe externi, ſed ſolum interni, ceu ſolum immediate perficientes mentem (Ethic. Univ. Chriſt. §. 420. not.). Ergo actus inter-

interni funt finis poteftatis legislatricis immediate per eam obtinendus. *Præterea* poteftas ifta vi pollet coactiva fufficiente ad imponendam necefiitatem moralem ad actus non folum externos fed etiam internos conformiter legi ipfius exigendos. Poteft enim negare remiffionem peccatorum in foro etiam interno iis, qui non ei obediunt, retentione eorumdem vim in ipfo Dei foro habente ( præc, ).

* *Neque dicas*: Ecclefiam carere poteftate inquirendi, & judicandi, an leges actus mere internos ordinantes obferventur, nec ne; ac proin carere poteftate exequendi id genus leges fuas, adeoque hoc ipfo evanefcere poteftatem legislatricem refpectu talium actuum. *Nam inprimis* fuppofito dogmate de necefiitate diftinctæ confeffionis peccatorum, quod Catholica declarat Ecclefia pro poteftate infallibili ( 207. ), utique competit Ecclefiæ in foro interno poteftas inquirendi & judicandi etiam de actibus internis: *deinde* modo fub conditione voluntatis obligandi in confcientia, quam Ecclefia habet, Deus obliget; jam poterit Ecclefia facere, ut ad actus internos immediate fimpliciter obligemur.

* * Unde fine dubio Ecclefia declarans leges divinas fidei & morum, facit, ut obligemur in confcientia ad actus internos illis legibus conformandis: apponendo vero ex. gr. pœnam excommunicationis in refractarios cafuræ, etiam obligat nos ad eosdem in foro proprio faltem interno. Rurfus determinando leges divinas indeterminatas ad certum tempus ( 216. ) obligat in confcientia & in foro interno Ecclefiaftico, ut eodem præfcripto tempore non folum externi, fed etiam interni actus, lege divina jam pro indeterminato tempore præfcripti, peragantur &c. &c.

## ARTICULUS IV.

QUID POSSIT ECCLESIA POTESTATE A CHRISTO ACCEPTA IN MATERIIS LEGIS NATURÆ PROPRIIS: UBI DE DISPENSATIONE IN VOTIS.

### 225.

*Ecclesia non potest mutare leges naturæ.* Sunt enim per se & ex natura sua immutabiles, nec a Deo quidem auferri possunt ( Ethic. Univ. Chrift. §§. 357. 358. 359. 416. 597. 598.).

### 226.

*Ecclesia non potest tollere per se loquendo ullam legem divinam positivam a Christo pro Ecclesia sua constitutam.* Tametsi enim Christus dixerit Apostolis, *quæcunque solveritis &c.*; tamen hisce verbis se non dedisse potestatem mutandi aliquid in suis legibus satis declaravit dicens Matth. ult. *euntes docete eos servare omnia, quæcunque mandavi vobis*. Itaque verbis prioribus quidem dedit potestatem solvendi seu relaxandi reatum peccati; sed non obligationem ullius legis a se latæ.

### 227.

*Dispensatio* est sublatio legis, seu obligationis ejusdem, respectu aliquorum eidem per se subjectorum.

### 228.

*Ecclesia non potest dispensare in legibus divinis, seu naturalibus, seu positivis.* Patet ex §§. 225. 226.

### 229.

*Votum* est juris precarii libertatis, quod homo a Deo habet ad rem aliquam faciendam & omitten-

*De extenfione univerfæ poteftatis Ecclef. &c.* 291

tendam, quæ folius confilii naturalis eft (Eth. Chrift. §§. 359. 360), voluntaria reftitutio Deo facta ex honoratione directa Dominii & poteftatis legislatricis divinæ ad eam faciendam, vel omittendam, in hypothefi emiffi voti obligaturæ (Ethic. Univ. Chrift. §. 697. not. 1.)

### 230.

I. *Ad materiam voti requiritur materia, quæ fpectat ad confilium naturale*, id eft, quam facere (vel omittere) melius fit, quam non facere, vel non omittere.

II. *Ad vovendum requiritur deliberatio mentis fufficiens ad difcernendum quale jus abdicetur:* fecus plene voluntarium non erit, nec ex pleno confenfu.

III. *Ubi nullum jus precarium libertatis, ibi nullum votum habere locum poteft.*

### 231.

*Votum valere*, id eft, effectum, quem vovens defiderat, obtinere dicitur, fi Deus obligationem legis fuæ circa voti materiam imponendo reftitutionem juris precarii fibi in ea factam acceptet. Iftud enim eft, quod vovens vovendo exoptat.

### 232.

*Deus acceptat votum*; id eft, *obligationem legis fuæ materiæ voti convenienter voluntati voventis apponit*; *quatenus revera melius eft voventem obligari, quam jure precario libertatis in eadem materia frui.* Nifi enim Deus bonam voluntatem, majoris perfectionis & confiliorum ejusdem actu ftudiofam, legis fuæ motivo, ceu adminiculo, quod ipfe homo fibi a Deo exoptat, in ea hypothefi fulciret; minore efficaciâ ipfe vellet promovere ejus in perfectione progreffum, quam ipfe homo vovens; & univerfe

omnia

omnia id genus magis feria perfectionis propofi a inter homines, nulla divina lege fuffulta, facile denuo evanefcerent, ac proinde fine certo majoris boni communis detrimento omittere voti acceptationem Deus non poffet. Sicut porro Deus lege pofitiva obligat ad ea omnia, graviter, vel leviter, quorum obligationem pofitivam, gravem, vel levem, per fcientiam mediam, feu contingentium liberorum conditionate futurorum, cognofcit fore utilem ad majus commune falutis æternæ bonum; ita & obligat etiam lege, gravi, vel levi, eaque fub voti hypothefi neceffaria, ad ea obfervanda, quæ per fe confilii folum funt; poftquam homo ipfe per votum conceptum fe tali lege obligari femel exoptavit; eo quod per fe major perfectio univerfe, ac proin etiam majus commune bonum, magis promoveatur, fi in ea hypothefi Deus homini, id ipfum expetenti, legem imponat, quam fi non imponeret.

233.

*Qui univerfæ libertatis fuæ poteftatem vi legis alicujus divinæ non habet, fed alteri fubjectus eft, aut faltem circa eam actionem quam vovere vult, ab alterius poteftate morali pendet: ejus in ea re votum Deus non acceptat; nifi fub conditione, fi & quatenus alter confentiat, cui fubjicitur, vel cujus intereft.* Hoc ipfo enim, quod lege divina alteri vel univerfe, vel in materia voti, fubjecta fit libertas vovere volentis, Deus vult prævalere difpofitionem fuperioris de libertate voventis difpofitioni, quam de propria libertate facere intendit ipfe vovens, nec iftam aliter fortiri effectum, quam fieri fine fuperioris præjudicio poteft.

234.

234.

*Ecclefia irritare, id eft, invalida, feu effectus expertia reddere poteft vota Chriflianorum fibi fubditorum, fi ea præjudicent poteftati fuæ legislatrici, qua in eos omnes univerfe pollet* (præc.): ut fi quis Presbyter, vel Epifcopus, officio fpirituali adftrictus voveret obedientiam religiofam alteri etiam in rebus officii fui exhibendam, in quibus fuperiori Ecclefiaftico lege divina jam fubeft.

235.

*Ecclefia declarare poteft, in quocunque cafu Deus vota Chriflianorum non acceptet, id eft, ad ea fervanda non obliget; eo quod ob rerum individua adjuncta non fint de bono meliore ad confilium naturale per fe fpectante.* Ecclefia enim univerfa poteftate pollet declarandi leges divinas, naturales, & pofitivas (297.)

236.

*Ecclefia proprie difpenfare in votis in cafu, quo & pro quo actu per fe obligant, non poteft.* Difpenfaret enim in lege divina (232.); quod non poteft (228.).

## ARTICULUS V.

### DE EXTENSIONE POTESTATIS ECCLESIASTICÆ RATIONE SUBDITORUM

237.

*Poteftati Ecclefiæ legislatricæ, de qua Art. præc., fubjecti funt omnes & finguli, qui fe veræ Chrifti Ecclefiæ membra mente faltem profitentur; feu qui ejus poteftatem a Chrifto inftitutam certo cognofcunt:* Nam Chriftus Dominus S. Petro omnes oves fuas pafcendas tradidit. Quifquis ergo ovis eft Chrifti, id eft, quis-

quisquis Chriftum ceu auctorem divinum & fupremum Chriftianae Ecclefiafticae Societatis principem agnofcit, ac fimul certus eft, ab eo fuo fupremo Vicario ac ceteris Apoftolis, horumque fucceſſoribus, legislatricem poteftatem fpiritualem in omnes oves datam fuiffe; is certus eft, fe quoque ab eis obligari poſſe, ac proinde illorum fubditum effe (24. 25.). *Nimirum* focietas chriftiana legalis eft, non mere voluntaria (112. VIII.); ac proinde quisquis legi divinae Jefu Chrifti fubjicitur, & legem Chrifti de fubjectione Ecclefiae fuae rectoribus exhibenda cognitam habet: hoc ipfo etiam Ecclefiae poteftati fubjectus eft. *Praeterea* Ecclefiae poteftas coactiva ad omnes, qui iftius a Chrifto factam inftitutionem reipfa agnofcunt, virtute fua fefe extendit. Omnes enim verae Ecclefiae filii emolumentis fpiritualibus focietatis iftius Ecclefiafticae, id eft, Sacramentis a Chrifto inftitutis, vi ipfius legis a Chrifto latae, ita indigent, ut fine illis nec peccatorum remiffionem, fi haec ab Ecclefia illis retineatur, nec falutem, obtinere poffint (121. 167.). Ergo omnes excommunicationis, ceu poenae gravis Ecclefiafticae interminatione, denique cogi ad obediendum juftis Ecclefiae legibus poffunt (211.).

238.

*Territorium* eft fpatium locorum, in quo rector quiscunque focietatis alicujus in ejus membra ceu fubditos poteftatem fuam legislatricem exercere poteft.

239.

*Territorium verae Ecclefiae Chrifti univerfalis eft orbis terrarum univerfus.* Chriftus enim dixit Apoftolis: *euntes in mundum univerfum docete omnes gentes, docentes eos fervare omnia, quaecunque mandavi vobis*

*vobis:* & S. Petro: *tu es Petrus, & super hanc petram ædificabo Ecclesiam meam*, omnem scilicet, quin *claves*, quas illi dedit, ad certum locum restringeret.

### 240.

I. *Veræ Christi Ecclesiæ membra, ubi ubi locorum sint, etiam inter infideles, legibus Ecclesiæ, quæ ibidem observatu moraliter possibiles sunt, obligantur.*

II. *A legibus Ecclesiæ principes politici christiani exemti non sunt.* Potestas enim politici imperii non nisi civium consensu ab his immediate in certas personas transfertur, quas principes vocamus. Atqui, seu cives sint christiani, seu non sint, a lege Christi, qua omnes Christiani tenentur subjici Ecclesiæ rectoribus, eximere eos non potuere, quibus ipsi imperium politicum detulere.

III. *Probi & improbi manent Ecclesiæ rectoribus subjecti.* Sunt enim utrique per se capaces, ut legibus Ecclesiæ regantur, & illius gubernatione promoveantur ad salutem seu finem ultimum, nec est ratio ulla; cur seu illi ob præsentem probitatem, seu isti ob improbitatem, eximantur ab Ecclesiæ potestate: cum & improbi Ecclesiæ correptione & pœnis corrigi, & probi earundem metu in probitate conservari utiliter possint.

IV. *Rectores Ecclesiæ, etsi improbi evadant, non amittunt suam potestatem.* Potestas enim legislatrix certis personis a Christo collata est in bonum commune subditorum fidelium. Atqui obesset vel maxime saluti communi, si eo ipso rectores Ecclesiæ amitterent potestatem pascendi oves, id est, sana doctrina sine erroris periculo instruendi, veris Sacramentis reficiendi, piis legibus regendi '&c; quoties in scelera occulte ruerent. Certe edocere nos de tali eventu ac lege sua Christus aperte debuisset.

fet, vel ipfa faltem Ecclefia. Atqui hoc nufquam factum eft.

### 241.

*Legislator Ecclefiaflicus non obligatur propriis legibus qua talibus, id eſt obligatione humana; attamen obligatur lege divina ad easdem obfervandas; quoties earum transgreſſio pravo exemplo, vel fpirituali damno, fubditis fuis fidelibus cedere poſſet.* Primum ex eo patet; quia deeft vis coactiva fuperioris; qualis idem homo refpectu fui ipfius effe non poteft. *Alterum* inde manifeftum eft, quod rector Ecclefiafticus ex officio & lege Chrifti, uti docere, & lege etiam obligare fubditos Chriftianos debet in eis, quæ ad promovendam eorum falutem, ceu finem fpiritualis focietatis, neceffaria funt, ita fine dubio a fortiori obligetur, ut ne pravo exemplo eisdem noceat.

### 242.

*Legibus Ecclefiafticis fupremi Chrifti Vicarii auctoritate & poteftate firmatis etiam Epifcopi, feu rectores Ecclefiarum immediati, obliguntur.* Vere enim ifti eidem fubjiciuntur vi inftitutionis divinæ, ceu oves Chrifti, omnes a S. Petro pafcendæ (133. 142.). Itaque fi leges illæ ratione materiæ quadrent iftorum charactери, eos fine dubio obligant.

# CAPUT X.
## DE PROPRIIS PRÆROGATIVIS PRIMATUS ECCLESIÆ PRO SIMPLICI EPISCOPATU.

### ARTICULUS I.
### DE FINE INSTITUTI A CHRISTO PRIMATUS ÆQUE AC EPISCOPATUS, QUI EST UNITAS ECCLESIÆ.

#### 243.

*Societas quævis semper una eademque; si leges ab instituentibus Societatem in ipsa ejus institutione ceu invariabiliter latæ semper perdurent.* Nexus enim omnis societatis in communi ac stabili obligatione exiftit, & qui nexum iftum communem ejusque fpeciem primo determinant ad exiftendum, focietatem talem inftituere dicuntur ( 92. 40. II. ) Quamdiu ergo idem nexus, id eft, eædem communes ftabiles obligationes, feu leges, exiftunt, quas inftitutione ipfa prima ejus auctores determinarunt; tamdiu una eademque focietas, qualis primitus inftituta in fpecie eft, perdurat.

\* Nimirum ad effentiam rei cujusque folum notæ ftabiles ac per fe invariabiles pertinere poffunt. Sic & ad fpeciem feu effentiam Societatis non omnes leges, quæ in ea communiter vi poteftatis legislatricis perpetuæ feruntur, & iterum ab eadem abrogari pro adjunctorum & emolumenti publici diverfitate poffunt, fed illæ folum pertinent, quæ fic latæ funt, ut aboleri vi ipfius primæ inftitutionis Societatis non poffint.

#### 244.

I. *Societas voluntaria semper eadem perdurat, si leges fundamentales semper eædem perdurent* ( 70. ).

II. So-

II. *Societas legalis semper una eademque est, si leges quæcunque a superiore societatem instituente semel invariabiliter pro eadem latæ constanter perdurent.* Sic ex. gr. Societas Judaicæ Ecclesiæ eadem fuit, quamdiu obtinebant leges omnes a Mose, sive a Deo per Mosen, latæ.

### 245.

*Societas Ecclesiæ Christianæ nexu invariabili legum naturalium, seu societatis naturalis simul, & legum positivarum specialium divinarum a Christo latarum, colligata est in ipsa sua institutione.* Naturales enim leges de novo promulgatas (101.) Christus Dominus positiva obligatione superaddita confirmavit (102.), & simul novas leges positivas tulit pro omnibus Christianis (103. 111.); idemque discedens a visibili regimine Ecclesiæ nullam reliquit potestatem Apostolis ac ministris suis, qua lex ulla ex prædictis posset aboleri (228.); quin potius jussit eosdem *docere omnes gentes servare omnia, quæcunque ipsis mandasset* (Matth. ult.). Ergo &c. &c.

### 246.

*Ecclesia ergo Christi una eademque est tum ubique locorum, ubi Christiani sunt, tum in omni tempore; si ubique & semper una eademque perdurat vel certitudo sufficiens & notitia actualis omnium legum naturalium & positivarum a Christo communiter latarum, vel una eademque potestas aliqua authentice easdem declarandi* (præc. 244. II. 112. VIII.).

### 247.

*Christus Dominus voluit Ecclesiam a se institutam esse unam eandemque ubivis locorum, & unam eandemque perdurare in omne tempus usque ad finem mundi; atque eo ipso fine instituit & Episcopatum & Primatum S. Petri in eadem Ecclesia.* Christus enim in primis Ecclesiam suam Matth. XVI. se
profi-

*De propriis prærogativis Primat. Eccles.&c.* 299

profitetur inftituere inftar ædificii tam firmi, ut nunquam *inferorum portæ adverfus illam* ulla in parte fint *prævalituræ*; atque idcirco Matth. ult v. ult. promifit' fe Ecclefiam fuam protecturum *usque ad confummationem feculi* : fimul vero mandatum dedit Apoftolis, ut omnes leges a fe traditas *docerent omnes gentes, docentes eos fervare omnia, quæcunque dixi vobis,* promittens fimul ipfis, & actu mittens S. Spiritum, qui *doceret* eos *omnia, & fuggereret omnia,* quæcunque ipfe coram eos docuerat. Itaque voluit Chriftus omnes leges ac doctrinas a fe traditas in Ecclefiâ fua ubivis locorum & temporum easdem confervari, feu Ecclefiam fuam ubivis & omni tempore unam eandemque effe, & confervari (244. II.) : *quod primum.* Porro hoc fine mifit Apoftolos fingulos, atque horum fuccefsores Epifcopos (128. 181.), cum poteftatem ligandi & folvendi, id eft, cum vera jurisdictione (123. 124.). quo ipfe venerat, videlicet ut falutem æternam omnium communiter hominum *per eadem media,* id eft, per confervationem & promulgationem continuam earundem legum, quas ipfe inftituerat, promovere in omne tempus & ubivis locorum pergerent (107. I. II.): SICUT MISIT ME PATER, ET EGO MITTO VOS. *Accipite Spiritum Sanctum. Quorum remiferitis peccata, remittuntur eis : quorum retinueritis, retenta funt.* Jo. XX. 21. (118. 121.). Hoc eodem fine obligavit chriftianos omnes, ut Apoftolis & rectoribus Ecclefiarum quarumvis particularium docentibus illos omnia, quæ ipfe mandaverat, crederent, & obedirent ; quibus quippe daturus effet talem poteftatem ligandi, ut, fiquis eos non audiret, inftar alieni a tota focietate Ecclefiæ fuæ fit futurus. Matth. XVIII. *qui Ecclefiam non audierit, fit tibi ficut ethnicus & publicanus. Amen dico vobis : quæcunque alligaveritis fnper teram, erunt & ligata in cælis* (120.) : *quod erat alterum.*

*rum.* Denique eodem fine S. Petrum conftituit Ecclefiæ fuæ veluti immobile *fundamentum*; cujus quippe fundamenti refpectu ædificii cujuslibet alius plane finis haud eft, nifi confervatio totius ædificii & omnium ejus partium. Eodem haud dubie fine *pafcere* illum juffit omnes *oves*, etiam ipfos paftores inferiores atque iftos *confirmare*, id eft, iftos dedocere errorem, fiquem forte docendo ipfi committerent. Hoc demum ipfo fine dedit illi *claves* totius *regni cœlorum*, quod eft Ecclefia, id eft, poteftatem folvendi fuperiorem ceteris Apoftolis, ut, quascunque leges fuas alii rectores inferiores male folviffent, ipfe poteftate fuperiore iterum adftringere, & quas illi falfa docendo, aut abutendo fua jurisdictione, male adftrinxiffent, ipfe folvere poffet. *Quod erat ultimum.*

\* Enimvero idem finis neceffario eft omnis inftitutoris alicujus focetatis, qui ipfe certas leges ftabiles illi præfcribit. Neque enim vel mediocriter fapiens tam indifferenti animo erit, ut aut maximam partem inftitutionis fuæ atque legum a fe præfcriptarum brevi denuo aboleri, aut nulla adverfus id genus pernicem remedia, aut non fufficientia, providere velit. Tametfi enim univerfarum legum fuarum notitiam ad fingulorum fubditorum fuorum falutem abfolute neceffaria haud effe non ignoret: tamen cum non foli abfolute neceffitati, fed etiam majori emolumento, in perpetuum confuliturus leges illas primitus inftituerit; eodem majoris boni pio ftudio incenfus, utique etiam confervandis legibus fuis tam falutaribus fufficientia media procurare non omittet.

\*.\* Porro, quod hic *de fine Epifcopatus* dixi, id de univerfi miniflerii Ecclefiaftici inftitutione, & difpenfatione donorum facta a Deo & Chrifto Domino in Ecclefia fua, S. Paulus ad Ephef. IV. affirmat, alloquens omnem Ephefiorum Ecclefiam v. 1. *obfecro vos, ut digne ambuletis vocatione, qua vocati eftis, - - folliciti fervare unitatem fpiritus in vincula* *vinculo pacis:* id est, ut junctis viribus ad eundem finem per eadem media confectandum collimetis, ad quem finem a Christo vocati, & quibus mediis omnes ad eum consequendum instructi estis. *Unum corpus, & unus spiritus; sicut vocati estis in una spe vocationis vestræ. Unus Dominus, una fides, unum baptisma, unus Deus & Pater omnium - - - Unicuique autem data est gratia secundum mensuram donationis Christi - - - - Et ipse dedit quosdam quidem Apostolos, quosdam autem Prophetas, alios autem Pastores & Doctores, ad consummationem sanctorum in opus ministerii, in ædificationem corporis Christi; donec omnes occurramus in unitatem fidei, & agnitionis filii Dei, in virum perfectum, in mensuram ætatis plenitudinis Christi:* ubi non de resurrectione corporum beatorum hominum sermo est; ut quidam sine fundamento & inepte intellexere, sed de perfecta cognitione totius legis Christianæ, & perfectione virtutis ex ejusdem executione integra consequenda. Pergit enim continuo Apostolus: *ut jam non simus parvuli fluctuantes, & circumferamur omni vento doctrinæ in nequitia hominum, in astutia ad circumventionem errorum. Veritatem autem facientes in caritate, crescamus in illo per omnia, qui est caput Christus &c.*

\* \* \* **Primatus vero in specie instituti** hunc præcipuum finem fuisse, ut unitas in Ecclesia semper & ubivis terrarum conservaretur, absolute affirmat S. CYPRIANUS L. de Unit Eccles. dicens: *quamvis Apostolis post resurrectionem suam parem potestatem tribuat, - - tamen ut unitatem manifestaret, Unitatis originem ab uno incipientem sua auctoritate disposuit.* Affirmat S. OPTATUS MILEVITANUS supra §. 155. n. 5. citatus; S. PACIANUS BARCINONENSIS Ep. 3. in locum Matth. XVI. dicens: *ad unum Petrum ideo locutus est Dominus, ut unitatem formaret ex uno, mox id ipsum in commune respiciens:* id est, mox eandem ligandi & solvendi potestatem Joann. XX. 21. omnibus simul Apostolis communicaturus. Inde denique asserta illa AB OMNIBUS SS. PATRIBUS necessitas communicandi in fide cum supremo Christi Vicario; de qua diximus §. 155.

## ARTICULUS II.

DE PRIMA PRÆROGATIVA PRIMATUS ECCLESIÆ SUPRA EPISCOPATUM, QUOD VIDELICET ILLIUS POTESTAS ET JURISDICTIO IN EPISCOPOS CETEROS UNIVERSOS, CEU SUPERIOR, SE EXTENDAT: ITEM DE EFFECTIBUS HUJUS PRÆROGATIVÆ.

### 248.

*S. Petrus, ceu supremus Christi Vicarius, veram potestatem superiorem jurisdictionis in ceteros quosvis Apostolos, ejusque in eo supremo Vicariatu successores, Romani nimirum Pontifices, in omnes omnino particularium Ecclesiarum Episcopos, ceu Apostolorum successores, a Christo lege perpetua obtinuere.* Ostensa hæc thesis jam supra est §§. 134. 138. 151. 155. 180. n. 2. b. Hic ex supposito Primatus alicujus S. Petri supra omnes Episcopos a Christo certissime instituti subjungo *argumentum* manifestum *ex ratione & fine petitum*; cujus caussa Christus Primatum præcipue instituit. Est enim finis iste unitas Ecclesiæ perpetuo & ubique conservanda (præc..). Atqui ad hoc, ut unitas ista inter omnes Episcopos conservetur, æque necessaria est potestas quædam superior & jurisdictio proprie talis, quæ Primati competat in Episcopos; atque necessaria est aliqua vera jurisdictio ipsis Episcopis in omnes Ecclesiæ suæ Presbyteros ac ceteros Christianos, ut unitatem fidei in his ipsi conservent. Cum enim æque singuli Episcopi docendo, & regendo subditos particularis Ecclesiæ suæ, ab unitate fidei & legis divinæ Jesu Christi aberrare possint, atque ipsi eorum subditi credendo & sentiendo: æque opus est aliquo rectore Episcopis superiore, qui Episcopis

pis in unitate confervandis, atque per iftos, veluti columnas, toti reliquo ædificio in prima conftructione folidando, fundamenti inftar immobilis inferviat. Jam vero Chriftus fine dubio talem poteftatem fuo fupremo Vicario dedit; qualem fini inftituti a fe Primatus neceffariam effe pro fua fapientia intellexit.

\* Breviter ac diftincte hoc ipfum enuutiavit *S*. Hieronymus in Dial. adv. Lucif. n. 9. *Ecclefiæ falus*, inquit, *in fummi Sacerdotis dignitate pendet; cui fi non exfors quædam, & ab omnibus eminens detur poteftas, tot in Ecclefiis efficientur fchifmata, quot Sacerdotes.*

249.

*Poteftas & jurisdictio fuperior Primatis Ecclefiæ in omnes Epifcopos ad ea omnia fe extendit, quæ fini inftitutionis ejusdem, id eft, unitati Ecclefiæ ubivis & in omne tempus confervandæ* (247.), *neceffaria funt.* Neque enim de fapientiffimo ac divino inftitutore totius ædificii Ecclefiæ Chriftianæ, cujus æque poteftas ac fapientia infinita eft, fupponendum eft, quod media fini confequendo infufficientia, & fundamentum firmando ædificio univerfo non fatis idoneum & robuftum, adhibuerit.

250.

*Ad unitatem Eccießæ cujuslibet particularis confervandam, fuppofita divina inftitutione Epifcoporum pro Ecclefiis particularibus regendis* (181.), *neceffarius eft Epifcopus certus, non nifi unus, fupremo Chrifti Vicario ceu fundamento in omni doctrina fidei confentiens, atque in omnibus, quæ is recte vi fuperioris fuæ poteftatis imperat; obediens.* Nifi enim certus fit Epifcopus, fed incertum, quis ex pluribus dubiis verus fit; nefcient fubditi Chriftiani; cui oporteat præ altero, & poffint tuto credere & obedire in doctrina fidei & morum, ut habeant unitatem fidei cum reliqua vera Christi Ecclesia. Nisi sit *unus*; inter plures imperantes, quorum neuter alteri est subordinatus, dissensio doctrinae & imperii oriri poterit: quin duobus simul tunc obedire, aut scire subditi possint, cui prae altero obedire debeant. Nisi sit supremo Christi Vicario fide & obedientia conjunctus; errare ipse in doctrina & imperando subditis fidelibus, ac proin divisionem a reliqua Ecclesia universali inducere in particularem suam Ecclesiam poterit. Itaque &c. &c.

251.

I. *Ad Primatis ergo potestatem superiorem in Episcopos spectat, ut ipse ab electione ad Episcopatus particularium Ecclesiarum repellere possit personas Ecclesiis ob haeresin, schisma* (144. not. 1. 146.), *vel aliud scandali genus, certo noxae futuras; atque in eo sensu Primati potestas confirmandi, vel rescindendi, electionem Episcoporum jure divino competit in universa Ecclesia.* Jure enim solo divino spectato pares sunt omnes Episcopi: nec proin vel unus alterum judicare, vel de dignitate personae alicujus ad Episcopatum eligendae prae aliis Coëpiscopis judicandi potiorem potestatem aut jus habere potest. Ex adverso Primati jure divino potestas omnis in ipsos Episcopos competit, quae ad unitatem Ecclesiae conservandam necessaria est (249.). Ergo per §. praec. &c. &c.

252.

II. *Si dubia sit electio, aut duo simul Episcopi pro eadem Ecclesia electi fuerint; Primati per se & spectato solo jure divino potestas competit de eo judicandi, quis ex duobus potiore electionis jure gaudeat*, ob eandem videlicet rationem, quae §. praeced. data est.

253.

## 253.

III. *Spectato solo jure divino ad Primatem spectat limites territorii Episcopalis seu Ecclesiæ cujuslibet particularis determinare: ac proin novas diœceses erigere, aut priores dividere.* Si enim omnium Episcoporum potestas jurisdictionis relinqueretur non restricta, sed extensa ad universos Christianos; vel ad omne ejus exercitium validum requireretur omnium consensus, sicuti in Societate quavis prorsus æquali; donec ipsorummet universis concurrentibus votis alius modus decidendi constitueretur (60.); quod nunquam huc usque factum fuisse constat; vel plures, imo tot, quot sunt in tota Ecclesia Episcopi, essent in eadem qualibet particulari Ecclesia imperantes sine subordinatione; quod unitati obesset (250.). Ergo per rationem §. 251. jam allatam jure divino ad Primatem spectat &c. &c.

## 254.

*Attamen extra casus quosdam specialis necessitatis nequaquam ad Primatis qua talis officium ex intentione Christi, supremi Ecclesiæ suæ Principis, veluti per se spectat electio ipsa personarum ad Episcopatus particularium Ecclesiarum; ita quidem, ut personas idoneas ac dignas, atque secundum consuetudinem in particulari quavis Ecclesia rite introductam legitime ad Episcopatum delectas, jure repellere nequaquam possit.* Neque enim Primas uspiam ipse constitutus a Christo est, ut ipse omnes inferiores pastores constituat, sed ut eos jam constitutos a Deo post electionem cum suo consensu peractam ceu fratres suos *confirmet* (Luc. XXII.): neque jurisdictionem illi in suas Ecclesias ab ipso, sed immediate a Christo accipiunt, si rite electi fuerint (182. III. IV.) perinde atque ipse Primas semel rite electus; adeoque divina institutione Episcopi ministri sunt Christi ipsius, non ejus Vicarii supremi; ac proinde per se & ex ipsa natura officii

## Sectio II. Caput X.

ficii Episcopalis nulla est necessitas, ut ab ipso Primate eligantur. Sed neque unitas Ecclesiae id requirit: quippe ad quam conservandam sufficit, si Primati competat *jus confirmandi* rite electos, id est, declarandi, non ob tale ullam indignitatem, quo minus eligi potuerint, & permittendi, vel etiam jubendi, ut actu pro tali particulari Ecclesia sacro Episcopatus ordine initientur. *Denique* cum Christus expresse illi dominatum in Ecclesia interdixerit (163.); nequaquam vero utile sit Ecclesiis, ingratos, ignotos, vel ab ipsismet propriis ovibus non probatos pastores prae iis, quos ipsae exoptant, obtrudi: manifestum est, ex intentione Christi hanc electionem ad officium Primatis neutiquam spectare; eo quod imperia & leges sine necessitate & utilitate latae certo despotismum sapiant (160. III. 38.).

\* Dixi *extra casus quosdam specialis necessitatis;* qualis est ex. gr. cum ad gentem adhuc infidelem primum convertendam Episcopus mittendus est: neque enim ex ipsa, aut ab ipsa, Episcopus neophytus bene ac prudenter eligendus expectari posset. Porro casus iste universe existebat; cum Apostoli in Ecclesiis primos Episcopos singulari ac tunc temporis necessaria potestate instituerent.

\* \* Et vero non suppetunt in omni veteri disciplina Ecclesiae exempla, quod Romani Pontifices sibi ipsum *jus ordinarium eligendi* Episcopos in Ecclesia tota arrogarint: etsi Patriarchis & Metropolitis, atque hoc ipso etiam sibi ut Patriarchis Occidentis, respectu suarum provinciarum subditarum *jus confirmandi Episcopos* a populo & clero electos, & eosdem *ordinandi*, integrum esse voluerint; uti patet ex Ep. S. Innocentii I. ad Alexandrum Patriarcham Antiochenum citata §. 196. n. 2. lit. c. item ex S. Hieronymi ep. ad Evangel. citata §. 173. n. 3. sub. lit. c. testantis, in Ecclesia Alexandrina *inde a S. Marco usque ad Heraclam & Dionysium Episcopos semper a Presbyteris ejus Ecclesiae fuisse electos.*

## 255.

*Supremus Chrifti Vicarius in judicio, quod pro poteftate fibi propria fert tum de dignitate perfonæ ad Epifcopatum aliquem electæ, tum de jure potiore unius præ alio in dubia electione, aut de utilitate figendi limites uni diœcefi &c., nullo pacto erroris expers eft.* Neque enim quæftio, de qua in id genus cauffis pro poteftate judicat (251. feqq.), ullo pacto ad materiam legum fidei a Chrifto latarum, in qua unitas Ecclefiæ femper confervari debet, nec ejus decifio a Dei revelatione, feu verbo divino, pendet; fed ceu quæftio vel meri facti, vel ex adjunctis locorum, temporum, & perfonarum pendens, ex teftimoniis mere humanis inftar aliarum quæftionum facti, vel ad prudentiam humanam fpectantium, decidenda eft. Atqui in id genus quæftionibus nullo argumento ufquam immunitas ab errore fummo Chrifti Vicario divinitus promiffa fuiffe probatur. Ergo &c.

## 256.

I. Quoniam itaque in judicio ferendo de dignitate perfonæ ad Epifcopatum, de valore electionis alicujus dubiæ, de fufficiente cauffa figendi aut mutandi limites diœcefium, quod per fe mere humana prudentia ferri debet, & errori fimpliciter obnoxium eft, longe minori errandi periculo obnoxii funt, qui rerum, de quibus quæftio talis eft, adjuncta cominus infpiciunt propriis auribus & oculis; nec Ecclefiis ipfis 'utile eft, fi ob lites in remotiffimo Romanæ Urbis tribunali actitandas, vel ob confirmationem ibi petendam, earum rectores recens electi vel etiam jam veterani, cum longorum itinerum moleftia & expenfis maximis, diu a proprio grege abeffe cogantur: enimvero *moderatio Ecclefiaftici imperii, & omnis dominatus fuga, tantopere a Chrifto fupremo fuo Vicario commendata* (163.), *requirit, ut,* quemadmoadmodum inftitutionem Metropolitarum, & Patriarcharum, alioquin utilitates maxime inde in Ecclefiam redundantes, & inprimis facilitas major notitiam de quarumvis Ecclefiarum particularium bono, vel malo regimine obtinendi, jam ipfis Apoftolorum temporibus perfuafere ( 198. ), idque verifimilius ipfo S. Petro ejusque in Primatu fucceſſoribus auctoribus ( 202 I. ) effectui datum eſt; ita ob easdem rationes etiam *id genus cauſſæ Epifcoporum, non immediate Romæ, fed ab Metropolitis, vel ab Epifcopis provinciæ, de qua Epifcopus quisque eſt, poteſtate ordinaria in locis ipſis judicentur, in quibus exortæ funt; ita tamen, ut Epifcopo, vel parti litiganti, appellatio ad ipſum ſummum Primatem libera relinquatur; ad quem ſemper ultimi ac ſupremi judicii poteſtas pertinet, & cujus delegata folum poteſtate ceteri illi judices, in provincia conſtituti, utentur* ( 202. IV.).

### 257.

II. Ob eandem rationem, quod nempe erroris expers non fit in cauflis §. præc. memoratis etiam Primatis totius Ecclefiæ judicium; *licebit cuique Epifcopo, fi ipfe Primas immediate per fe Romæ judicarit, & ille fe læfum tali erroneo judicio judicarit*, licet, inquam, *a judicio Primatis male informati appellare ad eundem melius informandum, ac petere judices in propria provincia; qui eundem de vero cauſſæ fuæ ſtatu melius informent.* 2.) *Ipfi quoque Metropolitæ obligabuntur*, tum ex caritate erga læfum Epifcopum fratrem fuum, tum ex officio delegatæ fibi ab ipfo Primate Metropoliticæ poteftatis, *in caſu judicii ob falfam informationem manifeſte erronei a Primate lati iſtum de errore commonere, & falva debita ſuperiori fuo reverentia fraterne corrigere.* 3.) Porro quæ de judiciis in cauſſis Epifcoporum ſimplicium inde a §. 255. dicta funt, perinde valent de cauſſis Metropolitarum, quæ ipſos feu qua tales, feu ut ad fimplices Epi-

*Episcopos afficiunt: nisi quod istis* cum potestate ordinaria saltem delegata praesint inferioribus Episcopis, *non Episcopi subditi, sed vel alii Metropolitae, vel Patriarcha, cui subsunt, pro judicibus immediatis a summo Primate in prima saltem instantia, uti loquimur, pro moderatione suavis Christi regiminis concedendi sint.* 4.) *Patriarchis liberum esse debet, ut suis in caussis pro prima instantia vel immediate a Primate per judices a suo latere, ut ajunt, delegatos, vel in ipsa Romana Urbe, si eo accedere propriis impensis malit, a Primate ipso judicentur; salva tamen semper provinciarum Patriarchae subditarum Metropolitis & Episcopis, forte a Patriarcha laesis, appellatione ab erroneo quocunque Primatis judicio ad eundem melius informandum.*

258.

III. *Quodsi semel in id genus caussis Episcopalibus ob rationes sapientissimas,* §§. 255. 256. *enumeratas, ex votis omnium Episcoporum integrae nationis Christianae, seu in Concilio congregatorum, seu extra Concilium id petentium, id genus ordo aliquis judiciorum, cum Primatis Ecclesiae justissimo consensu introductus, vigeat; quamdiu eaedem rationes subsistunt; non potest Primas Ecclesiae illum ordinem evertere, aut transilire;* quin specie quadam indecentis dominatus contra regulam a Christo Domino sibi tam graphice praescriptam peccet: *principes gentium dominantur eorum; vos autem non sic: sed qui major est inter vos, fiat sicut minor.*

259.

FACTA tum *disciplinam Ecclesiae primorum seculorum in Episcoporum electione, tum usum Pontificiae potestatis in confirmatione Episcoporum electorum repraesentantia.* I. Primis seculis electio Episcoporum fiebat concurrente populo & Clero Ecclesiae vacantis,

tis, & Epifcopis provinciæ in Synodum convenientibus vel in civitate, ubi vacabat fedes epifcopalis, vel in urbe Metropolitæ. *Populus* proponebat *defiderium* fuum de certa perfona; *Clerus* ferebat *teftimonium* de vita ac dignitate ejusdem, atque etiam eligebat; *Metropolita* vel *Patriarcha* confirmabat electionem; & tunc vel ab omnibus, fi congregari poterant, vel a tribus faltem ejusdem provinciæ Epifcopis (extra cafum neceffitatis aliud exigentis) ordinabatur Epifcopus. Patet id partim ex *Canone IV. Nicæno* fupra §. 195. n. 2. citato, partim ex S. Leonis M. Ep. 167. ad Rufticum Narbonenfem fcribentis: *Nulla ratio finit, ut inter Epifcopos habeantur, qui nec a Clericis funt electi, nec a plebibus expetiti, nec a Provincialibus Epifcopis cum Metropolitani judicio confecrati.* Quibus adde *S. Innocentii* I. Epiftolam ad Alexandrum Antiochenum fupra §. 196. n. 2. fub lit. c. recitatam, & his omnibus multo antiquius difciplinæ Ecclefiafticæ iftius defcriptæ documentum, nempe S. Cypriani Epift. 68. alias Lib. I. ep. 4.

II. Omiffis poftea Synodis provincialibus, vacante aliqua Ecclefia Metropolita mittebat Epifcopum Vifitatorem, qui Clerum & populum admonebat, ut concordi voluntate & omiffo partium ftudio convenirent in poftulanda pro fuo paftore perfona aliqua digna ad minifterium epifcopale: & convenientibus illis in poftulatione, formabatur decretum, cui ab omnibus fubfcribendum erat præfente Epifcopo Vifitatore; quod dein cum atteftatione iftius mittebatur ad Metropolitam; quo idem confirmante nominatus in illo decreto ordinabatur Epifcopus, vel ab ipfo Metropolita & duobus aliis, vel a tribus provincialibus Epifcopis a Metropolita deputatis. *Metropolitæ* vero a *Patriarcha* confirmabantur, & ordinabantur. Si in partes fe eligentium vota dividerent, ejusdem

erat

erat judicare, quis majoribus ftudiis & meritis juvaretur, cui electionis confirmatio vulgo competebat. Sic ftatuit Arelatenfe II. Concilium Can. V. *Epifcopum fine Metropolitano, vel Epiftola Metropolitani, vel tribus Comprovincialibus, ncn liceat ordinare*: & Aurelianenfe IV. Can. III. : *licet melius effet in fua Ecclefia fieri, tamen aut fub præfentia Metropolitani, aut certe cum ejus auctoritate intra provinciam omnino a Comprovincialibus ordinetur.* Judicium dubiæ electionis ad Metropolitam pertinere fcribit *Hincmarus Rhemenfis* in Opufc. cap. 6. contra Hincmarum Laudunenfem.

III. Quod ad *Primatis* feu *fummi Romani Pontificis officium hac in parte* attinet; imprimis exploratum eft, *Orientalium Epifcoporum* confirmationem Metropolitis, *Metropolitarum* vero Patriarchis dimiffam a Romanis Pontificibus fuiffe : *Patriarchas* tamen ab eisdem Romanis Præfulibus confirmationem expectaffe, multis conftat ex apertiffimis documentis. Nam a) a Theodofio Imperatore an. 382. per legatos petitam a *Damafo Papa* fuiffe *Nectarii* Conftantinopolitani confirmationem, ex Epiftola 15. *Bonifacii I.* ad Rufum aliosque Illyrici Epifcopos conftat apud Conftantium col. 1043. b) *S. Leo M.* a. 449. *Anatolii* Conftantinopolitani electionem in literis ad Marcianum datis c. IV. Ballerin. edit. col. 1147. confirmans, hæc fcribit: *Nos veftræ fidei interventionis habentes intuitum, cum fecundum fuæ confecrationis auctores ejus initia titubarent, benigniores circa ipfum quam juftiores effe voluimus, quo perturbationes omnes, quæ operante diabolo fuerant excitatæ, adhibitis remediis leniremus. -- Satis i: prædicto, quod veftræ pietatis auxilio, & me· voris affenfu, Epifcopatum tantæ urbis obtin ·* c) Idem *S. Leo M.* an. 452. *Epifcopatum fan ac venerabilis Maximi Epifcopi Antiocheræ Ec ia* CONFIRMAVIT ; quæ verba funt formalia

*Chal-*

*Cholcedonenfis Concilii* Act. X. d) An. 482. *S. Simplicius Papa* fuper electione *Joannis Talajæ Alexandrini Epifcopi* fic fcribit ep. 17. ad Acacium: *Nuper ab Ægyptia Synodo, quæ & numero plurima, & fidei Catholicæ effet communione fuffulta, atque ab ipfo omni propemodum Clero Alexandrinæ fedis ad nos* EX MORE *relatio miffa patefecit, in* (Timothei defuncti Epifcopi) *vicem confona fidelium voluntate Joannem, cui ad Sacerdotium conftare crederentur omnia, fubrogatum, & nihil omnino reftare videbatur, nifi ut Apoftolicæ quoque moderationis affenfu votivam fumeret* FIRMITATEM: *cum ecce* SECUNDUM CONSUETUDINEM MIHI TALIA DISPONENTI *tranquiliffimi Principis fcripta funt reddita; quibus memoratum tanquam perjurii reum* SACERDOTIO PERHIBERET INDIGNUM. *Illico retraxi pedem, & meam* REVOCAVI SUPER EJUS CONFIRMATIONE SENTENTIAM, *nequid contra tantum ac tale teftimonium præpropere feciffe judicarer.*

IV. *Erga occidentales cujuslibet gradus Epifcopos* Papam Romanum ufum fuiffe juribus iisdem cum ceteris Patriarchis, manifeftiffimæ patet tum ex eo, quod *S. Innocentius I.* conceffit iftis in Ep. ad Alexand. Antiochenum (§. 196. n. 2. fub lit. c. allegata); tum exinde, quod *Nicænum I.* Can. VI. (citato fupra §. 196. n. 1.) talia jura ceteris Patriarchis confirmans, eadem ad Romani unius Patriarchæ normam exegerit. Sicut ergo Orientis & Ægypti Epifcopi nulli (tefte *S. Innocentio* in cit. ep.) poterant *fine fui Patriarchæ permiffu confcientiaque procreari;* ita nec occidentales ulli fine confenfu Papæ Romani. Hujus rei patheticum inprimis exemplum fuppeditat Epiftola *Siricii Papa* ad *Anifium,* & *S. Leonis M. ad Anaftafium,* Theffalonicenfes Epifcopos, & fedis Apoftolicæ per Illyricum Vicarios. De *Martiano Arelatenfi in Gallia* Epifcopo jam tempore S. Cypriani analogum huic

mate-

materiæ Pontificiæ poteſtatis exercendæ exemplum ſupra retuli §. 196. n. 4. ſub. lit. e.

V. Quamvis *hæc electionum forma* per plura ſecula paſſim uſurparetur in Eccleſiis; tamen *ſucceſſu temporum varie fuit immutata.* Ac 1'.) quidem cum in id genus electionibus Eccleſia ad exemplum, quo ſeptem Diaconi Act. VI. 2. ſeqq. coram, *omni multitudine diſcipulorum*, & ad præſentationem iſtius, conſtituti ab Apoſtolis ſunt, multum inde ab initio conceſſiſſet populo, nobilibus, & Magiſtratibus; æquum erat, ut revolutione Imperii per Conſtantinum M. aliorumque regnorum ad Chriſtianam religionem converſione facta, tum Imperatoribus, tum Regibus, aliisque ſummis quibusque provinciarum principibus, omni tempore multum in eo negotio deferret; quippe qui & populi vices cum cetera regiminis poteſtate, & curam religionis, per bonorum paſtorum doctorumque delectum promovendæ, ex officio gererent. Vide infra §. 342. Urgebant hoc jus ſuum ſummi quidam Principes eo graviori nomine; poſtquam Epiſcopatibus feuda locupletiſſima & grandia jura temporalia, vel ipſorum, vel Anteceſſorum ſuorum Principum liberalitate, fuerant annexa. Atque ita factum, ut, cum alioquin turbæ, tumultus, & variæ inordinatæ partialitates, populi electiones bonas ſæpiſſime impedirent, populus denique a ſuffragio plane excluſus, principum vero ſummorum conſenſus tum quæſitus, tum vero etiam requiſitus fuerit; poteſtate tamen ſumma confirmandi & conſecrandi a clero cum conſenſu Principis electum ſemper manente penes Metropolitas, Patriarchas, aut Romanos Pontifices. Seculo tamen XI. cœpere Reges & Imperatores in Germania liberas Epiſcoporum electiones a clero faciendas prorſus opprimere; quin (quod a vitio gravi excuſari non poteſt) pro pecunia nundinari Epiſcofcopatus & folius pecuniæ ratione habita Præfules Ecclefiæ per vim obtrudere, facro Minifterio prorfus impares, nec expectata feu Metropolitarum, feu Pontificum confirmatione, per baculum & annulum inveftire, id eft, in poffeffione Ecclefiæ conftituere. Qua de re Principes Germaniæ graviter ipfimet fæpius apud fummos Pontifices funt conquefti (Hemold. Chron. Slavor. L. I. c. 28. & 32.). Inde etiam contigit, ut plures Epifcopi Galliæ & Germaniæ (tefte Ivone Carnotenfi Ep. 238.) confcientia ducti, baculos paftorales, a terrenis Principibus acceptos, in manus Papæ refignarent, eosdemque ab eodem denuo, ceu a Chrifti Vicario, reciperent. Ita vero fenfim affuefcebant Epifcopi a Papa Epifcopatus accipere, & fummi Pontifices eosdem dare Epifcopis: ficuti antea reges, electis & confirmatis Epifcopis dono dando res temporales & feuda Ecclefiarum fuarum, infuefcebant dare ipfos Epifcopatus. Ceffationi tamen Synodorum provincialium inprimis adfcribendus frequentior Romam recurfus pro confirmatione Epifcoporum. Ceterum inveftiturarum abufibus Gregorius VII. ejusque fucceffores fe invicta quidem conftantia oppofuere; fed, cum, veluti represfaliis ufuri, defenfionem jurium Ecclefiæ usque ad everfionem jurium temporalium & ipforum regentium promoverunt; nefcio, an præcife ut manfuetiffimi fervatoris miniftros fefe gefferint, atque regulas Ecclefiafticæ correptionis ex S. Auguftino fupra §. 211. not. 2. memoratas, femper præ oculis habuerint. Sæpius tentata concordia non nifi poft medium Seculi XIII. durante illo diuturno Interregno Imperii poft mortem Friderici II. obtenta, plenaque electionibus libertas tunc quidem teftituta eft. 2'.) A medio itaque Seculi XIII. ftatuente id potiffimum Innocentio III. in Concilio Lateranenfi IV. an. 1215., fubmoto ab Epi-

fcoposcoporum electionibus populo & Episcopis provinciæ, libera electio Canonicis Ecclesiarum Episcopalium, seu Cathedralium, relicta est; qui quidem jam inde ab exeunte Seculo X. eam ad se solos trahere, exclusis primo Comprovincialibus Episcopis, & postea etiam ipsis Metropolitis, conati sunt, ordinatione sejuncta a confirmatione, & confirmatione solius Romani Pontificis expetita : quæ disciplina, cum postmodum ab ipsis Romanis Pontificibus per varias reservationes labefactari cœpisset, Imperatoribus jam mutato clypeo libertatem Ecclesiarum defendentibus, denique novo robore confirmata est in Germania an. 1448. ex Concordatis Germaniæ inter Nicolaum V. Papam & inter Fridericum III. Imperatorem; atque in eadem Germania hodiedum perdurat; quin sine caussa urgentissima publicæ utilitatis, aut necessitatis, mutari etiam ab Romanis Pontificibus possit (258). Vide Thomassinum de discipl. Ecclef. P. II. I. II. cap. 33. 42. & 43. 3'.) Specialia concordata cum Francisco I. Rege Galliæ an. 1516. iniit Leo X. pro universo Galliæ regno, in quibus abolita sanctione pragmatica Bituricensi, Pontifex Regibus Galliæ jus privativum nominandi personas dignas ad Episcopatus, exclusa Capitulorum electione, in perpetuum addixit, sibi vero una cum Annatis jus confirmandi post examen meritorum personæ nominatæ reservavit. Similia Concordata postmodum cum aliis quoque Regibus inita fuisse sequentibus seculis constat. 4'.) Ut vero sublatum Episcoporum Comprovincialium officium in negotio hoc constituendi Episcopos ex parte suppleatur, Romanus Pontifex Romæ in Consistorio Cardinalium, quod vices Synodi Provincialis quodammodo supplet, & ex pluribus Cardinalibus Episcopali gradu insignibus componi solet, merita & requisita personæ, seu a Capitulis Cathedralibus, seu a

Regi-

Regibus præsentatæ, examinare, ac tum primum confirmare, vel rejicere solet. Pariter pro Ecclefiis Italiæ, etfi libere & fine alia electione vel nominatione prævia, foli Pontifices Romani difponant, tamen iterum non nifi in Concilio Cardinalium, & perfonæ meritis, quin & doctrina in fpeciali examine, coram ipfo Pontifice fubeundo, rite ponderatis, id facere confueverunt. Interim inter illa Papæ Confiftoria & Synodos provinciales id difcriminis intereft; quod in illis Cardinales etiam Epifcopi non nifi confiliarii fint, nec voto decifivo, ut Judices Epifcopi in Synodis, gaudeant.

260.

I. *Patet itaque ex univerfa huc usque obfervata difciplina Ecclefiæ, ad delectum Perfonæ pro Epifcopatu, ut Deo ad accipiendam ab eo immediate jurisdictionem rite & cum effectu certo præfentetur* ( 182. III. IV.), *requiri judicium de ejus dignitate & confenfum Primatis Ecclefiæ, ab eo editum feu per fe ipfum immediate* ( *III. IV. V. præc.* ) *feu per Metropolitas, aut Patriarchas, poteftate ipfius delegata ordinaria vi fuæ inftitutionis & confentientibus ipfis Primatibus Ecclefiæ ad hoc inftructis* ( 202. præc. I. II. III. )

II. *Quod cetera requifita electionis iftius attinet, variabilia illa fpectato jure divino per fe funt, eo fola excepto, quod ipfius Ecclefiæ, cui Paftor præficitur, quisquam repræfentans moralem perfonam* (44.), *feu populus fit ipfe, feu clerus, feu princeps, iftius cauffam fideliter agere, atque præfumta fidelium vota fummo Ecclefiarum paftori ( immediate, vel mediate per Metropolitam & Epifcopos provinciales) præfentare debeat; qui ea vel probata offerat Deo, vel, improbata ex cauffis legitimis, corrigat; atque hoc pacto veluti cura fuprema Ecclefiæ profpiciat; ne inidoneus paftor in ovile irrepat.*

III. *Ex*

*De propriis prærogativis Primat. Eccles. &c.*

III. Ex hoc ipso cutem facile obligationem eorum colligere, qui in persona ad Episcopatum seu eligenda, seu nominanda, non nisi negotium totius Ecclesiæ gerunt, non autem arbitrio proprio agere possunt.

261.

FACTA disciplinam Ecclesiæ inde a primis seculis repræsentantia in translatione Episcoporum ab una ad aliam sedem Episcopalem. I. Promiscuas id genus translationes semper prohibuit Ecclesia; uti hoc constat ex Can. XV. Concilii Nicæni, ex Can. XXI. Antiocheni Concilii, ex Can. I. Concilii Sardicensis; quibus omnibus edendis ansam dedit arrogantia Arianorum Seculo. IV. ad propagandos suos errores continuo novis & dignioribus sedibus inhiantium. His adde Canonem XXVII. Concilii Carthaginensis IV. an. 398. celebrati.

II. In casu tamen legitimæ caussæ, necessitatis, vel magnæ utilitatis Ecclesiæ, concessum erat fieri id genus translationes a Conciliis Provincialibus; uti constat ex modo citato Canone Concilii Carthaginensis IV. ( C. 37. VII. q. 1. ) item ex Can. XII. Synodi Toletanæ XVI. & Capitularibus Caroli M. Idem vero fieri in iisdem casibus etiam potuisse permissu Sedis Apostolicæ, imo nec sine istius permissu tacito, vel expresso, per Metropolitas, potestate delegata ad hoc instructos ( 202. ), in Synodis Provincialibus eas translationes concessas fuisse, sequentia exempla probare omnino videntur. 1'. ) Cum Seculo IV. in defuncti *Maximiani Constantinopolitanæ sedis Episcopi* locum *Theodosius* Imperator *Proclum, Cyzicenorum Episcopum* sufficci jussisset; Constantinopolitani autem translationi huic repugnarent: Imperator exhibitis *Cœlestini Papæ* Romani literis eam concedentis continuo omnem obicem removit, teste Socrate L. VII.

c. 40. Similem tamen recurfum ad Papam in translatione *orientalis* Epifcopi, Metropolita inferioris, extra Europam vix leges; quippe quod in oriente translatio inferiorum Epifcoporum auctoritate folius Metropolitae & Synodi Provincialis fieri confueviffet. Ejus rei exemplum in translatione *Euphroni* Colonienfis in Armenia Epifcopi ad fedem Nicopolitanam occurit; quae auctoritate *S. Bafilii* Metropolitae Caefareenfis in Synodo provinciali facta fuit; uti in Epift. 227. & 228. *S. Bafilii* (edit. Benedictin.) legere eft. Similes translationes de *S. Athanafio* in epift. 67. Synefii, item de *Attico* Conftantinopolitano, pluresque alias apud Socratem L. VII. c. 36. legere eft. Unde patet, in oriente eandem fuiffe Translationum atque electionum Epifcopalium faciendarum rationem (259. III.). 2'.) Eodem Seculo IV. *Corinthii* a *Bonifacio* Papa cujus in Illyricum jus Patriarchale in hoc reverebantur, flagitarunt, ut *Perigenes*, quem Synodo *Patrenfibus* jam antea Epifcopum praefecerant, fibi Epifcopus concederetur, ut conftat ex Ep. IV. & XV. *Bonifacii* Papae praedicti. 3'.) Eodem IV. Seculo *Patres Tarraconenfis Concilii* ad fedem Apoftolicam recurrerunt, ut fibi liceret ad Barcinonenfem Ecclefiam *Irenaeum* cujusdam Municipii ad eam dioecefin fpectantis Epifcopum transferre: quem tamen *Hilarus* Papa Romanus mox ab Ecclefia Barcinonenfi removeri, ac priftinae fuae reftitui Ecclefiae juffit. 4'.) Seculo IX. *Sueffionenfis* in Gallia *Concilii Patres*, cui *Hincmarus Rhemenfis* intererat, *Actardum Nanneticae* antea urbis Epifcopum, fed a Nordmannis & Britonibus, qui urbem illam incendio funditus diruerant, in eremum fecedere compulfum, alteri Ecclefiae praefici exoptabant. Ad *Nicolaum* ergo I. literas dant, ut *vacantis fedis conftitueretur in cathedra*. Vide Ep. Concilii Sueff. ad Nic. I. in Tom. II. oper. edit Sirmondi

*De propriis prærogativis Primat. Ecclef. &c.* 319

mondi pag. 744. 5'.) Eodem Seculo IX. *Frotarius* quoque, ut a Burdigalenfi ad Bituricenfem Ecclefiam transferretur, a *Joanne VIII.* *teftimonio* tamen *accedente comprovincialium Epifcoporum*, licentiam impetravit. 6'.) Id ipfum eodem Sec. IX. teftatur ipfe *Hincmarus Rhemenfis* cit. loc. apud Sirmondum, dicens: *fi autem cauffa certa neceffitatis, vel utilitatis exegerit, ut quilibet Epifcopus de civitate, in qua ordinatus eft, transferatur ad aliam civitatem; Synodali difpofitione, vel Apoftolicæ Sedis confenfione, apertiffima ratione manifeftum fieri debet.* Ubi particulam illam *vel* ab Hincmaro adhibitam, non tam disjunctive, quam copulative intelligendam effe, ut confenfus Papæ fimul neceffarius afferatur, ipfum Sueffionenfis Concilii exemplum abunde probare videtur. 7'.) Seculo X. *Auxilius,* Formofi Papæ a Portuenfi ad Romanam Ecclefiam translati defenfionem fufcipiens, in Proëmio lib de Ordinat. Formofi poft plura allata translationum exempla, concludit, *quod, fi Epifcopus a propria fede fuerit pulfus, certa imminente neceffitate vel utilitate, in alia Ecclefia, quæ Præfulem non habet, intronizzari poffit, non tamen absque auctoritate duntaxat Romani Pontificis.* 8'.) Seculo XI. *Pafchalis II.* Papa in literis, quibus Roffenfis Epifcopi ad Cantuarienfem fedem translationi affentiebatur, diferte fcribit: *vos præter auctoritatem noftram Epifcoporum quoque mutationes præfumitis; quod fine Romanæ Sedis auctoritate ac licentia fieri novimus omnino prohibitum.* 9'.) Eodem Seculo XI. *Ivo Carnotenfis*, Pafchali II. æqualis, Epift. 181. fcribit: *translationes Epifcoporum neceffitate urgente Metropolitani auctoritate, & fummi Pontificis difpenfatione fieri oportet.* Et S. *Anfelmus* ejusdem feculi piiffimus Præful° Cantuarienfis L. III, ep. 136. *qui*, inquit, *facratus eft Epifcopus, non poteft conftitui in alia provincia Epifcopus canonice, fine confilio & affenfu Archiepifcopi &*

*Et i-*

*Sectio II. Caput X.*

*Episcoporum ejusdem provinciæ, cum auctoritate Apostolica.* 10°. ) Extant nihilominus dubia quædam exempla Translationum ejusmodi factarum, de quibus positive probari non potest, easdem cum consensu Papæ Romani sic factas esse, ut is necessarius ad eas secundum canones & legitime faciendas crederetur. Sic *Cantuarienſem* ad *Ecclesiam* fere semper Episcopi ex alia sede, quam jam prius tenuerant ante annum Christi millesimum transferri solebant; quin ulla apud scriptores illius vel sequentis ætatis assentientis Romani Papæ fiat mentio. Sic *Ven. Beda* in Hist. Anglor. L. II. c. 5. seq. refert, in Anglia jam ante sua tempora pridem varias Episcoporum factas fuisse translationes sive ad declinandas barbarorum hostium incursiones, sive ad fidem inter idololatras conservandam. Interim aliis haud verisimile videtur, in Anglia sola exceptionem a communi reliquarum Ecclesiarum regula exceptionem fuisse admissam: & quod Cantuarienſem Ecclesiam attinet, id potius inter specialia ejus Ecclesiæ privilegia referendum putant, a Pontificibus Romanis speciatim concessa; præsertim cum id genus translationes his ignotas fuisse verisimile nullo pacto esse possit; quippe quorum speciali concessione constat Cathedrales Anglorum Ecclesias, & Cantuarienſem inprimis, per ea tempora a Monachis fuisse administratas, fatente id ipso Jacobo Usserio Lib. de Antiq. Britannic. Eccl. c. 27. De exemplis ex Ven. Beda sumtis ipsa necessitas mutandi sedem a rigore juris communis observando poterat excusare. Ceterum solum silentium scriptorum de petita sedis Apostolicæ licentia sufficere ad probandum aliis non videtur, quod Synodis provincialibus circa translationes Episcoporum faciendas sua præcise auctoritate licuerit in legibus Conciliorum generalium ( Nicæni & Sardicensis ) dispensare, quibus translationes illæ simpliciter

iter vetabantur. 11°.) Poft hæc omnia denique *Innocentius III.* Papa in Concilio Lateranenfi IV. Oecumenico An. 1215 in Cap. 1. 2. 3. de Translat., translationes Epifcoporum prohibuit *fine judicio Papæ nec a Metropolitanis, nec a Patriarcha quidem faciendas*, nixus auctoritate, ut quidam volunt, falfarum Decretalium Ifidori Mercatoris, & interpolata *Anteri* Papæ Epiftola; cujus fragmentum legitur c. 34. VII. q. 1. quod ex ratione colligunt, quam ipfe allegat cit. Cap. 1. de Translat. dicens: *cum ex illo generali privilegio, quod B. Petro, & per eum Ecclefiæ Romanæ Dominus nofter indulfit, Canonica poftmodum manaverint inftituta, continentia, majores Ecclefiæ cauffas ad Sedem Apoftolicam perferendas, ac per hoc translationes Epifcoporum - - - ad fummum Apoftolicæ Sedis Antiftitem de jure pertineant &c. &c.*

262.

I. *Suppofito femel certo principio, quod confirmatio electæ perfonæ ad Epifcopatum aliquo pacto vi juris divini Primatus ad fupremum Pontificem pertineat* ( 260. 251.); *extra dubium videtur, ejus confenfum, tacitum, vel expreffum, fingillatim, vel approbatione alicujus ftabilis difciplinæ in hac parte introducendæ univerfe ab eo datum, ad translationes Epifcoporum quoque legitime faciendas requiri.*

II. Etfi ergo vi Canonum Concilii Carthaginenfis IV. & Toletani XVI. §. præc. n. II. citatorum alicubi Translationes Epifcoporum a fola Synodo Provinciali factæ fuiffent non requifita fingulari conceffione Papæ Romani: id tamen juri iftius obftare non poterat; quia id permittere ipfi, quamdiu abufus non interveniret, prohibitum non erat; maxime cum Metropolitis delegare etiam ad hoc fuam poteftatem potuerit.

STATTLER, DEMONSTR. CATHOL. X *Ce-

## 322 Sectio II. Caput X.

\* Ceterum tamen de translationum istarum judicio & concessione Pontificia omnia valent, quae de caussis electionum Episcopalium monui a §. 255. usque ad §. 258. Unde, cum in primis Ecclesiæ seculis testimonia saltem Synodi provincialis & Metropolitæ de suppetente legitima translationis caussa requiri solerent ante Papæ consensum; ut videlicet ipse Papa securiore conscientia consensum præbere posset ; enimvero nec modo tam facile antiquo illo more superfedendum videtur, etiam ea de caussa, ne ad translationes etiam sine caussa legitima faciendas cogi facile Romani Pontifices possint.

263.

*Ex principiis huc usque stabilitis etiam per se consequitur, solius summi Primatis Ecclesiæ consensu & sententia quemcunque Episcopum, Ecclesiæ facto vel exemplo noxium, deponi posse : 2.)* etsi ad tale inprimis superioris potestatis suæ exercitium haud progredi unquam Primas debeat, nisi caussa in Synodo provinciali probe prius examinata, aut ex sententia ejusdem Synodi. Primum sic ostendo. Episcopi, excepto Primate, *vi juris solius divini* omnes dignitate & jurisdictione pares sunt, nec cuiquam alteri subjecti præterquam Primati; ne quidem Conciliis ullis Episcoporum; nisi hisce Primas Ecclesiæ potestatem suam delegarit. Nullo enim argumento Scripturæ ostendi potest, quod Christus singulos Apostolos alteri quam Petro, vel etiam certo cuidam numero reliquorum Apostolorum subjecerit: sunt vero Episcopi successores Apostolorum (180. n. 2. lit. b.). Porro *jure humano* subjecti quidem sunt Metropolitis suis ac Patriarchis, horumque Synodis; sed verisimilius solum ut potestate delegata Successorum S. Petri in Primatu instructis; vi cujus potestatis delegatæ Metropolitæ & Patriarchæ judicium & consensus ad firmitatem omnium requiritur, quæ in provincia, vel

majo-

*De propriis prærogativis Primat. Eccles. &c.* 323

majore dioecesi patriarchica, communiter geruntur (195. n. 2. Canone IV. Nicæno): certe nihil ea Metropolitarum & Patriarcharum institutio divinitus institutæ S. Petri superiori potestati in omnes Episcopos præjudicare potuit; sed huic omnis etiam Metropolitarum & Patriarcharum potestas subordinata manet (202. I. II. III.). Jam vero antecedenter ad eam Metropolitarum & Patriarcharum institutionem, cum jure divino Episcopi soli Primati subjicerentur, sine dubio solius Primatis sententia deponi poterant; ergo nec aliter deponi possunt nunc etiam post institutam mere humanitus Metropoliticam & Patriarchicam potestatem. Sive enim delegatam dicas a S. Petro Metropoliticam & Patriarchicam potestatem (202.); & tunc in delegatione generali caussæ gravissimæ speciatim non expressæ in ea haud continentur; vel certe quovis tempore reservari a delegante possunt; sive speciali potestate divinitus concessa eandem ab Apostolis institutam confingas (199.), vel consuetudine introductam (200.); neutro in casu ad casus supremi momenti se extendere poterit cum præjudicio potestatis supremæ Primatis, quæ certo & immediate divinitus instituta est (202. II III.)

*Alterum* porro inde evincitur: quod, cum judicium Primatis etiam in tam gravi caussa, ubi de accusatione tam gravi personæ tam in Ecclesia eminentis agitur, non nisi ex humanis pendeat indiciis, ac proinde errori plane obnoxium sit : profecto non deceat sane tali erroris periculo nec sententiam suam, nec salutem Ecclesiæ, de cujus Episcopo agitur, nec ipsius denique dignitatem Episcopi exponere, sed vias probationum & examinis securissimas inire. Decet præterea sententiæ id genus graviores acerbitatem facilitatemque omnem supremum Ecclesiæ pastorem in inferiorum præcipue pastorum judiciis criminalibus amo-

liri;

liri ; ne ipfum pondus & eminentia poteftatis illis odiofum reddatur, a quorum auctoritate maxime fulciri & commendari ceteris deberet. Quo enim eminentior eft poteftas Primatis, ne exofa fiat, eo majus eft periculum, fi vulgo ex juris rigore exerceatur ; & periculum tale vitandi eo major Primati incumbit obligatio : quia finis ultimus poteftatis fpiritualis & unicus eft falus animarum, quas ille fanguine fuo redemit, a quo ipfi tota poteftas mere eft delegata.

264.

*Ex iidem principiis confectaneum per fe eft, quod ab omnibus Epifcoporum feu particularium, feu in Synodo provinciali communiter judicantium, judiciis ad Primatem appellari, & hic in fecunda, ut loquimur, inftantia judicare poffit :* 2.) etfi in iftis appellationibus quoque moderatio Ecclefiaftici regiminis vulgo fuadeat, ut per judices potius in provincia datos, in qua cauffa exorta eft, Primas judicet; quam ut Romam actores & reos advocet; nifi ifti ipfimet petierint. Primum ex ipfa fubordinatione divinitus inftituta omnis jurisdictionis Epifcopalis ad jurisdictionem Primatis neceffario confequitur. Hujus enim fubordinationis finis alius proximus haud effe poteft, quam correctio & emendatio omnium exercitiorum fubordinatæ jurisdictionis Epifcoporum, fi a recta regula aberrarint ; aut eorundem confirmatio, fi cum ifta confenferint. Atqui fubordinatio illa tum fuperius oftenfa fuit, tum olim credita fuit, & hodiedum creditur ac recipitur ab omnibus Epifcopis Catholicis tam Galliæ quam aliarum nationum, Pontificium Primatum ceu divino jure inftitutum fimpliciter recipientium. Nimirum lex fundamentalis clariffima rem evincit omnem : S. Petrus, & quisquis ejus in locum fuccedit, folus *folvere* omnia, quæ a quibuscunque aliis *ligata* fuere,

fuere, & solus etiam *ligare* poteft, quæ ab aliis quibuscunque *foluta*. Quodfi ergo *folvere* & *ligare* actus jurisdictionis fpiritualis exprimit in Epifcopis: in S. Petro exprimit jurisdictionis ejusdem fuperioritatem refpectu omnium actuum jurisdictionis fpiritualis.

*Alterum* ex iisdem fuadetur rationibus, uti §. præc.

\* Qui volunt, *Synodis provincialibus fummam in cauffis Epifcoporum deferendam effe poteftatem*, fine interventu Primatis univerfalis Ecclefiæ, hanc illarum Synodorum anctoritatem repetere debent *vel à Deo*, *vel ab Apoftolis*, *vel a confenfu Epifcoporum* pacto mutuo in judicium tale condicentium, *vel ab generalibus & œcumenicis Conciliis*, *feu cum, feu fine confenfu Romani Pontificis*, eam poteftatem fupremam judicandi deferentibus Synodo provinciali. Atqui *non* accepere eam Synodi provinciales *a Deo*: ubi enim hanc dediffet Chriftus nondum exiftentibus provinciis & diœcefibus Ecclefiafticis? *Non ab Apoftolis*: hos enim Metropolitas quidem ftatuiffe cum S. Petri confenfu fatis certum eft (198. 202.); fed eisdem fupremam judicandi poteftatem, feu privative; feu una cum Concilio Epifcoporum fibi fubjectorum, cum S. Petri præjudicio dediffe, nufpiam legimus (203. II. III.). *Sed nec confenfu vel pacto mutuo Epifcoporum unius provinciæ*: hi enim mutuo pacto voluntario fe fubtrahere jurisdictioni S. Petri, divinitus inftitutæ, aut eidem præjudicare ullatenus, non potuere. *Nec a Conciliis Oecumenicis fine confenfu Papæ* id ftatuentibus: quodfi enim jurisdictio femel jure divino Primati in Epifcopos competit, nullo conveniente quantocunque hominum atque etiam Epifcoporum numero jus divinum mutari potuit, nec Primate invito fuprema jurisdictio, huic jure divino competens, alteri deferri: nifi fupponas, in *lege fundamentali* Math. XVI non Petro, quod obvia vis verborum & iftius legis neceffaria claritas præfefert, fed fub Petri figura univerfo cœtui

Epifcoporum, fupremam jurisdictionem Ecclefiafticam divinitus a Chrifto conceſſam, & mere Ariftocraticam fupremi regiminis formam inftitutam fuiſſe: id quod & fupra refutavi pridem ( 140. 141.) & ab omnibus Catholicis Epifcopis rejicitur; quorum coufenfus ipfe, fi vera eſſet adverſa hypothefis, fupremæ poteſtatis formale exercitium & decifionem quæſtiouis iſtius conficeret. *Quodfi* denique id, feu in Concilio quocunque, feu extra Concilium omne, *confenſu Primatis*, feu Papæ Romani, factum eft; ficut ab hoc uno exiſtendi initium poteſtas Synodorum provincialium *mere delegata* habuit; ita a jure Primatis more omnis poteſtatis delegatæ etiam in perduratione perpetuo, ceu mere precaria, dependet ( 34. 36.). Videmus itaque manifeſto, niſi ipfum primatum jurisdictionis divinitus inſtitutum evertere cum univerſa lege fundamentali a Chriſto conſtituta velimus; plane Epifcopo a Synodo quacunque provinciali damnato appellationem ad fuperiorem & judicem fuum æque ac omnium aliorum Epifcoporum, divinitus inſtitutum, denegari plane non poſſe: nec viciſſim Epifcopum ex. gr. hærefis reum a quotcunque provincialis Synodi Epifcopis ejusdem criminis reis fententiæ Primatis Ecclefiæ ac judicio fubtrahi poſſe: etfi, cum de integra Synodo pertinacium in hærefi Epifcoporum ageretur, rectius fine dubio alicujus majoris Concilii convocati auctoritatem ad vincendum eo facilius errantium numerum fibi Primas Ecclefiæ fit adfciturus. Nec vero alia Epifcopis univerſis Catholicis fententia animo inhæret de juſto jure appellationis: etfi Gallicana Ecclefia fapienter exigat moderamen illud ( in utroque §§. hoc, & præcedente, a me n. 2. appofitum ) a facra Romana Sede in id genus judiciis exercendis obfervari; eo ipfo videlicet, quod, ubi res mere humanis ex indiciis & teftibus facti decidenda eft, nec Romanus Pontifex fit ab errore ullatenus immunis, atque hoc ipfo deceat illum, in ferendis ejusmodi judiciis cum omni fidelitate & diligentia omnibus cautelis uti. Qui aliter de argumento ipfo fcripſere, non Epifcopi, fed privati homines fuere; & iidem vulgo

non

## De propriis prærogativis Primat. Ecclef. &c. 327

non nifi poft everfum jam ante ipfius Primatus jurisdictionis divinum jus ad id genus doctrinam progreffi funt, ipfa fcilicet fundamentali lege jam prius aut everfa, aut in obfcuros fenfus traducta.

\** Porro ifti *adverfarii* hujus juris *Primatus*, cum contra documenta apertiffima Ecclefiafticæ hiftoriæ inficiari non poffint, fæpiffime præfertim inde a Seculo IV. appellatum ab Epifcopis, Metropolitis, & Patriarchis, ad Romanam Sedem fuiffe, illosque ab ifta diverfiffimis in cauffis judicatos; *vulgo defendunt* 1.) ab ipfa primum Ecclefia in Concilio Sardicenfi an. 347. hoc novum juris genus de Epifcoporum cauffis in appellatione a Synodo provinciali judicandis, quod alias vi folius Primatus jure divino nondum competeret, Romano Pontifici fuiffe attributum: 2.) id quod confirmant ex verbis *Canonis XXVIII. Concilii Chalcedonenfis*; in quo Patres dicunt: *throno antiquæ Romæ, quod urbs illa imperaret, jure Patres privilegia tribuerunt*: ex quo patere volunt, Patres Chalcedoneufes exiftimaffe, non nifi Nicæni & Sardicenfis Concilii auctoritate Romanæ fedi privilegia de univerfis Epifcopis judicandi in appellatione fuiffe attributa. 3.) Citant hunc ipfum in finem verba *Valentiniani III.* Imperatoris in Novella ( T. J. S. Leonis Operum col. 642.) dicentis: *cum igitur Sedis Apoftolicæ primatum S. Petri meritum, qui princeps eft Epifcopalis coronæ, & Romanæ dignitas civitatis, facræ etiam Synodi firmarit auctoritas.* 4. Urgent quoque *Canones Concilii Antiocheni*, quorum XV. fic habet: *Siquis Epifcopus criminaliter accufatus, ab omnibus, qui intra provinciam funt, Epifcopis exceperit unam confonamque fententiam, ab aliis ulterius judicari non poterit*: Canon XVI.: *Si autem contingat de ipfis Epifcopis, qui convenerunt, diverfas habere fententias, placuit fanctæ Synodo Metropolitanum Epifcopum alterius vicinæ provinciæ advocari oportere, & aliquantos cum eo Epifcopos alios, qui pariter fedentes, quæcunque fuerint, derimant quæftiones, propter*

hos•

*hoc, ut firmum fit judicium, quod ab unius provinciæ Episcopis fuerit promulgatum.*

\* \* \* *Responsio.* Enimvero id genus objectio opponi a nemine potest, nisi qui cum lege fundamentali Societatis totius Ecclesiasticæ ipsum *Primatum jurisdictionis* quoad substantiam, ab ipso Christo apertissime institutum, & ab universa Ecclesia, quam Catholicam appellamus, in Gallia æque ac Germania pro certo dogmate receptum, eversum ire prius jam constituerit; mero directionis præsidio circa Ecclesiastica negotia Primati relicto. Qua in hypothesi evidens est, obscuritate semel tanta in lege fundamentali (Matth. XVI. 16.) admissa, Lockii argumento §. 208. not 2. & seq. juxta atque dictis a me §§. 138. & 141. nihil plane solidi responderi posse. *Ex quo infero*, talia argumenta quidem ab homine, qui simpliciter cum Catholica Ecclesia adhuc sentire velit, obtendi non posse: Acatholicum vero quemcunque eadem opponentem cum celeberrimo Lockio religionem Christianam ad Indifferentismum latissimum; Societatem vero Ecclesiasticam, ceu nulla lege fundamentali, regiminis formam determinante, a Christo instructam, ad formam mere Democraticam vi solius institutionis divinæ revocare debere. Quod jam ad quævis objecta capita singillatim attinet; ut ordine chronologico incedentes lucem huic quæstioni eo majorem affundamus, ab *Antiochenis Canonibus* incipiamus.

\* \* \* \* Canones Antiochenos quidem *Baronius* ab Eusebianorum factione adversus *S. Athanasium*, eodem tempore (an. 341. videlicet) Romam ad *S. Julium Papam* pro appellationis judicio excipiendo profectum, prodiisse existimat. *Schelstratius* vero in Dissert. de Antiocheno Concilio edita Antuerpiæ an. 1681. contendit, ad id Concilium convenisse quidem quadraginta Arianos Episcopos, plures tamen numero Catholicos ibidem adfuisse, atque ex eorum quoque sententia Canones illos, ceu Ecclesiasti-

*De propriis prærogativis Primat. Ecclef. &c.* 329

cæ difciplinæ ftudio plenos, fuiffe formatos. Alii duo Concilia Antiochena diftinguunt cum Tillemontio, unum an. 332., alterum an. 341. celebratum ; illud quidem ab Orthodoxis, hoc ab Arianis Epifcopis : quorum pofteriori non nulli tribuunt prædictos Canones, XVtum præcipue. Res omnis revera oppido incerta eft. Interim BALLERINII FRATRES (T. II. Operum S. Leonis col. 943.) hæc fequentia recte *adnotant*: 1.) Canone XV. *non omni in cafu* appellationem vetari, fed folum pro cafu confenfus unanimis Epifcoporum unius totius provinciæ ; cum fcilicet crimen adeo manifeftum eft, ut ne unus quidem judicum diffentiat a ceteris ; quod fieri in legitimis judiciis non folet; nifi ubi reus vel confeffus eft, vel plane convictus *:* quo quidem cafu aliquot etiam leges civiles, tum veteres, tum recentiores, appellationem vetant: 2. Canone eodem *non omnem appellationem prohiberi* etiam in cafu confenfus judicum prædicto, fed folum denegari illud novum judicium a vicinæ provinciæ Epifcopis inftituendum, quod Canon XVItus pro alio cafu diffenfus judicum concedit. Probari illud fatis ex eo, quod iidem Patres Antiocheni jam ante Canone XII. appellationem a Synodo quacunque minus plena ad pleniorem Synodum concefferint his verbis: *fiquis - - a Synodo fuerit Epifcopus forte damnatus, - - - oportet ad majus Epifcoporum converti Concilium, & quæ putaverit habere jufta, plurimis Epifcopis fuggerat, eorumque difcuffiones ac judicia præftoletur* : 3.) Illum *Canonem XVtum nec* a Græca, nec a Latina Ecclefia *eo fenfu receptum unquam fuiffe*, quo adverfarii volunt, fed Sardicenfis Concilii auctoritate vel correctum, vel fuperatum fuiffe. Ita exiftimat *Ariftenus* apud Bevereg. in Pandect Canon. T. I. pag. 435.; ita *Matthæus Blaftares* ibid. Pag. 444. & *Theodorus Balfamon* de eodem Canone Antiocheno fcribens, eum *a quarto Canone Synodi Sardicenfis fublatum videri;* qui omnes græci Scriptores funt. *Neque dicas* : illos Canones poftea, fupreffo quidem Antiocheni Concilii nomine, fuiffe primum a Chalcedonenfi Synodo œcu-

X 5

œcumenica, atque exinde ab utraque Ecclesia, Orientali & Occidentali receptos. Nam ex hoc ipso necessitate premeris, ut fatearis, eosdem Canones, non ex Antiochenorum Episcoporum (forte Arianorum) sed ex Chalcedonensium Patrum sententia explicandos esse. Atqui Patres isti sine dubio agnovere, Romano Pontifici jus competere de omnibus Episcoporum caussis, appellationis modo ad se delatis, posse judicare. Quo enim alio fundamento illi Theodoretum Cyrenfem, ab Orientali Synodo Ephesina (Latrocinali dicta) damnatum, eo inprimis titulo recepissent tum mox in Actione prima, *quod restituit ei Episcopatum SS. Archiepiscopus Leo*, tum rursus in Actione octava, dicentes : *post Deum Leo judicavit*. Denique hos ipsos Antiochenos Canones post Gelasii ætatem Romani Pontifices probarunt, qui, cum eo inprimis quinto seculo jus istud in appellatione de Episcopis judicandi sæpissime exercuerint, minime profecto eos Canones in sensu tali indelligendos existimarunt, quo appellatio ad ipsos prohiberetur. Omnes itaque Canones, talia de jure appellandi statuentes, de appellatione ad aliorum Episcoporum Synodos & judicia, & sine præjudicio Romani Pontificis, intelligendi sunt. Audiatur unius Gallicæ *Tricastinæ Synodi* (inter cujus Patres sex omnino Metropolitæ, atque inter istos Hincmarus Rhemensis, numerabantur) epistola an. 867. ad Nicolaum I. data: *exoramus*; inquiunt, *vestri Apostolatus magnificam beatitudinem, ut more prædecessorum vestrorum, mucrone Apostolico quorumcunque Metropolitanorum temeraria præsumtione suppressa, decernatis : ut nec vestris, nec futuris temporibus, præter consultum Romani Pontificis de gradu suo quilibet Episcoporum dejiciatur*.

\* \* \* \* \* Sed ad Sardicenses Canones nunc transeamus. Ex his IV. V. & VII. ad rem præsentem spectant, Canon. IV. (collect Hard. col. 640) ita habet: *Osius Episcopus dixit : quod, si aliquis Episcopus judicatus fuit in aliqua caussa, & putat, se bonam caussam habere, ut iterum judicium*

*De propriis prærogativis Primat. Eccles. &c.* 331

dicium renovetur; *si vobis placet,* S. Petri Apostoli memoriam honoremus, *ut scribatur vel ab his, qui examinaverunt, vel etiam ab aliis Episcopis Romano Episcopo: & si judicaverit renovandum esse judicium, renovetur, & det judices. Si autem probaverit talem caussam; ut ea non refricentur, quæ acta sunt; quæ decrevit Romanus Episcopus, confirmata erunt. Et universa Synodus respondit: placet.* CANON V. *Episcopus Gaudentius dixit, addendum est, si placet, huic sententiæ, quam plenam sanctitate protulistis, ut, cum aliquis Episcopus depositus fuerit eorum Episcoporum judicio, qui in vicinis locis commorantur, & proclamaverit, agendum sibi esse negotium in urbe Roma; alter Episcopus in eadem cathedra post appellationem ejus, qui videtur esse depositus, omnino non ordinetur; nisi caussa fuerit in judicio Romani Episcopi terminata.* CANON VII. *Osius Episcopus dixit: & hoc placuit, ut, si Episcopus accusatus fuerit, & omnes judicaverint congregati Episcopi regionis illius, & de gradu suo eum dejecerint: si appellaverit, qui dejectus videtur, & confugerit ad BB. Romanæ Ecclesiæ Episcopum, & voluerit se audiri; si justum putaverit, ut renovetur examen, scribere his dignetur Episcopis, qui in finitima & propinqua altera provincia sunt, ut ipsi omnia diligenter perquirant, & juxta fidem veritatis definiant. Quodsi is, qui rogat caussam suam iterum audiri, & deprecatione sua moverit Romanum Episcopum, ut de latere suo Presbyteros mittat; erit in potestate illius, quid velit, & quid æstimet. Si decreverit, mittendos esse, qui præsentes cum Episcopis judicent, ut habeant etiam auctoritatem illius, a quo destinati sunt; erit in ejus arbitrio. Si vero crediderit, sufficere Episcopos comprovinciales, ut negotio terminum imponant, faciet, quod sapientissimo consilio suo judicaverit.* Jam attendendo fenfum iftorum Canonum, paucis annis poft Antiochenos ante allegatos a Sardicenfibus Patribus editorum; CANON IV. de Epifcopo in prima cauſſæ cognitione a ſuæ provinciæ Epifcopis damnato agit; qui, *puians, se bonam habere caussam,* fecundum judicium expetit; quod fecundum Antiochenos Canones a finitimis Epifcopis ferendum erat. De-
cerni-

cernitur itaque, ut in *honorem memoriæ S. Petri* vel ipfi judices primi, vel alii, fcribant ad Romanum Epifcopum; ut is decidat, novumne judicium inftitueudum fit, nec ne; & a quibus vicinis Epifcopis. CANON V. appendix eft quarti, uti patet, & declaratio, quid porro agendum fit, fi Epifcopi depofitio, in primo judicio ftatuta, etiam in fecundo vicinorum Epifcoporum judicio fuerit confirmata, isque tum adhuc proclamaverit, coram ipfo Papa Romano fe judicium tertium fubiturum: ubi fane appellatio manifefte conceditur. CANON VII. denique circa rationem fecundi judicii, quod vi Antiochenorum Canonum a vicinis Epifcopis ferendum erat, porro ulterius addit, quod, fi appellans ad hoc fecuudum judicium, petierit a Romano Pontifice, vel ut defignet judices ex vicina provincia, vel ipfe mittat ad id legatos de latere fuo ad illud, in arbitrio relinquendum fit Papæ, ut ex his alterutrum decernat, vel omnino fecundum judicium deneget. His notatis porro adverte, in *quarto* folum Canone, in quo non agitur *de appellatione* ad Papam, fed folum *ad judicium finitimorum Epifcoporum*, addi verba illa, *honoremus S. Petri memoriam*, non item in *quinto*, ubi de propria *ad ipfum Papam appellatione* eft fermo: proindeque in quarto Canone folum admonet Ofius Patres Sardicenfes, ut etiam in concedendo fecundo vicinorum Epifcoporum judicio rationem Primatus S. Petri habeant, nec illud patere velint Epifcopo a comprovincialibus Epifcopis damnato fine confenfu & arbitrio Primatis: ad quem tamen immediate appellandi liberum jus Epifcopo etiam fecundo judicio Epifcopali damnato competere in quinto Canono folum declarant, ac veluti fupponunt. Hoc, non alio, fenfu Canones Sardicenfes intellexit ipfa Orientalis Ecclefia; cujus teftis omni exceptione major eft *Theodorus Balfamon* Antiochenæ Ecclefiæ Patriarcha circa annum 1180. peritia Canonum Ecclefiafticorum & juris Orientalis tefte Joanne Citri Epifcopo ( Refponf. ad Conftant. Cabaf. ) præ ceteris Græcis omnibus florens. Is in Commentario in Canones

SS.

*De propriis prærogativis Primat. Eccles. &c.* 333

SS. Apost. & SS. Oecumenic. Conciliorum &c., edit. Bevereg. in Pandect. Canon. pag. 487. DE CANONE QUINTO SARDICENSI ait: *cum dixissent Patres, Provincialium sententiam* APPELLATIONI *subjici, & a propinquis Episcopis* JUSSU PAPÆ *examinari; nunc dicunt, quid fieri debeat, si ab iis etiam is, qui appellavit, condemnatus fuerit, & se rursus gravari dicat. Statuunt ergo, ut res in integro maneat, & in ejus, qui condemnatus est, Ecclesiam alius, non eligatur; nisi* SECUNDA APPELLATIO *a Papa examinata fuerit.* Falsum ergo est, quod post HINCMARUM apud Petrum de Marca de Concord. L. VII. c. 8. complures dixere: Sardicenses Patres *non appellationis* judicium, *sed revisionis* tantum decernendæ potestatem Papæ concessisse; eo quod non nisi *revisio* sit, ubi priores judices novo judicio suos quoque calculos addere denuo solent. Ceterum jam ante Sardicenses S. *Melchiades* Papa judicavit in caussa Cœciliani & Donatistarum, & S. *Julius I.* in caussa S. Athanasii contra Arianos. Ut adeo Patres Sardicenses potius juris Pontificum admonere illos Episcopos tum Arianos, tum Donatistas, voluisse videantur; qui ad Cæsarem, quam ad Papam, sæpius jam maluerant a Synodis provincialibus appellare.

\* \* \* \* \* Quod ad CHALCEDONENSEM CANONEM XXVIII. attinet: *Respondeo* 1.) Canonem illum non solum a *Latina* Ecclesia nunquam, sed nec a *Græca* ante Photium receptum esse; quæ tantum XXVII. Canones Chalcedonenses numerabat, testibus Balleriniis fratribus in adnot. ad primam Dissert. Quesnelli T. II. Oper. S. Leon. col. 515. 2.) Eundem in sensu, quem objectio hæc in materia supponit, salvo Catholico dogmate de vero jurisdictionis Primatu divinitus instituto intelligi omnino non posse; cum utique jurisdictio superior non ab Ecclesia, sed a Christo Primati Ecclesiæ tributa fuerit; Romanus autem Pontifex primatum facto solius S. Petri, non concessione Patrum aliquorum in Concilio convocatorum, se-

di fuæ Romanæ conjunctum teneat. 3.) Itaque Chalcedonenses illos Patres, qui Act. XV. abfentibus Legatis pontificiis Canonem illum concepere, certum eft, vel inordinato evincendæ Conftantinopolitano Patriarchæ primæ dignitatis poft fedem Romanam ftudio rem falfam afferuiffe; vel non nifi Patriarchalem Romani Epifcopi dignitatem nomine privilegiorum defignaffe credendi funt: etfi vel in pofteriore ifta hypothefi adhuc in affignanda iftius privilegii, Romanæ fede attributi, cauffa errariut: cum dicerent, id factum fuiffe, *quod urbs ifta imperaret*. Profecto enim negare non poterant, quod Alexandriæ, quod Antiochiæ item, fimilis dignitas, etiam præ Conftantinopolitana fede, jam a Nicænis Patribus addicta fuerit, & inde ab Apoftolis jam competierit. Aft falfum effe probe noverant, ideo id factum, *quod urbes illæ imperarent*; cum certum effet, non ob iftam, fed ob eam rationem id factum effe, quod Alexandriæ S. Petrus per Marcum difcipulum, Antiochiæ vero ipfus in perfona, ante ipfam Romanam, Ecclefiam fundarit. Audiamus *S. Innocentium* diu ante ad *Alexandrum Antiochenum* fcribentem: *non tam pro civitatis magnificentia*, inquit, *hoc* ( Patriarchalis videlicet honor ) *eidem*, Antiochenæ Ecclefiæ ) *attributum*, *quam quod prima primi Apoftoli fedes effe monftretur: - - quæ urbis Romæ Sedi non cederet; nifi quod illa in tranfitu meruit, ifta fufceptum apud fe confummatumque teneret*. Audiamus S. *Gelafium* in Ep. ad Epifcopos Dardaniæ fcribentem: *rifimus, quod prærogativam volunt Acacio* (Conftantinopolitano Epifcopo ) *comparari; quia Epifcopus fuerit regiæ civitatis. Nunquid apud Mediolanum, apud Ravennam, apud Sirmium, apud Treviros multis temporibus non conftitit Imperator?* Lege denique S. Gregorium M. in Ep. 40. ( alias 37. ) L. VI. prærogativas Ecclefiæ Alexandrinæ & Antiochenæ; juxta ac Romanæ, unice a S. Petri facto repetentem. 4 ) *Denique* cum vel Synodi, vel Patres aliquid Romanæ Sedi tribuiffe honoris aut prærogativæ dicuntur, vel de Patriarchali folum dignitate intelliges ( quamquam ne hæc quidem tributa ab illis primum cenferi poteft ) vel potius, quod d・
vinitu

*De propriis prærogativis Primat. Eccles. &c* 335

vinitus & facto S. Petri pridem aliunde competebat, idem declaratione solenni eidem rite competere agnitum, ac declaratum ab illis fuisse: a quo sensu non recedit VALENTINIANI III. IMPERATORIS NOVELLA, tertio loco supra objecta. Recte itaque *Nicolaus I.* Papa Ep. 8. scripsit: *Si instituta Synodi (Nicenæ) diligenter inspiciantur, invenietur profecto; quia Romanæ Ecclesiæ nullum eadem Synodus contulit incrementum: sed potius ex ejus forma, quod Alexandrinæ Ecclesiæ tribueret particulariter, sumsit exemplum.* Recte item prior Nicolao I. *Bonifacius I.* epist. 14. (T. I. epist. R. P. Constant. col. 1037.) ait: *Nicænæ Synodi non aliud præcepta testantur; adeo, ut non aliquid super eum (* Romanum Episcopum *) ausa sit constituere; cum videret nihil supra meritum suum posse conferri; omnia denique huic noverat* DOMINI SERMONE *concessa.*

\*\*\*\*\*\*\* At enim, porro *inquiunt,* an. 418. cum Apiarius Presbyter Sicanæ in Mauritania, a suo Episcopo graves ob noxas excommunicatus, ad Papam appellaret, atque ista Nicænos Canones ceu appellationi faventes allegans legatos Carthaginem pro caussa examinanda misisset; Patres Africani Zosimo primum, ac deinde Cœlestino I. rescripsere, se inspectis Nicæni Concilii Canonibus, quorum exempla Alexandria, Antiochia, & Constantinopoli expresse afferri hunc in finem ad se curassent, nihil de id genus appellationis concessione invenisse; potius *Nicæna decreta sive inferiores Clericos, sive ipsos Episcopos, suis Metropolitis apertissime committere.* Respondeo vero: cum iidem Patres in Sardicensi maximam partem fuerint congregati, qui prius Nicæno interesant; in hoc autem appellatio ad Papam aperte concessa fuerit; verisimile non est, eam a Nicæno fuisse exclusam. Etsi enim hoc Canone V. bis in anno Concilia provincialia celebrari jusserit ad quæstiones hinc inde subortas ab Episcopis discutiendas; tamen nullo verbo appellationem ab istis Conciliis prohibebant Nicæni Patres; quin ipsimet potius Meletii, a Petro Alexandrino Patriarcha suo in communi Epifcoporum Synodo depofiti, cauſſam de novo mitiore fententia judicarunt (Apol. II. S. Athanaſ.). Interim certum eſt, Patres Africanos eo errore diu circumductos fuiſſe, quod Canones Sardicenſes ignorarent (qnia Donatiſtæ Pſeudo Concilium Sardicenſe, ſeu Philippopolcos Concilium, vero ſubſtituerant) quos Romanus Pontifex non immerito Nicænorum nomine citabat. Eſt enim extra dubium, Canonem a *S. Zofimo* primo Afris objectum ad verbum cum Sardicenfi quinto Canone confentire. Et vero iidem ferme Patres Nicæno & Sardicenſi interfuerant, neque novi quidquam in iſto circa fidem ſtatutum fuerat, ſid ſolum Nicæna fides confirmata. Præterea in Concilio Nicæno, a Dionyſio Exiguo ante amplius mille & centum annos converſo ex Græco in Latinum, quod extat in Monaſterio S. Vedaſti Atrebati, habentur ſimul tanquam unius Concilii *Canones* omnes Sardicenſes. Non itaque niſi juris divini & humani ignorantia conqueſti ſunt Afri adverſus ſubſtantiam appellationum ad Papam; & quod Antiochiæ, Alexandriæ, & Conſtantinopoli, non perinde ac Romæ, ſub uno communi Nicæni nomine Sardicenſis Synodus veniret.

\*\*\*\*\**\*\* Sed quid operæ pretium eſt, in re, quæ ex primatu jurisdictionis divinitus inſtituto natura conſequitur, innumera exempla hiſtoriæ Eccleſiaſticæ exſcribere, puta S. *Athanaſii* Alexandrini Patriarchæ poſt tot Arianorum Epiſcoporum damnationes a *S. Julii I.* Romæ abſoluti, *S. Chyſoſtomi* Conſtantinopolis Epiſcopi, a Theophilo Alexandrino in Concilio ad quercum damnati, & abſoluti ab *Innocentio I.*. *S. Flaviani* Antiocheui damnati a Dioſcoro Alexandrino in Epheſina latrocinali Synodo, & abſoluti a S. *Celeſtino I.* Papa; quas aliasve appellationes in Epiſt. ad Epiſcopos Dardaniæ recenſens *Gelaſius I.* Papa, ait: *Apoſtolica ſedes frequenter more majorum etiam fine Synodo ulla præcedente exſolvendi, quos Synodus iniqua damnaverat, & damnandi, nulla exiſtente Synodo, quos oportuit,* habet

*De propriis prærogativis Primat. Ecclef. &c.* 337

*habet facultatem.*' Has omnes leviffimis objectiunculis impugnare, non fincere veritatem amantis doctoris Catholici eft, fed cum vitiis perfonalibus ipfum munus, etfi divinitus inftitutum, perfequentis. Nec vero quoad fubftantiam, ut fupra jam monui, Gallicana Ecclefia a ceteris in jure hoc appellationum diffentit; cujus teftis eft *Archiepifcopus Senonenfis*, qui in Inftructione Paftorali an. 1753. primum edita fic habet: *quod ex hac auctoritate, quam Chrifti inftitutione in nos* (Epifcopos) *Pontifex habet, legitime fequitur, jus eft judicandi fontes Epifcopos. Quodfi illos a Provinciæ Epifcopis in prima cognitionis cauffa judicari mores noftri poftulant; jus tamen fufcipiendarum appellationum eft ipfi absque controverfia fervatum.* Illud tamen verum eft, Clericorum inferiorum cauffas a Gallis prohiberi, ne ad Papæ judicium appellatione adducantur; quod quidem, fi non abfoluta interdictio fit; fed folum, quia non expedit ea poteftate uti, cum abfoluto jure divino non pugnat.

## ARTICULUS III.

### DE ALTERA PRÆROGATIVA PRIMATUS ECCLESIÆ SUPRA EPISCOPATUM QUOD NEMPE EJUS JURISDICTIO SIT SUPREMA ET UNIVERSALIS IN ECCLESIA CHRISTI.

**265.**

*Poterat Chriftus in inftituta a fe legali Societate Ecclefiaftica fic inftituere regimen imperii, ut unus aliquis Primas quidem fuperiore jurisdictione polleret in fingulos Epifcopos, aut quemvis particularem eorum numerum; ex adverfo autem etiam ipfe fubeffet univerfo eorum cœtui, feu per orbem difperfo, feu in communi Synodo congregato, ita, ut fupremum imperii regimen non Primati, fed univerfo Epifcoporum cœtui competeret.* Poteft enim fic imperii regimen ordinari mutuo pacto hominum in Societate voluntaria,

STATTLER. DEMONSTR. CATHOL. Y

taria & quadem republica, & id genus regimen videmus in Anglia in ufu effe, ubi Parlamenta in unum juncta Regi etiam leges præfcribunt. Ergo fine dubio idem a fortiori poterat ftatuere in Societate legali Ecclefiæ Chriftus Dominus.

266.

I. *Si Chriftus Dominus Primatem cœtui Epifcoporum vera & propria fubjectione fubditum, & fupremum Ecclefiæ fuæ imperium eidem cœtui competere voluiffet, in lege fundamentali clare id exprimere debuiffet pro ſapientia divina fuæ legislationis* ( 85. 115. )-

II. *Cum ergo Matth. XVI. claves dedit Petro, & illum fundamentum perpetuum fuæ Ecclefiæ conftituit; clare fimul monere debuiffet, ut eas non excerceret nifi cum fubjectione ad univerfum Apoftolorum cœtum, & in ifto femper fupremum imperium revereretur; item ut in rebus ad fidem & communem falutem Chriftianorum univerfe pertinentibus ita ipfe fundamenti vicem ageret, ut ipfe, ne totum ædificium erroneo judicio concuteret, in univerfo Apoftolorum cœtu fe fundaret.*

III. *Pariter, cum Joan. XXI. Chriftus Petro univerfas pafcendas oves tradidit, ficque eum Primatem cum fuperiore jurisdictione in ipfos Apoftolos conftituit, rurfus monere eum debuit, ut ne aliter gregem quam cum fubordinatione ad imperium totius cœtus Apoftolici pafceret.*

IV. *Denique ficut in citatis locis Matth. & Joan. Petro fingillatim fuperiorem jurisdictionem in fingulos Apoftolos clare Chriftus conceffit; ita æque clare toti cœtui Apoftolico fummum imperium, etiam ad perfonam Petri ut Primatis & in exercitio Primatus fuperiore poteftate fe extendens, conceptis quibusdam verbis deferre alicubi debuiffet.*

V. *Præ-*

*De propriis prærogativis Primat. Ecclef. &c.* 339

V. *Præterea si universo Apostolorum cœtui supremum Ecclesiæ suæ imperium detulit Christus; idem præcise definire debuit modum, quo istud ab universis in concluso quovis faciendo exerceretur; an scilicet per vota majora, an per duas tertias, an non nisi per unanimia: vel certe modus iste ab ipsis Apostolis, aut eorum successoribus, seu semel pro semper, seu in singulis Conciliis, antequam de alio quovis capite decerneretur debuisset irrefragabili decreto fuisse stabilitus.*

VI. *Rursus, cum toties primi primorum seculorum Ecclesiæ Patres & Doctores affirmant, S. Petrum, aut ejus in Principatu Ecclesiæ successorem quemcunque, esse centrum & principium unitatis fidei & totius pacifici ac consentientis Episcopatus; ac super unum Ecclesiam fuisse ædificatam* (247. not. 3.): *vicissim id dogma tradere pari diligentia posteris suis Christianis debuissent, quod scilicet ultimum & supremum principium hujus unitatis sit consentiens universi cœtus Episcoporum sententia & judicium; quo standum ipsi Primati esset, ut ipse centrum esse posset ejusdem unitatis immediatum, nec scissione ab universo aliquo Episcoporum cœtu unitatem Ecclesiæ divideret.* Profecto enim Concilii universi Episcoporum unitas a Petro ceu principio non pendet; si isto superius est.

VII. *Quoniam itaque nihil de id genus clara fundamentali lege, ceu primaria, a Christo uspiam statutum legimus idcirco jurisdictio superior S. Petri ut Primatis, a Christo certo & clare jure divino instituta, simul ita saltem pro suprema habenda est, ut eâ superior alia nulla statuatur; & cui Episcopi æque omnes in Concilio quocunque congregati, atque singuli seorsim per orbem dispersi subsint: quin ulla auctoritate humana mutari quidquam in ea lege fundamentali divina circa regimen Ecclesiæ possit.* Summa enim temeritas est velle quidpiam mutare in lege fundamentali, supremi Principis imperio constituta.

VIII. *Un-*

## Sectio II. Caput X.

VIII. *Unde jurisdictio Primatis in utroque illo sensu universalis est, videlicet quod & in singulos Episcopos per orbem Catholicum dispersos, nullo excepto, & in universos etiam in unum congregatos, sese ex aequo extendat.*

\* Argumenta, quae huic praerogativae Primatus opponuntur, ad duo capita revocantur; nempe ad quorumdam Scripturae locorum quaesitas interpretationes, & ad facta non nullorum Conciliorum generalium. Itaque OPPONITUR 1°.) varia interpretatio locorum Matthaei XVI. & Joan. XXI.; qua alii ex primis Catholicae Ecclesiae Patribus nomine petrae (super hanc petram aedificabo) nunc Christum, uti S. Augustinus L. I. Retract. c. 21., nunc fidem vel confessionem S. Petri, uti Hilarius L. VI. de Trinit., S. Ambrosius L. VI. c. 9. in Lucam, S. Chrysostomus homil. LV. in Matth., intelligunt: item qua rursus alii cum S. Augustino, pluribus in locis id repetente, affirmant, in illo Matthaei loco S. Petrum fuisse figuram totius Ecclesiae; quoad ista tunc per Apostolorum, ceu rectorum suorum, coetum repraesentabatur; nec Petrum nisi istorum omnium personam & vices agentem claves a Domino recepisse. His repono PRIMO: omnes id genus interpretationes, teneri simplici verborum adversas, saltem si ita afferantur, ut simplex ac literalis sensus omnino, ceu non intentus a Christo, negetur, temeritate non carituras; quippe quibus verba Christi, legem fundamentalem simplici tenore planissime exprimentia, contra istum tenorem in sensus prorsus absonos & arbitratu confictos detorqueantur. SECUNDO his interpretationibus privative, ut ajunt, semel receptis, non solum Primatus verae jurisdictionis, imo vel honoris tantum, jure divino institutus, plane evertitur (ut adeo non intelligam, qua doctrinae consequentia interpretationes

istae

## De propriis prærogativis Primat. Ecclef. &c.

iſtæ adoptari a Catholicis doctoribus poſſint) verum etiam pari jure Proteſtantes fingere poſſunt, S. Petrum non ſolum cœtum Apoſtolorum, ſed omnium Chriſtianorum, repræſentaſſe, nec proiu claves, ſeu ſupremum imperium, ſolis Apoſtolis, ſed univerſo fidelium cœtui, a Chriſto ſub regimine Democratico commiſſas fuiſſe. Quodſi enim ſemel S. Petrus non niſi figuram perſonæ moralis alienæ, id eſt, cœtus cujuscunque, geſſit; quidquid honoris vel poteſtatis illi ſub tali figura delatum a Chriſto fuit, non ipſi, ſed perſonæ morali ac cœtui delatum eſt; cujus ipſe præciſe figuram geſſerat. Profecto ſi in lege fundamentali id genus interpretatio habere locum poteſt; evidens mihi eſt, deſperandum Catholico eſſe de Proteſtantium refutatione (2co. not. not. 152. not. ). TERTIO prædicti Patres nunquam negarunt, ſed aliis locis abſolute ipſimet omnes ſine diſſenſu aſſeruere etiam ſenſum obvium & literalem, qui ſoli Petro totum id a Chriſto dictum & conceſſum enuntiat, quidquid illis locis dictum & conceſſum, utique in Eccleſiæ univerſæ perpetuam utilitatem, eſt; quod ex illorum textibus ſupra allegatis (151. 155.) abunde patet. QUARTO plures ex præcipuis planiſſime pronuntiant, ſoli Petro Matth. XVI. Chriſtum fuiſſe in perſona locutum. Ita S. Cyprianus §. 151. citatus L. de unit.: ita S. Hieronymus L. I. in Jovin. ait: *ſuper Petrum fundatur Eccleſia, licet id ipſum in alio loco* ( nota bene: non ergo Matth. XVI., ſed Joan. XX. ) *ſuper omnes Apoſtolos fiat, & cuncti accipiant:* ſimiliter S. Chryſoſtomus comment. in Joan. XXI. 15. ſcribit: *aliis omiſſis ſolum Petrum affatur, fratrum curam committit;* - - *orbis terrarum curam commendat.* Theophilactus in Matth. XVI. 19. *licet ad Petrum tantum dictum ſit illud: tibi dabo claves &c.: tamen omnibus Apoſtolis olim datum eſt,*

*quando*

*quando dicit: quorum remiferitis &c.*: id eft, fubftantia & qualitas poteftatis eadem, fed cum fubordinatione tamen. *Optatus Milevitanus*, vel certe auctor antiquiffimus Libri VII. de Unitatis bono, fic habet: *b Petrus & præferri omnibus Apoftolis meruit, & claves regni cœlorum, communicandas ceteris, folus accepit. Stant tot innocentes; & peccator accipit claves, ut unitatis negotium formaretur.* Denique S. *Pacianus* Barcinonenfis Epifcopus, item feculi quarti Scriptor Epift. 3. ait: *ad Petrum locutus eft Dominus; ad unum ideo, ut unitatem fundaret in uno; mox id ipfum in commune præcipiens, qualiter tamen ad Petrum incipit: & ego dico tibi; quia tu es Petrus &c.* Ceterum alii quidem dicunt, id, quod Petro Matth. XVI. & Joan. XXI. 15. a Chrifto dictum eft, omnibus Apoftolis dictum fuiffe, fed non ibidem, fed aliis in locis ac temporibus, puta Matth. XVIII. *quæcunque alligaveritis &c.*, & Joan. XX. 21. *quorum remiferitis &c.*; id eft, eandem qualitatem poteftatis omnibus datam, fed non quantitatem & extenfionem, item non fine fubordinatione ad poteftatem Petri. Vide §. 151. textum S. Cypriani ex L. de Unit. *Quinto.* S. Petrus dicitur ab Auguftino repræfentaffe Eccleflam, fed non eo fenfu, quod ceu iftius figura & minifter folum alieno totius Ecclefiæ nomine receperit fupremi imperii claves (qui conceptus omnem Primatum, etiam honoris, jore divino conftitutum, everteret) fed quod in Ecclefiæ bonum & pro omnibus fucceffuribus fuis in perpetuum receperit, non pro fua unius perfona: quo fenfu nempe Tertullianus dixit in Scorpiaco cap. 10. *claves cœli Dominum Petro, & per eum Ecclefiæ reliquiffe.* Idem denique Auguftinus non nifi ex leviffimo fundamento in L. I. Retract. dubitavit de eo, quod fæpius in aliis libris fe afferuiffe ipfe ibidem fatetur, videlicet, an Petrus

Petrus *petræ* nomine fit intelligendus; nempe quod πετρα feminino genere, non πετρος, ibi græco in textu poneretur: quasi non esset in græco eadem vis & usus utriusque vocis. Sed nec nisi dubitanter id asserens, ait, *videat lector, quæ sententia sit probabilior*. Enimvero ex his omnibus rectissime concludi existimo, temeritatem in lege fundamentali divinitus constituto male interpretanda per rationes tam frivolas minime excusari; vel certe Protestantes quoque his ipsis excusatum iri; si judicem supremum falli nescium a Christo eisdem tam controversis in locis institutum in Ecclesia fuisse omnino inficientur.

* * OPPONUNT 2'.) locum Matth. XVIII.; ubi Christus proponens præceptum correctionis fraternæ de universis fratribus peccantibus dicit: *si te non audierit: dic Ecclesiæ: quodsi Ecclesiam non audierit; sit tibi sicut Ethnicus & Publicanus*: subdit vero pro ratione istius ultimi dicti potestatem, quam Ecclesiæ, id est, cœtui Apostolico, daturus sit: *amen dico vobis: quæcunque alligaveritis &c.* Atqui, subjiciunt, etiam Petrus, etiam Primas *frater* est, qui peccare potest: ergo etiam ex Christi lege ad Ecclesiam, id est, rectores Ecclesiæ congregatos, deferri, & pro potestate ligandi istis data puniri potest; proindeque Conciliis Episcoporum œcumenicis a Christo subjectus fuit. *Respondeo*. Putasne, obscuram id genus argutationem excusandæ temerariæ interpretationi legis fundamentalis sufficere posse? Sine dubio vox *Ecclesiæ* cit. loc. (*dic Ecclesiæ*) nequaquam Concilium generale Episcoporum designat, sed rectorem Ecclesiæ; cui frater quiscunque immediate subest. Nuspiam enim ego in Scripturis divinis novæ legis præceptum invenio congregandi totum cœtum Apostolicum pro

quæſtione vel cauſſa quacunque deſinienda; nec Act. XV. vocati ſunt omnes Apoſtoli edito edicto; ſed cum S. Petro convenire, qui aderant, & commode convocari poterant. Dixerat enim Chriſtus Luc. XXII. *ſi duo vel tres in nomine meo fuerint congregati; ſunt in medio eorum.* Unde Epiſcopum peccantem non ad generale Concilium deferre eſt opus, ſed ſufficit deferre ad Metropolitam humano jure illi præpoſitum, vel ad Concilium Epiſcoporum comprovincialium. Quodſi ergo ſit unus unicus aliquis frater, qui nullum habeat ſuperiorem in Eccleſia; num generatim dicere jam Chriſtus non potuit: *ſi peccaverit frater tuus; dic Eccleſiæ?* An exprimere debuit exceptionem: *niſi ſit ſupremus meæ Eccleſiæ rector?* An non ultro hæc ſubintelligitur? Imo an is ſupremus rector qua talis proprie *frater* ullius dici poteſt? quem enim fratrem hoc in munere habet; etſi ut Epiſcopus fratres Epiſcopos habeat? Aut num recte laicus vel Sacerdos Epiſcopum fratrem dicet, etſi iſte ut homo frater etiam laici appellari queat. Quidſi denique etiam Epiſcopi, collecti in generali Concilio ſine Primate, errent; uti erraturi in Ariminenſi, in Epheſino Latrocinali: an etiam Concilio ſuperius tribunal afferendum porro erit, ad quod fratres illi peccantes deferantur? Enimvero ſinceritati meæ in lege fundamentali a Chriſto conſtituta inquirenda iſthæ excuſationes frivolæ videntur. Magis vero etiam frivolum illud, quod in Miſſali antiquo Romanæ Eccleſiæ in Miſſa feriæ tertiæ poſt Dominicam tertiam Quadrageſimæ Evangelium de fraterna correctione hoc modo legendum inveniatur: *In illo tempore reſpiciens Jeſus in diſcipulos ſuos dixit Simoni Petro: ſi peccaverit in te frater tuus: - - - ſi te non audierit; dic Eccleſiæ.* Ex quo inferunt, etiam Petro ſupereſſe altius tribunal Eccleſiæ, ad quod ſuæ poteſtati in

obedien-

*De propriis prærogativis Primat. Eccles. &c.* 345

obedientes deferri possint. Ubi & Romanis Pontificibus doli vitium imponunt, quod ejus loci correctio postmodum facta sit una cum aliis locis jussu Clementis VIII. & Pauli V. in hunc modum: *dixit Jesus discipulis suis: si pecaverit in te frater tuus &c. &c.* Quid dici inanius in re tanti momenti posset? Quasi vero textus hebraicus & græcus, consensusque latinorum exemplarium, de Matthæi loco illo non superesset; qui inanem Missalis antiqui auctoritatem plane refelleret, sufficeretque ad talem istius errorem corrigendum? Interim nec, quod Petro, nec quod Apostolis singillatim, hoc præcise præceptum Christus dederit, Evangelista ante hæc verba, *si frater tuus peccaverit*, immediate asserit; sed solum initio totius capitis versu primo memorat, in illa hora *accessisse discipulos ad Jesum, dicentes: quis putas, major est in regno cœlorum.* Ubi sermonem Christus continuum tenens, denique v. 15. simpliciter pergit: *si autem peccaverit in te frater tuus &c.*

*⁎⁎⁎ Opponunt 3'.*) *facta contraria Conciliorum Oecumenicorum.* Nam a) Episcopi in Conciliis Oecumenicis semper sibi *jus voti decisivi,* non mere *consultativi,* etiam præsentibus Pontificum legatis, vendicarunt: ergo pares se in ejusmodi cœtibus congregati ipsi Romano Pontifici, nec nisi cumulativos cum illo judices ita existimarunt, ut totum Concilium Pontifice superius esse auctoritate crederent. *Addunt* exemplum *primi Concilii Jerosolymitani*; in quo Petrus quidem primus locutus est; sed Jacobus & ceteri, quin se Petri oraculo jam obstringi censerent, æquali cum auctoritate decisivam sententiam dixere. b) Concilia Oecumenica non se obligari crediderunt ad epistolas & edicta dogmatica Pontificum Romanorum simplici obedientia recipienda;

da; fed eadem fubjecere novo examini, novamqne de his judiciariam fententiam tulere; uti de Epiftola S. Leonis Magni in Concilio Chalcedonenfi, de Conftituto Vigilii Papæ in Conftantinopolitano inter Oecumenica ordine quinto &c. c) Concilium Oecumenicum fextum omnino damnavit Honorii Papæ epiftolas dogmaticas ad Sergium de hærefi. d) Concilium Conftantienfe Seff. IV. & V. folenniter declaravit, Papam fubjici Concilio circa fidem & reformationem in moribus; quin etiam depofuit Joannem XXIII. pro certo Papa agnitum a toto Concilio. e) Idem totum confirmavit Concilium Bafileenfe, idem Oecumenicum. *Refpondeo* ad a.) Cur ergo, antequam ii, quorum intererat, ultro cederent; nec nifi connivente demum Pontifice Romano, nec nifi multo poft tempore, obtinuit Epifcopus Conftantinopolitanus Sedis fuæ prærogativam; quam generale Concilium Chalcedonenfe eidem Canone XXVIII. addixerat; quin S. Leo M. obligari fe fententia generalis Concilii, fe invito lata, exiftimarit? Interim *quod res difciplinæ attinet;* quis negat, Epifcopos, veros judices, quin potius legislatores effe, videlicet pro fua quemque diœcefi, vel Metropoli, cui immediate præfunt; quamdiu Papa, ceu in fuperiore tribunali judicans, communis boni urgente neceffitate non contradicit? Vide dicenda inferius §. 279. Idem valet *de cauffis Epifcoporum;* cum utique magiftratus inferior judiciaria poteftate aliquem damnare, vel abfolvere poffit, ita tamen, ut fi Rex judicium refcindat, nemo idcirco neget, magiftratum folius confiliarii, non judicis officio fuiffe functum. Imo cum in rebus difciplinæ & œconomiæ Ecclefiafticæ errori univerfe, feu contra prudentiam, feu etiam contra juftitiam, obnoxium per fe etiam Primatis judicium fit; adhuc non quidem jurisdictione aliqua in Primatem uti, attamen

*De propriis prærogativis Primat. Ecclef. &c.* 347

men admonere, quin & cum reverentia more S. Pauli corripere Cepham, cauſſa probe examinata, ac deprehenſo certo errore, poterunt, reviſionemque, aut correctionem ſententiæ petere; quin &, ceu immediati judices ſuæ diœceſis fidelium, his declarare, haud obligari ipſos injuſtæ ſententiæ obedire, noxiam illam eſſe ſuæ diæceſi &c. *Quod autem ad res fidei attinet*, videndum primo, an Primatis vera ac publica definitio aliqua ac judiciaria ſententia præceſſerit; nec ne. *Si nulla Primatis definitio præceſſit:* judicium liberum cuique Epiſcopo, uti extra, ſic intra Concilium competit, ceu paſtori immediato ſui gregis. Sed eo ſolo nullus alius Epiſcopus, minus autem Primas, ſtare tenebitur; utcunque multi Epiſcopi contra paucos ex adverſo ſtent; ut in Ariminenſi, & in Conſtantinopolitano V. ab Imperatore Copronymo celebrato, contigit. Quis enim Epiſcopos numero majores ceteris in cauſſa fidei præfecit? Certe non Chriſtus uſpiam in Evangeliis. Quidſi autem omnes Epiſcopi in fidei judicio conſentiant; an eorum judicio ſtare Papa non tenebitur? Ajo, fieri non poſſe, ut diſſentiat; quia ſecus ædificium Eccleſiæ aut totum rueret ſtante fundamento, aut totum ſtaret non fundamento inædificatum; quod utrumque promiſſis Chriſti contrarium eſt; qui Petro promiſit, ipſum ſemper fore immobile fundamentum; & Eccleſiæ, ipſam ſemper hoc fundamento innixam integre conſtituram. Idcirco tamen Primas Concilio non ſubjicitur, ſed S. Spiritus interno regimini, Eccleſiam fundamento everſo ſcindi in partes non permittentis: ſicuti, quin Concilium poſterius priori Oecumenico ſubjiciatur, tamen iſtud nihil ab illo diverſum in fidei rebus ſtatuere poteſt. *Quodſi autem Primatis definitio aliqua jam præceſſit;* enimvero tum obedientiam Epiſcopi in Concilio congregati æque, ac per orbem diſperſi, Primatis definitivo judicio debebunt.

hebunt. An vero hoc judicio definitivo Epifcoporum obftat? Minime vero. Eft enim inter *votum mere confultivum*, ac *decifivum*, illud princeps & effentiale difcrimen; quod nempe primum ab eo fertur, qui nulla obligandi alios ad fibi affentiendum, vel obtemperandum, jurisdictione pollet; qualia funt Doctorum, vel Academiarum: alterum vero editor ab eo, qui obligare ad fibi affentiendum & obfequendum alios propria poteftate poteft. Jam vero, etfi teneantur Epifcopi Pontificis definitionibus obfequi; ita tamen illis fubfcribunt, ut fuo viciffim judicio immediatos fubditos fuos ad obfequendum fuo *judicio adhæfionis* obftringant, quo Pontificis judicio ipfi *adhærent*: id quod perinde fit, atque in Epifcopis, qui Oecumenici Concilii, cui ipfi intereffe non poterant, definitiones vero tamen ipfi judicio fufcipiunt, eisque adhærendo fubditos fuos ad fimiliter adhærendum obligant; quin meri *confiliarii* vices agere cenfeantur. Falleris autem, fi judicis poteftatem confiftere non poffe exiftimes; nifi ipfe immunis ab obligatione affentiendi alterius judicio exiftat. Quidfi enim Concilium pofterius iterum damnet hærefis jam priori ab Concilio Oecumenico damnatas; an judicis officium non exercebit; etfi ftare illius judicio teneatur? Atque ex his facile intelliges, qualia in primo Concilio Jerofolymitano reliquorum Apoftolorum, poft S. Petri definitionem fententias fuas dicentium, vota fuerint; adhæfionis nimirum & confirmationis. Porro ex his *ad b*) item facilis refponfio fluit. *Duplex* nempe *examen* diftingui poteft; unum *auctoritatis* in eum, cujus fententia vel judicium examinatur, cum dubitatione conjunctum, an veritati confentiat; alterum *inftructionis & confirmationis*; quod pofterius Galli Antiftites (Memoires du Clergé T. I. pag. 461.) *judicium fimplicis adhæfionis & prudentiæ* appellant. Utrumque cognitionem cauffæ fupponit. *Primum* tamen pro auctoritate quis & cum dubio exercet, in certioribus veritatis regulis, ex. gr. S. Scripturæ ac traditioni, confentaneum, vel diffentaneum, ikerius fibi fubjecti judicium fit. Alterum fola Romani Pontificis definitione, ceu certo criterio, contentum eft, ut fententiam ab eo prolatam cum S. Scriptura & traditione divina convenire continuo judicet, fatis effe ducens cum S. Irenæo (L. III. c. 3.) Romanæ Ecclefiæ traditionem cognofcere; in qua femper confervata eft ea, quæ eft ab Apoftolis traditio. Pofterius hoc Epifcopis in Concilio congregatis perinde atque per orbem difperfis ita competit, ut nihil eos vetet Pontificis definitiones cum S. Scripturis & traditione facra conferre; modo ne id faciant vocando definitionis veritatem in dubium, fed ut vel propriis ex documentis firmum cognofcant, quod jam primi Paftoris definitione certum habetur, vel ut aliis, qui ad agnofcendam folius Primatis auctoritatem fatis proni non funt, iisdem propriis ex fentibus eandem veritatem valeant demonftrare; perinde videlicet, atque idem circa Conciliorum generalium definitiones convenit Epifcopis, qui intereffe iftis non potuere, & nihilominus vero judicis officio funguntur; cum tali præmiffo folius adhæfionis examine fuis illas propriis fubditis promulgant.

Ad c) refpondeo: 1.) *Honorius* Pontifex in fuis Epiftolis duabus aliud non definivit, nifi mere proviforio modo (non dogmatice.): *fufficere, fi prædicetur Chriftus Deus veriffimus, in duabus naturis operatus divinitus atque humanitus* (Ep. I.): *propter fimplicitatem* autem *hominum*, (ne fcilicet aut duas perfonas ex duabus operationibus fecundum Neftorium, aut unam naturam ex una operatione afferta cum Eutychete, inferant) *non unam, vel duas operationes definiri debere* (Ep. II.). Quidquid præterea addidit in

illis

illis Epistolis, rationes sunt, quas affert pro rectitudine definitionis provisoriae, non dogmaticae; nec proinde, etsi in illis erraslet, id pro errore in solenni dogmatica definitione haberi pollet. Unde & privatae erant epistolae ad quam Ecclesiam missae, & erudientes istam, qua œconomia ejus Patriarchae utendum esset in sopienda inutili controversia, quam palam definire solenni oraculo consultum Papa non duceret. Ex quo factum ut nisi post 36. annos circiter ex Constantinopolitanae Ecclesiae Archivio in lucem proferrentur. Quamquam nec errabat Honorius in provisionis suae rationibus illis, quas attulit. Unum enim illud ei objicitur; quod dixerit in Ep. I. *unam se fateri voluntatem D. N. J. Christi.* At non dixit unam esse divinitatis & humanitatis, sed solius humanitatis; contrarias solum in humanitate Christi excludens voluntates, quales in vitiata nostra natura saepe nobis invitis existunt. Patet istud tum ex contextu epistolae praedictae; cum praedictae sententiae subdit hanc rationem: *quia profecto a divinitate assumta est natura nostra, & non culpa;* & iterum: *non est assumpta a Salvatore vitiata natura, quae repugnat legi mentis*: tum ex testimonio *Joannis IV. Papae,* qui Honorio post Severini brevem Pontificatum succedit, in epist. ad Constantinum Heraclii filium sic scribentis: *praedictus praedecessor meus docens de mysterio Incarnationis dicebat, non fuisse in eo, sicut in nobis peccatoribus, mentis & carnis contrarias voluntates; quod quidam ad sensum proprium convertentes, unam eandemque voluntatem divinitatis dicere voluerunt; quod omnimode veritati est contrarium:* tum denique proprio ex testimonio *Joannis Simponi* Abbatis Romani, qui teste S. Maximo Martyre coaevo in disputatione cum Cyro & Pyrrho, Monothelitarum praecipuis, totum Occidentem tum virtutibus, tum dogmaticis veritatibus illustravit, atque simul ipse Honorio ab epistolis fuit,

fuit, easque epistolas ad Sergium Honorii nomine scripserat; quippe in expositione Epistolæ Honorii ad Constantinum Heraclii filium & ipse de se & Honorio scripsit: *unam voluntatem diximus in Domino, non divinitatis ejus & humanitatis, sed humanitatis unius. . . . Non habuisse eum duas contrarias voluntates carnis & spiritus, sicut nos habemus.* Itaque erravit certe Concilium illud Episcoporum, conniventibus quidem ipsis legatis Pontificiis; cum Honorium perinde ac Sergium, Cyrum, aliosque veros Monothelitas earum epistolarum intuitu ut *hæreticum* aperte damnavit; *Cyro, Sergio, Honorio hæretico anathema;* male etiam intelligens, epistolas Honorii, contra protestationem *Joannis* IV. Papæ illas recte interpretantis; sed hac in parte nunquam libi consentientes habuere seu Romanum ullum Pontificem, seu ceteros Occidentis Episcopos, qui Concilio illi non interfuere. Legati enim Pontificii in eo Concilio mandatum ab Agathone Papa ad hoc adeo non acceperant, ut potius expressis verbis prohiberentur in minimo quid addere præter id, quod in literis legationis injunctum esset; in quibus ipsis literis S. *Agatho* aperte affirmat, nullum ex suis prædecessoribus errasse in fide, aut neglexisse hæresum inventores commonere, ut ab errore *saltem tacendo* desisterent. Verum quidem est, *Leonem* II. Papam, qui S. Agathoni, ante recepta Concilii acta defuncto, in Sede Romana successerat, in epist. ad Imperatorem scripta confirmasse acta Concilii ejusdem ( quamquam nec ista epistola extra omnem suppositionis suscipionem est ) & Honorium quoque damnasse; sed non ut hæreticum damnavit, sed solummodo ob imprudentiam & negligentiam provisoriæ illius definitionis; de qua supra dixi. Sic enim Leo II. in cit. ep. ait: *nec non & Honorium* ( anathematizamus ) *qui hanc Apostolicam* tam *Ecclesiam non Apostolicæ doctrinæ luce illustravit, sed immaculatam fidem profana traditione maculari permisit.* Et iterum in Epist. ad Episcopos Hispaniæ post Sergium, Pyrrhum &c. hæresis damnatos, idem Leo II. subdit: *cum Honorio, qui flammam hæretici dogmatis incipientem, prout decuit, Apostolica auctoritate non extinxit, sed negligendo confovit.* Quid porro ex his omnibus concludemus? Illud *primum:* ex erroneo facto Concilii, sive Papa decernentis de hæresi in epistolis Honorii contenta, nihil concludi posse, idque potius exemplum esse, quid possint Concilia a Christi Vicario separata. *Deinde:* ex damnatione successoris Papæ, nempe Leonis II., quidem recte concludi, Papam in facto ad prudentiam œconomicam haud dubie errare posse. Sed nullo pacto ex his extundes, superiorem esse Concilii supra ipsum Papam auctoritatem. Profecto enim Honorius tum Papa amplius haud erat; cum a prædicto *orientalium* (ut Hadrianus II. in Ep.st. ex Concilio Romano ad Græcos data appellat) *Concilio* damnaretur. *Quodsi inferas*, falli posse Papam in quæstione fidei; patet *responsio* sub distinctione: in rescripto privato & provisione œconomica decernens, an quæstio definienda sit, nec ne; quam edit nullo numero Episcoporum in consilium adhibito, nec sibi adstipulante; *concedo:* in definitione solemni & dogmatica quæstionis ipsius fidei, quam quocunque Episcoporum numero sibi adhærente edit; *nego.*

*Ad d)* Ut ad Facta Concilii Constantiensis et Basileensis respondeam, opus plane est, succinctam, ut potest esse, *historicam schismatis illorum temporum & Conciliorum, ex ejus occasione celebratorum*, ex probatissimis documentis

## De propriis prærogativis Primat. Eccles. &c. 353

mentis præmittere. 1.) Poſt obitum Benedicti XI., qui Bonifacio VIII. ſucceſſerat, cum Sedes Apoſtolica menſibus undecim vacaſſet, Cardinalibus in duas partes diviſis, tandem in Papam electus eſt an. 1305. Clemens V. antea Archiepiſcopus Burdigalenſis in Gallia, Is Sedem Apoſtolicam in Gallias transtulit ; ubi annos amplius 70. manſit ; donec Gregorius XI. , licet natione & ipſe Gallus, relictis Galliis, Romam rediens ibidem ſedem denuo fixerit. Mortuo Gregorio an. 1378. Cardinales numero ſedecim (ex quibus Galli 11, Itali 4, & Hiſpanus unus) conclave ingrediuntur ; quos populus Romanus obſidens, non tantum Italum, ſed expreſſe Romanum eligi in Papam petit, minis etiam intentatis, niſi Cardinalem S. Petri , qui unus Romanus ex Cardinalibus conclavi incluſis erat, elegiſſent. At Cardinales non Romanum, ſed Neopolitanum elegere , Archiepiſcopum nempe Barenſem, qui Urbani VI. nomen aſſumſit, in quem etiam jam ante illum populi Romani tumultum convenerant ; ut patet ex conteſſione tum ipſius Cardinalis Gebennenſis, qui poſtea ſub Clementis VII. nomine ſchiſma inchoavit, ab eo Marino Epiſcopo Caſſanenſi facta , tum Cardinalis S. Petri morientis. Ab ea electione nihil etiam dimoveri ſe paſſi ſunt Cardinales novis minis populi , eam reſpuentis & Romanum petentis, imo nec illata vi ; etiam cum quidam illorum a populo capti fuerant. Ceſſante etiam jam deinceps omni metu tres fere menſes cum Urbano VI. Romæ manſere, impoſuere illum throno , ſacris operanti & de graviſſimis negotiis cum ipſis conſultanti adſtitere ; & quod iſta omnia ſuperat, datis tum privatis, tum publicis literis nomine totius Collegii ad Principes , Urbanum verum & rite a ſe electum eſſe Pontificem profeſſi ſunt. Imo ſex Cardinales et-

STATTLER, DEMONSTR. CATHOL. Z

iam abfentes poftea Urbanum ut Pontificem literis funt venerati. Poft tres vero menfes demum, cum illius intempeftivam feveritatem ferre non poffent Cardinales, Fundos Roma digreffi violentiae in electione fibi illatae obtentu, nullam Urbani VI. electionem atque irritam cauffati, communi fuffragiorum confenfu, uno tantum excepto, elegerunt Robertum Cardinalem, Gebennenfis Comitis fratrem; qui Clemens VII. appellari voluit, moxque cum Cardinalium Collegio feceffit in Galliam, & Avenione denuo Pontificatus fedem collocavit. Interim jam in conventu quodam priore Epifcoporum Parifiis habito decretum fuerat (ob has ipfas rationes videlicet hic modo memoratas) teftimoniis Cardinalium, qui Urbanum rejiciebant, ftandum non effe: a qua fententia tamen poftea in alio minus frequenti conventu receffum eft, Galliae, Caftellae, & Siciliae Regibus Clementi VII., cetero univerfo orbe Chriftiano Urbano VI. adhaerente. Mortuo Urbano VI. deinceps a fuae partis Cardinalibus fuffecti contino funt Bonifacius IX., huic *Innocentius* VII., & ifti *Gregorius* XII., antea dictus *Angelus Corarius*, Patritius Venetus; qui electus eft praeftito juramento, abdicaturum fe Pontificatum: fi id aemulus in Papatu fuus prius feciffet, atque id neceffum foret ad fchifma abolendum. Pariter Clementi VII. an. 1394. Avenione defuncto fuffectus Petrus de Luna, affumto nomine Benedicti XIII.; qui & ipfe jurejurando ad ceffionem Pontificatus fe obligaverat.

2.) Utroque autem identidem obtentibus ex diverfis tergiverfante, & Petro de Luna etiam dolos aemulo Saonenfi in conventu jam condicto ftruente, denique morarum

*De propriis prærogativis Primat. Eccles. &c.* 355

sessi utriusque obedientiæ Cardinales numero XXII. an. 1409. Pisis convenere, & indicto pro suo in his rerum adjunctis jure & officio generali Concilio, præsentibus quatuor Patriarchis, duodecim Archiepiscopis, & Episcopis trecentis & octoginta, & ultra centum aliorum Episcoporum procuratoribus; in quo post triplicem citationem *Gregorii* & *Benedicti*, 26. Junii anni ejusdem utroque e Pontificatu dejecto, in utriusque locum electus est *Alexander V.*; cui sequente mox anno die tertia Maji defuncto eodem adhuc mense Bononiæ suffectus est *Joannes XXIII.*

3.) Ast electione novi Pontificis in Pisano Concilio non extinctum, sed auctum schisma est; cum Gregorio & Benedicto eidem parere renuentibus, non jam duo, sed tres Pontifices in Ecclesia viderentur, suis singuli factionibus defensi. In obedientia enim *Gregorii* usque ad cessionem Pontificatus in Sess. XIV. Constantiensis Concilii ab eo factam permansere non ignobiles quædam Italiæ urbes cum tota Romania, Bavaria tota, & Episcopatus Germaniæ celebres, Spirensis & Wormatiensis. *Benedicto* adhærebant quatuor regna integra, Scotiæ nimirum, Navarræ, Castellæ, & Arragoniæ, usque ad ejus depositionem alteram, in Sessione trigesima septima Constantienti factam. Hi omnes pro Oecumenico Concilium Pisanum, & pro legitime suffecto Pontifice *Alexandrum V.*, hujusque successorem *Joannem XXIII.*, non agnoscebant.

4.) Anno 1414. *Concilii Constantiensis*, ex præscripto Concilii Pisani a *Joanne XXIII.* post triennium indicti prima Sessio 16. Novembris præsente Sigismundo Imperatore celebra-

## Sectio II. Caput X.

celebrata est eo ipso fine, ut sch snate demum extincto pax Ecclesiæ restitueretur. Verum Joannes XXIII. ob graviſſima ſimoniæ, tyrannidis, & injuſtitiæ ſcelera, & alia ſcandala omnibus jam inviſus, non niſi primis duabus Seſſionibus præfuit. Cum enim anno 1415. 1. Martii pridie ſecundæ Seſſionis propoſitam ſibi a Patribus abdicationis Papatus formulam probaſſet, appoſito etiam jurejurando, quod ipſam ceſſionem facere vellet, quoties ea ceſſione Eccleſiæ unio juvari poſſet: Patres illum urſere, ut procuratores ſuæ ceſſionis conſtitueret. Quam petitionem cum ſæpius iteraſſent Patres, Joannes XXIII. 20. Martii noctu cum decem ſuæ obedientiæ Cardinalibus Conſtantia aufugit, ſique Schaufuſiam recepit. Sex tamen poſt diebus nempe 26. Martii Præſide Cardinali Petro Alliacenſi *tertia Seſſio* habetur; cui tamen unus præter Alliacenſem Cardinalis Franciſcus Zabarella ac ſeptuaginta tantum Epiſcopi & Abbates interfuere. In ea, Concilium rite convocatum eſſe, nec niſi ſchiſmate extirpato & Eccleſia in Capite & in membris reformata diſſolvi poſſe, nec Epiſcopis a Concilio nondum finito diſcedere licere, contra eos deſinitum eſt, qui ex abſentia Papæ Concilium diſſolutum iri affirmabant.

5.) De habenda *Seſſione quarta* cum deliberatio haberetur, Cardinales & Nationes *Galliarum*, *Angliæ*, & *Germaniæ*, quatuor in ea articulos definiendos propoſuerunt; in quorum primo declarabatur, *eam Concilio ineſſe immediate a Chriſto poteſtatem, cui quilibet, etiamſi Papalis dignitatis exiſteret, obedire teneretur in his, quæ pertinent ad Fidem, ad extirpationem ſchiſmatis, & reformationem Eccleſiæ tam in capite, quam in membris*. In ceteris definiebatur, Joannem Papatui renuntiare, & definitionibus Concilii ſtare teneri

neri; difcefium ejus a Concilio illicitum effe; ni redierit, contra eum ut hæreticum & fchifmaticum procedendum effe. Sed Itali, qui hisce deliberationibus non interfuerant, moniti de illis, Imperatorem Sigifmundum adeunt, atque a primo articulo verba illa, *& reformationem Ecclefiæ tam in capite quam in membris*, delenda, reliquos autem articulos plane fupprimendos effe contendunt. Interim 30. Martii hora feptima ante meridiem (ut referunt Codices antiqui a Schelftratio producti) convenientibus in Palatio Epifcopali Sigifmundo Imperatore, Cardinalibus, & nationibus, fuit plurimum fuper prædictis articulis altercatum, ita, ut Cardinales prædicti & legati Regis Galliæ decernerent non intereffe Seffioni. Cumque iidem cum nationibus conciliari non poffent, fuit inchoata Miffa pro *Seffione quarta* celebranda. Qua finita Sigifmundo novum colloquium cum duobus Cardinalibus, Florentino & S. Marci in prima Ecclefiæ Capella habente, & vocante ad fe deputatos nationum, qui jam in choro parati ftabant pro Seffione celebranda, non modica difceptatio inter omnes illos extitit fuper articulis præfatis; & *tandem divino flamine infpirante* (ut habent Codices citati) in unam fententiam convenere, ut tantum capita infra fcripta in dicta Seffione ftatuerentur. Fuit ergo prædicta Seffio quarta de confenfu Regis Romanorum & omnium Cardinalium, quatuor nationum, & Oratorum Principum celebrata; in qua Cardinalis Zabarella legit capitula (ex relatione dictorum Codicum) fequentia: *Hæc S. Synodus Conftantienfis & generale Concilium faciens pro extirpatione præfentis fchifmatis, & unione ac reformatione Ecclefiæ Dei in capite & in membris fienda, - - - ordinat, diffinit, ftatuit, ut fequitur. Et primo quod ipfa in S. Spiritu legitime congregata generale Concilium faciens ; Ecclefiam*

*Catholicam militantem repræsentans, potestatem a Christo immediate habet, cui quilibet cujuscunque status, vel dignitatis, etiamsi Papalis existat, obedire tenetur in his, quæ pertinent* AD FIDEM, *& extirpationem prædicti schismatis.* Contra vero acta alia Constantiensis Concilii impressa post Hagenoensem primam editionem an 1500, ad Codicem manuscriptum exactam, quem Patres Concilii Basileensis describi curarunt, sic habent: *in his, quæ pertinent ad fidem & extirpationem dicti schismatis, & reformationem Ecclesiæ Dei in capite & in membris.* Caussa discriminis istius manuscriptorum veterum sine dubio ea est, quam ex *Panormitano & Regesio* Constantiensis Concilii in tribus Codicibus descripto refert Schelstrate in *Compendio Chronologico,* quod Tractatui *de sensu & auctoritate decretorum Concilii Constantiensis* præmisit. Refert is nimirum, Zabarellam Cardinalem, cum in Sessione publica prælegens decretum illud primum ad prædicta modo verba pervenisset, nec ea deleta, ut condictum fuerat, a nationibus observasset, continuo decreti lectionem abrupisse, eamque partem *falsam esse,* additamque *præter communem deliberationem,* professum fuisse. Unde etiam ultima illa verba in omnibus fere Codicibus manuscriptis, qui in Romana, Viennensi, Parisina, & Salemitana, bibliothecis reperiuntur, absunt; quorum duos Vaticanos Concilii tempore scriptos sibi Romæ a Schelstratio ostensos *Burnetus* Anglus testatur; imo absunt illa etiam in tribus illis Codicibus MSS., qui acta Constantiensia referunt, ex quibus Basileenses sua decreta compilarunt: quod rursus Schelstratius certissimis testimoniis probat; qui etiam notat, & eidem Burneto demonstrabat, in eodem *decreto quartæ Sessionis* particulam illam *ad fidem* primum esse appositam a Petro Crabbe in sua editione anni 1538. : ex qua in alias

postea

*De propriis prærogativis Primat. Ecclef.&c.* 359

poftea editiones derivata fit. Nam in antiquioribus editionibus, fcilicet Hagenoenfi an. 1500., Mediolanenfi an. 1511, Parifina an. 1524, Colonienfi an. 1530., illam defiderari. Contrarium quidem Maimburgus probare nititur ex diverfis Gerfonis operibus & orationibus in Concilio habitis ; at convincitur a Sahelftratio, probante, quod Gerfon in iis locis non de quartæ, fed quintæ Seffionis decretis loquatur. Denique ea particula *ad fidem* etiam dmittitur in illis editionibus, ex. gr. Hagenoenfi, quæ juxta editionem ipfius Concilii Bafileenfis editæ funt ; licet hujus Patres, ut fulcirent labentem jam auctoritatem fuam, Acta Concilii Conftantienfis corrupta ediderint cum ulteriore illa appendice decreti primi, de qua jam dictum eft. Interim *fides*, quæ hic defignatur, tantum referenda videtur ad eam perfuafionem, quæ tunc vigebat, quod nempe Papa, qui ftare Concilii judicio in cauffa fchifmatis nolit, tanquam hæreticus & in fide errans damnari poffit.

6.) Sexta die menfis Aprilis, id eft, feptima poft quartam Seffionem die *Seffio quinta* celebrata fuit : in qua ex novo nationum conclufo fuperiora quartæ Seffionis decreta cum omnibus fuis appendicibus, quæ in quarta omiffæ fuerant, publice prælecta funt. Interim in formando id genus conclufo haud aliud fecere, nifi quod deputatos mitterent ad Zabarellam Cardinalem Florentinum ; qui cum ifto ipfo Seffionis die ante iftius initium difputabant de integre promulgandis prioris Seffionis decretis. Unde cum viderent Cardinales, in proxima Seffione ea a nationibus decretum iri, quæ nec examinata fatis erant, nec approbare ipfi poterant, ftatuerunt primum Seffione abftinere. Sed poftea eum viderent, id fine publica offenfa ac periculo, ne Concilium diffolveretur, fieri non poffe, adire quidem Seffionem parant

parant; protcſtati tamen in ædibus Palatii Conſtantienſis, ubi infulas ſumebànt, ſe *vitandi quidem ſcandali cauſſa, non vero animo confentiendi his, quæ audiverant in illa ſtatui debere,* Seſſioni aſſuturos. Idem *Oratores Regis Franciæ* (nempe *Rhemenſis Archiepiſcopus, Dux Bavariæ,* & *Nicolaus de Clavilla;* de quarto enim, qui erat *Gerſonius,* id non nullis creditu difficilius videtur) Cardinalibus ſe jungentes profeſſi ſunt. Denique recuſante Cardinale Florentino Decreta publice prælegere, cujus id munus de more erat, electus ad id eſt Andreas Laſcharis Poznanienſis, qui decreta illa cum omnibus partibus ſuis præc. n. relatis prælegit. Ceterum in omnibus deliberationibus ſuper decretis hiſce in Seſſionibus edendis Cardinalium vix ulla ratio eſt habita, ita, ut tam arcto & brevi tempore paullo ante ipſas Seſſiones ipſis oſtenderentur decreta jam concluſa a nationibus, ut non fuerit in ipſorum poteſtate ſuper illis ſufficienter deliberare. Unde & plures Cardinales de hoc ſui contemtu conqueſti ſunt, & denique petiere, ut, cum eſſent in Concilio quatuor nationes, una *Angliæ,* in qua non eſſent viginti capita, de quibus tres ſolum Prælati; Cardinalium autem ſexdecim adeſſent, atque alii etiam plures adhuc venturi ſint; de quibus plures magni & inſignes ſint Doctores, propter Collegii dignitatem habere ipſis vocem & auctoritatem parem cum Collegio nationis Anglicanæ permittatur. At recuſatum hoc eſt, juſſique ad ſuæ nationis collegium quisque ſe referre, quin ulla eis auctoritas relinqueretur. Interim rurſus eandem querelam in Seſſ. XXXVIII. pro Cardinalibus contra Anglicam Nationem inſtauravere legati Galliæ Regis; uti legere eſt in T. VIII. collect. Con. Harduini col. 707. & col. 710.

7.) De

7.) Denique cum *Joannes XXIII.* Friburgi Brisgojæ jam a fuga fua interceptus, in Cuftodia teneretur; 14. Maji in Seff. X. lata in eum depofitionis fententia eft. Quæ cum ad Joannem delata fuiffet; is præfentibus quinque Cardinalibus, non a Concilio, fed a Collegio folo Cardinalium ad ipfum ablegatis, idque magnopere ei fuadentibus, Papatui & omni juri fuo, quod in eum fibi adhuc competeret, fimpliciter & abfolute libereque fe cedere & renuntiare profeffus eft.

8.) Poft hæc 4. Julii in Seff. XIV. Concilium adiere Procuratores *Gregorii XII.*, qui iftius nomine primo Concilium fervatis omnibus Pontificiæ dignitatis formalitatibus de novo indixere, & probavere, mox vero ejusdem nomine Papatui renunciarunt: ex quo Cardinales a Gregorio creati a Synodo recepti funt, & duæ obedientiæ in unum corpus coaluere. Reftat *Benedictus XIII.*: ad quem legati, inter quos ipfe Sigifmundus Rex. Seff. XVI. 11. Julii ablegantur. Fruftra dolos ifte nectit. Præcipui ejus fautores eum deferunt. Synodus contra eum procedit, & Seff. XXXVII. an. 1418. 26. Julii fententia depofitionis in eum velut *perjurum*, *univerfalis Ecclefiæ fcandalizatorem*, *inveterati fchismatis fautorem &c. &c.* fertur.

9.) Poft iftam trium obedientiarum factam unionem *Germanica natio* vehementer inftitit, ut ante Pontificis electionem ageretur de reformatione. At obftiterunt illi tres aliæ nationes, *Gallica* nempe, *Hifpana*, & *Italica*, tenentes, ante omnia tollendum fchifma effe; id vero nifi electo novo Pontifice confici non poffe; quia non nifi huic, non Concilio Acephalo, obedire parata fint plura regna & provinciæ; apud quas fides de hoc Concilio ob varias in eo notas controverfias jam vacillare iucipiat. Cumque necdum confentire vellet *Germanica natio*, nifi *a Concilio expediretur cautio & affecuratio per decretum irritans* electionem, *quod poft electionem Papæ fieret reformatio ante coronationem Papæ & adminiftrationem aliquam.* Sed multis decreti formulis fruftra conceptis, tandem fuit dictum: *quod Papa electus ligari non poteft.* Vide Harduin l. cit. col. 851. Unde & Seff. XL., 30. Oct. decretum editum fuit, quod Pontifex de proximo affumendus cum Concilio hoc, vel deputandis per fingulas nationes, debeat reformare Ecclefiam in capite & in membris; antequam Concilium diffolvatur.

10.) Seffione XLI. 11. Novemb. electio novi Pontificis Martini V. promulgata eft. Poft Seffionem XLII. an. 1418. 22. Febr. habitam *Poloni* urgebant, ut, quemadmodum nationes fingillatim, atque adeo & Cardinales, faciendum ftatuerant, libellus *Joannis a Falkenberg* ceu hæreticus a Martino V. damnaretur. Cum autem Martinus vereretur, ne hujus libri examen diutius, quam par effet, Patres Conftantiæ detineret; contra vero (tefte Gerfone) pro parte Polonorum interjecta effet *appellatio ad futurum Concilium, nifi Martinus Polonis in ea re fatisfaceret*: lata eft 10. Martii in *Confiftorio generali* & publico a Martino V. conftitutio: *quod nulli fas fit a fupremo Judice, videlicet Apoftolica Sede, feu a Romano Pontifice Jefu Chrifti in terris Vicario, appellare, aut illius judicium in cauffis fidei (quæ tanquam majores ad ipfum deferendæ funt) declinare.*

11.) Demum in Seff. XLV. & ultima 22. Aprilis diffolvens Concilium *Martinus V.* declaravit: *quod omnia Conclufa in materia fidei per præfens facrum generale Concilium*

cilium CONCILIARITER *observare velit*, *ipsaque sic* CONCI-
LIARITER *facta*, *& non aliter*, *nec alio modo*, *approbet*,
*& ratificet.* Et vero jam ante Sess. XXII. 15. Octob. an
1416. celebratam *Petrus de Alliaco Tractatum* ediderat *de Ecclesiæ & Cardinalium auctoritate*, in quo P. I. c. 4. *dubia*
proponebat, quæ, dicebat, apud non nullos magnam per-
plexitatem inducere. Ex his *primum* erat: *an quatuor
nationes in hoc S. Concilio sic distinctæ, exclufo Cardinalium
Collegio, faciant Concilium generale; cum sint plura Concilia
particularia, valde inæqualiter & inproportionaliter divifa,
& ad partem deliberantia, quæ deliberatio, exclufa deliberatione dicti Collegii, & non facta in communi Seffione collatione votorum, videatur multis non effe cenfenda deliberatio
Concilii conciliariter facta.* Secundum dubium erat: *an dictæ nationes, ceu nova Collegia particularia, quæ multis videntur contra, vel præter confuetudinem antiquorum SS.
Conciliorum instituta, habuerint a jure divino, vel humano,
auctoritatem privandi Romanam Ecclefiam, & facrum Collegium ipfam repræfentans, jure fuo habendi vocem in facro
Concilio.* Hæc proponit Cardinalis ille eo fine, ut fuper his
Concilium deliberaret, *ne in futurum acta reprobarentur.*
Atque ex his prænotatis vide fis jam, quæ certa tum
*Principia*, tum *Corrollaria*, refponfurus ad acta Conftantien-
fia, fupremæ Pontificum jurisdictioni objecta, fubjiciam.

### 267.

Itaque I. *certum est, Ecclefiæ in Concilio generali, quocunque modo congregatæ, & collecto Epifcoporum generali collegio, in cafu fchismatis Papalis ultimum judicium competere, quis ex dubie electis fit verus Pontifex.* Sine dubio enim tempore vacantis
fedis Apoftolicæ fuprema Ecclefiaftica jurisdictio
ad

ad univerfum corpus Epifcopale pertinet; cum Epifcoporum jurisdictione fuperior alia, quam Primatis, divino jure inftituta non fit. Itaque etiam ad corpus Epifcoporum fine dubio fupremum judicium pertinet, quaenam ex duabus electionibus Papae legibus; tum naturalibus, tum pofitivis, legitima Ecclefiaftica auctoritate pro tali electione aliunde jam ftatutis, conformis fit: fiquidem ipfius Primatis, qui certus adhuc nullus exiftit, judicium de fe ipfo authenticum locum habere ob poteftatis incertitudinem non poteft.

### 268.

II. *In cafu fchismatis praedicto (praec.) fi bonum univerfae Ecclefiae, & neceffitas id exigat, eo quod pax Ecclefiae, & unio fub uno capite aliter reftitui non poffit; corpus Epifcoporum in generali Concilio quocunque modo congregatum poteftate pollet utroque dubio Pontifice exauctorato novum eligendi.* Cum enim ex dubia electione neutri certum jus acquifitum fit; certae totius Ecclefiae Catholicae neceffitati & communi bono fpirituali, quod aliter per hypothefin confervari, vel reftitui, non poteft, jus incertum utriusque dubie electi praevalere non poteft.

### 269.

III. *Concilium Pifanum, an. 1409, componendi fchismatis cauffa ab utriusque obedientiae Cardinalibus convocatum, & convocatione & toto fuo tenore generale & oecumenicum fuit.* Fuit enim convocatum ab iis, quibus cura electionis certae procurandae pro uno Papa aliquo vi legum pro conclavi Pontificio antehac ab ipfis fummis Pontificibus praedecefforibus ftatutarum ex officio incumbebat, nempe ab utriusque partis Cardinalibus. Fuit convocatio generalis omnium Epifcoporum, cum libero iftorum omnium acceffu. Epifcopi in eo Concilio erant competen-

*De propriis prærogativis Primat Eccleſ. &c.* 365

petentes ſoli judices cauſſæ (267. 268.), atque utebantur in eo judicio plena libertate. Tulerunt denique judicium unanime. Ergo &c. &c.

\* Nihil *opponi* his, opinor, poteſt; niſi id unicum: non debuiſſe Concilium Piſanum continuo procedere ad exauctorationem *utriusque* dubii Pontificis, ſed potius judicium ferre, quis ex duobus vero jure gauderet ceu legitime electus, unumque ex duobus ceu certo legitime electum declarare: fuiſſe enim ſat apertum jus Gregorii XII.; uti patere videtur ex dictis §. 267. not. 3. *ad d. n.* 1. Verum *reſpondeo inprimis*, nullo pacto teneri poſſe, judicium Piſani Concilii non fuiſſe rectum, & validum: ac proinde certum eſſe ajo, deinceps ſolum Alexandrum V., in ea Synodo electum, fuiſſe verum Papam: ſecus enim generalis cœtus Epiſcoporum ( certo repræſentans in illis adjunctis rerum univerſalem Eccleſiam, de tali cauſſa ex legitima poteſtate judicantem ) errare poſſet in recognoſcendo vero capite, id eſt, vero proprio ædificii ſui fundamento, & principio unitatis fidei ac religionis; quod eſt contra dicta. §. 140. Tum vero certum etiam eſſe ajo, Concilium Piſanum habuiſſe juſtiſſimam cauſſam non decidendi, quis ex duobus illis dubiis Pontificibus potiore gauderet jure, ſed exauctorandi utrumque. Nam etſi dubium fortaſſis facile ab Epiſcopis, Urbani VI. electionem examinantibus, tolli certo & legitimo de ea judicio potuiſſet: tamen fine Concilii ſolenni ſententia dubium illud immediate tolli legitime, & authentice, uti oportebat, reſpectu Eccleſiæ totius omniumque fidelium Chriſtianorum, nullo pacto potuiſſet. Itaque obligabantur certo amto dubii Pontifices, ut ſe judicio Concilii, univerſalem Eccleſiam repræſentantis, ſubjicerent, coram eo compararent, rationesque ſi as proferrent. Atqui detrectarunt hee uterque contumaciter; uti conſtat ex ſpretis Cardinalium literis ad ipſos in ipſa Concilii convocatione datis, & ex ipſa contemta triplici Concilii jam congregati citatione, prima, ſecunda, & tertia Seſſione ejusdem publice ad valvas Eccleſiæ facta. *Contumaces* itaque, & *ſchiſmatis fautores*, Eccleſiæ judicio refractarii, quin & *hæretici*, ac a fide devii, in Seſſione XV. ejusdem Concilii jure declarati ſunt, eoque nomine ambo a Papatu dejecti: etiam *hæretici*, inquam; quatenus nempe Eccleſiæ auctoritatem in ea cauſſa divino jure conceſſam non agnoſcerent; cum tamen ambo ſe juramento obſtrinxiſſent, abdicaturos ſe Pontificatum, ſi id ad tollendum ſchiſma foret neceſſarium (l. cit. n. 1.). Tum vero univerſæ Eccleſiæ bonum exigebat, ut Epiſcoporum generalis cœtus, cum ipſi duo Pontifices legitimo judicio ſchiſma finiri nollent, alio remedio, in eum finem neceſſario, Eccleſiæ proſpicerent (præc.). *Neque obſtat*, quod etiam poſt Piſani Concilii ſententiam tamen quidam ſancti & docti viri, uti S. *Antonius* Gregorio XII., & S. *Vincentius Ferrerius* Benedicto XIII. adhæſerint. Ex hoc enim ſolum conſequitur, ipſum quoque Gregorium XII. ex errore invincibili Eccleſiæ congregatæ in ſua cauſſa legitimam juriſdictionem ignorare potuiſſe: etſi, cum juramento cedendi etiam ſimpliciter Papatu: ſi Eccleſiæ neceſſitas id exigeret, obſtrictus eſſet, ab omni culpa vix excuſari poſſe videatur. Interim Eccleſiæ in Concilio congregatæ legitima in ea cauſſa juriſdictio errore amborum de Papatu concertantium impediri ab effectu ſuo non poterat, & judicare non ſecundum conſcientiam internam errantium, ſed ſecundum externam juris formam debebat; ſecundum quam omnis ille hæreticus habetur, qui in quacunque cauſſa pure Eccleſiaſtica nullam divinitus inſtitutam in Eccleſia auctoritatem pro

ea decidenda fuppetere agnofcit. Id quod fundamentum
fufficiens recte credebatur habendi illum pro hæretico; qui
fchif na per annos amplius triginta jam continuatum, diutius
foveret; quin ejus finiendi judicem Ecclefiam agnofceret.

270.

IV. *Concilium Conſtantienſe convocationis habita
ratione pro generali & Oecumenico Concilio in ſui
principio plane habendum eſt ; & Joannes XXIII.
pro vero & certo Pontifice ab eodem ipſo Concilio haberi debuit.* Cum enim *Pifani Concilii*, ceu Oecumenici, judicium authenticum & legitima auƈtoritate latum certo fuerit; neceſſe eſt, *Alexandrum V.*
& hujus legitimum cetera ſucceſſorem *Joannem
XXIII.*, quoque veros fuiſſe Pontifices ; Gregorio & Benedicto dubio suo jure jam dejectis. Itaque Concilium Conſtantienſe ab Joanne XXIII. convocatum , & conſentiente Imperatore cunctisque
Principibus congregatum , præſidente etiam vero
Pontifice eodem Joanne XXIII., in ipſo ſui initio
certe legitimum & œcumenicum fuit: *quod primum.*
Porro Patres ejus Concilii, in Seſſ. IV. & V, pro-
mulgantes decreta ſuperius ( l. cit. nn. 5. & 6.)
relata, & in Seſſ. X. omnino deponentes Joannem
XXIII., id eſt, paris ſaltem poteſtatis exercitio cum
Piſano Concilio actu fungentes, ſine dubio Concilium Piſanum in deponendis Gregorio XII. & Benedicto XIII. legitime poteſtate uſum credere , &
pro certo ſupponere, ac proinde Joannem XXIII,
pro certo & indubitato Pontifice habere debuerunt:
quodſi enim Piſani judicium invalidum eſſe vel ſu-
ſpicarentur; quo pacto ſimile ſibi prorſus in cauſſa
ſimili judicium circa Benedictum XIII. arrogare po-
tuiſſent; quem, abdicato jam a Gregorio XII. Papatu, ſua ſententia de novo eodem dejecere? *quod
alterum.*

\* *Neque dicas* : Patres Concilii Conftantienfis Joannem XXIII. pro certo Pontifice nequaquam habuiffe. Nam 1.) Cardinalis Ragufinus Gregorii XII. Orator poft Seffionem I. ijam præfidente Joanne XXIII. celebratam habitu Cardinalitio admiffus eft ad Concilium, reluctante licet Joanne tunc adhuc præfente. 2.) Cum inter Seffion.m I. ac III. fpargerentur libelli, auctoritatem Joannis XXIII. elevantes, eisque alius quis auctor refutationem oppofuiffet, qua *hærefis* poftulabat illum, qui *indubitatum Pontificem, & nulla hærefi infectum* ( qualem fcilicet auctor hujus fcripti fupponebat Joannem effe ) *ad cedendum cogi poffe dixiffet:* huic *Petrus de Alliaco* Epifcopus Cameracenfis, qui ipfe a Joanne XXIII. purpuram acceperat, aliud fcriptum præfente adhuc Ioanne Papa oppofuit, in quo tenebat : *licet Concilium Pifanum fuerit legitime celebratum, & duo olim contendentes de Papatu jufte & canonice condemnati fuerint ; --- prout hæc tenet obedientia Domini noftri Papæ Joannis XXIII. ; tamen duæ obedientiæ duorum contendentium probabiliter tenent contrarium ; in qua opinionum diverfa & adverfa iveritate non funt minores difficultates juris & facti, quam ante Concilium Pifanum erat de juftitia duorum contendentium.* 3.) In Seffione XIV. poft depofitum jam Joannem XXIII. adhuc nova convocatio & confirmatio Concilii ut Oecumenici a *Gregorio XII.* per Cardinalem Ragufinum facienda admittitur ; contra Joannes XXIII. mox inde a Seffione I. ad poftulata Oratoris prædicti a Gregorio fubmiffi a præfidentia Concilii, imo & ab arcanis congreffibus excluditur, imo etiam ab hoc convocatum effe Concilium porro tacetur. *Verum refpondeo ad* 1.) cum Gregorio XII. adhuc pars Ecclefiæ non fpernenda adhæreret ; bonum univerfalis Ecclefiæ & pax communis id genus œconomiam & prudentem conceffionem, nulli præjudicio in rei fubftantia futuram, utique perfuadebat. *Ad* 2.) Privatorum Doctorum afferta & difputationes fenfum Epifcoporum definitive in Concilio judicantium determinare non poffunt, fæpeque factum in Conciliis, ut ante definitionem res deinde abfolute decifa

a cona confultantibus Theologis in dubium & difputationem vocaretur. *Ad 3.)* Poterat etiam illa Oeconomia eo facilius adhiberi, quod Procuratores Gregorii palam profiterentur, fe fimul *ad auctorizandum Concilium & cedendum Papatui nomine Gregorii* miffos ab ifto adeffe. Interim jam Seff. XII. Patres Joannem XXIII. deponentes, fimul folenni decreto cantum voluere, nequis omnino ex tribus contendentibus de Papatu Concilii fententia eligeretur. Ceterum quod ad eorundem Oratorum Gregorii poftulata Joannem a præfidentia Concilii arcuerint Patres ; prudentia & jus ipfum fuadebat ; cum *judicio* veluti *reviforio* de cauffa in Pifanojam decifa ob communis pacis & unionis partium reducen. dæ ftudium judicaturi, utique ad præfidendum admittere Joannem non poterant ; quippe de quo ipfo, ceu parte litigante & dubia in reviforio faltem judicio adhuc pro tali hypothetice affumenda, judicaturi effent : qua fine cautela pars adverfa nunquam etiam hoc judicium effet acceptatura pro legitimo.

\*\* Ceterum res reipfa hoc modo accidit. Patres omnes peffima Joannis XXIII. fama, notoriis criminibus, & nefandis moribus offenfi, intelligebant, his ipfis adverfæ utriusque partis, Gregorio XII. & Benedicto XIII. adhærentis, factiones confirmari ; nec aliter conciliari unionem poffe, nifi Joanne quoque Papatu cedente, aut reliqui duo exemplo ad fimilem ceffionem, quam fub id genus conditione fæpius promiferant, moverentur, aut faltem in cafu denegatæ imitationis populi ipfis adhærentes a fequela eorum abducerentur. *Primo* itaque amicis fuafionibus Joannem ad promittendam ceffionem invitant. *Deinde* jurata ifta promiffione obtenta, urgent, ut procuratores conftituat cum plena poteftate ceffionis quovis tempore ad arbitrium Concilii actu ipfius nomine faciendæ. Cum hoc poftulato territus Joannes fugeret ; amiffa fpe per viam ceffionis fpontaneæ contendentium unionem Ecclefiæ obtinendi, & reliquos duos pro jam alioquin Pifani Concilii fententia depofi-

STATTLER, DEMONSTR. CATHOL. A a tis

tis habentes, alia remedia circumspiciunt. Gerson inprimis Cancellarius Parisinus oratione post discessum Joannis habita Patrum animos accendit, quæstionem de superioritate Concilii supra Pontificem, & de potestate *certum* etiam *Pontificem* deponendi affirmando propugnans: de quo ipso postea apud Regis Galliæ Oratores Joannes XXIII. conquestus est. Hujus primus effectus fuit celebratio Sessionis III.; de qua supra in historia n. 4.; deinde vero etiam decreta Sessionis IV. & V.; de quibus porro dicenda sententia mihi superest.

271.

V. *Tam decreta Sessione IV. edita, omissis particulis* AD FIDEM, ET AD REFORMATIONEM ECCLESIÆ IN CAPITE ET MEMBRIS, *quam sententia depositionis Joannis XXIII., in Sessione X. in eundem lata, omnino pro legitimis & validis certo habenda sunt.* Præcisis enim illis particulis, Sessionis IV. decreta communi consensu quoad reliquum tenorem, quo actu promulgata sunt, ab universis Patribus præsentibus probata & conclusa sunt; ut ex historia superius recitata n. 5. patet. Porro supposita veritate ac legitima auctoritate Concilii Pisani in pari caussa (269.) dubitari nequit, Concilio Constantiensi semel rite convocato, etiam post discessum Joannis XXIII. in *judicio revisorio* ejusdem caussæ, quod summa Ecclesiæ necessitas plane exposcebat, parem saltem legitimam auctoritatem ac potestatem competiisse, quæ Pisano competebat: ac proinde declarare hanc suam potestatem sine dubio solenni decreto Sessionis IVtæ potuit: *quod primum*. Porro si ponas, sententiam depositionis, ab eodem Concilio latam, ante spontaneam Joannis cessionem fuisse per se invalidam, admittere debes, fieri posse, ut Ecclesia Primati suo subjecta, & per corpus Episcoporum in generali horum Synodo repræsentata, verum suum Caput

# De propriis prærogativis Primat. Ecclef. &c.

put & Primatem folenni quodam oraculo non recognofcat, & generali fchifmate fe ab eo divellat: quod cum ablonum plane fit (140.); de valore illius depolitionis fententiæ a Conftantienfi Concilio in Joannem latæ dubitari non poteft: *quod alterum.*

\* *Dices circa primum:* difparitatem effe circa Pifanum & Conftantienfe Concilium in eo, quod illud inter dubios Pontifices judicarit; iftud de Joanne, quem Patres Conftantienfes tunc congregati, ceu ipfius obedientiæ jam antea addicti, omnes pro certo habebant, & habere debebant. (270.) Atqui *Papa certus* vel ipfa Conftantionfi Synodo ante Martini electionem id fatente (in hiftor fupra n. 8.) judicio Concilii *ligari non poteft. Refp. nego maj. & min.* Pifanum non curavit, ut examinatis utriusque electionis fundamentis certitudinem acquireret de vero ex duobus Pontifice: imo Patres Pifani, qui prius Gregorio XII. adhæferant, certi effe potcrant de ipfius vero jure. Nihilominus cum ambo Synedi iplorum judicium fubire fpreto communi bono & necefitate Ecclefiæ contumaciter detrectarent, certa & irrefragabili fententia (269.) Papatu ambos dejecere. Porro eadem fine dubio poteftas Concilio Conftantienfi in *judicio reviforio* ejusdem cauffæ competebat, & quoad hoc præcife judicium eidem æque Joannes XXIII, etfi pro *certo Pontifice* ab eo neceffario habendus, fubjiciebatur. Cum ergo etiam ipfe, infuperhabito licet juramento fuo ac promiffione folenni, illi fubjicere fe contumaciter detrectaret; Synodus Conftantienfis pari in ipfum poteftate & pollebat, & recte ufi eft, atque Pifana in reliquos duos. Unde etiam in depolitionis fententia in S ff. XII. in Joannem promulgata, haud alias cauffas Patres reipfa obtenderunt; quam Joannis *clandeftinum e Concilio receffum, pacis & unionis Ecclefiæ turbativum, fchifmatis inveterati nutritivum, a voto, promiffione, & juramento, per ipfum Deo & Ecclefiæ præftito deviativum:* quo folo in capite videlicet idem Concilium

## Sectio II. Caput X.

cilium reipfa in Seff. IV. definierat, etiam Papam fuo judicio fubjici. Cum idem contra ante Martini electionem longe in alio cafu Papam certum ligari poffe (extra Seffionem tamen folennem) negarit, videlicet in eo, ut ante coronationem fuam in Concilio ipfo generali curaret fieri reformationem fui & Ecclefiæ.

\*\* *Dies circa alterum :* Concilium Conftantienfe ante acceffionem duarum reliquarum obedientiarum, Gregorii & Benedicti, non fuiffe generale : ergo ipfius fententiam in Joannem ut certum Pontificem nec validam, nec paris cum Pifano auctoritatis fuiffe. *Refp.* Suppofito femel, quod Concilium Pifanum fuerit generale & legitimum Concilium (id quod negari non poteft; nifi teneas, nullum fuiffe tunc in Ecclefia Chrifti remedium fchifma finiendi, duobus competitoribus fponte Papatu non cedentibus) negari non poteft, ejus judicium fuiffe legitimum (269. not.). Hoc autem pofito ad id, ut Conftantienfe Concilium effet generale & œcumenicum in ordine ad cauffam, de qua agitur, alio non erat opus, quam ut convocatio ejus effet generalis, libero cuique etiam adverfæ partis Epifcopo patente acceffu. Atqui is erat cuique permiffus, vel ipfis Oratoribus Gregorii XII. inde ab initio Concilii; & poftea etiam toti obedientiæ utriusque competitoris fine obice conceffus eft; fi modo Concilio fe velle fubjici profiterentur. Quod autem nova convocatio Gregorio XII. in Seffione XIV. ante ceffionem permiffa fuerit, œconomia prudens fuit ad conciliandos etiam errantes opportuniffima. Denique fi erraffe Concilium Conftantienfe in ea fententia ponis, qua Joannem Papatus expertem declaravit ; neceffe eft fatearis univerfam Ecclefiam in diffitendo vero Capite fuo erraffe. Errarunt enim Patres illi, qui fententiam tulere, & præter illos etiam erravit obedientia utraque, Gregorii XII., & Benedicti XIII.; quæ neutra Jonnem pro Papa agnovit. Atqui hoc manifefto abfurdum eft.

## 272.

VI. *Universe itaque in casu schismatis uterque Papa judicio Ecclesiæ, per Episcopos in Concilio generali congregatos de potiore alterius jure judicantis, se subjicere tenetur: quod ni faciat; utcunque bona alterius contendentium de Papatu cauſſa eſſe videatur, uterque Episcoporum conſentiente judicio dejici de Papatu potest.* Sequitur ex præcedentibus: imo ex ipſo fine ultimo ſocietatis cujusque; vi cujus communis boni ultimum periculum expoſcit, ut cujuscunque ſingularis ſocii jura pro nullis habeantur, ſi ea immolari communi ſaluti neceſſe ſit.

## 273.

VII. *Decreta Seſſione V. Concilii Conſtantienſis edita ſic conciliariter definita non ſunt, ut pro dogmatica definitione Oecumenici Concilii haberi poſſint, qua superior iſtius jurisdictio ſupra Primatem Eccleſiæ etiam extra caſum hæreſis & ſchiſmatis, vel in cauſſis fidei, vel in aliis, deciſa fuerit.* Nam 1.) Concilium Conſtantienſe nec iſto fine & ad hanc cauſſam examinandam convocatum fuerat, ſed ſolum ad ſchisma finiendum: & eo finito ad procurandam *sub* ipſa auctoritate & *præsidio certi Papæ* reformationem Ecclefiæ; nec etiam iſtam quæſtionem examinavit, niſi quatenus ſuperior aliqua auctoritas Concilii relate ad præſens ſchisma tollendum aſſerebatur, nec enim ullo documento conſtat, Gerſoni generalem ſuperioritatem Concilii ſupra quemvis Papam, aſſerenti Patres unanimi aliquo conſenſu adſtipulatos fuiſſe. 2.) Certum eſt nequaquam fuiſſe mentem Concilii in edendis illis Seſſionis V. decretis edere definitionem fidei; quia nullis plane argumentis Scripturæ aut traditionis uſi Patres ſunt, ac ne quidem in examine ad talia eos articulos exegere; quod tamen ab ullo Concilio in definitione fidei omiſſum eſſe nullum

plane

plane exemplum extat. 3.) Patres non funt aufi ea decreta nominibus decretorum fidei efferre, nec confuetum anathema dicere ea inficiantibus, fed profeffi funt fe ea edere *per modum Conflitutionum Synodalium*, nec aliud decrevere in eum, qui *flatutis hujus & cujuscunque alterius Concilii generalis fuper praemiffis obedire pertinaciter contemferit, quam ut condignae poenitentiae, nifi refipuerit, fubjiciatur:* cum ex adverfo decretis Oecumenici Concilii in fidei materia refractarii femper ut haeretici ab ipfa Ecclefia abfcindantur. 4.) Nullo confenfu unanimi, nec votis rite collectis in publica Seffione, fed refragantibus palam non folum Cardinalibus, a deliberatione praevia jam exclufis, verum etiam Oratoribus regis Franciae, inter quos Dux Bavariae erat, ac proinde nequaquam conciliari conclufo, decreta illa in ea Seffione edita funt. Vide, fupra in hiftor. n. 6. 5.) Aperte contra haec decreta egere iofi Patres Concilii poftea, cum de electione novi Pontificis deliberantes, omnes Galli, Hifpani, & Angli Epifcopi Germanis adverfarentur, dicentes, *Papam electum ligari non poffe*, id eft, obligari, ut ante omnem adminiftrationem Ecclefiae reformationi Ecclefiae incumberet. Vide ibid. n. 8. Contra fua item propria decreta egere Patres, cum Martino V. Papae, neganti omne jus *appellandi a Papa in cauffis fidei*, non contradixere. Ibid. n. 9. 6.) Deinde modus ipfe concludendi in hoc Concilio tam infolens erat ac novus (Epifcopis in quatuor nationes ita divifis, ut quaevis natio non nifi unum votum ferret: quod ipfum ex majore numero votorum ab Epifcopis ejusdem nationis refultans formabatur), ut plane, nifi unanimi confenfu aliquo in fpeciali conclufo extante, conciliaris definitio judicum, pari inter fe auctoritate viritim vota fua ferentium, exiftere non poffet. Vide ibid. n. 10. Sic Anglica natio non nifi

20 capita numerabat ; & Cardinales 16 tamen a peculiari voto excludebantur. Pone jam duodecim ex Anglis confentiens in ea decreta edenda fuffragium tuliffe ; octo Angli fedecim Cardinalibus juncti exorto numero viginti quatuor confentientium votorum, utique prævalere potuiffent ; fi liberis viritim fuffragiis facta decifio fuiffet. 7.) Quodfi definitiva Concilii fententia erat tanquam de dogmate fidei ; cur deinde toleravit fingulare fequens Martini V. factum. Addiderat enim Concilium ad propofitionem Wicleffi XLI. , *non eft de neceffitate falutis credere Romanam Ecclefiam effe fupremam inter alias ecclefias* , fequentem cenfuram : *Error eft, fi per Romanam Ecclefiam intelligit univerfalem Ecclefiam, aut Concilium generale.* At Martinus in Conftitutione , in qua acta Concilii contra Wiclefum, Huffium &c. approbat, omiffa illa expreffione Concilii, ubi articulos proponit, de quibus interrogari jubet Wicleffianæ hærefeos aut reos, aut fufpectos, Concilii propofitionem ipfo probante Concilio in hanc commutavit : *item utrum credat, quod Papa Canonice electus , qui pro tempore fuerit, fit fucceffor B. Petri , habens fupremam auctoritatem in Ecclefia Dei.* 8.) Denique decreta hæc, eo ipfo quod conciliariter edita non fint, nullam approbationem habuere , nec a Martino V., qui expreffe non nifi conciliariter in eo Concilio acta approbavit (in hift. n. 10.), nec ab alio Romano Pontifice ; quin reprobata etiam funt ab Eugenio IV. in fua contra Bafileenfos Apologia. Itaque, etfi confenfu aliquo Concilii edita fuiffent , tamen in id genus quæftione , quæ de lege fundamentali regiminis Ecclefiaftici decidit , auctoritatem non haberent ; cum ad Pontifices certos extra cafum fchismatis applicarentur.

274.

HISTORIA CONCILII BASILEENSIS ita fe habet. 1°.) Indixerat id *Martinus V.* quo morte fubleto indictionem repetiit ejus fucceffor *Eugenius IV.* habitaque Seffio I. an. 1431. 14ta Decembris Praefide *Juliano* Apoftolico legato. Aft quarto poft hanc Seffionem die Eugenius IV. decreto ex fententia facri Cardinalium fenatus edito auctoritate Apoftoli a Concilium diffolvit, legatum fuum revocat, novamque Synodum poft annum unum cum dimidio *Bononiam* indicit, fequentibus potiffimum ex cauffis ; quod nempe Graeci duce Imperatore fuo unionem cum latina Ecclefia expeterent in generali Concilio faciendam ; *Bafileam* illis ob diftantiam a mari incommodam effe, fed eos ex tribus Italiae urbibus eis oblatis Bononiam elegiffe : tam fauftam occafionem revocandae ad unionem orientalis totius Ecclefiae denique praetermittendam non effe.

2.) Decreti iftius rumore Bafileam perlato antequam id promulgaretur in Concilio, an. 1432. 25. Februarii Patres ibidem congregati Seffionem II. celebrarunt, in eaque, abfente legato Apoftolico (qui vifo exemplo decreti diffolutionis jam 8va Februarii a praefidio Concilii fe fubduxerat) decreta Seff. V. Conftantienfis confirmarunt, ac declararunt, *Synodum Bafileenfem rite convocatam, & inchoatam, nulla, ne Papali quidem auctoritate, diffolvi poffe, nec alio avocari, fine confenfu ipfius Synodi.* In Seff. III. celebrata 29. Aprilis ejusdem anni lecto diffolutionis Pontificio decreto, idem declaratur irritum, & de novo confirmantur decreta Conftantienfis Seff. IV. & V. Inde contra Eugenium IV. proceffus inftituitur, idemque denique in Seff. XII. an. 1433. fufpenfus ad adminiftratione Papatus declaratur, nifi intra 60. dies bulla nova edita refipifcat.

3.) In

*De propriis prærogativis Primat. Ecclef. &c.* 377

3.) In Seff. XIV. an. 1433. 7. Novemb. in ipfa Synodo confecta & præfcripta ad verbum eft bulla, cujus initium *Dudum facram*, quam Eugenius, cum Concilio fe reconciliaturus, promulgare deberet; in qua declarabatur, Concilium a die inchoationis legitime continuatum fuiffe, diffolutionem irritam effe &c.' Quæ bulla reipfa edita eft ab Eugenio IV. an. 1434. 1. Augufti; *ita tamen, ut Eugenius loquitur, quod omnia & fingula contra perfonam & auctoritatem noftram & Apoftolicæ Sedis in dicto Concilio facta & gefta per dictum Concilium prius omnino tollantur, & in priftinum ftatum reducantur.* Decumbebat autem eo tempore, quo hanc, & alteram 15ta Decembris, revocatoriam bullam edebat, Eugenius IV. gravi ex infirmitate refertque Cardinalis Turrecremata, (Summ. de Ecclef. L. II. c. 10.) fe a pluribus magnæ probitatis & gravitatis viris accepiffe: *quod præfatæ bullæ magis extortæ fuerint minis, quam de mente Eugenii emanaverint: nam, ut fertur, Dominii Venetorum tunc Orator & aliqui Cardinales, tunc apud eum præfentes, timentes futurum magnum fcandalum in Ecclefia, minati funt Eugenio, quod nifi bullas illas adhæfionis (ad Concilium) concederet, recedentes ipfum folum relinquerent. Unde præfato Domino in lecto decumbente, præfati Domini feruntur bullas illas taliter qualiter expediviffe, & mififfe Bafileam.* Ipfe vero *Eugenius* poftmodum Florentiæ in difputatione publica, ut iterum refert Turrecremata oculatus iftius teftis, Cardinali Juliano, bullas illas revocatorias in favorem Bafileenfium alleganti, refpondit his verbis: *Nos quidem bene progreffum Concilii approbavimus, volentes, ut procederet, ut inceperat; non tamen approbavimus ejus decreta.*

4.) Seffione fequente XVI. 5. Febr. an. 1435. allata eft bulla revocatoria, & lecta ac approbata a Concilio: ex quo tempore, cum pauci eo usque

Epifcopi affuiffent Bafileae, plures advenere. Tum vero in Seff. XVIII. celebrata 26. Maji centum circiter Praelatis Bafileae praefentibus renovata funt duo Seff. IV. & V. Conftantienfis decreta. His quidem fubfcripfere nomine privato Legati Pontificii, fed, iterum tefte Turrecremata, nec affuere Seffioni, atque etiam *ut legati* contra ea proteftati funt. Quae in reliquis Bafileenfis Concilii Seffionibus acta funt, ad praefens argumentum nihil attinent. In Seffione XXV. an. 1437. 7a Maji in duas denique partes fciffum eft; quarum una ducibus legatis Apoftolicis & majore Epifcoporum numero pro futuri Concilii loco Graecis concedendo definivit *Florentiam* vel *Utinam*, altera numero quidem major, fed ex fecundi ordinis Sacerdotibus fere conftans, duce Cardinale Ludovico Arelatenfi decreto conftituit pro eodem Concilio *Bafileam, Avenionem*, aut urbem in Sabaudia fitam. *Eugenius* priori parti edita bulla acceffit an. 1437. 29. Maji. Exinde Synodus in duas partes fciffa, denique abiit in fchifma, novo Antipapa *Felice V.* poft depofitum Eugenium electo: qui tamen abdicato Pontificatu an. 1449. fe fponte fubjecit *Nicolao V.* Eugenii fucceffori.

275.

HISTORIA CONCILII FLORENTINI. 1.) Coepit ifta Synodus *Ferrariae* ex decreto Eugenii IV. juxta atque fanioris partis Patrum Bafileenfium haberi 9. Aprilis an. 1438. Aderant Patriarcha Conftantinopolitanus, & omnium reliquorum Patriarcharum orientis Vicarii, Epifcopi ex Oriente & Occidente. Poft fexcedim feffiones pefte Ferrariam devaftante Eugenius IV. Synodi Patribus confentientibus Concilium Florentiam transtulit; ubi novem adhuc Seffionibus habitis, & facta Graecorum cum Latina Ecclefia unione abfolutum eft.

Jam

Jam vero in ipfo *Decreto Unionis* ex integro dogmatico, & confentientibus græcis & latinis Patribus edito, fic habetur: *Definimus, Sanctam Apoſtolicam Sedem, & Romanum Pontificem in univerſum orbem tenere Primatum, & ipfum Succeſſorem eſſe B. Petri Principis Apoſtolorum, & verum Chriſti Vicarium, totiusque Eccleſiæ Caput, & omnium Chriſtianorum patrem ac doctorem exiſtere; & ipſi in B. Petro paſcendi, regendi, ac gubernandi* UNIVERSALEM ECCLESIAM *a Domino noſtro Jeſu Chriſto* PLENAM POTESTATEM *traditam eſſe; quemadmodum etiam in geſtis Oecumenicorum Conciliorum, &, in Sacris Canonibus, continetur.*

\* Tria *opponunt* auctoritati hujus definitionis defenſores fententiæ de fuprema in Eccleſia Conciliorum Oecumenicorum auctoritate: 1.) pro Oecumenica non haberi Synodum Florentinam a Gallis: 2.) in ea definitione folum intelligi, Romanum Pontificem in fingulas particulares Eccleſias habere plenam poteſtatem; non item in congregatam in generali Synodo: 3.) fub finem conformiter græco textui legendum eſſe, *fecundum modum, qui & &c. &c.*; ita, ut poteſtatem fuam Pontifex non niſi fecundum præſcriptum SS. Canonum & Conciliorum exercere teneatur. *Reſp. ad* 1.) hodie communiter pro tali etiam in Gallia habetur: nec ratio ulla eſt, cur non habeatur pro tali; cum fit auctoritate certi Pontificis, ceu Primatis Eccleſiæ, una cum conſenſu majoris partis Epiſcoporum antea Baſileæ congregatorum, convocata: cum liber ad eam acceſſus patuerit omnibus Epiſcopis: cum affuerint eidem actu multi Epiſcopi ex Occidente & Oriente. Denique fi dependet a libero arbitrio acceptatio Concilii generalis, etiam fidei dogmata proponentis, ac de cetero omnes notas Concilii Oecumenici habentis; non erit in eo fupremæ poteſtatis auctoritas; etfi cum Primate conjunctum fit. *Ad 2.*) Concilii verba exprimunt Primati *plenam poteſtatem, ab ipſo Chriſto,* *in univerfalem Ecclefiam* fuiſſe traditam; atque illa in Synodo Patrum præfentium profecto uemo de id genus diſtinctione inter univerſalem Ecclefiam, quatenus ea ex Epifcopis difperſis, & quatenus ex eisdem in Synodo generali congregatis conſtat, vel fomniaverat; fed deſtinctio hæc primum noſtro feculo III. Boſſueto incidit; dum advertens, Florentino dignitatem Oecumenicæ Synodi nullo fundamento denegari, deuique diſtinctione illa excogitata effugium fibi aperuit. *Ad* 3.) Inprimis falſum eſt, Græcum textum pro originaſi accipiendum eſſe; cum potius latine primum ab Occidentalibus Patribus & ipſo Papa in eo Concilio præſentibus conceptum *Decretum* illud *unionis* fuerit, & in uſum Græcorum ex latino in græcum verſione *translatum;* vel ſaltem pro æque originali latina ejus enuntiatio habenda eſt. Atqui in Archetypis Florentini decreti exemplaribus, quæ adhuc fuperfunt Eugenii & Michaelis Imperatoris fignis munita, quorum quinque Mamachius in Diſſert. de Concil. Florent. numerat, decretum legitur, ut fupra expreſſum a me eſt. Deinde in græco textu ita legitur: κα Θον τροπον και εν τοις πρακτικοις &c. &c., id eſt, *fecundum modum & in geſtis œcumenicorum Conciliorum, & in SS. Canonibus, contentum.* Invenit illam explicationem primus Petrus de Marca ( quem poſtea ſecutus eſt Natalis Alexander, & hunc alii ) ductus eo errore, quod exiſtimaret, verba illa, *quemadmodum etiam* in latinum Florentini Decretum *Bartholomæi Abrami* Cretenſis, cum latinam ejus ex Græco verſionem ederet, aut hallucinatione, aut incuria irrepſiſſe. Atqui latina exempla Archetypa æque ſunt, atque extant adhuc prorſus autographa, ſicuti græca: ut hodie moveri iſta objectio a prudente nemine poſſit.

277.

I. *Baſileenſia decreta, Seſſionis V. Conſtantienſis decretis conſonantia, nunquam ab ullo Romano Pontifice probata; quin imo ab Eugenio IV. in Apologia*

*De propriis prærogativis Primat. Ecclef. &c.* 381

*logia contra Bafileenfes edita aperte reprobata funt* (274. n. 2. & 3.)

II. Eadem decreta Bafileenfia auctoritatem legitimam non habent. Nifi 'enim aliunde poteftas legitima Conciliis, etiam a Papa difcordia quadam fejunctis, a Chrifto ad judicandum ultimato judicio de rebus fidei, & ad obligandum ipfum Papam, conceffa effe oftendatur ; decretorum illorum editio potius alienæ poteftatis arrogatio, & fchifmatis concitatio fuit. Atqui nullo ex argumento divina id genus poteftatis fupremæ Conciliis ejusmodi in ipfum Primatem conceffæ inftitutio probari poteft ; ut ex huc usque dictis conftat. Ergo &c. &c,

III. *In Concilio Florentino Oecumenico ita clare fuprema Primatis jurisdictio etiam fupra Concilia definita pæne per trecentos annos videbatur, ut idcirco præcife a maxima parte Galliæ idem pro œcumenico non reciperetur.*

IV. *Unde, quantacunque Bafileenfibus decretis, imo & Conftantienfibus, auctoritas tribuatur; ad fummum dubium reddi poteft, an non fuperior quædam Pontifice Romano auctoritas Concilio Generali divina inftitutione infit.*

V. *Cum ergo incerta poteftas in effectu ipfo obligare non poffit ; Primatis vero Ecclefiæ fuperior poteftas in particulares Ecclefias & Epifcopos per orbem difperfos certa fit juxta omnes prebe Catholicos : certum videtur, in Pontificem Romanum a Concilio quocunque generali extra cafum fchifmatis, aut notoriæ hærefeos, jurisdictionem, aut vim coactivam, recte exerceri nullatenus poffe:* 2.) *ac proinde femper in Concilio ftandum quoque eo conclufo eft, quod in cauffa fidei Romanus Pontifex adftipulante fibi quantocunque Epifcoporum numero facit.*

* Sed

* Sed fupereſt in adverſam partem aperte inclinans SS. Cypriani & Auguſtini auctoritas; quorum neuter in quæſtione de iterando baptiſmo ab hæreticis collato, Auguſtinus vero nec in cauſſa de legitima ordinatione Cæciliani Carthaginenſis Epiſcopi, fupremam in Romano Pontifice, fed in folo Concilio plenario agnovit. Defendendo itaque, lectis SS. Cypriani & Auguſtini textibus, quos recitat L. Bonojus T. V. P. II. L. V. ep. 1., plane mihi videri, Auguſtinum juxta ac Cyprianum irrefragabilem Romani Primatis auctoritatem in illis prædictis cauſſis dijudicandis non agnoviſſe. Nam

1.) S. Cyprianus ſæpe etiam erroris contra veritatem in Scripturis contentam S. Stephanum Papam accuſat, nec fe obligatum eſſe profitetur, ut in ea quæſtione fe alieno arbitrio Papæ ſubjiciat; cum quisque Epiſcopus propriæ Eccleſiæ liberum arbitrium habeat, & plurimi Epiſcopi a fua parte ſtarent. Interim S. Cyprianus folum videtur in ea perfuaſione fuiſſe, quod, cum iteratio baptifmi hæreticorum, uti quidem ipfe putabat, ad res variabilis difciplinæ pertineret; quæ nulla generali lege cum confenfu Epiſcoporum definita eſſet; ipſe & ceteri Epiſcopi magno numero ſibi adhærentes mera lege humana Eccleſiaſtica folius Romani Pontificis inviti obligari non poſſent ad mutandam Eccleſiarum fuarum difciplinam jam antea introductam. Verum quidem eſt, Cyprianum uti etiam argumentis ex Scriptura, fed non ad iterationem baptifmi, ceu dogma neceſſarium comprobandam, fed ad legitimam rationem confuetudinis Eccleſiæ fuæ aſſerendam: etfi fubinde difputationjs æſtu ultra propoſitum profilire videatur. 2.) S. Auguſtinus vero aperte excuſat S. Cyprianum, non quidem ab errore circa quæſtionem fidei de valore baptiſmi hæreticorum, fed a culpa graviore in eo admiſſa, quod circa eam quæſtionem fuo & fodalium judicio potius ſteterit, quam S. Stephani Papæ; & excuſationem ſuam conſtanter fundat in duplici argumento; nimirum primo, quod illa quæſtio fuerit obſcura adhuc, & a S. Cypriano ſteterint gravia argumenta ex SS. Scripturis, quæ difficillime poterant folvi: deinde quod nullo plenario

in

in Concilio adhuc fuerit decisa. Quæso! cur nunquam dicit Augustinus, ideo excusandum Cyprianum; quia Stephanus Papa cum nullo Episcoporum quamlibet paucorum Concilio quæstionem istam ultima sententia decidit: trigesies vero illam excusationem affert; quod *nullo in plenario Concilio quæstio decisa fuerit?* 3.) In quæstione de ordinatione Cæciliani contra Donatistas scribens *Augustinus* quam sæpissime repetit, etiam post sententiam a *S. Melchiade* Papa in Concilio Romano latam adhuc superfuisse Donatistis Concilii plenarii judicium, ad quod caussam illam deferrent, *si putarent, Romanos illos non bonos judices;* & in eo cum *ipsis judicibus illis caussam agitare potuisse: ecce! putemus,* inquit Ep. 162., *illos Episcopos, qui Romæ judicarunt, non bonos fuisse judices: restabat adhuc plenarium Ecclesiæ universæ Concilium; ubi etiam cum judicibus ipsis caussa potest agitari, ut, si male judicasse convicti essent, eorum sententiæ solverentur.* 4.) S. *Augustinus* adhuc sub vitæ finem in L. I. Retract. c. 21. dubitavit, utrum Matth. XVI. sub nomine *petræ & fundamenti* Ecclesiæ Petrus, an vero ipse Christus, intelligi debeat; ut supra memoravi §. 266. n. 1.

\*\* Interim & illud fatendum existimo, Cyprianum saltem locutum fuisse pugnantia; cum alias toties affirmat, unitatis principium esse S. Petrum ejusque successorem (247. not. 3. 155. n. 3. 157. n. 2.). Censeo itaque, ex occasione illius dissidii de baptismo hæreticorum, ob grandem S. Cypriani auctoritatem & maxima merita, in Ecclesia Africana aliquam a Sede Romana alienationem & frigus quoddam relictum fuisse; id quod Patres Africani prodidere vel in ipsa caussa Apiarii; de qua supra dictum. Interim id prævalere non potuit, quo minus Africana Ecclesia substantiam dogmatis Catholici & Primatum jurisdictionis in Romano Pontifice agnosceret: id quod sane aperte prodidit; cum, nondum licet accepto Codice *Sardicensium* Canonum, tamen in caussa illa appellationis Zosimi Papæ constantiæ cessit.

\*\*\* At,

* * * At, *inquiunt* denique ratione quoque pugnantes adverſæ ſententiæ patroni: an ergo Primatem Eccleſiæ, ſeu peſſimis moribus ſcandalo publico futurum Eccleſiæ, ſeu perverſis & injuſtis ſententiis publicis ſævientem in innocentes ſeu Epiſcopos, ſeu inferiores Clericos, ſeu etiam in Principes, aut ſimplices laicos, nec compeſcere quis judex ſuperior, nec quis terrere appellatione ad iſtius tribunal poterit, ſed omnes iniquis etiam ejus judiciis ſubmittere ſe debebunt? Nunquid enim ſaltem extra cauſſas fidei in quovis alio judicio etiam ſolennis ſententia Primatis errori & poteſtatis abuſui obnoxia eſt? Siue dubio. Quis ergo errorem corriget; niſi generale Epiſcoporum Concilium Papa ſuperius ſit? *Reſpondeo ad hæc.* Si ſolis *privatis moribus* ſcandalo ſit Primas Eccleſiæ: Epiſcopis quibusque cura pro ſuis diœceſibus incumbit, ut meliore exemplo ſuo & inſtructione eſſectum ſcandali a ſuo grege avertant; Primatem autem fraterna correctione, non autem alicujus judicii ſententia, ad meliora impellant. Quam correctionem ſi non recipiat cum fructu; ſcandalum ut plurimum intra ſolos Romani Epiſcopatus terminos liberius graſſabitur; eritque malum utique grande Eccleſiæ, ſed non majus illo malo, quod ſequeretur ex frequenti ac diuturno ſchiſmate; cui anſam facile dare frequens uſus juriſdictionis ſupremæ, Conciliis plenariis aſſertæ, poſſet: uti exemplum Baſileenſis Concilii docet. Et quis denique errantia Concilia Ariminenſia, Epheſina latrocinalia &c. correxerit; ſi ſupra Primatem ſunt? Quodſi *iniquis judiciis publicis* Primas Eccleſiæ fideles Chriſtianos lædat; inprimis *quamdiu dubium jus eſt partium*; more omnium aliorum judiciorum ſtandum judicis ſententia eſt; qui ſi ſupremus ſit, nec appellatio locum habet; ſed ad ſummum precaria cauſſæ reviſio, & melioris informationis prece extorta receptio. *Si aperta ſententiæ injuria eſt*; primo ejus mere *temporales effectus* impedire facile & pro jure ſuo principes potuerunt: deinde, quod *ſpiritua̅les* ejus effectus attinet: cum ſententia falſa & injuſta univerſe careat morali poteſtate; nec obligare ſaltem Epiſcopos

pro

## De propriis prærogativis Primat. Ecclef. &c. 385

pro fuis diœcefibus ad noxios permitendos effectus inde in Ecclefias fuas manaturos poteft. Proinde Epifcopis pro inmediata fua in iftas jurisdictione incumbet ab illis damnis & injuriis fideles fubditos fuos defendere, atque etiam vi officii errantem Cepham, falva debita reverentia, corripere & admonere, Principum etiam auxilio ad temporales injuftæ Pontificiæ fententiæ effectus impediendos invocato & excitato. *Quoafi iniqua aperte fententia quemquam ex ipfis Epifcopis lædat*; rurfus talis Epifcopus omnibus modis impedire debet, ne inde etiam damnum in gregem fuum redundet; idemque jus fuum, fi poffit, auxilio aliorum ejusdem provinciæ & regni Epifcoporum, quin & Principis, defendere poterit, & ad æquius alterum hujus, vel fucceffioris Romani Pontificis, judicium provocare. Cui qu dem cafui exemplo fervire fors S. *Athanafii* poteft; qui, fi revera a *Liberio* Papa de falfis criminibus damnatus, & Epifcopatu dejectus eft, Arianis urgentibus, & Arianum Epifcopum eidem fufficere contendentibus (etfi multo verifimilius recentiores multi poft Stiltingum hagiographum Antuerpienf m gravibus ex argumentis id inficientur) profecto ea fententia ad Epifcopatum Ariano Epifcopo relinquendum obligari non potuit. Memento etiam hiftoriæ de *Formofo* Papa; quid Epifcopis ab ipfo ordinatis poft ipfius mortem a non nullis fuccefforibus ipfius contigerit, & quo pacto contra injurias a Pontificibus fibi illatas fe defenderint.

\* \* \* \* *Neque dicas*: Si Papa errare fine graviore detrimento poteft in aliis mere œconomicis factis, ad officii tamen fui adminiftrationem pertinentibus; etiam errare in fide poterit. Nam doctrina Papæ, publice cum aliquo Epifcoporum numero fibi adhærente docentis, regula credendi & agendi ceteris omnibus Chriftianis eft; non item facta ejusdem qua Papæ aliis regulæ fervire debent. Aliud eft, quod etiam Papa privata fua fententia in *hærefin* incidere poffit; id eft, in errorem jam a fuis prædeceffioribus folenniter damnatum: aft tunc, fi illum manifeftet, eo ipfo facto

STATTLER, DEMONSTR. CATHOL.   B b   mon-

monstrat, se infallibilem Primatis & Ecclesiæ auctoritatem non agnoscere; ac proinde se ipsum a visibili Ecclesiæ Catholicæ Societate segregat; atque adeo a Primatu decidit, & decidisse declarari a Concilio generali Episcoporum potest; cujus est verum caput recognoscere, & falsum reprobare.

## ARTICULUS IV.
### AN ET QUALIS POTESTAS LEGISLATRIX ROMANO PONTIFICI CEU PRIMATI VI SUPREMÆ SUÆ POTESTATIS COMPETAT?

277.

*Leges universales, quæ universalem Christi Ecclesiam obligent, sine interventu supremæ potestatis Romani Pontificis ferri non possunt.* Episcopi enim jure divino inter se pares sunt, nec præter Romanum Pontificem, ceu Primatem totius Ecclesiæ alius quis est, cui omnes seu christiani, seu Episcopi, subjecti sint. Ergo &c. &c. *Unde quacunque Conciliorum leges, seu ad fidem, seu ad disciplinam mere humanam pertinentes, accessu & consensu auctoritatis Pontificiæ indigent, ut aliorum Episcoporum, qui ipsi Concilio non assuere, Ecclesias universe obligent.*

278.

*Leges divinas, seu naturales, seu positivas, pro suprema potestate sua in Ecclesia Dei* (266. VII.) *authenthice declarare & promulgare Romanus Pontifex potest cum quamlibet paucorum Episcoporum numero sibi adstipulante, ita, ut declaratio vim legis obtineat* (208. 28.).

279.

*Leges universales mere humanas & Ecclesiasticas circa per se ad salutem non necessarias, sed mere variabilis*

*De propriis prærogativis Primat. Eccles. &c.* 387

riabilis *disciplinæ* (quales supra §§. 217. seqq. enumeratæ sunt.) *Romanus Pontifex sine consensu quodam generali Episcoporum, expresso, vel tacito, solus primitus ferre non potest.* 2.) *Eo tamen accedente consensu generali non possunt leges Ecclesiasticæ in Conciliis generalibus latæ a particulari Episcopo respui; nisi peculiares gravesque Ecclesiæ suæ rationes legitimæ exceptionem deposcant*; 3.) *quas summo Pontifici, urgenti legis communis executionem, exponere obligabitur.* Namque potestas illa, qua Romanus Pontifex suo unius arbitrio leges mere variabilis disciplinæ universis Episcopis imponere possit, *inprimis* ad unitatem Ecclesiæ Christianæ (qui finis unicus & norma est totius potestatis supremæ Primatis §. 249.) nequaquam pertinet; quæ utique ab unius disciplinæ similitudine non pendet: *nec* probatur ex ullis Christi verbis; queis Petro superior quædam Potestas in ipsos Apostolos quidem in ordine ad exequendas leges divinas fidei & morum, & in ordine ad reliqua unitati Ecclesiæ divinitus institutæ necessaria conceditur; sed nihil ultra: *quin imo* excluditur plane talis potestas privativa illo Christi aperto præcepto; quo vetuit, ne etiam is, qui major ceteris esset a se constituendus inter Apostolos, *dominaretur* eisdem; jussitque, ut *fiat sicut minor*, id est, ut nihil in rebus novis, seu talibus, quæ ipso Apostolorum seu rectorum Ecclesiæ auctoritate primum statuendæ essent, nisi communi consensu statueretur (164. III. IV. V.); neutiquam vero a solo majore, imperio in reliquos Apostolos utente. Ergo &c. &c.; *quod primum* Quodsi vero communis aliquis Episcoporum consensus expressus summo Pontifici adstipuletur etiam in rebus variabilis disciplinæ, vel saltem tacitus, ipsa executione a magna Episcoporum parte manifestatus; sicque simul Capiti Ecclesiæ æque ac ceteris ei consentientibus numerosis Episcopis res tanti momenti ad utilitatem Ecclefiae 'effe videatur, ut legis ftrictae elficacia in Ecclefia uniformiter ejus introductio urgeatur; tum profecto particularis quisque Epifcopus, ceu qui divina lege ex officio promovere Ecclefiae, tum univerfalis, tum fuae particularis, majus bonum obligatur, eadem lege divina tenetur communi coepifcoporum & Primatis ipfius fententiae & voluntati accedere, atque adeo ad novam legem etiam in fuam particularem Ecclefiam introducendam cum illis concurrere; nifi fpeciales rationes, vere graves & legitimae exceptionem in eadem ipfius particulari Ecclefia expoftule at; quas proin fummo Pontifici, legis communis ftatutum urgenti, exponere pro debita fummo Ecclefiae Capiti & Paftori reverentia talis Epifcopus obligabitur: *quod alterum atque tertium* erat.

2.) Profecto haec ipfa, & non alia primorum Ecclefiae tum Patrum fententia, tum feculorum praxis erat. Non aliter quam communi Apoftolorum confenfu, non unius S. Petri imperio, primae mere Ecclefiafticae leges Act. XV. ftatutae funt; ficuti & lex de *bigamis* & *neophytis* in Epifcopos non ordinandis non aliter univerfe recepta eft. Quae leges Canonicae primae fub nomine tum *Canonum*, tum *Conftitutionum Apoftolicarum*, veniunt, etfi non nifi tertio, vel quarto feculo fcripto confignatae & collectae funt in unum aliquod *corpus primum Canonicum*, multis etiam fpuriis interpolatum, tamen jam prim s tribus feculis fecundum potiffimam partem non aliter quam fucceffivo Epifcoporum, nec ubique omnes, receptae funt. Unde ante quarti feculi medium, praeter epiftolas S. Cornelii Papae ad S. Cyprianum, & S. Julii I. Papae, nihil novarum legum continentes, nulla habemus documenta authentica, quae de lege generali mere humana per folum Romanum Pontificem

ficem extra cauffas fidei lata pro tota Ecclefia, & co folo nomine communiter recepta, teftarentur. *Quodſi* quæ ftatuebant nova aliqui Pontifices primis illis feculis circa ritus & ceremonias in Sacramentis adminiftrandis, in Sacrificio Miffæ &c.; haud profecto pro totidem legibus, fed folum regulis directricibus habebantur, fed ad particulares Ecclefias, nunc plures, nunc pauciores, pertinere pro numero confentientium introductioni earundem Epifcoporum credebantur: ex quo tam diverfæ Lythurgiæ atque etiam ritus alii in Orientali & Occidentali Ecclefia, atque etiam in provinciis diverfis. *Inde quoque* factum, ut, cum *S. Victor I.* Papa *Polycraten* Ephefinum Epifcopum cum Epifcopis magno numero illi adhærentibus legis feveritate urgere vellet, ut in re ad difciplinam variabilem pertinente Romanæ Ecclefiæ & aliarum mori fe conformarent; S. Victor non novam legem inprimis fua unius auctoritate, fed jam communi Apoftolorum confenfu pridem conftitutam obtenderet: qua tamen ipfa obligari fe non credebant Afiatici illi Epifcopi; quod eidem legi non confenfiffe, fed aliud ftatuiffe in fuis Ecclefiis S. Joannem Evangeliftam Apoftolum ex traditione antiqua exiftimarent. Nec probabant *S. Irenæus* aliique præcipua fanctitate Epifcopi; cum intellexere, *S. Victorem* legis imperio & coactione uti adverfos eos in re meræ difciplinæ voluiffe. *Denique S. Cypriano* in cauffa de rebaptizandis hæreticis cum S. Stephano agitata; quam cum ad invariabilia fidei & legis divinæ dogmata haud pertinere arbitraretur, cuilibet Epifcopo, ut in aliis variabilibus difciplinæ regulis, nulla generaliter recepta lege adhuc præfcriptis, fic & in eo negotio *proprium fuæ Ecclefiæ arbitrium* competere, in Concilio Carthaginenfi III. palam afferere non dubitavit, toto fat numerofo illo Epifcoporum Africanorum Concilio, neu minore Orientalium Episcoporum numero illi adstipulante.

* Nimirium hoc inter *supremum Monarcham* & *supremum Vicarium Christi*, seu Primatem Christianæ Eccletiæ intereft, quod illɔ, ceu *propria poteſtate ſuprema* (34) rempublicam quamcumque gubernaus, ipſe ſenatum confiliariorum ſuornm cum delegata a ſe poteſtate ex propriis fuis ſubditis inſtituat: unde eſt, quod is utique iſtorum conſenſu & acceptatione ad legem ferendam nequaqnam indigeat. At S. Petrus non ut Monarcha propria poteſtate imperabat Eccleſiæ, ſed ut ſupremus ſolum Vicarius & miniſter Chriſti, delegata ſibi a Chriſto poteſtate Eccleſiam regendam obtinuit; adjuncto ſibi ſenatu Apoſtolico, ita, ut Apoſtoli quidem ipſi eidem, aliqua ad ipſas Chriſti, ſupremi Monarchæ Eccleſiæ, proprias divinas leges pertinentia imperanti, obedire tenerentur; ſed non propterea liberum arbitrium accepit hic Apoſtolico ſenatui, ac per hujus membra nempe Epiſcopos, ceu rectores Eccleſiarum immediatos, omnibus Chriſtianæ Eccleſiæ civibus, proprias leges, etiam invito illo ſenatu Apoſtolico obtrudendi, maxime in rebus cum ſalute ipſa fidelium abſolute non connexis, ac per ſe variationi obnoxiis ſalva ſubſtantiali unitate Eccleſiæ Chriſti, (249.).

280.

Poteſt tamen, atque debet ex officio Primatus, Romanus Pontifex urgere obſervationem & executionem Canonum, ſeu legum Eccleſiaſticarum, communi aliquo Epiſcoporum conſenſu in generalibus Conciliis jam aliquando receptarum, pœnis nempe per easdem in ipſos Epiſcopos earum transgreſſores pari communi conſenſu jam conſtitutis animadvertendo. Ceu ſupremo enim Chriſti Vicario & vero ſuperiori omnium Epiſcoporum competit eidem vera poteſtas executrix omnium divinarum legum. Atqui ipſa divina lex obligat Epiſcopos ad executionem talium legum legi-

legitima auctoritate Ecclesiastica (215.) semel constitutarum: quamdiu justa exceptio, vel dispensandi caussa, non suppetit pro peculiari sua dioecesi: Ergo &c. &c.

* Errant ergo, qui ex sola severitate executionis talium legum sive Canonum a præstantissimis Romanis Pontificibus, *Innocentio I.*, *Siricio*, *Leone M.*, *Gelasio I.*, *Gregorio M.*, etiam adversus Episcopos adhibita, inferre volunt, etiam ipsam potestatem tales leges privativa auctoritate ferendi eos sibi existimasse competere. Æque parum ex *potestate suprema judicandi caussas Episcoporum* in electione & translatione, in criminibus Episcoporum, aut cum appellatione ad Sedem Romanam aliæ caussæ quæcunque deferuntur, inferri potest, Romanis Pontificibus potestatem novarum egum condendarum convenire. Alia enim est *potestas judicandi*, alia *exequendi*; quæ utraque ad *jurisdictionem* pertinet; sed *potestas novas leges ferendi* quid amplius illis adhuc complectitur (32. 33.). Unde potestas legislatrix quidem illas omnes, non tamen singulæ illarum istam complectuntur. Atque hæc quidem totius Ecclesiæ Gallicanæ vetus sententia est, hodie quoque in omnibus Austriacæ ditionis Academiis ex præscripto doceri solita.

281.

*Romanus Pontifex ut Primas Ecclesiæ non quidem jure humano, sed tamen divino, obligatur tum ad servandas leges a suis antecessoribus cum consensu Episcoporum generali jam latas, quæ in ipsius personam ratione materiæ cadunt; tum ad non dispensandum in eisdem nisi ex ratione secundum prudentiæ consilium sufficiente:* 2.) *hac tamen suppetente potest auctoritate propria in eis dispensare.* Non enim ipse lege humana Ecclesiastica obligari potest; cum ejus potestas ipsa suprema sit in Ecclesia ita, ut se superiorem non habeat (266. VII.). Itaque solum, ut quisque alius summus Princeps, suis legibus jure divino obligatur (241.); prout in ipsius personam instar regulae moralis cadere possunt: tum vero pariter obligatur, ut ne irrationabiliter dispenset: *quod primum.* Porro suppetente sufficiente ratione dispensandi, uti liberum, ita & in morali ipsius potestate est, obligationem tollere, quam ipse imposuit (277.).

### 282.

*Si Romanus Pontifex respectu fidelium quorumdam alterius a Romana diœcesis dispenset irrationabili ex caussa in lege aliqua a se vel suis antecessoribus cum communi Episcoporum consensu lata, tollit quidem legem suam suprema potestate latam; sed non obligat Episcopos, quo minus ipsi immediata sua potestate subditum suœ diœcesis, ceu lege particulari, ligatum tenere queant. 2.) Si tamen dispensatio communi bono majore Ecclesiæ, ceu motivo, nitatur; obligare Episcopum quemque singillatim potest, ut ei locum effectumque concedat. Primum* ex §. 164. II. patet. Exemplum esto; cum venia aetatis ad sacros ordines requisitæ a Papa dispensatione conceditur contra communem legem nulla urgente sufficiente caussa: quo casu utique non obligatur Episcopus illum ordinare. Porro tamen nullus Episcopus potestate gaudet praecepto singulari impediendi majus Ecclesiæ bonum: ergo si dispensatio Pontificia hoc tam recto motivo nitatur, Impediri ab Episcopo ejus effectus non potest: *quod alterum.*

\* Sequuntur ista omnia ex generali fine Primatus a Christo instituti, qui est unitas Ecclesiæ in fide, moribus, & caritate mutua pastorum & ovium. Ad fundandam unam fidem & mores necessarios Petrus constitutus est; item ad fratres in caritate firmandos; ad pascendas oves & agnos; non ad dominandum utrisque; non ad premendos ceteros Apostolos invitos novarum legum invito onere.

### 283.

Romanus Pontifex etiam qua Primas totius Ecclesiæ non est Dominus SS. Canonum, id est, non libero arbitrio aut jure proprio (1. 3.) ex quibuscunque caussis dispensandi in eisdem, sed solum morali potestate, precario a Deo ceu supremo Principe concessa, gaudet in ordine ad ædificationem, non ad ruinam Ecclesiæ, ceu minister & vicarius supremus Christi (36. 37.), nec nisi necessitate gravi urgente, aut invitante magna utilitate.

\* Vide sis de hac re Ludovicum Thomassinum de Discipl. Ecclef. P. II L. III. c. 28. u. 5. apertissime docentem, nihil aliud sibi revera saltem verbo tenus veteres arrogasse Romanos Pontifices, etiam tenacissimos suæ potestatis.

## ARTICULUS V.
AN AD PRÆROGATIVAS PRIMATUS ECCLESIÆ ETIAM PERTINEAT, UT PRIMATIS JURISDICTIO SUPERIOR SIMUL SIT IMMEDIATA IN OMNES OMNIUM ALIORUM EPISCOPORUM SUBDITOS CHRISTIANOS: UBI EXPLICANTUR JURA EPISCOPORUM.

### 284.

*Jurisdictio immediata* dicitur, quæ ordine prima & absolute sine alia proximiore se exerere in subditos quosdam morali cum potestate potest; *mediata solum*, quæ non nisi prævio alterius exercitio, vel sub conditione alicujus defectus ex parte istius forte intervenientis, recte exercetur.

### 285.

I. Mediata est omnis jurisdictio superior relate ad subditos inferioris jurisdictionis sibi subordinatæ; si tam superior, quam inferior talis jurisdictio sit mere precaria & ministerialis, id est, ab uno supremo

*Principe utraque immediate delegata; qui utrosque ministros, superioris & inferioris ordinis instituit eo fine, ut defectus inferiorum, fini ultimo societatis a se item institutae contrarii, per superiores suppleantur* ( 36. 37. ).

II. *Jurisdictio tamen superior semper immediata est relate ad personas, qui gerunt inferiorem jurisdictionem illi superiori subordinatam* ( praec. 34. ).

III. *Ipse tamen princeps supremus, qui propria potestate morali suprema instituit ministros superiores & inferiores, tam respectu istorum, quam respectu omnium subditorum, ac membrorum totius Societatis, semper immediata jurisdictione in omnes ex aequo pollet.*

\* Exempla subordinationis ejusmodi precariae jurisdictionis superioris & inferioris, immediatae ac mediatae, suppetunt tum in subordinatis dicasteriis cujusvis reipublicae, tum in veteri lege Judaica Deut. XVI. 18. & XVII. 8. supra §. 97. citata.

### 286.

*Nullo vel S. Scripturae, vel traditionis Ecclesiasticae antiquioris documento probari potest, S. Petro, ut supremo Christi Vicario, & totius Ecclesiae Primati, atque hoc ipso etiam ejus in hoc munere successoribus, a Christo Domino fuisse collatam ordinariam immediatam jurisdictionem in omnia membra Ecclesiae, aliis Episcopis immediate subjecta:* 2. ) imo *Scriptura Sacra, & vetus traditio, ipsaque ratio, potius docet; solum mediatam jurisdictionem in aliorum Episcoporum subditos supremo Christi Vicario concessam fuisse.* Nam.

1°. ) Loca S. Scripturae, legem fundamentalem complectentia, aliud non exprimunt nisi potestatem S. Petro superiorem ceteris Apostolis, imo supremam in Ecclesia, a Christo collatam fuisse ( hoc Capite Art. II. & III. ); eamque ministerialem
& pre-

& precariam relate ad Chriftum fupremum Principem Ecclefiae ; ut nempe S. Petrus fit fundamentum omnium aliorum ; ut claves ceteris communes fubfint ejus fuperiori poteftati ; ut pafcat & paftores & oves, fi inferiores paftores officio defint, vel eo male fungantur.

2.) TRADITIO ECCLESIASTICA ante Seculum fere feptimum documentum omnino nullum fuppeditat immediatae jurisdictionis fpiritualis in foro interno aut externo vel Romanis Pontificibus attributae a quodam, vel exercitae ab eisdem. *Neque enim* huc trahi debent *difpenfationes in legibus feu Canonibus facris pro univerfa Ecclefia conftitutis* per ipfos Pontifices in Conciliis generalibus , aut extra haec cum confenfu Epifcoporum ; quippe quae difpenfationes ceu in lege fuperioris (281.) ad immediatam Epifcoporum jurisdictionem per fe non pertinent (281. 282.). De Exemptionibus autem Religioforum, de jurisdictione fpirituali immediata in fubditos Epifcoporum religiofis exemptis in foro interno collata , de beneficiorum collatione in alienis dioecefibus a Papa immediate facta, aliisve fimilibus exercitiis Pontificiae poteftatis immediatae in fubditos proprios aliorum Epifcoporum, nihil omnino fex paene integris primis feculis Ecclefiae legere eft ; *quod primum.*

3.) Quid quod eadem SCRIPTURÆ LOCA potius contrarium aperte docere videantur. Nam cum Matth XVI. S. Petrus *fundamentum aedificii Ecclefiae* conftituitur ; non nifi mediata ratio influxus fupremae jurisdictionis in membra remotiora aedificii, ex gr. mediantibus columnis &c., exprimitur. Cum Joan. XX. 15. pafcere *oves* & *agnos* jubetur ; nihil aliud exprimi videtur, nifi ut oves matres pafcendo, id eft, docendo & corrigendo errantes Epifcopos, aut ignaros inftruendo,

media-

mediate etiam doceat ceteros iftis fubditos chriftianos. Unde & major ab illo præ ceteris Apoftolis dilectio ab eo requiritur : *diligis me plus his ?* ut videlicet, cum inferiorum paftorum, caritas defecerit, fummi paftoris fervor eam fuppleat; non ut omnem curam *immediate* fibi fumat. *Denique* Luc. XXII. 32. proprium Petri, ut Primatis Ecclefiæ officium apertius exprimitur a Chrifto dicente : *ego rogavi pro te Simon*! *ut non deficiat fides tua: & tu aliquando converfus confirma fratres tuos.* Ecce! non ad præveniendum officium Apoftolorum, fed ad fupplendum defectum iftorum in adminiftratione officii fui, mandatum Petro imponitur.

4.) TRADITIO ANTIQUA ex mente S. Cypriani hæc eft (in L. de Unit. Ecclef.) *Epifcopatus unus eft; cujus a fingulis* (Epifcopis) *in folidum pars tenetur.* Ubi fane Cyprianus immediatam jurisdictionem in fua particulari diœcefi *in folidum* ab Epifcopo teneri, fine concurrente alia æque immediata, & in eodem ordine, affirmat; quin mediatam & fuperiorem aliam excludat. Ex mente *S. Gregorii M.*, cujus eft Can. 39. Cauff. XI. q. 1. concurrere non debet in eodem gradu atque ordine jurisdictio Romani Pontificis cum jurisdictione Epifcopi. Nam in prædicto Canone præcipiens *Romano*, fuo per *Siciliam* Ecclefiarum & Cleri defenfori; ne fe immifceat; fiquis contra Clericum habeat cauffam; hanc addit prudentiffimam rationem : *nam fi fua unicuique Epifcopo jurisdictio non fervatur, quid aliud agitur, nifi, ut per nos, per quos Ecclefiafticus cuftodiri debet ordo, confundatur.* Quid quod idem *S. Gregorius M.* conftanter rejecerit titulum *Epifcopi univerfalis* feu *œcumenici* ceu nomen, ut appellat, *temerarium* (L. V. vet. edit. epift. 38. ad Joan. Conftant). Atqui hoc nomen maxime proprie & privative conveniret Romano Pontifici ut Primati totius Ecclefiæ; fi ipfe æque

imme-

immediata poteftate, ac proprius quisque Epifcopus, in omnium particularium diœcefeon fubditos divino jure uteretur. Contra titulus *Epifcopus Epifcoporum*, quem *Tertullianus* (L. de Pudicit. C. I.) & *S. Cyprianus* in Conc. Carthag. III., Romano Pontifici tribuunt; ficuti & titulus *Epifcopus Ecclefiæ univerfalis*, eidem citra dubium etiam ratione folius jurisdictionis fuperioris in omnes Epifcopos, & mediatæ in omnes Chriftianos, competit.

5.) Denique nec RATIO ipfa fuadet aliud. Nam *primo* finis immediatus ac præcipuus inftituti a Chrifto Primatus Ecclefiæ cum haud dubie fit unitas Ecclefiæ & ipfius Epifcopatus; certum eft, huic fini confequendo fufficere abunde fuperiorem illam Primatis fupra ipfos Epifcopos poteftatem, quæ immediata refpectu Epifcoporum, mediata autem refpectu eorum eft, qui Epifcopis immediate fubiiciuntur. Confiftit enim unitas illa in confenfione omnium circa regulas fidei & morum divinis legibus & Chrifti infti.utione conftitutas; quæ obtinetur, fi omnes Chriftiani immediate quoad iftas fubfint quisque proprio Epifcopo, omnes autem Epifcopi Pontifici Romano. Ex adverfo nihil propius eft, quam ut concurrens gemina immediata jurisdictio, inprimis in rebus, ubi nec Primatis jurisdictio erroris expers eft, aut inferiorum rectorum follertiam & vigilantiam fuffocet; aut hos cum Primate non fine fcandalo collidat; aut certe invifum illis iftius dominatum reddat. Deinde fi æque ordinarium & immediatum eft officium jurisdictionis fummi Primatis atque Epifcoporum; an poterit Primas æque *delegare* ordinariam fuam poteftatem immediatam pro omnibus parochiis integræ diœcefis presbyteris, *parochorum* nomine venturis; uti Epifcopus id poteft (185.) ? & tunc id genus Parochi, a Romano Pontifice conftituti, erunt in exercitio jurisdictionis (fi delegans voluerit)

ab

## Sectio II. Caput X.

ab Episcopis independentes; cum delegata potestas universe per se a solo delegante dependeat (sicuti nunc in religiosis exemtis fieri solet); atque sic Episcoporum jurisdictio erit plane otiosa: an forte non poterit hoc Papa, vel saltem non semper & universe, vi juris quidem divini? & ubi exprimitur substantia & modus limitationis istius in lege fundamentali aliqua, aut in Scripturis divinis? Nullibi profecto. Atque ex his *alterum* patet quod ostendere propositum erat.

\* *Neque dicas* 1.) summo Christi Vicario omnes Christianos fidei & Sacramentorum communione conjunctos esse debere, ac proin immediate subjici. Nam *respondeo*, hoc aliud non esse, quam, si Episcopus etiam proprius ab eo dissentiat haresi, vel schismate, vel inobedientia quacunque non legitima, cetera membra potius cum Capite mediato sentire, eique obedire teneri, quam adhaerere pastori immediato; id est, Caput supremum omnes defectus inferioris pastoris corrigere posse; id quod mediatae solum est potestatis. *Neque dicas* 2.) Papam etiam ante omne Episcopi proprii judicium posse judicare de rebus fidei, ejusque judicio stare debere omnes Christianos. Nam nisi id fiat ad supplendam negligentiam, vel emendandum errorem pastoris inferioris & immediati; tunc per se loquendo id fiat necesse est ad praveniendum istius errorem; ceu qui falli in tali judicio, & subditos non sine scandalo decipere posset; interim tamen ad officium immediatum Episcopi pertinebit definitionem Capitis cum propria judiciali sententia adhasionis (166. not. 3.) promulgare, ac immediata sua potestate executionem urgere: id quod summus Pontifex ubivis locorum non posset. *Neque dicas* 3.) Lateranense Concilium IV. Oecumenicum an. 1225. sub Innocentio III. celebratum docere, *Romanam Ecclesiam disponente Domino super omnes alias ordinariae potestatis obtinere principatum* (prac. 1.) Dicunt 4.) Parochus aeque ac Episcopus habent immediatam

id

*De propriis prærogativis Primat. Eccles. &c.* 399

in eosdem subditos *ordinariam* jurisdictionem; quin una alteri præjudicet: ergo & Papa & Episcopi habere simul possunt sine pacis jactura. Sed notent, Parochorum jurisdictionem non esse immediate a Christo institutam & delegatam, sed delegatam ab ipso Episcopo; licet delegatio hæc stabilis, eoque ipso ordinaria sit, & esse ob bonum Ecclesiæ debeat; cum in diœcesi ampliore Episcopus universis præsens esse in persona non possit. At contra Episcopi jurisdictio non a Papa, sed immediate a Christo est, tum institutione, tum delegatione (182. III.). Qui aliter, quam ego, de Parochorum institutione, sed absque omni sufficiente Scripturarum divinarum, aut Ecclesiasticæ traditionis fundamento, sentiunt; majore difficultate in hoc refutando argumento implicantur. At ego pro certo teneo, jure solum humano, uti Metropolitas & Patriarchas ad sublevandum in officio Primatem Ecclesiæ, sic Parochos Presbyteros ad sublevandum in officio Episcopum, fuisse institutos (185.). *Dicunt* 5.) Ergone Pontifex Romanus non poterit Christianos omnes a peccatis absolvere? atqui tamen S. Petro a Christo dictum est: *quidquid solveris &c. Resp.* venientes ad se Romam, ut quivis alius Episcopus in sua diœcesi, absolvere omnes ab omnibus potest. In alienam diœcesin veniens Papa, si ex ordine a Christo constituto omnia agere velit, consensum Episcopi eo modo, qui Caput Ecclesiæ non dedeceat, requirere debet, si ipse *immediate*, & in prima instantia, hujus subditos licite judicare, interno, vel externo in foro, velit (164. II.): secus si appellatione caussæ quæcunque in utroque foro ad ipsius tribunal deferantur. Neque periculum est, ut ex zelo & pietate agenti Pontifici quis Episcopus tunc resistat.

\*\* Quæres 1.) *Quo pacto Exemtiones Religiosorum ordinum cum immediata jurisdictione solis Episcopis in suis diœcesibus competente componi queant? Resp.* Exemtio Religiosorum quatuor veluti gradus seu capita complectitur, nimirum 1.) ut rationes accepti & expensi, *temporalisque*
*admi-*

administrationis domuum suarum, reddere Episcopo regionis illius teneantur: 2.) ne subjecti sint Episcopo ratione disciplinæ totius religiosæ instituto suo propriæ, ita videlicet, ut ne Episcopus inquirere in ejus observationem, leges religiosas exequi, declarare, violatores earum punire &c. &c. possit (28. 29. 30.): 3.) ne etiam *quoad jurisdictionem* proprie *Episcopalem*, Sacramentalem, & non Sacramentalem Episcopo, sed immediate soli Papæ subjiciantur; qui per delegatos a se Patres Spirituales, ceu Parochos, eis Sacramenta & Verbum Dei administret, & per sui Vicarios Episcopos eosdem Sacerdotio aliisque SS. Ordinibus initiet: 4.) ne talium religiosorum ordinum Sacerdotes *jurisdictione delegata ab Episcopo* opus habeant ad judicandos *in foro interno Sacramentali* ipsorum Episcoporum immediatos subditos, vel ad Verbum Dei eisdem prædicandum; sed ut ipsis ad hoc jurisdictio ab ipso Papa immediate delegetur. Jam vero *circa quattuor isthæc Capita exemtionis Religiosorum varia adnotanda sunt*, & 1'.) quidem *subjectionem religiosorum ratione duorum priorum capitum*, seu erga Papam, seu erga diœcesis, in qua degunt, Episcopum, supposita religiosi instituti approbatione, juris divini haud esse; sed *quoad redituum temporalium rationes* religiosos jure naturali sociali, sicuti alias quasque societates simplices ex. gr. mercatorum, tribus opificum, subjici dominio alto Principum; quorum in statu civili, ceu magis composito, degunt. Unde nisi Principes ipsi, privilegio immunitatis Ecclesiasticæ concesso, administrationem dominii alti in Episcopos, & Papam, transtulissent; neuter ex istis quidpiam jurisdictionis hac in parte circa religiosorum bona temporalia haberet. Eam itaque exemtionis partem, quæ ad illa bona temporalia attinet præcise, concessere olim religiosis quibusdam, & nunc pæne omnibus, Romani Pontifices vi privilegii sibimet ipsis a Principibus seu concessi, seu indulti, de suprema administratione bonorum omnium temporalium, seu ad Clericos, seu ad Religiosos, pertinentium. 2.) Quod ad *subjectionem Religiosorum relate ad religiosæ regulæ sibi peculiaris disciplinam*

*nam in foro mere externo* attinet; oritur ea præcife tum ex votis religiofis, quæ Deo jurarunt, tum ex pacto cum religiofa focietate inito; quo tum finguli fe fuamque libertatem ( uti fit in exortu cujuslibet alterius focietatis, ex. gr. tribus opificum ) focietati religiofæ ejusque fuperioribus, fecundum legem ejus fundamentalem conftitutis, fubjecere in ordine ad univerfam religiofæ illius prædictæ regulæ difciplinam; & quo viciffim fub conditione ejusdem fpontaneæ fubjectionis a focietate religiofa in communem nexum, ceu membra nova talis focietatis, recepti funt. Hæc fubjectio fpecialis ad regimen religioforum & fuperiores religiofos ratione difciplinæ religiofæ probe diftinguenda eft a fubjectione Ecclefiaftica; quæ cuique Chriftiano communis eft, & ex pacto chriftiano in baptifmo cum focietate tota vifibili chriftiana inito nafcitur, tum erga Epifcopos, tum erga Papam; fed extra Dei & Ecclefiæ præcepta omnibus Chriftianis communia fe non extendit. Sic Monialis fola religiofa fubjectione fubeft Abbatiffæ, nullam plane jurisdictionem Ecclefiafticam fu eam habenti, nec in interno, nec in externo foro. Non fubtrahitur quidem hac fubjectione religiofa religiofus homo, & Societas tota religiofa, nec jurisdictioni Ecclefiafticæ, feu Epifcopi, feu Papæ, nec jurisdictioni civili Principis fui temporalis; fed ifti, quod prius potuere morali poteftate, id totum etiamnum poffunt in fingulos religiofos: quin imo fi ifti a fua regula & ab obfervatione votorum publice deflectant ita, ut extra clauftra fcandalum prorumpat, poffunt Epifcopi & Principes, ceu immediati judices, ea fcandala in foro externo pœnis confuetis, & fi malum immedicabile eft, etiam exclufione talis Societatis religiofæ a nexu Ecclefiaftico & civili, punire. Item circa religiofos facris ordinibus initiatos eadem Epifcopo per fe manet jurisdictio ratione minifterii facri, quæ in alios Clericos. Interim quamdiu religiofi citra publicum fcandalum intra religiofa clauftra degunt; *jurisdictio mere religiofa, ad* executionem regularum præcife in foro externo tendens, inquirens in earum transgreffiones, iftas pœnis per regulas

STATTLER, DEMONSTR. CATHOL. C c *ipfas*

ipfas præfcriptis item in foro externo puniens, regulas ipfas authentice declarans ( 28. feqq.), non nifi *ad religiofos fuperiores pertinet* (ficuti in tribubus opificum ad tribunos) ita, ut Ecclefiaftica jurisdictio Epifcopi non nifi in foro interno Sacramentali de peccatis religioforum etiam circa vota religiofa admiflis, ficuti de peccatis per feculares commiflis, judicet. 3.) *Tertium* vero *caput exemtionis* religiofos vere *a jurisdictione Ecclefiaftica Epifcopi*; tam intero, quam externo in foro, fubtrahit, & foli Papæ immediate fubjectos reddit; qui Præfules religiofos veluti fuos Vicarios generales, confeffarios autem ceu Parochos, cum delegata a fe immediate jurisdictione conftituit; vel (ut alii rem concipiunt) Antiftites cujusque religiofæ familiæ quafi Epifcopos præficit; qui videlicet, excepto ordine Epifcopali, cetera omni jurisdictione Epifcopo propria relate ad fubditos religiofos gaudeant. 4.) *Quartum caput* religiofis exemtis fpeciem veram jurisdictionis immediatæ circa fubditos ipforum Epifcoporum proprios tribuit; quæ cum non ab Epifcopis, fed a Papa delegetur; hoc maxime modo *Papa immediatam quamdam jurisdictionem, per religiofos exemtos ceu fuos miniftros, in omnes etiam aliarum diæcefium Chriftianos exercet.* Jam vero Romani Pontifices in id genus Exemtione religiofis concedenda per gradus progreffi fuere. Ac primo quidem *circa rationes reditúum temporalium, & circa religiofam privatam difciplinam* quædam Cœnobia ab omni fubjectione erga Epifcopos Romani Pontifices eximere cœpere jam inde a feculo fexto finiente. Ita *S. Gregorius M.* an. 598. Cœnobium *Claffenfe*, ac deinde an. 601. in Romana Synodo omnia Italiæ *Monafteria*, *Honorius I.* an. 628. *Bobienfe*, *Adeodatus* an. 674. Turonenfe S. Martini Monafterium, *Zacharias* an. 751. *Fuldenfe* &c. &c. exemere. Fuit vero finis id genus exemtionis, ut Monachi diverfis vexationum generibus fubtraherentur; ut folitudo monaftica minus turbaretur; ut denique religiofi in religiofa perfectionis difciplina a fuperioribus item religiofis, & in vitæ perfectione expertis, liberius regerentur. Poft *hæc*, ex eisdem quidem finibus

*De propriis prærogativis Primat. Eccles.&c.* 403

bus, alii Pontifices (uti *Joannes IV.* an. 641. duo Luxovientia monasteria) in eo ab Episcopi jurisdictione etiam propria spirituali, vereque Episcopali, religiosos exemere, ut sacrum *Chrisma, & quidquid ad sacra mysteria pertinet,* a quolibet Episcopo, a quo vellent, accipere possent. *Honorius I.* in *Bobiensi* an. 628. & *Benedictus VII.* an. 681. in *S. Walarici* cœnobio celebrationem Missarum solemnium omnibus *Sacerdotibus cujuslibet Ecclesiæ*, nisi ab ipsis Abbatibus fuerint invitati; prohibuere. Diploma *Zachariæ* Papæ an. 751. pro *Fulaensi* Monasterio datum idem habet. *Benedictus VIII.* an. 1019. *Leonensi* Monasterio eadem, quæ Joannes IV. Luxovientibus duobus, concessit *Inde vero* an. 1078. *Gregorius VII.* eidem *Leonensi* Cœnobio concessit, ut *Chrisma, oleum sanctum, consecrationes altarium sive Basilicarum, ordinationes Monachorum sive Clericorum totius Abbatiæ, a quo mallent Catholico Antistite acciperent:* item ut ne *Episcopus præter Abbatis voluntatem missas publicas in monasterio celebrare* posset: ut denique *Abbas,* a solis *Monachis electus, Romanum Pontificem consecrandus accedat.* Denique Seculo XIII. secuta *Religiosorum Mendicantium exemtio* per *Innocentium III.* ab omni penitus *Episcopali jurisdictione, & eorundem delegatio cum Papali jurisdictione relate ad quosvis fideles* & quorumvis Episcoporum subditos in ordine ad verbi Dei & Pœnitentiæ Sacramenti administrationem. Ceterum in primorum illorum Pontificum Romanorum diplomatis, quibus religiosos a jurisdictione Episcoporum circa res solum temporales & monasticam disciplinam eximebant, fere continuo repeti solent pæne eadem verba, quibus *Concilium Carthaginense* an. 534. celebratum utitur; dum idem omnia Africæ Monasteria quoad eadem capita a jurisdictione Episcoporum eximit: *Cetera,* inquit, *monasteria etiam ipsa libertate plenissima perfruantur: servatis limitibus Concitiorum suorum* (id est, proprii Capituli) *in hæc duntaxat, ut, quandocunque voluerint sibi Cericos ordinare, vel oratoria Monasteriis dedicare; Episcopus, in cujus plebe, vel civitate, locus Monasterii consistit, ipse hujus muneris gratiam compleat, sal-*

## Sectio II. Caput X.

va libertate *Monachorum*, nihil in eis præter hanc ordinationem vindicans, neque Ecclesiasticis eos conditionibus, aut angariis subdens. Oportet enim in nullo *Monasterio* quemlibet Episcopum cathedram collocare; nec aliquam ordinationem quam levissimam facere, nisi Clericorum, si voluerint habere: esse enim debent *Monachi* in *Abbatum* suorum potestate. Et quando ipsi *Abbates* de corpore exierint, qui in loco eorum ordinandi sunt, judicio Congregationis eligantur; nec officium sibi hujus electionis vindicet, aut præsumat *Episcopus*. Siqua vero contentio, quod non optamus, exorta fuerit, ut ista *Abbatum* aliorum Concilio sive judicio finiatur: aut si scandalum perseveraverit, ad Primates cujuscunque Provinciæ universæ caussæ monasteriorum adjudicandæ perducantur. Vides in hoc Concilio Carthaginensi, salvo omni proprio Episcopi officio, religiosos solum quoad disciplinam religiosam eximi ab Episcoporum potestate. At enim posterioribus seculis longius progressi Romani Pontifices, ab ipsa Episcopali jurisdictione & officio tum circa ordinationes, tum circa ea, quæ consecrationem ab Episcopo faciendam requirunt, monasteria subtraxere: quibus antecessorum exemplis innixi rursus alii Pontifices demum a tota spirituali & Ecclesiastica Episcoporum jurisdictione religiosos exemere. His præmissis ad propositam quæstionem, *quo pacto id genus exemtio concipi sine injuria Episcoporum possit;* respondent aliqui 1.): Præsules talium religiosarum familiarum ipsosmet totidem quasi Episcopos a Papa cum jurisdictione eadem constitui, qua ordinarie Episcopi funguntur; ac proinde ipsas religiosas familias ceu totidem diœceses separatas ab aliis habendas esse: neque enim necessarium esse, ut immediata & propria supra particulares Ecclesias jurisdictio cum ordine Episcopali semper conjuncta sit (183.): esse vero id juris Primatialis, ut Primas Ecclesiæ limites diœcesium determinet (253.). At enim §. 181. ostensum est, jure divino constitutum esse, ut Ecclesiæ particulares ab Episcopis veris cum potestate *ordinis & jurisdictionis* propriæ & ordinariæ, & quidem immediatæ, vulgo regantur: quo supposito sequeretur, illorum reli-

religioforum Antiftitum quafi Epifcopalem jurisdictionem ab ordine Epifcopali fejunctam divino juri repugnare. Melius itaque *alii cenfent* 2.); verum immediatum Epifcopum illorum omnium religioforum exemtorum effe ipfum Romanum Pontificem; qui fuæ propriæ diœcefis Romanæ membra per totum orbem, fic difperfa habeat, ut fingulis religiofis familiis Præfulum loco totidem veluti *Vicarios generales* cum delegata generali jurisdictione Epifcopali præfectos numeret. Ifte conceptus exemtionis religioforum, prout a quarto capite & veluti fpeciali privilegio, fupra memorato, abftrahit, illud quidem fatis explicat, non omnino injuriam aliquam Epifcopis per eam inferri; etfi vulgo fapienter limites *territorii Epifcopalis* ( 238.) potius regionum certarum terminis, quam enumeratione perfonarum, in eadem regione domicilia figentium, inde a primis Ecclefiæ feculis definiti fuerint; nec immerito, exiftente vel folum fufpicione aliqua dominatus non nihil defpotici ex parte Primatis, præfentia id genus immediatorum ejus fubditorum, veluti exploratorum, Epifcopis exofa videri poffit. Interim ob rationes politicas, & controverfias ratione immunitatis Ecclefiafticæ Principibus & integris Statibus Politicis cum Romano Pontifice fæpius obortas; quibus durantibus id genus religiofi exemti fæpe partes Romani Pontificis, ceu immediati fui Epifcopi, quin & ceu veri temporalis fui Principis (uti fæpe credebant) tuebantur; exemtio ifta etiam fummis Principibus noftra ætate exofior reddita eft; ita quidem ut Respublica Veneta declararit, fe porro inter cives fuos religiofos exemtos neutiquam toleraturam. Ex quo ipfo facile intelligas, id genus exemtionem locum vel initio minime fuiffe habituram; nifi ultro ipfi Principes & Epifcopi id genus religiofos exemtos recipere, ifti quidem in diœcefes, illi vero in fubjectas fibi provincias, voluiffent. At denique longe difficilior Epifcopis accidere debet fimilis exemtio, ipfis multis Cathedralibus Canonicorum Capitulis in Gallia præfertim a Romanis Pontificibus conceffa: qui cum confiliarii Epifcoporum, ac focii fint in adminiftrandis bonis temporalibus

ipfius

ipsius Ecclesiæ & Sedis Episcopalis, non potest non independentia ejusmodi eorundem ab omni Episcopi jurisdictione eorum Episcopis molestissima accidere. 3.) Superest, ut *de* illa parte, vel potius *singulari privilegio*, exemtioni Mendicantium Religiosorum superaddito, loquamur; *quod in jurisdictione consistit*, quam ipsis summus Pontifex in foro interno Sacramentali *ad absolvendos a peccatis omnes aliorum Episcoporum subditos, & ad verbum Dei ubique prædicandum delegat.* Fatendum plane, difficillime hoc privilegium cum ea dogmate combinari; quo tenetur, nullam supremo Ecclesiæ Primati immediatam in aliorum Episcoporum subditos jurisdictionem competere; nisi illud denique advertas, consensisse ultro Episcopos ipsos in id genus privilegium eo ipso, quod tales religiosos, id genus privilegio publice a Papa instructos, in suas diœceses scientes volentesque admiserint; quin illud ullo pacto abnuerent. Ceterum notiores sunt contentiones, quæ hujus inprimis privilegii religiosorum Mendicantium caussa in Gallia religiosos exemtos inter & Parochos, ipsamque S. Facultatem Parisiensem ab istorum partibus stantem, superioribus seculis XV. & XVI. & rursus medio seculo XVII. exortæ sunt. Et vero licet Alexander IV. an. 1256. Clemens IV. an. 1265. Bonifacius VIII. an. 1295. Benedictus XI. an. 1304. concesserint illis religiosis ex mtis facultatem audiendi confessiones quorumvis fidelium etiam sine licentia & approbatione Episcoporum: nihilominus *Tridentinum Concilium* Sess. XXIII. de reform. c. XV. eas Pontificum Constitutiones omnes revocavit, decernens, *nullum Regularem posse confessiones secularium, etiam Sacerdotum, audire, nec ad id idoneum reputari, nisi aut parochiale beneficium* ( id est, ipsam jurisdictionem delegatam Episcopi §. 185. not.) *aut ab Episcopis per examen, si illis necessarium videbitur, aut alias idoneus judicetur, & approbationem obtineat: privilegiis & consuetudine quacunque, etiam immemorabili, non obstantibus.* Idem Concilium Sess. XXIV. C. IV. prohibet universe, ut *nullus secularis, sive regularis, etiam in Ecclesiis suorum ordinum, contradicente*

cente Episcopo, prædicare (verbum Dei) præsumat. Jam vero approbatio secundum Theologos Gallos (vide Tournely de Sacram. Pœnit. quæst. X. art. 3.) est testimonium juridicum, quo Episcopus fidem facit, se ad confessiones in sua diœcesi audiendas talem Sacerdotem idoneum judicare, & idcirco consentire, ut id faciat, id est, eum deputare, delegare: ex quo recte infert Tournely (etsi alii passim approbationem a Tridentino nominatam ad solum judicium de idoneitate restringant) inde a tempore Tridentini approbationem a jurisdictione Episcopi non differre; sed eo ipso Episcopum jurisdictionem conferre, quod approbet. Id quod ex eo maxime confirmatur, quod vi propositionis XII. & XIII. an. 1665. ab Alexandro VII. Papa damnatæ, Episcopi religiosis etiam exemtis a se concessam approbationem pro arbitrio limitare tum quoad tempus, tum quoad personas, tum quoad materiam, possint. Vides itaque, etiam hoc exemtorum religiosorum privilegium plane ab Episcoporum consensu dependere.

### 287.

I. *Omnis itaque immediata jurisdictionis spiritualis potestas circa subditos Christianos particularium Ecclesiarum penes Episcopos jure divino est, ceu immediate a Christo accepta* (præc. 182. III. IV.)

II. *Episcoporum ergo est potestas immediata docendi suos diœcesanos leges divinas fidei & morum; eisque obtemperare & credere tamdiu illi obligantur; quamdiu illos a supremo Christi Vicario in doctrina dissentire haud uspiam constat.*

III. *Penes Episcopum est vis coactiva spiritualis qua Christianos divinis & Ecclesiasticis legibus a se promulgatis refractarios moraliter cogere potest ad eas observandas* (211. 215.),

IV. *Episcopus etiam in sua diœcesi particulares leges aliquas ferre potest circa materias §. 216. & seqq. enumeratas ; nisi jam lege generali Ecclesiastica sint definitæ* (279. 280.).

V. *Episcopus tamen circa suas leges, sicubi a recta regula & moderatione deflectat* (221.), *corrigi potest a supremo Christi Vicario, & ejus leges ab isto refcindi.* Sequitur ex fubordinatione poteftatis omnis Epifcoporum ad fuperiorem jurisdictionem S. Petri (34.).

VI. *Romanus Pontifex jurisdictione fua mediata ac superiore se immiscere regimini Ecclesiastico subditorum cuiusque Episcopi licite non potest ; nisi in casu vel defectus alicujus ab Episcopo admissi, vel facta appellationis ab Episcopi judicio ac tribunali ad suum superius tribunal, & exinde perspectæ Episcopalis judicii injustitiæ.*

VII. *Omne judicium immediatum circa caussas mere spirituales quascunque suorum diœcesanorum, omne item exercitium potestatis spiritualis immediatum, seu in prima, ut ajunt, instantia, pertinet ad Episcopum proprium illorum ; nisi in aliqua peculiari materia generali Ecclesiæ lege, cum generali aliquo Episcoporum consensu lata* (297.), *supremo Christi Vicario sit refervatum.*

VIII. *Ad Episcopum itaque per se pertinet* 1.) *omnis absolutio a peccatis & delictis in foro interno & externo, juxta atque punitio eorundem delictorum* ; 2.) *omnis dispensatio in votis*, id eft, declaratio, an obligent, vel commutari in alia poffint (234. feqq.) ; 3.) *omnis collatio, seu delegatio, jurisdictionis immediatæ & immediatæ curæ animarum Parochiis, aliisque cura animarum in suæ diœcesis subditos fungentibus, facienda* ; id eft, omnis collatio officiorum fpiritualium ; 4.) *omne denique judicium*
imme-

immediatum de juribus & facultatibus spiritualibus controverfis suorum diœcesanorum ; 5.) nisi quantum in his aliquid lege generali Romano Pontifici est speciatim refervatum (280.).

\* Ex dictis isthic n. 3. non sequitur, Episcopum non teneri salva servare *jura patronatuum*; cum nec ipsi utique dominatus in rebus spiritualibus a Christo concessus sit, monente S. Petro omnes Episcopos lip. I. c. V. ne *dominentur in Cleris*. Interim alibi nobis erit de isto argumento sermo.

\* \* Quod attinet RESERVATIONES PECCATORUM a Romanis Pontificibus fieri solitas ; certum est, usque ad Seculum XI. penes Episcopos sine ulla controverfia fuisse plenam auctoritatem absolvendi in foro pœnitentiæ secretæ & publicæ cujuscunque sceleris quantumvis enormis reos ; nec ullam eo usque fuisse refervationem Papalem. Exinde tamen cœperunt ipsimet Episcopi non solum in particulari casu aliquo, sed etiam generali decreto statuto, certorum criminum reos ad Romanum Pontificem remittere, nec ab alio absolvendos decernere : in aliis sibi ipsis judicium refervabant, ademta ceteris Sacerdotibus, etiam Parochis, absolvendi facultate. Caussæ istius variæ erant ; præcipua autem ut publicæ pœnitentiæ, quæ in Occidente passim exoleverat, vim ad absterrendos a certis vitiis homines supplerent. Inde vero occasionem cepere, ut volentibus maxime Episcopis Romani Pontifices ipsimet certos quosdam majorum criminum casus in universa Ecclesia suo unius tribunali refervarent. *Concilium Tridentinum* hac de re ita loquitur Sess. XIV. c. 7. *Magnopere ad Christiani populi disciplinam pertinere Sanctissimis Patribus nostris visum est, ut atrociora quædam crimina non a quibusvis, sed a summis duntaxat Sacerdotibus absolverentur. Unde merito Pontifices Maximi, pro suprema potestate sibi in Ecclesia universa tradita, caussas aliquas criminum graviores suo potuerunt peculiari judicio refervare.* Enim vero Tridentinum pro ratione, cur summi Pontifices merito sibi refervare aliqua criminapotuerint,

rint, allegat, quod ab ipfis Epifcopis *(SanEtiſſimis patribus noſtris)* id ceu maxime utile ad chriſtiani populi diſciplinam, fuerit exoptatum. *Nec obſtat,* quod idem Concilium dicat, Pontifices id *facere potuiſſe pro tradita ſibi* (utique divinitus) *in univerſa Ecclefia ſuprema poteſtate. Nam* ne confentientibus quidem Epifcopis refervare quædam fibi peccata Romanus Epifcopus lege generali Eccleſiaſtica poſſet ; nifi *ſuprema* fimul ei jurisdictionis poteſtas in tota Ecclefia competeret. Neque enim *delegata* ab Epifcopis, fed *propria, ſuprema* videlicet, poteſtate Romanus Pontifex a peccatis fibi refervatis abfolvit. Denique idem Concilium in Can. XI. cit. Seſſ. de facram Pœnit, folum jus refervandi Epifcopis competens fub anathemate definit,

\* \* \* DISPENSATIO OFFICIORUM ECCLESIASTICORUM, id eſt, juris & Officii fpiritualis, & imprimis jurisdictionis ad curam animarum requifitæ, primis fex Eccleſiæ feculis fine omni controverfia erat apud folos Epifcopos in fuis diœceſibus (vide Thomaffin. de Difcipl. Ecclef. P. II. L. I. c. 34. & feqq.) ; imo usque ad medium Seculum XII. rariſſima facta Pontificum reperire in hiftoria Eccleſiaſtica eſt : quibus fe in conftituendis Miniſtrorum perfonis, quibus animarum cura credenda erat, cum oftentatione poteſtatis alicujus in hac parte ingererent. *De jure fpirituali ejusque collatione* loquor : nam fummos Pontifices *mediata* poteſtate *ſupremaque adminiſtratione bonorum Eccleſiaſticorum* inde a primis feculis functos eſſe, cum Ecclefiæ in his immunitatis privilegio per principes conceſſu libere fruerentur, omnibus fat compertum eſt : fed hoc caput infra peculiari loco ubertim tractabimus. Neque hic *de jure patronatuum* mihi fermo eſt : de quo, ut promifi, alibi mihi erit diſſerendi locus. Refert tamen *Ludovicus Thomaſſinus* de difcipl. Ecclef, P. II. L. I. c. 41. aliqua *exempla ſingularia* exercitæ a fummis Pontificibus illius beneficiorum difpenfationis in alienis diœcefibus ex feculo fexto & feptimo ; quorum hæc fere præcipua funt. 1.) *S. Gregorius M.* Paulliuum, Epifcopu a pum prius in civitate permodica Calabriæ, poft totius civitatis vero ejus everfionem a barbaris factam fecedentem in Siciliam donavit Abbatia & regimine Monafterii S. *Theodori* in civitate Meffinenfi; cujus beneficii collator erat Epifcopus Meffinenfis; quem idcirco certiorem rei totius fecit S. Gregorius; *ut ne te omiſſo*, ait in Ep. 38. L. I. ad illum Epifcopum data, *aliquid ordinatum in tua diœceſi contrifteris.* Meminit autem S. Papa, fe refciviffe jam prius, quod ipfe Epifcopus propofitum jam habuerit hac beneficentia levare fratris egeftatem. Nec mirum hoc: cum S. Gregorius Monafteria omnia Italiæ circa reditus temporales & difciplinam religiofam ab Epifcoporum poteftate exemerit (not. 2. §. 285.). 2'.) Abfolutiore etiam poteftate ufus eft idem S. *Gregorius M.* cum Epifcopo *Importuno*, ad quem ( L. II. ep. 10.) mifit *Dominicum* Presbyterum fcribens: *quia Eccleſiam S. Mariæ in tua Parochia pofitam presbytero vacare cognovimus, præſentem portitorem Dominicum Presbyterum in eadem Eccleſia ut præeſſe debeat, nos ſcito deputaſſe.* 3.) Idem L. III, ep. 14. *Felicem* Diaconum ad Syracufanum Epifcopum mittit, *ſive ut officium diaconatus expleat, ſeu certe, ut ſola ejusdem officii pro ſuſtentanda paupertate ſua commoda conſequatur*, folam ex duobus his optionem relinquens Epifcopo; motus, ut ait, tum Felicis paupertate, tum pietate. 4.) *Joannes* quoque *Diaconus* in vita S. *Gregerii* L: III. c. 15. feq. de eo refert; quod Epifcopus fedibus fuis expulfos aliis Epifcopis interim, dum reditus illis ad proprias fedes daretur, fuftentandos adjunxerit. At demum hoc aliud non erat, quam debitæ caritatis officium exigere. Notat enim erudite non minus quam fapienter Thomaffinus l. cit. ex ipfo Joanne Diacono ( L. III. c. 7. 8. & 9.), S. *Gregorium* ingenti ftudio & ardore accenfum, ut Eccleſiis paftores optimos provideret, undique perquifiviffe, qui ufquam effent illis egregiis dotibus præditi, ut rite iis regendæ credi Eccleſiæ poffent. Quales fi ipfi aliqui in manus inciderent, gratiam fe inire ab Epifcopis confidebat, fi eos eorum vacantibus Parochiis præficeret. Epifcopos

ipfos

ipsos, cum scireut; nihil illum amplificandæ potestatis suæ causſa agere, vel ad dispendium potestatis ipsorum; gratulatos sibi esse, si ab ejus manu optimos Ecclesiarum ministros acciperent. Denique omnes istæ provisiones Italiæ & Metropolis Romanæ finibus continebantur. 5.) *Martinus I.* grassante tum per Orientem hæresi Monothelitarum & Saracenis Palæstinam ac Syriam vastantibus, Legatum suum constituit Joannem Philadelphiæ Episcopum (Epist. V.), ut per omnes civitates sedi Jerosolymitanæ & Antiochenæ subjectas, *ubi necesse esset*, constitueret Episcopos, Presbyteros, & Diaconos. Verum id genus remedium summa necessitas requirebat, impetum tunc in Ecclesias occasione turbarum illarum facientibus non tam pastoribus, quam *lupis sectæ Monotheliticæ*. Unde addit expresse Martinus I. in Epistola sua: *propter augustias temporis nostri & pressuram gentium se talia ordinare; ne usque in finem in illis partibus deficiat ordo sacerdotalis.* 6.) Similia exempla de datis Metropolitæ mandatis, ut aliquem a Papa nominatum Episcopum in vacante Ecclesia suæ provinciæ ordinarent, legimus de *Paulo I.* & *Joanne VIII.* in Ep. 39. Cod. Carolin. apud Duchesne Tom. III. & Ep. 171, 174. 175. 7.) Refert idem Thomassinus adhuc Seculo XII. *Adrianum IV.* & *Alexandrum III.* precibus solum & commendatione apud Episcopos egisse, siquem Clericum promoveri in alienis ipsorum diœcesibus ad beneficium optarent. Brevi tamen *preces in mandata* conversas fuisse. 8.) At enim inde a Seculo XII., erectis jam pæne ubique distinctis Titulis Beneficiorum Ecclesiasticorum, sicuti cupiditas pinguioris Præbendæ electiones non solum Episcopales, sed & inferiornm ministrorum passim perturbaverat, ita Romani Pontifices occasionem nacti sunt, ut sive juris immediati obtentu, seu titulo supplendorum defectuum malæ electionis, vel etiam ad præveniendas electiones malas, sæpius huic negotio se misceerent. Postquam vero crebra satis istius rei exempla dedere; accesserunt Principum ipsorum preces, id genus collationes, quin & reservationes earundem, a Romanis Pontificibus in

certa

*De propriis prærogativis Primat. Ecclef. &c.* 413

certarum perfonarum, fuis obfequiis addictarum, favorem efflagitantium : quorum Principum auctoritate viciffim in liberiore iftius difpenfationis ufu fummi Pontifices roborabantur adverfus Epifcopos ; qui ob temporum quoque illo rum rationem fæpe, quod juris fui effet, magnopere ignorabant. Inde vero brevi graviffimi abufus, miniftrorum Papæ & ad Romanam fedem confugientium vitio, nec vero etiam fine fpecie defpotifmi alicujus ex parte quorumdam ipforum Pontificum confecuti funt; ita quidem, ut *Innocentius IV.* ipfe id genus cauffas Bulla edita refervationes & mandata omnia fibi antea furrecta revocarit. *Cum vero*, ut ait Cl. Rigant (Comment. in reg. I. Cancell. §. I.) *Angli fuarum Provinciarum opes deferri in Italiam, & iidem, atque Hifpani, a Pontificibus Avenione refidentibus hominibus Gallis fua Sacerdotia deferri viderent ;* tum fane omnes acriter refiftere ; etfi poft graviffimas querelas populorum pluribus feculis iteratas vix demum *Expectativæ gratiæ* a *Tridentino Concilio* Seff. XXIV. cap. 19. fublatæ fuerint. Reliqua autem Pontificia collatio beneficiorum ad certos quidem limites celeberrimis illis *Concordatis Germaniæ* an. 1448. inter *Nicolaum V.* Papam & *Fridericum III.* Imperatorem initis *in Romano Imperio* redacta eft. In *Gallia* ,*SanEtio* primum *Pragmatica*, in *Bituricenfi* Concilio an. 1438. decreta, & a *Bafileenfi* Concilio confirmata, Pontificum poteftatem reftrinxit ; fed quæ novis *Concordatis* a *Leone* Papa X. an. 1516. cum Francifco I. initis, abolita rurfum eft. Qui me vel plusculo amplius hic dixiffe fufpicatur, quam falva veritate fumma in Sacram Sedem reverentia admittat; imo qui experimentum integritatis animi mei capere opat; legat, oro , vel duo capita ex Thomaffino P. II. l. I. nempe 43. & 44.: iisdemque perlectis refléctat fecum ipfo; quantum argumento illi tribuendum fit , quod tam communiter ex *faEtis Pontificum fuperioris ætatis in materiis difciplinæ* ad probandam eorundem; poteftatem , divino Primatus jure ipfis competentem , veterum temporum Theologi æque ac Canoniftæ petere confueverunt. *Habes hic ergo* , concludit Thomaffi-

414   *Sectio II. Caput X.*

missinus cit. cap. 44. §. III. n. 8., *ut increbescere cœperint illa Canonistarum placita, Romanum Pontificem esse summum dispensatorem omnium Ecclesiæ beneficiorum : atque nulla re de nouo tentata, nova tantum cœperint rexptæ jam consuetudini & disciplinæ parari aptarique fundamenta: ab ipso usque Petro petita, omnium Ecclesiarum fundatore, per sese, vel suos successores; ut jam olim affirmaverat in Epistolis suis Innocentius I.* Concludo hoc totum argumentum sapientissimis ejusdem Thomassini dictis loc. cit. cap. 45. §. XIV. *Collatores & Institutores primarii omnium suæ diœceseos beneficiorum fuere Episcopi, utpote earum omnium Ecclesiarum* (fundatores, vel fundatorum hæredes, & successores (adde vero, etiam immediatos rectores & pastores) *ita ut jam inde ab exordio Episcopi jure hoc suo gavisi sint nominando, nominatas ab aliis instituendo, conferendo* ( jus & officium spirituale, ipsamque jurisdictionem suam delegando ) *aliorum collationes consensu saltem tacito ratas habendo.* Enimvero nominationis, præsentationis variabilia sunt jura. Ast collatio proprio & immediato jure divino ad Episcopum spectat. In illis stari consuetudine potest ac debet. In ista cedere jure suo Episcopi saltem non tenentur. Sunt enim Episcopi soli jure divino immediati pastores gregis, quem Apostoli, aut præcessores Episcopi, genuerunt : cui etiam soli ipsi per se *vicarios* præstituera pastores, id est, Parochos, possunt, cura & jurisdictione precaria ipsis delegata.

### 283.

*Episcopis particularibus non competit per se potestas dispensandi in legibus Ecclesiasticis, seu SS. Canonibus, a summis Pontificibus cum consensu debito Episcoporum ipsorum constitutis* (279. 280.). 2.) *Competit ipsis tamen potestas Epickiæ, seu impropriæ dispensationis, in casu urgentis necessitatis, vel majoris utilitatis Ecclesiæ*; 3.) *ita tamen, ut si res moram patiatur, secundum hodiernæ disciplinæ morem*
recur-

recurrere debeant ad summum Ecclesiæ caput; vel eidem postea de facto suo reddere rationem. Inferiori enim per se, & nulla ad id accepta a superiore delegatione potestatis, non competit facultas tollendi legem superioris in quocunque casu etiam particulari; in quo per se adhuc obligaret. Atqui Episcopus certe inferior est respectu Papæ cum concilio Episcoporum ferentis legem. Ergo &c. : *quod primum*. Porro nec Papa, nec Episcopi consentientes legi ferendæ, censentur, aut voluisse, ut ea obliget in aliquo casu cum damno Ecclesiæ, vel majoris boni detrimento, aut in casu, quo res moram non patitur, præcepisse, ut Romam usque recurratur: *quod alterum*. Porro tamen per se manifestum est, jure suo, velle superiorem, ut de epickia quadam ab inferiore in ipsius lege publice prætergredienda ipse edoceatur : tum ne sub epickiæ nomine abusus scienter subinde irrepant, tum quod etiam singulorum Episcoporum prudentiæ universe satis confidi non possit: cum ergo hodie, cessantibus Provincialibus Synodis, penes solum Papam sit dispensandi ordinaria potestas : ad hunc referre talia oportet: *quod tertium erat.*

### 289.

Quodsi etiam potestas dispensandi in aliqua lege generali Ecclesiastica Episcopis particularibus, seu expresse a summis Pontificibus vel generalibus Conciliis concessa, seu ex consuetudine legitima, competat : non potest Episcopus ea uti: nisi legitima suppetente ratione. Patet a fortiori ex §§. 281. 283.

### 290.

FACTA variam Ecclesiæ disciplinam in dispensatione legum Ecclesiasticarum nunc Episcopis concessa, nunc reservata Romanis Pontificibus demonstrantia.
1.) *Primis tribus Ecclesiæ seculis*, vel certe usque ad

ad medium tertii feculi, cum nec Provincialibus Synodis, nec recurfui ad Romanum Papam, ob graviffimas perfecutiones erat locus; in cafu, ubi publica id neceffitas jubebat, vix ambigi poteft, quin ipfi Epifcopi Canones Apoftolicos, ex. gr. de bigamis & Neophytis non ordinandis &c., relaxarint: etfi ob primum illum Ecclefiæ fervorem pro certo haberi poffit, rariffime id genus relaxationes, nec forte fine Metropolitæ faltem præfcitu & approbatione, fuiffe factas. Jam enim tunc verifimiliter vigebat Canon XXXV. Apoftolorum, fupra §. 195. n. 1. allegatus: *Epifcopi gentium fingularum* (Metropolitam) *velut caput exiftiment, & nihil amplius præter ejus confcientiam gerant, quam illa fola finguli, quæ parochiæ propriæ competunt.*

2.) Ubi vero *a medio tertio feculo* Concilia Provincialia frequentari cœperunt, tunc Epifcopis ipfis confultiffimum in his Synodis vifum eft; ut non nifi per Epifcopos in eisdem congregatos legum Ecclefiæ in neceffitatis cafu non omnino urgentiffimo relaxationes fierent. Factum id eo majore jure; tum quod illis temporibus ante Conftantini M. tempora locus Conciliis Synodalibus multis in Provinciis fæpe multo facilior fuerit, quam communicatio cum Romano Pontifice ex remotiffimis quibusque provinciis; tum quod Metropolitis in id genus cauffis alioquin vi fuæ inftitutionis delegata quædam a fummo Ecclefiæ Primate poteftas adminiftrandi commune Provinciæ fuæ bonum ineffet (202.). Sic haud dubie non primum in XV. Canone Nicæno, fed jam ab Apoftolis, lege generali prohibita erat translatio Epifcoporum ab una fede in aliam. Nihilominus *S. Bafilius* Magnus Cæfareæ Metropol.ta *Euphronium* Coloniæ Epifcopum in *Synodo* Provinciæ fuæ ad Nicopolitanam Ecclefiam fumma tunc in neceffitate (ut ipfe ait epift. 227. & 228. edit. Benedict) conftitutam transtulit.

## De propriis prærogativis Primat. Eccles. &c. 417

lit. Eandem poteſtatem Concilio Provinciali univerſe etiam pro caſu utilitatis alicujus majoris tribuunt *Patres Concilii Africani* an. 298. celebrati. *De Attico Conſtantinopolitano* refert Socrates L. VII. c. 3. quod *Sylvanum* Epiſcopum Troadis Philippopolin transtulerit ; ac porro duodecim alia ſimilia Translationum exempla ſubdit, item a Provincialibus Synodis facta. Rurſus decreto Apoſtolico vetitum erat, ne quis *Neophytus* in Epiſcopum ordinaretur. Et tamen medio Seculo tertio *S. Cyprianus*, ineunte quarto ſeculo *Eusebius Cæſareenſis* (teſte S. Gregorio Nazianzeno orat. 19.), *Firmus* item Cæſareenſis teſte Socrate L. VII. c. 43. aliique per Synodos provinciales ex Neophytis Epiſcopi, ſeu neceſſitate, ſeu magna utilitate id ſuadente, ordinati ſunt. *S. Athanaſius* ipſe in gravi neceſſitate *Siderium* Salebiſcæ Epiſcopum ſolus ordinavit, contra legem Eccleſiaſticam, tres ordinantes Epiſcopos requirentem, eundemque Ptolemaidem a priſtina ſede transtulit ; uti refert *Syneſius* Epiſt. 67. ſeculi quinti ſcriptor ; qui & ipſe, uxoratus licet, ne ab uſu uxoris ſe abſtinere poſſe antea profeſſus, plebis poſtulatu a Theophilo Alexandrino Ptolemaidis in Ægypto Epiſcopus a 410. diſpenſatione quadam legis Eccleſiaſticæ creatus eſt, teſte Photio Cod. 26. Prætereo alia exempla ſimilia quam plurima. Ceterum innovatio iſta & translatio poteſtatis diſpenſandi ab Epiſcopis ſingularibus ad Synodos facta eſt ſapientiſſimis ex cauſis ; *primo* quod ſolvi per ſe leges non poſſint univerſe, niſi ea auctoritate, qua & condi : *deinde* quod brevi ruitura ſecus eſſet canonum diſciplina, ſi quot Epiſcopi, tot eſſent ejus ſolvendæ auctores, ubi ſingulis allubeſceret : *præterea* quod optari magis poteſt, quam ſperari, ut ea plena & ſapientiæ luce & vigoris conſtantia inſtructus ſit quisque Epiſcopus ; quanta deſideratur, ut ſemper
STATTLER, DEMONSTR. CATHOL.      D d      pro-

provide & fobrie difpenfetur : *denique* ne toties movendæ fint lites in Epifcopos, qui aut molliter, aut improvide difpenfaffent.

2,) Tametfi vero ut plurimum ab Epifcopis & Conciliis provincialibus inde *a quarto feculo* manarent difpenfationes; fæpiuscule tamen adita fuit ad eas impetrandas Apoftolica' fedes, ita quidem, ut in graviffimis quibusque caufis, & ipfis identidem volentibus Epifcopis & Synodis in fequentium feculorum decurfu recurfus ille magis identidem frequentaretur. Hujus recurfus exempla extant, in refponforia Epift. XV. *Si icii* Papæ ad confultationem Epifcopi Tarraconenfis fuper *pluribus* SS. Canonum factis relaxationibus in collatione ordinum; in epiftola *Epifcoporum Africæ* ad *Anaftafium* Papam & Patres Capuani Concilii miffa (Codic. Can. Afric. 2. 68.) de permiffione facienda Donatiftis ad Ecclefiam Catholicam revertentibus, ut eorum Presbyteri & Clerici in ordinibus & dignitatibus fuis perfifterent, ficque donatiftarum converfio promoveretur. Similis difpenfatio Donatiftis iam diu ante a *Melchiade* Papa in Romana Synodo conceffa fuerat, ut videlicet ordinati a Majorino Epifcopi dignitatem fuam fublato fchismate retinere poffent; quam difpenfationem, ceu pacis promovendæ cauffa factam, ut juftiffimam commendat *S. Augnftinus* Epift. 162. Alias Romani Pontifices liberalius & cum quodam difciplinæ difpendio factas ab Epifcopis provinciarum difpenfationes aut corripiebant, aut, ne fierent, inhibebant. Sic *Innocentius I.* Epift. 22. c. 5. Epifcopos Macedoniæ monet, *ne quod neceffitas pro remedio impetravit, in pace jam conftitutis Ecclefiis præfumerent.* Admiferant nempe ifti Epifcopos a *Bonofo* hæretico ordinatos devitandi fchifmatis cauffa: id quod, ceu

regu-

regulis Apoftolicis contrarium, reftituta pace haud
effe iterandum monet. *S. Cæleftinus I.* (in De-
cret. c. 20. 21.) ad Apuliæ & Calabriæ Epifcopos ita fcribit : *audivimus, quasdem civitates Epifcopos fibi petere velle de Laicis &c. talibus, fratres
cariffimi, qui juris noftri, id eft, Canonum, guber-
nacula cuftodimus, neceffe eft ut obviemus; hisque
fraternitatem veftram Epiftolis admonemus; nequis
laicum ad ordinem clericatus admittat &c.* S. Leo
*M.* ad Epifcopos Italiæ, & rurfum ad Maurita-
niæ Epifcopos fcribens, *Hilarus* Papa in Epift.
ad Epifcopos Hifpaniæ, vindicem fuam auctoritatem Epifcopis in difpenfatione improvidis itidem
intentant. Nihilominus ipfe *S. Cæleftinus I.* Epifcopis orientalibus Neftorii fautoribus (Conc. Ephef.
œcum P. III. c. 20.) & *S. Leo M.* ipfi Eutycheti
reftitutionem dignitatum, ordinum, & priftinorum
beneficiorum, difpenfatione conftituerat ; fi depo-
fitis erroribus refipifcerent (Conc Chalced. P. I.
c. 9. & 11. & ep. 21. S. Leonis ad Flavian.)
Pariter *S. Damafus* ordinationem Flaviani Antiocheni Epifcopi, multis nominibus vitiofam, inter-
cedente Theophilo Alexandrino, difpenfatione ra-
tam habuit, ut refert Socrates L. V. c. 25. Igno-
fcebant nempe fummi Pontifices facilius culpis
jam admiffis, quam committendis frœnum laxa-
bant. Ceterum durabat hæc difciplina usque *ad
feculum undecimum*; quo labente magnopere aucti
funt recurfus Epifcoporum ad Romanum Pontificem pro difpenfationibus tum in difficilioribus negotiis, tum in iis, quæ novi erant exempli, tum
fæpe etiam in obviis ; ut ne tanta fcilicet difpenfationis facilitas relinqueretur. Quin & facultatem in certis capitibus difciplinæ difpenfandi iterato ab *Urbano II.* & *Pafchali II. S. Anfelmus*
Cantuarienfis Archiepifcopus petiit Epift. 42. ;
quam & *Pafchalis II.* ei conceffit. His ipfis porro

recurſibus per Epiſcopos timoratiores frequentatis pedetentim invaluiſſe videtur axioma illud *non poſſe ab Epiſcopis & Synodis Provincialibus relaxari Canonis Conciliorum generalium & Sedis Apoſtolicæ decreta.* Principes etiam & optimates, difficiliores ſæpe in diſpenſando Epiſcopos experti, & Sedis Romanæ humanitate invitati, ultro recurſus illos arripiebant. Denique in *Londinenſi Concilio* anni 1138. primum de diſpenſationis alicujus reſervatione ab Illius Synodi Patribus ipſismet Pontifici Romano facta legimus ; cum Can. VII. ſtatuunt, ut ne Clerici, qui ab Epiſcopo quovis alio, præterquam ſuo, ordinarentur, *reſtitui ab alio quam a Romano Pontifice poſſint, niſi* monaſtica profeſſione flagitium expiarint. Præerat vero illi Concilio legatus Pontificius Innocentii *II.*

4.) At denique *reſervatio* quarumdam *diſpenſationum* Romanis Pontificibus *ſolenniter facta eſt* in Concilio Lateranensi IV. an. 1215. : in quo editis adverſus pluralitatem eorum beneficiorum, quæ curam animarum & reſidendi neceſſitatem conjunctam habent. Can. 29. & 30. reſervatur Pontifici Romano diſpenſandi in hoc facultas *circa ſublimes & literatas perſonas, quæ majoribus beneficiis ſint honorandæ* ; item in ſuſpenſione contra eos ſtatuta, qui indignis beneficia conferunt. Aderant vero in eo Concilio præter Papam *Innocentium III.* quadringenti & amplius ex omni orbe Epiſcopi. Porro *Innocentius III.* eo ipſo, quod in ulciſcenda Canonum diſciplina conſtanter ſe invictum vindicem exhiberet, maxime id effecit, ut, ſeveritatis ejus metu multo minus deinceps Epiſcopi auderent, etiam in caſu id exigente, ſine recurſu ad Papam in eisdem auctoritate propria diſpenſare ; maxime quod obſoleto
jam

*De propriis prærogativis Primat. Ecclef. &c.*

jam pæne Conciliorum provincialium ufu folitarii id facere Epifcopi jam multo minus fuftinerent. Is ipfe Pontifex (Regeft. 13. epift. 194.) foli fibi refervavit difpenfationem, ut tres fimul ordines ab Epifcopo eidem perfonæ conferri poffent; item refervationem in irregularitate criminis, a Clericis admiffi, quo fcandalum publicum & infamia concitetur (Regeft. 15. epift. 111.). Exinde fecutæ plures aliæ tum per ipfos Pontifices, tum etiam per Concilia particularia factæ refervationes. Ceterum rationes hujus fecundæ innovationis, qua difpenfationes Romanis Pontificibus refervatæ funt, pæne eædem erant, quas fuiffe diximus fupra n. 2.; ut a fingulis Epifcopis ad Synodos Provinciales vulgo translatæ fuerint: inprimis vero, quod Synodis iftis ferme fublatis in negotiis quibusdam graviffimis communiter Epifcopis fingularibus eæ fat tuto committi non poffent.

5.) Avenionenfi fchifmate durante, cum regna quædam fe ab omni illorum certantium Pontificum obedientia fubducerent, recuperaffe vifi funt Epifcopi eam campliffimam difpenfandi poteftatem, qua olim potiebantur; atque in Pifano Concilio an. 1409. ratum habuit *Alexander* V. Papa, quidquid ab illis interim fuiffet difpenfatum.

6.) *Hodie* ea eft difciplina communis Ecclefiæ, ut, nifi expreffe difpenfatio in aliqua lege Ecclefiaftica fuerit refervata Romano Pontifici, hoc ipfo poteftas difpenfandi Epifcopis ex cauffis urgentis alicujus neceffitatis, vel magnæ utilitatis, conceffa cenfeatur: in reliquis vero non nifi tunc, cum eventu aliquo extraordinario omnis Romam recurfus interclufus foret, & tamen gravis cauſſa moram non pateretur. Cum enim olim facultas diſpenſandi univerſe comnpeteret Epiſcopis; eadem manet hodiedum; niſi quoad vel conſuetudine, vel reſervatione expreſſa, denuo eisdem fuerit erepta. *Tridentinum* vero Seſſ. XXIV. cap. 6. concedit inſuper Epiſcopis, ut diſpenſent *in irregularitatibus omnibus & ſuſpenſionibus, ex delicto occulto provenientibus, excepta ea, quæ oritur ex homicidio voluntario &c. &c.*

291.

*I. Si juriſdictio Epiſcopalis in foro interno, vel externo, ratione cujuscunque ſui exercitii immediati, divino jure Epiſcopis competentis* ( 187. *VII. VIII.*), *nulla lege generali Eccleſiaſtica reſtricta eſt; libere hodiedum a . quocunque Epiſcopo exerceri poteſt* (279.).

*II. Si vero aliquo in exercitio prædicto lege generali Eccleſiaſtica reſtringitur, nihilominus diſpenſandi facultas cuique Epiſcopo in caſu neceſſitatis, vel magnæ utilitatis, ſine obligatione recurrendi ad Papam, hodiedum competit; niſi eadem vel lege generali* (279. 280.) *vel certe conſuetudine, vim legis jam ſortita, reſervata Papæ fuiſſe noſcatur.*

\* Ceterum immediatæ Epiſcoporum jurisdictioni magnopere conſuluit Tridentinum Concilium: cum Seſſ. XXIV. Cap. 20. ſtatuit ; *ut cauſſæ omnes, ad forum Eccleſiaſticum pertinentes, etiam ſi beneficiales ſint, in prima inſtantia coram Ordinario locorum duntaxat cognoſcantur.* Addit tamen: *ab his excipiantur cauſſæ, quæ juxta Canonicas ſanctiones apud Sedem Apoſtolicam ſunt tractandæ; vel quas ex urgenti rationabilique cauſſa judicaverit ſummus Romanus Pontifex per ſpeciale reſcriptum Signatura Sanctitatis ſuæ, manu propria ſubſcribendum, committere, aut avo-*
*care.*

*care*. Pergit. *Ad hæc cauſſæ matrimoniales, & criminales, non Decani, Archidecani, aut aliorum inferiorum judicio, ſed Epiſcopi tantum examini & jurisdictioni relinquantur: - - - - coram quo ſi pars vere paupertatem probaverit; non cogatur extra provinciam nec in ſecunda, nec in tertia inſtantia, in eadem cauſſa matrimoniali litigare; niſi pars altera & alimenta & expenſas litis velit ſubminiſtrare.* Monet denique: *Legati quoque, etiam a latere, Nuntii, Gubernatores Eccleſiaſtici, aut alii, quarumcunque facultatum vigore, non ſolum Epiſcopos in prædictis cauſſis impedire, aut aliquo modo eorum jurisdictionem iis præripere, aut turbare, non præſumant.*

\*•\* Præterea cum hodie & *frequentiſſimæ* ſint Romanæ diſpenſationes in omni prope genere legum Eccleſiaſticarum, & in earum conceſſione ſæpiſſime certa, eaque *non modica* aliquando *pecuniæ ſumma*, inter Romanæ curiæ officiales expendenda, exigi *ab univerſi orbis Catholici hominibus*, eas diſpenſationes petentibus, ſoleat: alio hoc nomine, & in conſideratione politica, odioſus ille Romam recurſus efficitur; multique non immerito antiquam revocari diſciplinam exoptant, videlicet ut reſtituto veteri uſu & frequentia Synodorum Provincialium cauſſæ diſpenſationum ad Epiſcopos cujusque provinciæ proprios revocentur: maxime etiam idcirco, quod frequentia talium Synodorum ipſos Epiſcopos optabili neceſſitate compellat, ut muneris ſui Epiſcopalis officiis omnibus implendis eo majore cura intenti ſint.

\* \* \* Denique nihil eſt conſenſu omnium doctorum ſimul ac proborum Catholicorum, quod Dominos Proteſtantes, fratres noſtros, communi nominis Chriſtiani nexu nobiscum devinctos, ab unione in unius communis Matris Eccleſiæ Catholicæ ſinu nobiscum vehementius abſterreat, quam immediatus ille tam frequens Capitis

Ecclesiæ in particularium Ecclesiarum regimen influxus; qui nisi gravissimis caussis & pæne necessitate aliqua excusetur, maxime cum aut severiore correptionis virga simul armatus, aut de avaritia suspectus est, in oculis plerorumque exosam *dominatus* speciem habere solet; quem tamen gravibus adeo verbis prohibitum a Christo Domino, & proscriptum ab Ecclesia sua fuisse, omnes novimus. Cum itaque in rebus meræ disciplinæ, a quibus salus Ecclesiæ nequaquam per se pendet, haud dubie etiam Capitis Ecclesiæ potestas se quam moderatissime exerere, ejusdemque ostentatio communi bono cedere absque dubio debeat: nullus dubito, quin si promtas eteroquin ad unionem manus extendere Domini Protesta s Germaniæ nostræ vellent, modestissimi ac mansuetissimi Principis Ecclesiæ Jesu Christi, summus Vicarius omni~ ipsis hac in parte indulturus esset, quæ sal⸗ fide &    .⸗te substantiali Ecclesiæ quocunque mo     lu ⸗ri possunt. Etsi enim duobus inde a seculis difficilior id genus cessio extiterit: tamen in tanto scientiarum, historiæ præsertim & Theologiæ, profectu, & in ea prudentia nostri seculi, quam usus duorum & amplius seculorum docuit, accedente præsertim aliquo majore communi petentium consculis
 multa hodie obtineri posse experientia docet, quæ
olim frustra exoptabantur.

www.ingramcontent.com/pod-product-compliance
Lightning Source LLC
Chambersburg PA
CBHW020540300426
44111CB00008B/740